남명학의 새 연구

상

남명학의 새 연구

상

오이환 지음

한국학술정보㈜

서 문

2000년 3월에 남명학연구원출판부를 통해 『남명학파연구』 상·하권을 출판한 지 10여 년의 세월이 흘렀다. 당시 1,000부를 발간하였는데, 상권은 1987년 11월 『한국사상사학』 창간호에 발표한 「남명집판본고(1)-내암 간본을 중심으로-」 이래 한글로 발표한 글들을 모은 672쪽의 분량이었고, 하권은 1996년 5월에 京都대학 문학박사학위논문으로 제출한 「『남명집』 제판본의 성립과 그 사상사적 배경-17·18세기의 간본을 중심으로-」를 주로 하여 일본어 및 중국어로 쓴 글을 실었는데 372쪽의 분량이었다.

돌이켜 보면 필자는 1982년 3월에 보통 나이 34세로 국립종합대학이 된 지 얼마 되지 않은 경상대학교에 부임하였는데, 그해에 발족했던 인문대학 철학과가 올해로 30주년을 맞이하였고 나는 이제 63세가 되었다. 그리고 보면 이 대학에 부임한 지 6년 후부터 남명학에 관한 논문을 발표하기 시작한 셈이다. 그리고 이제 이 책을 끝으로 그 연구를 접고, 남은 생애를 통해서는 다시금 젊은 시절에 뜻을 두었던 진·한 시대의 신비사상 연구로 돌아가고자 한다.

남명학 연구에 이렇게 오래 매달릴 줄은 필자 자신도 미처 알지 못했다. 필자로서는 남명학의 전체 역사를 재구성하고자 했던 셈인데, 그 구체적인 작업은 주로 남명학과 관련된 주요 문헌들의 성립 과정을 규명하는 데 두어졌다. 연구 방향이 그렇게 잡힌 것은 남명학파가 인조반정 이래 사실상 해체된 사실과 주로 관련되어 있다. 혹자는 남명학파가 오늘날에 이르기까지 면면히 계승되어 왔다고 주장하지만, 나는 그러한 주장이 무엇에 근거한 것인지 알지 못한다. 저자는 남명학파의 실체는 사실상 일찍이 사라졌으나, 남명학의 역사는 이러한 문헌들에 관한 연구 등을 통해 어느 정도 해명될 수 있다고 보는 것이다.

선행한 『남명학파연구』에서는 18세기까지 나타난 남명학파 관련 문헌들의 성립을 주로 다루었다. 이 새 연구는 그것을 이어 현대에 이르기까지의 남명학의 역사를 다루고자 한 것이다. 그 과정에서 이런저런 인연으로 남명 자신 및 그 주요 문인 정인홍에 관한 몇 편의 글들을 추가로 집필하게 되어 분량으로서는 후자가 오히려 더 많아졌다. 이제 원래 의도했던 남명학의 전체 역사 재구성 작업을 일단 마무리 지은 셈이 되었다.

수익성이 별로 없는 학술서적의 출판을 선선히 수락해 주신 한국학술정보(주)에 감사드린다. 특히 이 작업을 담당해 주신 이주은 씨와 색인을 작성해 준 제자 구자익 박사에게 각별한 감사의 뜻을 표하는 바이다.

2011년 10월
오이환

:: 목 차

I

남명 사상은 어떻게 연구되어 왔는가

Ⅰ. 남명 사상은 어떻게 연구되어 왔는가

1. 머리말

남명 조식은 연산군 7년(1501) 6월 26일에 태어났으므로, 2001년에 탄생 500주년을 맞았다. 이 기념할 만한 시기에 즈음하여 그가 예문동양사상연구원이 기획하는 '한국의 대표사상가 10인' 총서 가운데 포함된 것은 의미 있는 일이라고 생각한다. 그간의 학계의 연구 성과를 한번 정리해 본다는 뜻에서 기획된 이 총서 가운데서 남명 부분에 대한 편집의 책임을 맡게 된 필자로서도, 그 해제의 집필에 즈음하여 남명에 대한 세상 인식의 변화에 실로 今昔之感을 느끼게 되는 바이다. 필자가 조사해 본 범위 내에서 남명을 주제로 한 연구 성과물의 목록은 「남명연구논저목록」이라는 제목으로 본서의 말미에 수록해 두었다. 이제 이를 토대로 하여 대체로 예문동양사상연구원 편집부의 지침에 따라서 그동안의 남명 연구 성과를 정리하고, 연구 경향을 분석하며, 이 총서 남명 편에 수록된 논문의 선정 이유와 그 내용에 대해 간략히 소개한 다음, 앞으로의 연구과제에 대해서도 점검해 보고자한다. 남명뿐만 아니라 남명학파 및 남명학 전반과 관련한 1차, 2차자료를 포괄하는 보다 넓은 범위에 걸친 문헌으로 이미 출판되어 참고할 수 있는 것들에 대해서는 졸저『남명학파연구』상권의 부록에수록된「南冥學關係旣刊文獻目錄」을 참조하기 바란다.[1]「남명연구문헌목록」은 이 책의 목록에 수록된 것 가운데서 남명 및 『남명집』에 관한 연구 성과만을 발췌하여 작성한 것이다.

2. 연구 성과

필자가 아는 한에서 남명 및 남명학파에 관해 상당한 지면에 걸쳐비교적 심도 있게 소개한 최초의 글은 1963년 경상남도공보실을 통해 3책으로 간행된『慶尙南道誌』에 포함된 이우성 현임 민족문화연구소장의 것이다. 남명을 주제로 하여 쓰인 논문으로는 현재 부산대학교 사범대학 교육학과의 교수로 재직하고 있는 이원호가 1965년 9월에 부산대학교 대학원 철학과의 문학석사 학위논문으로 제출한[2]「남명 조식의 교육사상 연구」가 최초인 듯하다. 그러나 유감스럽게도 이논문은 이 씨 자신도 보관하고 있지 않아 지금으로서는 입수할 방법이 없다.

그로부터 10년 남짓한 세월이 지난 1976년에 고려대학교 철학과의

---

1) 현재는 그것을 더욱 보완한 「남명학관계기간문헌목록 2002」(『남명학연구논총』 10, 남명학연구원)도 출판되어 있다.

2) 이 씨가 필자에게 알려준 9월 17일은 어쩌면 이 논문을 제출한 날짜라기보다는 학위가 수여된 날짜일지도 모르겠다.

김충렬 교수가 「서경덕과 조식의 학행」, 「조식 門戶之爭으로 타버린 문자들」, 「남명학 발굴의 의의와 그 가치」 등 세 편의 글을 발표하였다. 그중 「남명학 발굴의 의의와 그 가치」는 덕천서원 두류문화연구소가 발행한 『남명사상학술강연논문집』에 수록된 것으로, 이 강연집 속에는 동아대학교 사학과 정중환 교수의 「남명선생과 영남문화」, 그리고 당시 진주 대아고등학교장으로 오늘날까지 경남지역 사립중고등학교장회의 주관에 의해 덕천서원에서 매년 행해져 오고 있는 남명제의 발기인 중 한 사람이기도 한 박종한의 「남명선생 연보해설」도 함께 수록되어 있다. 이 무렵이 사실상 남명 사상에 관한 연구의 초창기라고 할 수 있겠다. 김충렬은 그 2년 후인 1978년에 한국철학회가 通史로서의 『한국철학사』 출판을 위한 준비 단계로 편찬한 『한국철학연구』 중권에다 「조식의 학문과 사상-남명학 연구의 서설로서-」라는 글을 싣고 있는데, 이는 그 제목을 보더라도 한국철학의 역사 속에 제대로 된 남명의 위상을 정립시키고자 하는 의욕이 담긴 논문이라고 할 수 있다.

이와 비슷한 시기에 최해갑은 『진주교육대학논문집』 및 그 대학 부설 진주문화권연구소가 발행하는 『진주문화』 등에 남명 및 남명학파의 인물들에 관한 일련의 글을 발표하고 있으며, 그 성과는 이후 『남명조식선생의 政敎사상』과 같은 소박한 형태의 인쇄물로 한 차례 정리되었다가 1986년에 『남명의 敎學사상』이라는 단행본으로 간행된 바 있다. 최해갑의 글들은 그 발표 연도가 분명치 못한 경우가 있는데, 필자가 확인할 수 있었던 것들 가운데서 최초의 것은 1978년에 나온 「남명선생편년(抄譯)」이다.

1980년대 초에 들어와서는 김충렬의 「생애를 통해서 본 남명의 위인」(1982), 이수건의 「남명 조식과 남명학파」(1982), 문경현 「강우학파의 형성과 인맥」(1983) 등이 남명학 일반에 관한 연구 성과 가운데서 비교적 주목할 만한 것이다. 특히 이수건의 논문은 남명의 생애와 사상을 포괄적으로 서술하고, 남명학파의 성립과 전개를 퇴계학파 내지 기호학파와의 관계 속에 대비시켜 고찰한 것으로서 이 방면 연구자들의 주목을 받은 바 있다.

1980년대 전반기에 들어오면 김려석·김성룡·전병윤·김맹수 등에 의해 남명을 주제로 한 석사학위논문이 잇달아 발표되며, 또한 이 무렵에는 오이환에 의해 남명학 연구의 기초가 될 1차 자료에 대한 조사와 수집·복사 작업이 아울러 진행되었다. 1980년대 후반기에도 석사학위논문을 비롯한 남명학 관계 논문의 숫자가 꾸준히 늘어가고 있으며, 특히 1990년대에 들어와서는 그 증가 속도가 더욱 빨라지고 있다.

연구의 활성화와 관련하여 주목할 만한 일은 1986년 8월에 남명학연구원이 설립되어 1988년 9월부터 그 기관지 『남명학연구논총』이 간행되기 시작한 것이다. 그것은 남명학을 주제로 하는 전문적인 학술지의 성립을 의미하는 것이다. 이 논문집은 처음에는 정기적으로 간행되지 않다가 1992년 이후로 매년 간행하게 되었으며, 1994년 8월에 남명학연구원은 사단법인의 형태로 전환되었다. 또한 1990년 9월에 경상대학교 내에 남명학연구소가 설립되어 1991년 12월부터 매년 한 차례씩 기관지 『남명학연구』를 발간하게 되었다. 그리고 1991년 8월에는 부산에 한국남명학연구원이 발족함에 따라 1992년 3월에 그 기관지 『남명학연구원보』를 발행하기 시작하였는데, 기관 명칭이 남명학부산연구원으로 바뀌고서는 1994년 이후부터 역시 매년 간행해 오고 있다. 이들 각 기관의 간행물들을 통하여 적지 않은 수의 연구

성과물이 나오게 되어 이후 연구가 본격화하는 계기를 마련하게 되었다.[3] 이것이 학계에 준 영향 또한 적지 않아, 1990년대 이후부터는 이외의 일반 학술지들에 발표되는 남명학 관계 연구 성과도 크게 늘어나게 되었고, 1990년 6월에 있었던 한상규의 「조식의 교육사상연구」를 필두로 하여 1990년대 중에 나온 남명을 주제로 한 박사학위논문의 수는 8편에 이른다.

「남명연구논저목록」에 수록된 2000년 현재까지의 연구 성과를 도표로 정리해 보면 다음과 같다.

1) 시대 및 형태별

	1960년대	1970년대	1980년대	1990년대	2000년	계
저서			3	4	1	8
편·역서			4	14	1	19
박사학위논문				8		8
석사학위논문	1		8	15		24
일반논문		4	32	107	6	149
논설		6	9	22		37
계	1	10	56	170	8	245

「남명연구논저목록」은 남명 본인 및 『남명집』을 주제로 한 연구문헌만을 수록하되, 엄밀한 의미에서 학술적 업적이라 할 수 없는 것도 논설이라는 이름으로 포괄하였다. 논문이냐 논설이냐의 분류 기준은 그 글이 수록된 간행물의 성격에 의한 경우가 많다. 예컨대 『남명학

---

3) 1996년 2월 이래로 사단법인 남명학연구원이 발행하는 계간 뉴스레터로서 『南冥院報』가 간행되어 남명학과 관련한 다양한 글들이 매호 실리고 있지만, 거기에 게재된 글들은 「남명연구논저목록」에 거의 수록되지 않았으므로 본고의 검토 대상에 포함시키지 않았다.

연구원보』와 같은 것은 남명학부산연구원의 기관지이면서도 아직은 전문 학술지라기보다는 뉴스레터의 성격이 강하므로, 거기에 수록된 글들은 대체로 논설로 분류되었으나 개중에는 더러 논문으로 분류된 경우도 있는데, 그 사이에 어떤 엄격한 기준이 적용된 것이라기보다는 「남명학관계기간문헌목록」을 작성할 때 주관적 판단에 의해 행해 졌던 분류를 그대로 답습한 것이라고 할 수 있다.

단행본은 비록 학술회의의 발표 자료집이거나 혹은 팸플릿의 성격을 지닌 것이라 할지라도 학술적 의미를 가지는 것으로 판단되면 수록하였고, 그 반면에 남명에 관한 章·節이 포함되어 있는 학술서적이나 학위논문이라 할지라도 그 전체 제목이 남명을 주제로 한 것이 아닐 경우에는 제외하였다. 또한 서로 다른 이름으로 간행된 단행본이나 논문일 경우에는 비록 그 내용이 사실상 같거나 대동소이한 것이라 할지라도 중복하여 수록하고서 그러한 사실에 대한 설명을 첨부한 경우가 있으며, 연재물의 경우에는 그 전체를 하나로 간주하였다. 석사학위논문으로서 이후에 따로 학술지에 발표되거나, 박사학위논문으로서 별도의 저서로 간행된 것은 그 분류 항목이 다르므로 부득이 이중으로 계산되었다. 따라서 위의 표는 대략적 상황을 나타내는 것으로 참고자료로 삼을 수 있을 정도에 지나지 않는다.

이 도표를 통해 우리는 남명에 관한 연구 성과가 1980년대 이후 본격적으로 나타나기 시작하여, 1990년대에 이르러서는 그 이전의 전체를 합친 것보다도 2.5배 정도에 이를 정도로 양적으로 크게 늘어난 정황을 살필 수가 있다. 이 점은 남명학파를 포함한 남명학 일반에 대한 연구에 있어서도 대체로 그렇다고 말할 수 있다.

2) 전공 및 게재지별

	철학	사학	문학	교육학	정치학	기타	계
저서	2		3	3			8
남명학연구논총	35	1	9	5	2	3	55
남명학연구	7	3	20	2		3	35
남명학연구원보	1	1	3	2	1	1	9
기타	22	11	31	13	2	9	88
계	67	16	66	25	5	16	195

이것은「남명연구논저목록」에 수록된 문헌 가운데서 분류가 사실상 불가능한 편·역서 부분을 제외하고, 학위논문의 경우는 그것이 차후 학술지에 발표된 것을 확인한 경우만을 포함시키고, 두 군데 이상 게재된 것은 그중 첫 번째 경우만을 포함시켜서, 집필자의 전공 및 게재지에 따라 도표화한 것이다. 원래는 전공별이 아니라 주제별로 분류해 보고자 했었던 것이지만, 그 분류 기준이 매우 애매할 뿐 아니라 지나치게 자의적일 수 있으므로, 보다 분명한 집필자의 전공을 따르는 편이 연구 성과의 대체적인 성격을 알기에 무난할 것이라고 판단한 것이다. 그러나 이 경우에 있어서도 전공을 확인할 수 없을 때에는 제목에 의해 구분하기도 하였다. 하물며 저서·논문·논설을 모두 동등한 비중으로 취급함은 편의상 그렇게 한 것일 뿐 합리성이 결여되어 있다. 따라서 이 표 역시 대체적인 범주와 동향을 파악하는 데 참고할 수 있는 자료 이상의 의미를 가진다고 보기는 어렵다.

위의 표에 의하면,『남명학연구논총』,『남명학연구』,『남명학연구원보』에 수록된 논문과 논설이 모두 99편으로, 기타의 87편을 초과하고 있다. 이 가운데『남명학연구논총』,『남명학연구』에 실린 것은 모두 논문으로 분류된 데 비해 논설로 분류된 38편 중『남명학연구원보』
에 실린 5편을 제외한 나머지가 모두 기타 게재지에 속해 있으므로,
논문만의 비율로 보면 그 편중의 정도가 더욱 큰 것이다.[4] 그러므로
남명에 대한 연구 성과는 주로『남명학연구논총』과『남명학연구』두
기관지를 통해 발표되어 왔다고 할 수 있는데, 2000년 현재로 한정하
면 전자가 제8집까지, 그리고 후자가 제9집까지 간행되어 있음에도
불구하고 편 수에 있어서는 오히려 전자가 후자를 크게 초과하고 있
는 것은, 전자는 남명학과 유관한 연구 성과만을 수록한다는 방침을
지켜 온 데 비해 후자는 남명학뿐 아니라 국학 및 동양학 관계 논문
으로 투고 범위를 확대시켜 왔기 때문이다. 또한 전자에는 철학이, 후
자에는 문학이 그 주류를 이루고 있음도 이 두 기관지의 성격을 뚜렷
이 특징짓는 점이다.

3. 연구 경향

　이상에서 살펴본 바와 같이 남명에 관한 연구는 1980년대 이후 주
로 남명학 관계 연구기관들의 성립과 더불어 활기를 띠어 왔다고 할
수 있다. 그 연구 주제는 다양하지만 대체로 철학·문학·사학 등 인문
학의 전 영역에 걸쳐 있으며, 교육학의 분야에서도 상당한 양의 성과
물이 나와 있다. 이러한 각 분야의 연구 성과는 비록 그 정도의 차이
는 있다 할지라도 남명 사상과 나름대로 관련을 가지고 있다. 남명

---

4) 기타로 분류된 논문 가운데 3편도 경상대학교 남명학연구소와 경북대학교 퇴계연구소의 공동학술대회 발
　표논문집에 실린 것이다.

자신은 저술 활동을 중시하지 않았을 뿐 아니라 오히려 그것을 경계하는 견해마저 지니고 있었고, 그가 남긴 詩文도 임란 중에 대부분 소실되고 말았기 때문에 오늘날 전해져 오는 『남명집』은 양이 그다지 많지 않다. 그에 비한다면 한 인물에 대한 연구물의 양으로서는 이 정도도 이미 적다고 할 수 없을 것이다.

남명에 대한 연구가 1970년대 이전까지는 양적으로나 질적으로 거의 무시해도 좋을 정도의 미미한 수준에 머물러 있었던 것은 17세기 전반기에 있었던 인조반정으로 말미암아 남명학파가 해체되어 그 학맥이 단절된 사실과 불가분의 관계가 있다. 인조반정에 대해서는 여러 가지 평가가 있겠으나, 필자는 그것이 조선조 전체의 성격을 前·後期로 양분할 수 있을 정도의 역사적 중요성이 있다고 생각하고 있다. 성낙훈은 그의 저술인 『한국당쟁사』에서 이 사건의 성격에 대하여, "선조는 당쟁을 농락하여 專制를 행한 반면에, 광해주는 당쟁에 희생되어 슬픈 말로를 招致하고 만 것이다"라고 언급한 바 있었는데,[5] 오늘날에 이르러서는 이러한 견해가 거의 정설로 되어 가고 있는 것이 아닌가 한다.[6]

남명은 그 당대에 퇴계와 더불어 영남의 사림을 양분할 정도로 영향력이 있었던 존재이며, 그의 문도는 임란 이후부터 광해군 시기에 걸쳐 대북 및 남인의 중심 세력으로서 정계와 학계를 주도해 나가는 위치에 있었던 것이지만, 이 정변으로 말미암아 갑자기 역사의 무대로부터 사라지게 되었던 것이다. 그로부터 정인홍·이이첨의 계열로 이어지는 남명의 학맥은 이 두 사람이 조선조 최대의 간흉으로 지목

---

5) 『한국문화사대계 Ⅱ(정치·경제사)』, 고려대 민족문화연구소, 1965 초판, 1970 재판, 所收, 286쪽.

6) 한명기, 『광해군-탁월한 외교정책을 펼친 군주』, 서울, 역사비평사, 2000 참조.

되어 집권 세력으로부터 국시에 의해 철저히 매도되었기 때문에, 남명의 문도나 남명 학맥을 이었던 가문은 이후 생존을 위해 대북과의 관련을 부인하고 남인 및 서인의 계열로 흡수 통합되는 과정을 거치면서, 조선조 말엽에 이르기까지의 정치적·학문적 전개에 있어 표면적으로는 이렇다 할 뚜렷한 자취를 남긴 바가 없었다.

남인 학자들 간에 퇴계와 남명이 「도가 같고 덕이 나란하다(道同而德齊)」는 식으로[7] 함께 존숭되어 왔다고는 하지만, 원래 영남학파의 이 두 宗匠은 학풍에 있어서 경향을 달리하며 인격상으로도 서로에 대해 비판적인 면이 없지 않았을 뿐 아니라, 그것이 원인이 되어 그들의 사후 남명학파와 퇴계학파는 대립적인 관계로까지 발전해 나가게 된 것이었다. 그러나 인조반정 이후 영남의 도통은 퇴계로 귀일되어, 따로 남명학파라 할 만한 것이 존재하고 있었다고 보기는 어려운 것이다.

그러했던 남명과 그 학파가 부활하여 새로운 조명을 받게 된 것은 근래의 일이며, 그것은 아이러니컬하게도 퇴계학연구원을 중심으로 하는 퇴계 현창 운동의 동향과도 어느 정도로는 관련이 있다. 퇴계의 후손과 그 연원가가 중심이 된 이러한 현창 운동이 국내외적으로 상당한 반응을 불러일으키며 해마다 활기를 더해 가는 과정에서, 남명 연원의 중심지인 진주에다 그 경남지부를 설립하려는 움직임이 있었는데, 이곳에 남명학연구원이 발족된 것은 거의 그 직후였던 것이다.

오늘날 국내의 학계에 있어 이러한 운동은 요원의 불길처럼 번져 나가, 거의 역사상 저명했던 학자 한 명마다에 하나둘씩의 연구원·

---

7) 盧相稷, 『小訥集』 卷11, 「答鄭聖國書」.

연구소·연구회나 학회·학술원·기념회 등이 생겨나서 조선시대의 서원 설립 운동을 방불케 하는 감이 있으며, 그것들은 저마다 외국 학자나 국내의 저명인사를 동원해 그 위상을 높이고 勢를 불리기에 분주한가 하면, 연구비나 석·박사 학위논문의 지원금 액수를 높이기에 서로 경쟁을 벌이고 있는 실정이다. 현재 이러한 움직임은 불교계에까지도 확산되어 있는 상황이며, 중국철학의 영역에서도 그와 유사한 현상이 벌어지고 있는 듯하다.

사상사 분야 학술연구단체의 난립 현상은 학술 진흥을 위한 좋은 여건을 마련해 주는 측면도 없지 않으나, 혹자는 공개적으로 국내 학계의 이러한 동향을 비판한 바 있었는데, 근자에는 그런 발언을 했던 사람조차 유사한 조직의 유사한 활동에 참여해 있는 상황이니, 이러한 움직임이 향후 어떠한 모습으로 전개되어 갈 것인지 자못 관심이 가는 바이다. 필자는 어떤 모임에서, 실로 수많은 사람들이 퇴계에 관한 논문을 썼으나 그중에 퇴계를 비판한 글은 하나도 없었다는 말을 들은 적이 있다. 그것이 만약 사실이라면 학문적으로는 우려할 만한 일이라 하겠으며, 정도의 차이는 있겠지만 해당 문중 등과 관련을 맺고서 그 재정적 지원을 받고 있는 학술단체 및 그 활동은 모두 본질적으로 현창 사업의 범주에 속한다고 볼 수 있기 때문에, 그와 같은 한계점을 지닌다고 할 수 있을 것이다.

남명학연구원은 그 발족 당시부터 2000년 현재에 이르기까지 어떤 특정한 주제를 정하여 원고를 위촉한다거나, 논문의 양이나 집필 방식에 대해 주문을 단 적이 별로 없었고, 기고된 연구물에 대해서도 편집 과정에서 임의로 변경을 가하지 않는다는 것을 일종의 원칙으로서 유지해 왔다. 이러한 정황으로 말미암아 딱히 시대별로 이렇다 할 특징이라 할 만한 것을 찾아보기는 어려우므로, 아래에서는 철학 영역을 중심으로 하여 연구 주제에 따른 대체적인 경향을 언급해 보기로 한다.

남명은 조선 중기의 대표적인 성리학자의 한 사람이면서도 퇴계와 고봉 사이의 四端七情理氣論辯에 대해 부정적인 견해를 피력한 데서 단적으로 나타나는 바와 같이, 理氣 및 心性의 문제는 程朱에 이르러 이미 이론적으로 완성되었으므로 그에 대해 새삼스레 논의를 전개하는 것이 필요치 않으며, 남아 있는 문제는 그것을 어떻게 실천하느냐는 것이라는 입장을 지니고 있었다. 이것은 그가 元·明代 주자학의 실천적 경향과 그 영향을 받은 조선 전기 유학, 특히 사림파의 전통을 계승하고 있음을 보여주는 것이라는 관점을 오이환이 「남명학자료총간 해제 서론-기간문헌의 소개를 겸하여-」(1988)에서 피력한 바 있었는데, 이와 유사한 견해는 김경수도 석사학위논문인 「사림파의 전통에서 본 남명의 실천성리학과 예학」(1991)에서 상세히 개진한 바 있다.

그런데 원·명대 유학의 동향에 대하여는 일찍이 찬윙칫(陳榮捷)이 修己·治人이라는 주자학의 양대 과제 가운데서 치인의 측면이 약화되고 爲己之學으로 흘러간 점을 중시하여 그 내면화의 경향을 설명하였고, 양명학의 발생조차도 그러한 주자학의 내면화 경향의 한 흐름으로 간주한 바 있었다. 이와 관련하여서는 윤남한도 조선시대 양명학 도입의 배경을 설명하는 과정에서 조광조의 도학 및 『心經附註』의 전래 등을 중시하면서 조선 전기 성리학의 심학화 경향을 언급한 바 있었다. 이동희는 이러한 견해들을 계승하여 심성론의 이론적 심화를 중심으로 한 조선조 주자학 전개의 특징을 심학화의 방향에서 설명하였고, 퇴계의 敬 사상을 그러한 심학의 정점으로 간주하여 주자학 및 양명학과의 차별성을 강조하였다. 이동희는 「남명의 한국사상사적 위치」(1994)에서 敬과 더불어 '行義'를 나란히 강조한 남명 사상의 특징도 明初 및 조선 전기 주자학의 '심학화-실천화' 추세의 연장선상에 있으면서도 명대 양명학파의 '지행합일'적인 정신이나 '경세치용'적인 사회정치 의식과 유사한 측면이 있다고 설명하였다.

비록 남명 자신은 성리학의 이론적 논변이 필요치 않을 뿐 아니라 오히려 유해한 결과를 초래하는 측면이 있다고 하여 이를 크게 경계하였지만, 그 자신은 성리학적 서적들을 읽고 나서 그 내용을 가려 뽑아 『學記』라는 이름의 노트로 남겼고, 이것은 후일 『學記類編』이라는 이름으로 『근사록』의 체제에 따라 편집 간행되었다. 오늘날의 학계에서는 일반적으로 이것을 남명의 철학사상 연구에 가장 기본이 되는 문헌으로 간주하고 있으며, 특히 그중에 포함된 學記圖에 대해서는 남명 성리설의 특징을 엿볼 수 있는 것이라 하여 많은 학자들이 주목하여 왔다. 앞서 언급한 김충렬의 「조식의 학문과 사상」이나 배종호의 「南冥聖學圖」(1988)는 『학기유편』 및 학기도에 관한 연구들 중 비교적 이른 예에 속하는 것이지만, 그것들은 모두 『남명집』의 원형에 대한 改變이 심한 최근세의 판본에 근거한 연구였다. 1987년 이래 발표되어 온 오이환의 『남명집』 판본 연혁에 관한 일련의 연구는 텍스트의 신빙성에 관한 문헌학적 문제의식에서 출발한 것이었는데, 그것은 판본 개변의 배경이 된 江右 학맥 내부의 시대적 동향을 구명하는 데 중점을 두고 있기 때문에, 결국 남명학의 역사를 재구성하는 작업과도 관련되어 있다.

『학기유편』과 학기도를 중심으로 한 남명의 성리 사상에 관한 연구로서는 그 외에도 장리원(張立文)「南冥 性理哲學 研究」(1995), 정병련 「조남명의 이기론 변증」(1995) 및 금장태「남명의 학기도에 관한 연구」(1992),「남명 조식의『학기도』와 도학체계」(1997) 등을 들 수 있으며, 금 씨의 연구에 대한 비판적 검토로는 최석기「남명 사상의 본질과 특색」(1999)이 있다.

남명 사상의 본질과 관련하여서는 예로부터 문집 권1의 말미에 수록된「神明舍圖」와 그 銘이 주목되어 왔다. 이것에 관하여는 제자들이 지은 남명의 행장과 제문 등에 그 언급이 있으나, 현존 最古의『남명집』인 갑진본에는 현재 통용되는 것과는 꽤 다른 형태로 銘만이 수록되어 있는데, 기유본에 이르러 도가사상과 관련된 내용이 포함된「神明舍銘」의 뒷부분이 모두 삭제되었다가 임술본에 이르러 오늘날에 흔히 보는 것과 같은 형태로 절충되었고, 인조반정이 있기 얼마 전에 간행된 이 임술본에 비로소 圖가 함께 수록되었다. 그러므로 최근세에 이루어진 중간본의 편집에 즈음하여서는 특히「신명사도」의 타당성을 둘러싸고 많은 논란이 있었고, 그 결과 여러 가지 수정된 형태의 圖가 출현하게 되었다.

「신명사도」와 그 명은 일반적으로 남명 사상의 핵심적 내용을 나타낸 것으로 간주되어 온 것인데, 남명이 그 문인인 김우옹에게「天君傳」을 지어 銘의 내용을 부연 해설하게 한 이래 그것을 본떠서 마음의 문제를 의인화한 산문 작품들이 속출하여 한국 한문학의 역사상 心性小說이라고 하는 하나의 특수한 장르를 이룰 정도로 후세에 널리 영향을 끼친 바 있다. 이에 관하여는 일찍이 국문학의 영역에서 김광순이『천군소설연구』(1880)를 통해 상세히 논급한 바가 있었으며 그 후로도 몇 사람의 연구가 더 있다. 남명보다 후대의 여러 문집 속에는 神明舍의 이름이 붙은 詩歌들도 적지 않게 산재해 있다.

「신명사도」의 철학적 의미에 관하여는 전병윤 「남명 조식의 <신명사도> 고찰」(1991)이 가장 이른 시기의 연구이며, 그 이후 최석기가 「남명의 <신명사도>·<신명사명>에 대하여」(1994)를 통해, 그리고 이상필이 박사학위논문 「남명학파의 형성과 전개-사상과 학맥의 추이를 중심으로-」(1998)의 제2장 제2절 '남명 사상의 특징'에서 자세히 논급하였다. 최석기는 여기에 나타난 남명의 학문 방법을 存養省察·克治의 삼 단계 수양론으로 본데 비해, 이상필은 敬과 義라는 마음 안팎의 두 축으로 설명하였다.

남명의 사상을 이기론이나 심성론의 차원에서 설명하고자 하는 것 외에도 다양한 관점들이 존재하고 있다. 오이환은 위에서 언급한 「남명학자료총간 해제 서론」에서 남명 사상의 특질을 조선 전기의 사림파와 후기의 실학파를 연결하는 사상사적 고리로 파악하여 그 과도적 성격을 언급한 바 있으며, 또한 실천 위주의 유학이 그 이론적 결과로서 예학으로 발전되어 간 측면을 내포하고 있음에 대해서도 설명하였다. 현존하는 『남명집』은 분량이 적어 이용할 수 있는 자료가 충분치 못한데다가 인조반정 이후 남명의 학통이 뚜렷하게 계승되지 못한 역사적인 사정도 있어서 이러한 논지를 충분한 典據를 들어 입증하기에는 한계가 있다.

그런데 조선조 실학의 가장 큰 맥인 星湖學統은 남명·퇴계의 두 문하에 출입하여 兩門이 모두 자기네 嫡統이라고 주장하고 있는 寒岡 鄭逑의 학문 경향을 계승하였다. 이러한 성호의 학맥에 있어서는 성리설에 대해 새로운 주장을 세워 천착하는 것을 경계하는 반면 하학적 실천에 큰 비중을 둔다든가, 문예 중시의 풍조에 대해 비판적인 점,

應用救時를 위한 다방면의 실제적 과제에 대한 탐구를 강조한다는 점, 경전의 해석에 있어서는 經文 이해를 중심으로 한 自得을 강조하여 종래의 주석에 대한 맹목적 추종을 거부하며, 修己·治人의 이념에 입각한 유학의 근본정신으로 돌아갈 것을 강조하는 등의 면에 있어서 남명의 학문적 입장과 매우 유사한 점들을 내포하고 있다.

다만 남명이 살았던 시기는 실학의 전성시대에 비해 2세기 정도 앞설 뿐 아니라 남명 자신이 治人의 문제에 대한 구체적인 저술을 남긴 것이 없으며, 성호학통에 있어서는 그 중심인물들이 한결같이 퇴계의 학맥을 표방하고 있으므로 남명의 사상을 후대의 경세치용적 실학과 연결시킨다는 것은 간단한 문제가 아니지만, 유학이 지닌 실학적 본질에 대한 양자의 인식에 있어서는 거의 다른 점이 없다고 해도 좋을 것이다. 또한 이른바 近畿南人인 성호학통이 퇴계의 학맥을 표방하고 있다고 하나, 성호가 퇴계의 儒化와 남명의 氣節을 각각 바다의 넓음과 산의 높음에다 비유하여 그들로 말미암아 文明이 極에 이르렀다고까지 극찬한 이래로[8] 성호학통에 있어서는 남명에 대한 존숭의 정도가 영남 남인의 경우보다 더욱 각별한 바 있다. 그리하여 조선조 말엽에 그 학통을 계승한 性齋 許傳이 김해부사로 부임하였을 때 강우지방의 유림은 대거 그의 문하로 몰려들어 그 문도의 대다수가 영남인, 그중에서도 특히 오늘날의 경남 지역 인사들로 이루어지게 되었다. 그리고 이 시기에 許眉叟 이후 성호를 거쳐 성재에 이르는

---

8) 『僿說』 권1, 「東方人文」: "退溪生於小白之下, 南冥生於頭流之東, 皆嶺南之地, 上道尙仁, 下道主義, 儒化氣節, 如海闊山高, 於是乎文明之極矣" 성호는 선배 유학자 가운데서 이 둘을 가장 높이 평가하면서도 퇴계에 대하여는 '東方之儒宗'으로 남명에 대해서는 '東方氣節之最'로 구별하여 학문상의 도통은 어디까지나 퇴계에게 있다고 본 것인데, 이것은 남인에 속하는 성호학통이 견지하는 기본적 입장이다. 소書 권1, 「白頭正幹」 참조.

이 학통의 주요 인물들 문집이 경남 지역에서 잇달아 간행을 보게 되었는데, 이는 모두 이 지역 남인 학자들의 학통적 정체성에 대한 의식과 무관하지 않은 것이다.[9]

남명의 실학사상에 관한 연구로는 조평래의 석사학위논문 「남명사상의 실학적 성격」(1988)이 초기의 것에 속하며, 그 이후 권인호 「남명학파의 실학사상 연구」(1997), 거룽진(葛榮晋) 「남명의 실학사상 연구(南冥的實學思想研究)」(1998) 등이 나왔는데, 이처럼 제목을 통해 주제로서 표방하고 있지는 않다 할지라도 남명 사상을 논하면서 그것을 실학적 맥락 속에서 파악하고자 하는 연구들이 오늘날에 있어서는 이미 적지 않다.

쉬웬허(徐遠和)의 「남명과 『대학』(南冥與『大學』)」(1996)은 그가 일찍이 발표했던 「이퇴계와 『심경』(李退溪與『心經』)」(1987)과 짝을 이루는 논문으로서, 여기서는 퇴계가 『심경』을 중시하여 자기 학문의 근간으로 삼았던 데 비해 남명은 『심경』뿐 아니라 『대학』을 더욱 중시하여 모든 經典의 依據로 삼은 점을 양자의 학문적 취향의 차이점으로 간주하여, 『대학』의 三綱領·八條目에 나타난 修己的 修養論과 內聖外王的 治道論을 남명 학문의 본질로 파악하였다. 그런 점에서 그는 남명이 성리학 상에서 朱子를 존숭하는 동시에 원시유학으로 복귀하려는 경향을 보이고 있다고 설명하였다. 남명 사상 속에 원시유학을 지향하는 경향이 있다는 점은 김충렬이 일찍이 지적한 바였으며, 장원철도 「남명 사상과 顔淵」(1991)에서 이 문제를 다룬 바 있다.

---

9) 정경주, 「강우지방의 학문적 특색-허성재 문도를 중심으로-」, 『영·호남의 학문적 특성』, 경상대학교 남명학연구소 정기학술발표회 발표논문집, 2000 참조. 앞에서 퇴계와 남명을 가리켜 '道同德齊'로 말한 盧小訥도 성재 문인으로서 성호학통의 마지막 세대라고 할 수 있는 인물인데, 이 학통의 문집 간행에 시종 깊이 참여해 왔다.

이와 관련하여서는 최근에 조우웨친(周月琴)도 남명 사상과 『대학』의 관계를 새로이 언급하여, 주자의 격물치지 이론 속에 國家治理之學의 내용으로서 남명이 강조한 義의 개념을 포함한 실학적 지향이 이미 내포되어 있으므로 성리학과 실학은 본질적으로 구분될 수 없는 것이며, 그런 의미에서 퇴계의 사상이 앞서 이동희가 말한 바와 같이 주자학의 심학적 발전이라면, 남명의 『대학』에 대한 강조는 오히려 그가 수기와 치인을 나란히 강조하는 주자학의 본질을 보다 정확히 파악하고 있음을 보여주는 것이라는 견해를 제시하고 있다.[10] 朱子의 격물치지론을 과연 그렇게 해석할 수 있는지의 문제는 일단 접어두더라도 만약 이 주장이 타당성을 갖는다면, 그것은 남명에 대해서만 그러할 뿐 아니라 실학파 일반 및 성호학통, 그중에서도 특히 순암 안정복 계열의 실학파가 모두 그러할 것이므로, 결국 실학과 성리학의 구분이 가능한 것이냐는 실학의 개념 문제에로 귀착하게 된다. 실학의 개념에 관한 논쟁은 1960년대 무렵 국내에서 성행했었던 것이지만, 이 문제는 아직도 말끔하게 정리되지 못한 듯하여 오늘날에 있어서도 실학의 문제를 다룰 때는 종종 되풀이되고 있다.

조우(周) 여사의 견해와는 반대로 남명 사상 속에는 성리학 이외의 이단적 요소가 내재해 있다는 주장도 끊임없이 제기되어 왔다. 특히 퇴계가 남명을 동시대의 도가적 학풍을 대표하는 존재로 지목한 이래 이 문제는 역사적으로 남명학파와 퇴계학파가 대립하게 된 중요한 원인을 제공한 바 있는데, 남명 사상을 육왕학과 결부시키는 것도 마찬가지로 이 두 학파의 대립관계에서부터 기인한 것이었다. 이러한

---

10) 周月琴, 「寒岡鄭逑哲學思想硏究-兼論寒岡對南冥學派的思想意義-」, 남명학연구원 2000년도 연구위원 세미나 발표문.

역사적 배경 하에 남명 사상 속에 도가적 내지 육왕학적 요소가 있다는 점은 오늘날의 여러 연구자들에 의해서도 계속 지적되어 오고 있다.

남명 사상 중의 도가적 요소를 다룬 연구로는 試論的 성격의 것이기는 하지만 미우라 구니오(三浦國雄)의 「남명과 노장사상(曹南冥と老莊思想)」(1988)이 시기적으로 가장 앞선 것이며, 그 후 오진탁 「남명학에 있어서 莊子사상의 위치」(1991), 사카데 요시노부(坂出祥伸) 「남명과 노장사상(南冥と老莊思想)」(1996), 펑린(彭林) 「남명의 유가사상 중 도가적 면모」(1996)가 나왔고, 오이환 「남명의 儒道사상 비교연구」(1997)는 그 이후의 것이다. 오진탁과 펑린은 대체로 남명의 학문 경향 속에 상당한 정도의 도가적 요소가 있으나 오늘날의 관점으로 보아서는 그 점이 오히려 남명 사상에 있어서의 긍정적 측면이 될 수 있다고 보는 데 비해, 미우라 구니오의 논지는 남명이 도가의 문헌을 즐겨 읽고 시문 등에 그러한 내용을 종종 사용했다고는 하지만, 그것은 남명의 인격이 지닌 자유로움의 지표일 뿐 사상 자체가 유가적 범주를 벗어난 흔적은 찾아보기 어렵다는 것이었다.

남명 사상 중의 육왕학적 요소에 대해서는 이수건이 「남명 조식과 남명학파」(1982)에서 처음으로 제기하여, "퇴계학과 남명학의 병존은 마치 중국에 있어서 정주학과 육왕학의 양립에 비교된다"고 설명한 바 있었다. 그 이후로 여러 사람이 이 문제에 언급하였으나 대부분 단편적인 것이었고, 기본적으로는 성리학의 틀을 벗어나 있지 않은 남명의 사상 속에 육왕학적 일면도 아울러 존재함을 지적하는 데서 그치고 있다. 그러나 손영식은 「남명 조식의 주체성 확립 이론과 사림의 정신(1)」(1996)에서 이 문제를 본격적으로 거론하여, 남명의 철학은 어느 모로 보나 성리학의 특징이 없으며 굳이 규정하자면 양명학적 경향에 가깝다고 하여, 남명 사상을 양명학의 계열로 해석해야 한다는 적극적인 논지를 개진하였다. 오이환의 「남명과 육왕학-지와 행의 문제를 중심으로-」(2000)는 이 문제의 기원을 역사적으로 설명하면서, 그와 같은 논지에 대해 회의적인 시각을 피력한 것이다.

남명 사상과 불교와의 관계를 다룬 논문으로서는 김경수 「남명의 불교관」(1999)이 거의 유일한 것인데, 그 이후 송희준이 진주 인근에 위치한 단속사에 관한 두 편의 논문 가운데서 부분적으로 남명의 불교관 문제를 다시 언급한 바 있다.[11] 김 씨의 논문은 남명이 불교에 대해 비교적 관용적인 태도를 지니고 있었던 것으로 이해하는 반면에 송 씨는 매우 배타적인 입장이었던 것으로 보고 있는 점이 대조적이다.

본고 제2절에 제시된 도표에서 철학 분야의 연구 성과는 총 67건임에 비해 문학 분야가 66건으로서 거의 같은 수치에 이르고 있는 것은 경상대학교 남명학연구소가 그 개설 이래 이 대학 한문학과에 의해 운영되어 온 사실과 관계가 있다. 정인홍은 『남명집』서문에서 남명이 늘 '詩荒誡'를 지니고서 학자들이 문학적 감수성에 치중하여 현실적 감각을 상실하는 것을 크게 경계하고 있었음을 말하고 있고, 남명 스스로도 청송 성수침이 「坡山」詩軸에 화답해 줄 것을 요구한 데 대한 답서에서, 시를 읊조리는 일은 玩物喪志의 대표적인 것일 뿐 아니라 자신은 남과 문학적 재능을 겨루는 일이 오만을 더할 뿐이라 생각하여 수십 년 동안 詩作을 중단해 왔다고 말하고 있다.[12] 정인홍이 회

---

11) 「단속사의 창건 이후 역사와 廢寺과정」, 『남명학연구』 9, 경상대학교 남명학연구소, 1999; 「斷俗寺址의 문화유산」, 『모산학보』 12, 모산학회, 2000.

12) "曾以哦詩, 非但玩物喪志之尤物, 於植每增無限驕傲之罪, 用是廢閣諷詠, 近出數十載"

재 이언적과 퇴계 이황을 비판한 이른바 '晦退辨斥疏'에서 문학의 폐해가 홍수보다 심하다고까지 말한 것은 과격한 발언이라 하겠지만, 성호 연원의 실학파 인물들도 문예에 대해 대체로 이와 비슷한 생각을 지니고 있었음은 위에서 언급한 바 있다.

그러나 위의 통계는 집필자의 전공 분야에 근거한 것이므로 그 모두가 반드시 문학적 연구라 하기는 어렵고, 개중에는 학제적 성격의 글도 포함되어 있다. 또한 한글 전용 시대에 가까운 오늘날에 있어서는 일반인의 한자에 대한 지식이 크게 떨어져 있음은 물론 동양학 전공자라 할지라도 대학의 수업에서 한문 원전을 다루기가 어려울 정도인 것이 현실이므로, 한문학 전공자들 가운데는 자신의 연구 대상을 한국의 한문학 작품에 국한하지 않고, 한문으로 된 모든 문헌에 대한 연구, 즉 구시대의 漢學 일반으로까지 확대하여 생각하고 있는 이들도 없지 않은 것이다.

교육학 분야의 연구 성과가 25건으로서 철학문학에 이어 세 번째로 많은데, 이는 해방 직후에 한국인으로서는 최초로 『조선교육사』를 출판한 이만규가 그 책에서 퇴계와 남명을 비교하면서 남명의 교육사적 위치에 대하여, "그 교육이념은 교육상 가치로는 퇴계보다 진정한 것이요 유학 방면으로는 퇴계보다 공자학의 바른 길에 가까운 것이다. 이러한 점으로 보아 조남명의 교육사상은 이퇴계의 교육사상보다 훨씬 압도적인 것이다"라고 평한 사실과 관계가 있다.

4. 선정한 논문

본서에 수록된 11편의 논문과 그 선정 이유는 다음과 같다. 이 글들을 선정함에 있어서는 남명 사상의 각 분야에 관한 연구 성과를 고루 안배하는 데 주안점을 둔 것이지만, 거기에 개진된 견해는 물론 각 집필자의 것으로서 편저 전체의 논리적 일관성을 염두에 둔 것이 아니며, 경우에 따라서는 서로 모순되는 견해를 제시하고 있는 것들도 없지 않다.

김충렬, 「남명 조식 선생의 생애와 학문정신」, 문화체육부 · 한국문화예술진흥원, 『2월의 문화인물/조식』, 1995. 2.

김 씨가 남명의 생애와 사상을 개괄적으로 설명한 이와 유사한 내용의 글은 서로 다른 제목과 형태로 세 가지로 간행되었는데, 원래는 서지 사항이 불분명한 채 덕천서원 혹은 남명학연구원으로부터 『남명선생 행장 및 사적』이라는 제목의 별행본으로서 네 차례에 걸쳐 간행되었으며, 그중 마지막인 1994년 11월 판에 비로소 편저자가 김충렬로 명기되어 있다. 영남대학교의 교지인 『영대문화』 17호(1984)에는 「남명학을 오해와 소외에서 바로잡자」라는 제목의 논설로 실렸고, 그것은 그 후 한길사의 『한길역사기행』 제1권(1986) 및 남명학연구원의 『남명학연구논총』 창간호(1988) 첫머리에도 가필된 형태로 수록되었다.

여기에 실은 것은 남명이 1995년 2월의 문화인물로 지정됨에 즈음하여 종전의 글에 비해 다시금 상당히 달라진 모습으로 정부 간행물로서 출판된 것인데, 「남명 조식 선생의 생애와 학문정신」이라는 제목은 이 팸플릿의 내부 제목으로 보인다. 이 역시 거창신씨대종회가 간행하는 『신씨대종보』 제35호(1995) 및 한길사의 『한국인물유학사』 제2권(1996)에 전재되었다.

이는 남명학연구원의 창립 이후 원장의 직책을 계속 맡아온 김 씨의 남명에 대한 소견을 개괄적으로 나타낸 것으로서, 남명이란 인물을 일반인이 알기 쉽도록 소개한 글이다. 위에서 열거한 김 씨의 이와 유사한 글들은 남명학연구원이 설립되기 이전부터 남명에 대한 안내문으로서 사용되어 왔으므로, 이를 첫머리에 올려 일종의 서론으로 삼고자 한다.

이수건, 「남명 조식과 남명학파」, 『민족문화논총』 2·3합집, 영남 대학교 민족문화연구소, 1982.

국사학자 이수건은 『영남사림파의 형성』(경산, 영남대학교출판부, 1979) 및 『영남학파의 형성과 전개』(서울, 일조각, 1995)와 같은 영남의 유학적 전통에 관한 사상사적 저서를 내고 있거니와, 그는 남명 및 남명학파와 관련된 분야에 있어서도 여러 편의 논문을 발표한 바 있다. 그중에서도 「남명 조식과 남명학파」는 가장 초기에 나온 것이며, 그것이 여러 사람들에 의해 인용될 정도로 영향력이 있었던 만큼, 그는 이후로도 기회에 응하여 이와 유사한 성격의 글을 몇 편 더 발표하였다. 이 논문은 남명 및 그 학파의 사상사적 위치와 성격을 다룬 것이므로, 역시 남명학에 대한 전반적 이해에 도움을 줄 수 있을 것으로 본다.

이상필, 「남명의 神明舍圖銘」, 『남명학파의 형성과 전개-사상과 학
        맥의 추이를 중심으로-』, 고려대학교 대학원 국어국문학과
        문학박사학위논문, 1998. 6.

  남명의 「神明舍圖」 및 그 銘은 앞서 설명한 바와 같이 여러 차례의
우여곡절을 거쳐 『남명집』 임술본에 이르러서야 그 기본 틀이 제시
된 것으로, 그 이후 중간본 편집 과정에 있어서도 특히 圖의 타당성
여부를 둘러싸고 학자들 간에 상당한 논란이 빚어졌던 것이다. 이 씨
의 박사학위논문 중 이 부분은 「신명사도」를 통하여 남명 사상의 중
심적 내용으로 알려진 敬義와 남명 수양론의 구체적 방식에 대해 상
세히 해설하고 있다. 이 씨의 학위논문에서 병오본이라고 칭한 것은
갑진년의 정인홍 서문이 붙은 현존 最古의 『남명집』, 즉 갑진본을 가
리킨 것이다. 이 글은 네 개의 항으로 이루어진 제2장의 '나. 남명 사
상의 특징' 가운데서 「신명사도」 및 그 명에 관해 다룬 처음 두 항만
을 취하였으므로, 편자가 임의로 이러한 제목을 부여한 것이다.

금장태, 「남명 조식의 『학기도』와 도학체계」, 『조선전기의 유학사
        상』, 서울대 출판부, 1997.

  남명의 學記圖에 관해 연구한 사람은 여러 명이 있으나, 금 씨는 이
에 앞서 「남명의 학기도에 관한 연구」(1992)를 발표한 바 있으므로 관
심과 연구가 특히 깊다고 할 수 있다. 남명의 『학기유편』은 그의 성
리학 사상과 관련하여 많은 연구자들의 주목을 받아 온 저술인데, 그
것은 明代 초기의 주자학자인 쉐쉔(薛瑄)(1389~1464)의 『讀書錄』이나
후쥐런(胡居仁)(1434~1484)의 『居業錄』 같은 당시 '道學正宗'이라 일컬

어졌던 책들과 흡사한 형태로, 실제로 下學을 위주로 하는 남명의 사상은 이들과 매우 유사하다. 이른바 程朱以後著書無用論은 쉐쉔에게서 이미 그 선례를 찾아볼 수가 있으며, 『居業錄』도 오늘날 일반적으로 類編本의 형태로 전해지고 있다. 『학기유편』이 그것들과 다른 점이라면 책에서 읽은 내용을 뽑아 적은 箚記만으로 이루어져 있다는 정도이지만, 그 가운데 들어 있는 학기도는 24圖 가운데서 17도가 남명 스스로 그린 것이므로 그의 철학사상을 엿보는 데 있어서 각별히 중시되어 왔던 것이다. 금 씨가 『학기유편』과 관련한 다양한 문헌들을 면밀히 대비하여 고찰하고 있는 점도 이 글을 기왕의 연구들과 구별되게 한다.

권인호, 「남명학파의 실학사상 연구」, 『남명학연구논총』 5, 남명학연구원, 1997.

남명 사상과 실학의 관련 문제에 대한 연구는 아직도 시론적 단계에 있어 논란의 여지가 많은 부분이다. 권 씨는 그의 철학박사 학위논문 「조선 중기 사림파의 사회정치사상연구-남명 조식과 내암 정인홍을 중심으로-」(1990) 이래로 남명학파와 실학의 관련 문제에 대해 지속적인 관심을 기울이고 있다. 이 논문은 남명 및 그 학맥과 성호학통의 경세치용적 실학 사상과의 관계 문제를 포괄적으로 다룬 것이다.

손병욱, 「남명 "敬義"사상의 기저로서의 정좌수행」, 『남명학연구논총』 2, 남명학연구원, 1992.

남명이 靜坐 수행을 즐겨했다는 기록은 동강 김우옹의 부친인 김희삼의 시 등에 몇 군데 보일 따름이지만, 일찍부터 남명 학문의 성격은 주자의 스승인 延平 리통(李侗)의 그것과 다름이 없다고 말해져 왔다. 연평 사상의 요체는 정좌를 통해 未發의 기상을 體認하고 함양하는 敬의 공부에 있었던 것이므로, 정좌가 남명에 있어서 공부 방법의 핵심적 부분을 차지하는 것도 미루어 짐작할 수 있다. 이것은 또한 남명이 형이상학 및 심성론적 문제에 대하여 이론적 분석을 통한 지식의 추구보다는 自得을 통한 체험을 강조했던 사실과도 상통하는 점으로, 후일 남명의 학문을 陸王學과 관련짓게 되는 한 단서를 제공하고 있기도 하다. 손병욱은 평소 정좌의 문제에 대해 깊은 관심을 가지고 이에 관한 여러 편의 논문을 발표해 왔거니와, 남명의 이른바 敬義 실천을 뒷받침한 것이 바로 정좌의 수행이었다고 보고 있다.

손영식, 「남명조식의 주체성 확립 이론과 사림의 정신 (1)」, 『남명학연구논총』 4, 남명학연구원, 1996.
손영식, 「남명조식의 주체성 확립 이론과 사림의 정신 (II)」, 『남명학연구논총』 7, 남명학연구원출판부, 1999.

손영식의 이 두 편의 논문은 비록 몇 년의 시간적 간격을 두고서 발표되기는 하였지만, 그 제목이 표시하고 있는 바와 같이 하나의 일관된 논문이다. 그것은 남명의 저작을 면밀히 검토한 위에 그 인품과 사상의 본질을 포괄적으로 해명한 것으로, 남명에 대한 손영식의 독특한 관점과 이해의 수준을 잘 보여주고 있다. 그 견해는 어떤 면에서는 주관적이라고 할 수 있을 정도로 독창성이 풍부하며, 문장은 문학적이기까지 하다. 전편은 주로 남명 사상의 육왕학적 성격을 말했고, 후편에서는 주체성의 문제, 즉 강건한 자아 확립을 남명 사상의 핵심적 내용으로 설명하고 있다.

오이환, 「남명의 儒道사상비교연구」, 『철학연구』 41, 철학연구회, 1997 가을.
오이환, 「남명과 陸王學-지와 행의 문제를 중심으로-」, 『남명학연구논총』 8, 남명학연구원출판부, 2000.

이 두 편의 논문도 다른 시기에 발표된 것이지만, 그 목차에서 보는 바와 같이 서로 상당한 연관성을 지니고 있다. 남명 사상 속에 성리학 이외의 부분, 즉 당시로서는 이단으로 간주되었던 학문의 요소가 다분히 존재하고 있다는 것은 남명 사상을 말할 경우 자주 거론되는 내용이다. 주로 남명의 독서 범위가 퍽 넓었고, 특히 도가 및 육왕학에 상당히 경도되어 있었거나 적어도 그러한 경향성을 지니고 있었던 것으로 설명되고 있는데, 조선조 500년의 사상사가 거의 성리학 일색이라는 점에 대해 여러 가지 논란이 있는 터이므로, 오늘날에 있어서는 이러한 점이 오히려 남명 사상의 독자성을 보여주는 면으로 설명되기도 한다. 이 두 편의 논문에 있어서는 그러한 문제가 퇴계와 남명 사이의 서로에 대한 비판적 견해 및 그것의 연장으로서 광해군 대에 이르러 심화된 남명학파와 퇴계학파 간의 대립관계에서 유래하고 있음을 실증적으로 해명하고 있다. 동시에 흔히 대비되는 퇴계·남명 두 거유의 상대방에 대한 시각과 학문적 입장의 同異 문제에 대해서도 상세히 논급하고 있다.

김경수, 「남명의 불교관」, 『남명학연구논총』 7, 남명학연구원출판부,
    1999.

남명은 불교에 대해서도 상당히 포용적인 입장이었던 것으로 알려
져 있지만, 그것에 관해서는 김 씨의 이 논문 이외에 별로 이렇다 할
연구 성과가 나온 것이 없다. 이 연구는 『남명집』 및 여타 자료에서
남명과 불교의 관계를 보여주는 자료들을 폭넓게 수집하여 면밀히
검토하고 있으므로, 그 방면의 연구는 이 한 편만으로도 부족함이 없
다고 하겠다. 김 씨는 남명학연구원이 사단법인으로 되고 난 이후부
터 2002년 초까지 사무국장 겸 상임연구위원의 직책을 맡았으며, 주
로 실무에 종사하는 한편 여러 편의 논문도 발표해 왔다. 자료에 대
한 객관적 분석을 통해 남명이 불교 이론에 대해 그다지 배타적이지
않았으며 여러 승려들과 교분을 가지고 열등한 신분적 위치에 있는
그들의 삶에 대해 동정적인 자세도 지니고 있었으나, 현실적으로는
성리학자로서의 한계를 넘지 않았다는 온건한 해석을 내리고 있다.

5. 앞으로의 연구과제

끝으로 남명의 사상 방면에 한정하여 아직도 충분히 해결되지 못
한 과제와 앞으로 나아가야 할 연구의 방향에 대해 소견을 피력해 보
고자 한다.

남명이 비록 조선조 유학의 전성기라고 할 수 있는 16세기 당시 학
계에서 큰 비중을 차지하고 있었던 영남의 학문적 전통에 있어서 퇴

계와 더불어 쌍벽을 이룬 존재였다고는 하나 그의 사상사적 위치를 어떻게 설정해야 할 것인지는 아직도 문제의 여지가 없지 않다. 남명에 대해서는 그 생시에 이미 褒貶의 말들이 많았고, 그의 사후 당쟁의 시대가 시작되면서 그의 학맥을 잇는 인물들이 선조 말년에서 광해군 시기까지 정계와 학계를 주도하는 위치를 차지해 가다가 인조반정에 의해 몰락해 버리고 말았던 까닭, 후대의 학자들도 당색에 따라 남명에 대한 평가는 큰 차이를 보이게 되는 것이다.

성호가 비록 퇴계와 남명을 우리나라 유학사의 최고봉으로 존숭하고, 성호의 학통을 이은 남인 계열의 학자들이 이 양자를 도와 덕의 양면에서 모두 차이가 없다고 평가했다고는 하나, 그들이 학문적 계통을 말할 때는 반드시 스스로를 퇴계에다 접맥시키고 남명에 대해서는 대체로 氣節의 측면을 말할 뿐이니, 이 역시 하나의 당론이라고는 하겠지만 그 때문에 남명의 사상사적 위치를 말하기는 더욱 어려워지는 것이다.

남명 본인으로 말하자면 현재 전하고 있는 저술의 양이 많지 않을 뿐 아니라, 그 자신 성리학적 문제에 대하여 새로운 이론을 수립하려 하지 않았고, 다른 사람들이 그런 문제에 대해 토론하는 것도 世道人心에 도움이 되지 않는다 하여 힘써 막아야 한다는 입장이었다. 그러므로 학문적 문제에 관해 새로운 이론을 수립하거나 기존의 이론에 대해 남다른 해석을 제시한 경우에 비로소 사상이라는 말을 부여할 수 있다고 한다면, 그를 철학자 혹은 사상가의 범주에 포함시킨다는 것 자체가 이미 논란의 여지를 내포하게 되므로 그리 간단한 문제는 아닐 것이다.

그러나 이러한 시각이란 대체로 서양철학이 전래된 이후에 성립된 것이며, 대학의 철학과에서 동양철학이라는 것이 하나의 분과 영역으로 설정되고, 서양철학과 동양철학의 전공자들이 공동의 학회나 학술지를 통해 연구 성과를 발표하게 되자 서양철학의 기준에 의해 동양사상을 해석하고 그 기준에 적합한 것만을 철학의 범주에 포함시키게 되면서 형성된 것이다. 19세기에 이르기까지 동아시아에는 원래 철학이란 학문이 존재하고 있지 않았기 때문에, 만약 그와 같은 기준을 적용하게 된다면 남명이나 한국사상사뿐만 아니라 그것에 대해 막대한 영향을 미친 중국사상사의 경우에 있어서도 漢代 이후 관학으로서 학문의 주류를 이루어 온 유학의 전통 가운데서 宋學 이외에 이른바 漢學의 범주에 드는 經學의 계열과 그 시대는 거의 모두 연구의 대상에서 제외되어야 할 터이다. 라오스광(勞思光)이 자신의 『중국철학사』에서 漢·唐代 및 淸代에 대해 적극적인 가치를 인정하지 않은 이유도 바로 여기에 있다. 심지어 막스 베버 같은 사람은 『論語』를 읽고서, 그 어법이 단편적이요 논증적이 아닌 점을 가리켜 「그 표현의 형식만으로 보자면, 아메리카 인디언 추장의 말투와 똑같다」고까지 평한 바 있었던 것이다.[13]

　서양철학을 선구적으로 도입 소개한 일본에 있어서도 중국철학사의 연구에서 메이지(明治)시대 이래로는 서양철학을 흉내 내어 비교적 형이상학적 사변의 요소가 풍부한 先秦諸子와 宋明理學만을 중시하고 있다가 문헌학적 방법론이 확립되면서부터는 전통적 학문의 역사 일반을 실증적으로 탐구하는 고전학의 방향으로 선회하여 오늘날에 이르고 있는 것이다.[14] 어떤 의미에서 지금 우리나라 동양철학계의

---

13) 森三樹三郎, 『中國思想史(上)』, 東京, 第三文明社, 1973, 18쪽에서 재인용.
14) 坂出祥伸, 『東西シノロジー事情』, 東京, 東方書店, 1994, 제1부 제1장 「中國哲學硏究の回顧と展望-

상황은 개화기 일본의 그것과 흡사한 면이 있으니, 철학사만 있고 사상사가 없다고 하는 말은 바로 그 때문이다. 그리하여 동서양의 철학을 융합한다는 것이 자못 우리 시대의 요구에 맞는 참신하고도 창조적인 사상의 추구인 것처럼 간주되어, 서양철학 연구자들이 동양철학을 아울러 언급하여 이른바 한국적 철학을 창조한다는 것이 하나의 시대적 구호로 되어 가고, 또한 동양철학 연구자들이 서양철학의 개념과 범주를 차용하여 종래의 내용물을 새로운 모습으로 포장해서 진열하는 것이 박학의 표지로 되어 있다.

율곡은 일찍이 조선조 5현의 문묘종사 운동이 활발히 전개되던 선조 연간에 당시 거론되고 있던 5인 가운데서 조광조와 이황을 제외한 3인은 종사의 대상에서 제외되어야 한다는 의견을 내놓았다. 율곡의 지적은 역시 성리학의 이론적 측면에 대한 공헌이나 官人으로서의 도덕적 거취를 문제 삼은 것이었지만, 조선 전기의 대표적인 도학자로서 거론된 그 5인 중 정여창·김굉필·조광조 등 이른바 사림파의 학문 경향은 모두 실천적인 것으로서 남명의 그것과 유사하며, 이는 한평생 '小學童子'를 자처한 김굉필의 예에서 단적으로 보인다. 하학을 중시하는 남명의 학문 경향은 결코 그들과 무관한 것이 아니며, 그러한 조선 전기의 학문 경향을 소급해 보자면 위에서 언급한 明代 초기의 쉐쉔·후쥐런이나 그 이전 元代에 있어서와 같은 중국 주자학의 실천적 동향과도 연결되어 있고, 보다 근원적으로 말하자면 "행하고 남은 힘이 있거든 글을 배우라(行有餘力, 則以學文)"고 한 공자의 근본 사상에 닿아 있는 것이다.

通史を中心として」참조.

또한 이미 지적한 바와 같이 治人의 측면을 중시하는 남명의 유학적 견해는 후기 실학파의 학문관과도 놀라울 만큼 유사성이 있으며, 그 학통적 맥락에 있어서도 일정한 연관성을 가지고 있다. 그러므로 이제 남명이라는 존재의 의미에 대한 탐구는 한국유학사의 전후 맥락과 동아시아 사상사를 염두에 둔 거시적 시각이 반드시 필요한 시점에 와 있다고 본다.

아울러 언급해 두고 싶은 것은, 종래의 동양철학이 지나치게 철학성이라는 면에 치중한 결과 연구의 대상이 매우 편중되어 있다는 점이다. 그것은 다시 말하자면 연구자 각 개인이 평생의 과제로서 자기 나름의 문제의식을 가지고 새로운 분야를 개척해 나가겠다는 정신이 부족하다는 것을 의미한다. 예컨대 퇴계의 경우는 남명에 비해 저술의 양이 풍부한 편이지만, 그럼에도 불구하고 그에 대한 기존의 수많은 연구 논문 가운데서 철학자들의 것은 거의가 奇高峰과의 四七理氣論辨이나 「聖學十圖」 등의 범위를 벗어나지 못하고 있는 듯하다. 그것들은 퇴계가 남긴 전체 저작의 분량에 비한다면 극히 일부분에 불과한 것이며, 그 나머지 대부분의 자료는 전공 영역이 아니라 하여 철학자의 관심을 끌지 못하고 있다. 그러나 퇴계가 남긴 글들 중에 그의 사상과 무관한 것이 과연 있겠는가?

또한 퇴계는 율곡 등으로부터 '依樣의 기미가 있다'고 하여 지나치게 朱子의 학설을 교조적으로 답습하려 한다는 평을 받아 왔던 터이다. 그럼에도 불구하고 많은 경우 오늘날의 한국사상사 연구는 중국 사상의 내용에 대한 정밀한 이해에 바탕을 둔 비교 검토를 거치지 못하고 우리 측 학자의 저술에 담긴 내용을 무턱대고 독창적인 것인 양 해석하려는 경향이 없다고 보기 어려운 것이다. 퇴계의 경우에 있어서도 그의 수많은 저술들 대부분이 철학자들의 관심 밖에 있는 것을 필자는 평소 아쉽게 생각해 왔거니와, 이른바 四七論이라는 것이 과연 그토록 수많은 논문이 쓰여야 할 정도로 다양한 해석의 여지를 내포하고 있는 것인지, 그리고 주자학의 전체적 체계 가운데서 한 특수 주제에 관한 그와 같은 논변이 오늘날의 관점에서 과연 그토록 중요한 철학적 의미를 가지는 것인지에 대해서도 의문을 가져 왔다.15)

우리나라의 동양철학 연구 인력은 중국이나 일본에 비해 많다고는 할 수 없을 것이다. 그럼에도 불구하고 그 대부분의 인력이 이미 널리 알려져 있는 주제에 대한 유사한 성격의 연구에 편중되어 있다고 한다면, 그것은 필연적으로 매너리즘에 빠지게 되어 그다지 생산적이지 못한 것이다. 또한 총론에 강하고 각론에 약하다는 것이 우리나라 학문의 문제점으로서 흔히 언급되는 바이지만, 그 한정된 인력이 각자의 흥미나 학계의 일시적 요청에 따라 산만한 주제에 대한 개론적 수준의 연구에 시간과 정력을 소비하여 팔방미인이 된다는 것은 국가적 차원에서도 그다지 바람직한 결과를 낳지는 못할 것이라고 본다.

남명의 경우에 있어서도 이를테면 남명의 교육사상에 관한 논문 같은 것이 수적으로 결코 적은 것은 아니지만, 그것들 하나하나가 과

---

15) 퇴계 연구자이기도 한 윤사순 교수는 최근에 나온 『자료와 해설-한국의 철학사상』(고려대 민족문화연구원 한국사상연구소 편, 예문서원, 2002) 서문에서, "심지어 서양 철학을 잣대로 삼아 동양 사상에서 '철학'을 찾는 것이 부적절하다는 견해까지 나오고 있는 것을 본다. 그러나 우리는 그런 주장에 동의하지 않는다. 지금은 동서의 벽을 넘어 다양한 사상·문화의 조화로운 공존이 요청되는 때이다. 이러한 때에 어느 특정한 기준을 절대화하여 동양 또는 한국의 철학 사상을 지나치게 단순화하거나 그 존재를 부정하기까지 하는 일은 있을 수 없다. 더욱이 서양 철학은 물론 중국·일본 등 주변국의 철학과도 구별되는 독특한 경로를 통해 한국 철학이 그 어느 곳의 철학 못지않게 발전해 왔음을 고려할 때, 이에 대한 탐색과 탐구를 게을리 하는 것은 한마디로 어리석은 짓에 불과하다"고 지적하고 있다. 이는 필자와 같은 생각에 대한 주류파의 통렬한 비판이라고 볼 수 있다. 그러나 필자는 오히려 이러한 견해가 동양 및 한국 사상사의 연구 대상을 지나치게 협소하게 만들었고, 그 결과 오늘날 보는 바와 같이 제한된 몇몇 '철학적' 주제를 지칠 줄 모르고 반복하여 탐구하는 반면 전통적 학문 영역 중의 많은 부분은 황무지인 채로 팽개치게 만든 것이라고 본다. 철학도 하나의 학문인 이상 새로운 발견이 없는 연구는 '논문'의 이름에 값하지 못하는 것이다.

연 나름대로의 새로움을 지닌 독창적인 것인지 반성해 볼 필요가 있다. 이것은 남명학이나 그중 어느 특수한 연구 영역에만 해당되는 것이 아니며, 학문 연구의 일반적 원칙론에 해당하는 말이라고도 할 수 있겠는데, 우리나라 동양철학계의 현황이 대체로 이와 같아서 대부분의 연구자들이 형이상학적 성격이 강한 사변적 주제와 인물에 몰두하여 있는 바로 그 정도만큼 연구의 대상에서 소외된 미개척의 분야가 많이 남아 있을 것이므로, 그러한 대상들 가운데서 자기 나름의 흥미를 가질 수 있는 분야를 택해 평생의 과제로서 철저히 탐색하여 차근차근 실적을 쌓아나가려는 연구자의 자세가 필요하다는 것이다.

그것은 반드시 연구의 분업화라고 하기보다는 문제의식의 다변화로 이해되는 것이 바람직하겠다. 어느 시대 어느 사회이든 연구자 간에는 다양한 층 차가 있기 마련이므로 모든 사람이 다 독창적인 연구에 종사하는 것도 아니고 실제 그럴 필요도 없다. 그러나 적어도 연구 인력의 효과적인 배분과 운용이라고 하는 측면에서는 전체적 사유를 강조하는 철학의 영역에 있어서도 그러한 개성 있는 작업과 프로다운 개척정신이 절실히 요구됨을 강조해 두고 싶다.

그러나 이 경우 역시 문제는 과연 그와 같은 새로운 연구가 철학적인 작업으로서 인정될 수 있을 것이냐 하는 것이다. 현재의 상황으로서는 그것이 설사 만족할 만한 성과를 낸다 할지라도 기존의 학계에 받아들여져 발표의 지면을 얻기는 매우 어려운 여건이다. 남명학의 경우에는 이미 몇 종류의 전문 학술지가 간행되고 있으므로, 우선 그러한 곳에다 발표할 수 있겠지만, 그러한 기관지가 학계 일반에 널리 읽히고 있는 것은 아니며, 전국적인 수준의 학술지 등급 평가에서 높은 위치를 차지하고 있는 것도 아닌 것이다. 결국은 동양사상의 본질에 대한 인식의 변화가 동반되지 않는 한 이 문제는 해결되기 어려운 셈인데, 지금처럼 동양철학과 서양철학이 한 울타리 안에 속해 있는 동안은 철학성이라고 하는 벽은 철폐되기 어려울 것이라고 본다. 그러므로 동양에는 일찍이 철학이란 학문이 존재하지 않았다는 주장도 언제까지나 공허한 메아리가 되어 되돌아올 따름인 것이다.

1984년에 한국사상사학회가 발기되어 1987년 이후로『한국사상사학』이라는 잡지를 발간해 오고 있는 것으로 알고 있다. 그 창립 취지문 가운데 "事實 위주의 史的 연구는 미세한 史實추구에 치우치는 폐단이 생기고 원리 위주의 思想연구는 공허한 이론에 칩거하는 병폐를 낳게 되었습니다. 여기에 바로 사적 사상적 연구의 유대 강화라는 방법론적 의의가 존재합니다"라는 구절이 있다. 당분간은 이와 같은 학제적 연구의 방향에 기대를 걸어 볼 수 있을 것이며, 특히 동양사상의 경우에는 바로 위에 설명한 바와 같은 이유에서 학문 영역 간의 벽을 허물어뜨린 학제적 연구가 반드시 필요한 것이기도 하다. 다만 그로부터 이십 년 정도의 시간이 지난 지금 이 학회는 국사학의 한 분과 영역 정도로 간주되고 있는 듯하므로, 철학자와 사학자의 만남의 장이라는 처음의 목표를 과연 어느 정도 성공적으로 수행할 수 있을지 의문이다. 그러나 국학의 한 부분으로서 남명학 연구가 앞으로 나아가야 할 방향도 그와 같은 학제적인 것이어야 한다는 생각을 필자는 예전부터 가지고 있다.

(『오늘의 동양사상』 제6호, 예문동양사상연구원, 2002년 3월 1일)

II

남명 조식의 사상과 남명학파의 좌절

II. 남명 조식의 사상과 남명학파의 좌절

1. 연구사와 생애

1) 기존의 연구

南冥 曺植(字 楗仲, 1501~1572) 및 그 학파에 대한 연구는 1980년대에 들어서부터 본격적으로 시작되었다. 필자는 1988년 이래로 현대적 인쇄물, 즉 양장본의 형태로 간행된 1차 및 2차 자료를 추적하여 수년에 한 번씩 현재까지 다섯 차례에 걸쳐 그 목록을 공표해 왔다. 가장 근래에 나온 「남명학관계기간문헌목록 2002」는 전체를 원전 및 그 번역본으로 구성된 1차 자료와 期刊·단행본·학위논문·일반논문·논설·未刊論著를 포함한 2차 자료로 분류하여 국판 81쪽의 분량으로 정리하였는데, 그중 연구논저인 2차 자료 부분이 67쪽에 달한다. 그것에 관한 개괄적인 소개는 『한국의 사상가 10인-남명 조식』의 해제에 해당하는 「남명 사상은 어떻게 연구되어 왔는가」에서 이미 다

루어졌으므로, 여기서는 중복된 언급을 피하기로 한다.

널리 알려진 바와 같이 조식은 후학의 저술 행위에 대해 부정적인 입장에 있었기 때문에 그 자신이 저술을 중시하지 않았다. 게다가 남긴 글은 임진왜란의 와중에 대부분 일실되었고, 오늘날 『남명집』에 수록되어 전하는 것은 그 문도와 후학들이 후일 수집한 것이다. 그러므로 분량이 많지 않을 뿐 아니라 원형에 어긋나는 부분 또한 많았기 때문에, 판을 거듭하면서 계속적인 교정과 작품의 추가가 이루어져 왔다. 이러한 사정을 감안할 때, 이용 가능한 자료의 양에 비해 이미 이루어진 연구 성과만으로도 결코 부족하다고는 말할 수 없다.

상대적으로 짧은 기간에 이루어진 왕성한 연구 활동의 결과로 오늘날 조식은 이미 한국을 대표하는 사상가의 반열에 올라 있고, 그중에서도 퇴계 이황 및 율곡 이이와 비견되는 성리학의 대가로 인식되어지게 되었다. 그러나 이와 더불어 아직도 조식 사상의 본질에 대한 인식상의 혼란 또한 적지 않은 것이 현실이다. 여기서는 먼저 이러한 서로 상치되는 몇 가지 견해들을 소개하여 논의의 출발점으로 삼고자 한다.

이황이나 이이에 대해서는 어느 쪽의 견해가 주자의 원의에 보다 충실한가에 대해 역사상 끊임없는 논쟁이 있었을지언정 그들을 순수한 주자학자로 간주하는 데 대해 전통적 유림사회에 있어서는 대체로 이의가 없었다. 그러나 근자에는 이들에 대해서도 주자학 계열의 사상가가 아니라는 특이한 주장을 하는 사람들이 나타나게 되었다. 그런데 조식에 관해서는 당대에 이황이 그를 도가적 사상을 대표하는 인물로 지목한 바 있었고, 이이도 그를 도학자로 간주하는 데 대해서는 다소 회의적 입장을 표명한 바 있다. 이는 근본적으로 학문관의 차이에서 비롯한 것이었지만, 조식과 이황의 서로에 대한 비판적 견해는 이후 남명학파와 퇴계학파의 대립을 가져온 직접적 원인이 되었다. 그러한 대립의 결과로 조식의 사상 속에는 도가뿐만 아니라 육왕학적 요소가 있다는 주장도 나타나게 되었고, 그의 불교에 대한 시각에도 이단적인 요소가 있다는 지적까지 대두하였다.

조식 사상에 대한 현재적 인식의 혼란 역시 이러한 역사적 사실에서 기인하는 것이다. 그러한 인식을 종합적으로 대변하고 있는 것은 최완수의 견해이다. 간송미술관의 연구실장인 그는 이 미술관에 주로 소장된 겸재 정선의 진경산수화를 한국회화사뿐만 아니라 동아시아 미술사의 최고봉으로 간주하고 있다. 그러한 평가에 기초하여, 그와 같은 그림이 출현하게 된 사상사적 배경으로서 정선의 師門에 해당하는 서울 장동 안동 김씨 가문의 학문적 계통, 다시 말해 인조반정 이후 조선 말기에 이르기까지 갈수록 정치적 주도권을 강화하여 점차 세도정치와 같은 전권 체제를 이루어 갔던 서인 노론 중 낙론 계열의 京華士族을 극도로 찬미하였다. 그리하여 서인의 원조인 이이를 리기 일원론의 창시자로 간주하여 리기이원론을 바탕으로 하는 주자성리학과 구별하여 특별히 조선성리학이라 호칭하고, 이러한 혁신적이며 주체적인 조선성리학이 이데올로기로 된 조선 후기를 이황으로 대표되는 보수적 주자성리학이 지배한 조선 전기와 확연히 구별하며, 조식 및 서경덕의 계열로 구성된 북인은 비순정성리학자로 분류하였다.

이는 최완수 개인의 인식이라기보다는 대체로 보아 그를 중심으로 모인 이른바 간송학파의 공통된 주장이다. 그들이 비록 남명학을 본격적으로 연구한 바는 없으나, 조식 사상 속에 노장·육왕·불교 등 비성리학적 요소가 존재한다는 종래의 주장들을 포괄적으로 계승한 것이라고 할 수 있다.[1] 간송학파의 구성원은 대체로 서울대 사학과 출신인데, 그 동문으로서는 이에 앞서 한명기·고석규 등이 조식의 사상 속에 비성리학적 요소가 존재함을 지적한 바 있었다.[2] 김윤제·신병주는 조식이 성리학자이지만 노장을 비롯한 여타의 사상에 대해서도 포용적인 태도를 지니고 있었는데, 이는 그만의 독특한 사상적 면모라기보다는 조선 중기 이후 사상계의 흐름이 주자성리학으로 고착화되기 전에 많은 학자들이 공통적으로 가졌던 학풍이었다고 설명하고 있다.[3]

그런가 하면 이황과 조식의 상호 비판 문제와 관련하여, 조식에 대한 이황의 비판 쪽을 전폭적으로 지지하는 입장을 취한 경우로는 이광호가 있다. 그는 조식의 사상 속에 이황이 지적하는 바와 같은 노장적 요소가 상당히 섞여 있음이 분명하다고 본다. 그리고 형이상학적 논변을 비판하며 저술 행위를 부정하는 조식의 주장은 성리학적 진리관이 어떠한 것인지에 대한 이해가 결여된 까닭이므로 타당하지 못하다고 한다. 그러한 전제 위에서, 조식은 형이상학적 본체와 관련된 표현을 할 때 오히려 '太虛'와 같은 노장사상의 핵심 개념을 사용하고 있으며, 이는 유가적 의미의 하학과 연결된 상달 세계보다는 하학과 분리된 초월적 세계를 지향하는 혐의가 있다고 지적하였다.[4]

조식의 문장 속에 나타나는 '태허'(「寒喧堂畵屛跋」), '太一眞君'(「神明舍銘」)이란 용어를 근거로 하여, 조식의 사상 속에는 오직 工夫論의 요

1) 최완수 외, 『우리 문화의 황금기, 진경시대』; 홍원식, 「'퇴계학', 그 존재를 다시 묻는다」 참조.

2) 한명기, 「광해군대의 대북세력과 정국의 동향」, 302쪽; 고석규, 「정인홍의 의병활동과 산림기반」, 46~48쪽.

3) 김윤제, 「남명 조식의 학문과 出仕觀─퇴계 이황과의 비교를 중심으로─」, 19~22쪽; 신병주, 『남명학파와 화담학파 연구』, 101~102쪽.

4) 이광호, 「남명과 퇴계의 상호비판과 응답」/「남명과 퇴계의 학문관 비교」.

소만 있고 형이상학적 근원자를 지칭할 때에는 성리학에서 말하는 선험적 리를 걷어내고서 그 대신 노장 사상으로써 보완하였다고 주장한 선례로는 정순우가 있다.[5] 그는 조식이 리를 걷어내고서 공부론을 새롭게 해석하기 위해 노장학뿐만 아니라 양명학과 불교 등까지 두루 탐색하며 적절한 대안을 모색하는 실험을 하고 있었던 것으로 보았다.

이동환은 이에서 한 걸음 더 나아가 조식이 사용하는 '신명사'나 '태일군'이란 용어들은 도가의 기 개념을 내포한 것이며, 전투적 기세로 충만한 「신명사도」에는 전반적으로 기의 상상력이 넘쳐나고 있고, 「陋巷記」에 보이는 '物初', '化始'와 같은 용어도 조식이 우주의 궁극적 실재를 기로 생각하였음을 명시한다고 설명하였다. 이러한 견지에서 그는 남명학파의 사상적 특성을 퇴계학파의 주리적 사유에 대비하여 주기적 사유로 설명하였다.[6]

그런가 하면 손영식은 남명 사상의 본질을 양명학적인 것으로 설명하였다. 그는 조선 시대에 가장 창조적인 철학을 한 사람으로서 서경덕·조식·이황·이이를 들고, 조선 전기에 각각 하나씩의 학파를 열어 후에 나타난 동인·서인 두 당파의 기초를 이룬 이 네 사람을 무협소설의 '무림4천왕'에 비유한다. 그는 처음 이이를 제외한 나머지 세 사람은 모두 주자학을 벗어나 독창적인 학설을 수립한 것으로 보았으나, 얼마 후 그 독창성의 면에 있어서 이이와 이황의 위치를 바꾸었다. 그는 앞서 이황이 리에 자기운동성을 부여한 것을 근거로 하여 주희의 핵심 사상에서 벗어났다고 보았으나, 이제는 그러한 주

---

5) 정순우, 「남명 공부론에 나타나는 초월과 관여의 두 흐름」.
6) 이동환, 「남명·퇴계 양 학파의 사상 특성에 관한 몇 가지 문제 제기」.

장을 접고서 성리학의 정통은 이황이며, 리가 無爲라고 했던 이이야 말로 순자의 지각설을 따른 호상학(호남학파)의 계열에 가깝다는 것이다. 조식은 도덕 형이상학의 이론적 탐구를 거부하고 강건한 주체성을 세우려 했다는 점에서 양명학의 양지설과 근본적인 면에서 일치하는 독창적인 견해를 수립하였다고 보았다.[7]

조식의 사상과 양명학과의 관련을 언급한 연구는 제법 있으나 그것들은 대부분 기본적으로 성리학의 틀을 벗어나 있지 않으면서도 육왕학적인 일면도 엿보인다는 정도에서 그친 것이었다. 조식 사상의 본질을 양명학적인 틀로써[8] 설명하려고 한 것은 손영식이 유일한 경우였는데, 후일 한형조도 손영식과 거의 같은 논지를 전개한 바 있었다. 그러나 손영식과 더불어 『남명 조식의 철학사상 연구』를 공저한 조남호는 그 책의 서문에서 자신은 손영식과 달리 남명학을 주자학적인 틀로 규정한다고 해명한 바 있다. 그 후 손영식은 필자를 비롯한 몇 사람의 비판에 대한 반론으로서 「조식 철학으로 들어가는 두 개의 통로—좁은 문으로 들어가라—」를 발표하여 자신의 입장을 다시 한 번 확인한 바 있다. 그러나 이에 대해 한형조가 독후감을 써서 남명의 저작이 보여주는 주자학적 면모는 너무 뚜렷하여 숨길 수 없는

---

7) 손영식은 이러한 생각의 모태를 보여주는 논문 「중국철학에서 반형이상학의 전통—노자철학의 경우—」가운데서 중국철학사 전체를 관통하는 두 가지 조류를 설명하여, 無名論을 주장한 노자는 반형이상학적 사유의 단초를 열었고, 正名論을 주장한 공자는 그 반대편인 형이상학적 사유의 시초라는 주장을 펼친 바 있었다. 그는 湖湘學 및 양명학을 전자의 부류에 넣고 성리학은 후자의 부류에 넣었던 것이다. 그러나 후에 이르러서는 오히려 노자에 대해 "거의 성리학을 방불케 하는 형이상학을 전개"한 인물로 설명하고 있다(『남명 조식의 철학사상 연구』, 46쪽). 이제 그로 하여금 또 한 차례 이와 같은 코페르니쿠스적 전환을 이루게 한 것은 2001년에 나온 정원재의 박사학위논문 「지각설에 입각한 이이 철학의 해석」이었다. 정원재의 이 '야심 찬' 주장이 초래한 물의에 대해서는 2002년부터 2003년까지에 걸쳐 ≪오늘의 동양사상≫ 제7·8·9호 및 예문동양사상연구원의 홈페이지를 통해 전개된 논쟁을 참조하기 바란다.

8) 보다 정확하게 말한다면 莊子·禪佛敎·程顥·謝良佐·湖南學派·陸九淵·王守仁과 같은 일련의 반형이상학적인 주체성 확립의 조류이다.

것이라고 설명하면서 손영식 주장의 무리함을 지적하는 동시에 사실상 종전의 자기 견해를 철회하였다. 그러므로 손영식은 이제 홀로 그 좁은 문 안에 들어가 있는 셈이다.[9]

2) 조식 학문의 형성 과정

조식의 생애에 대해서도 그의 사상에 관한 것 못지않게 다양한 견해들이 존재하고 있다. 필자는 『남명학파연구』 가운데서 이러한 견해들에 대한 비판적 고찰을 곁들여 그 생애를 새롭게 정리한 바 있었고, 쟁점이 되는 문제들에 대해서는 다시금 「남명유적삼동변증」, 「지리산과 남명학관」 및 「남명의 생애에 관한 약간의 문제」 등의 논문을 통해 상론한 바 있었다.

필자가 논증을 거쳐 비판한 종전의 견해들로는, (1) 조식의 선대가 서울에서 살다가 증조부대에 삼가로 낙향하였다는 설, (2) 조식에게는 아버지・어머니・처 쪽으로부터 물려받은 다량의 토지와 노비가 있었기 때문에 한평생 출사하지 않고서도 풍요로운 생활을 영위할 수 있었다는 설, (3) 어릴 때 거주했던 고향 마을이 지금의 합천군 삼가면 하판리 지동이라는 설, (4) 숙부 조언경이 기묘사화에 연루되어 죽임을 당했다는 설, (5) 4세에서 7세 사이에 서울로 이주하여서는 18세 직전에 장의동으로 이주하기까지 이윤경・준경 형제와 같은 연화방에 거주하면서 그들과 함께 황효헌・이연경에게서 배웠다는 설, (6) 과거를 단념한 때가 25세가 아닌 31세라는 설, (7) 20세 때 사마시의

---

9) 손영식・조남호, 『남명 조식의 철학사상 연구』; 손영식, 「조식 철학으로 들어가는 두 개의 통로―좁은 문으로 들어가라―」; 한형조, 「남명, 칼을 찬 유학자」/「남명은 주자학자인가, 양명학자인가?」.

초시와 문과 초시에 합격하였다는 설, (8) 덕산동에 정착하기 이전까지 지리산에 모두 12번 들어갔으며, (9) 그중 세 번 들어간 용유동은 함양에 있는 용유담이라는 설 등이 있다.

여기서는 이상의 논의를 전제로 하여 조식의 생애에 대한 전기적 서술은 지양하고, 사상 형성의 과정 내지 배경으로서의 의미에 초점을 맞추어 간략히 서술하기로 한다. 즉, 그의 가정적 배경과 수학 과정에 관한 것이다.

조식의 친가 및 외가 족보의 내용 중에 분식된 부분이 있어, 그것이 조식 자신이 지은 부친의 묘갈명과 외가 선조의 행록 속에 반영되어 있다는 것은 이수건이 일찍이 지적한 바였다.[10] 그러한 주장의 진실 여부가 어떠하든, 증조부가 조선조 초에 문익점 조카의 딸과 혼인하여, 대대로 세거해 오던 본관지 창녕으로부터 처가 고을인 삼가로 이주한 이래 조부에 이르기까지 사족이라고 하지만 대체로 한미한 집안이었던 것은 사실이다.

그러나 부친의 5형제 중 맏이인 부친 언형과 막내숙부 언경이 나란히 삼가현 토동에 거주하는 세족인 이씨 집안에 장가들었고,[11] 또한 둘 다 문과에 급제하여 實職 사족으로서 현저한 家格의 상승이 이루어지게 되었다. 조식이 어려서 상경하여 부친의 사후 낙향하기까지 유·소년기와 청년기를 서울 집 및 부친의 임지에서 생활하게 됨은

---

10) 이수건, 「조선시대 身分史 관련 자료의 비판─姓貫·家系·人物관련 僞造資料와 僞書를 중심으로─」, 6쪽.

11) 彦亨의 장인 菊과 彦卿의 장인 萱 역시 형제간이었고, 언경과 그 처의 묘는 지금도 兎洞 부근 玉川洞의 장인들 무덤이 있는 처가 선산의 곁에 있다. 조언형이 남긴 글 중 현존하는 것으로는 『安東權氏世譜』 戊戌譜(1898)에 실린 「奉事公[權金錫]墓碣」를 들 수 있으며, 산청군 生比良面 諸寶里 갓골(冠洞)의 묘소에 그 비석이 현존하고 있다. 金安國의 『慕齋集』 권1에 歸覲하는 조언형을 한강변에서 전송하며 지은 칠언절구가 실려 있다.

이로 말미암은 것으로, 그의 학문적 시야와 교우 관계를 크게 넓혀주는 효과를 가져왔다.

외가 동네인 토동은 조식의 출생지일 뿐 아니라 부모로부터 물려받은 가옥과 약간의 토지가 있어, 30세 이후 이주해 살던 김해의 처가 동네로부터 돌아와 61세에 지리산 덕산동으로 옮기기까지 40대 후반부터 계부당과 뇌룡정을 짓고 본격적인 강학 활동을 펼친 곳이기도 하다. 이 시기 그가 전주부윤으로 부임해 간 서울 시절의 벗 이윤경에게 보낸 편지에서는 끼니조차 잇기 어려운 자신의 실정을 토로하면서 뇌룡정 가를 흐르는 시내에서 물고기 잡을 어망을 만들기 위한 명주실을 부탁하고 있어, 그 무렵 가난의 정도를 엿볼 수 있다.

조식의 사승관계에 대해 이러저러한 설이 있으나, 문인 정인홍은 행장에서 "스승으로 말미암지 않고서 능히 스스로 수립하였다"[12]고 설명하고 있다. 그 밖에 조식의 스승이 누구였다는 것을 알려주는 문헌은 없다. 이 점과 관련하여, 우리는 역시 조식의 부친과 숙부가 문과급제자이며, 조식은 어려서부터 그들과 함께 생활하였다는 사실에 유의할 필요가 있다. 사림정치가 확립되어 성리학적 명분론이 강화되자, 이른바 도통의식으로 말미암아 후대로 갈수록 더욱더 사승의 계통이 강조되어지는 경향이 있다. 그러나 그 대부분은 형식적인 것이며, 조선 시대의 사족이 학문적 자질의 대부분을 가학에 의해 함양하였다는 것은 이미 학계에 널리 알려져 있는 사실이다. 하물며 조식의 경우는 그 가족 중에 문과 급제자가 두 명이나 존재하고 있었던 것이므로, 달리 바깥의 스승을 구할 필요가 없었던 것이다.

---

12) 『南冥集四種』, 11쪽, "不由師傅, 能自樹立"

특히 숙부 언경은 중종 10년에 문과에 급제한 후 서울에서 내직에 종사하여 비교적 짧은 기간에 이조좌랑으로까지 승진하였다가, 기묘사화가 일어나던 14년에 함경도로 차출되어 나간 후 김안로의 이조참의직 추천을 거부한 까닭으로 파직되어 삼가로 돌아와서 16년에 35세의 젊은 나이로 집에서 죽었는데, 기묘당적에 올라 있는 인물이다.[13] 이는 조식이 15세로부터 21세 되던 해까지의 일로서, 조식 26세 때 삭탈관작을 당한 채 죽었고 벼슬살이 20년 후 가족에게 장사지낼 비용과 기초 생계를 유지할 재산마저 남기지 못했던 부친의 비참한 말로와 더불어 젊은 그에게 큰 충격을 주었을 것임을 짐작할 수 있다. 이로써 조식이 받은 가학의 배경이 사림파적 성향을 강하게 지닌 것임을 알 수 있으며, 기묘사화가 그의 향후 출처에 깊은 영향을 끼쳤음은 연보 등에서도 확인할 수 있는 바이다.

2. 조식 사상의 본질

1) 실천유학의 전통

정인홍은 『남명집』의 서문에서 스승의 도학에 끼친 공적에 대해 다음과 같이 언급하고 있다.

---

13) 『昌寧曺氏文貞忠順衛公派譜』卷首,「佐郞公墓碣銘」; 李肯翊,『燃藜室記述』卷8,「己卯黨籍」. 이 글을 발표하고 나서 알게 된 사실인데,『國朝文科榜目』중종 10년 別試榜에 실린 조언경의 계보는 父 繼殷, 祖 九敍, 曾祖 變隆, 外祖 宋譚, 叔父 繼商으로 되어 있어 상기「좌랑공묘갈명」에 보이는 내용과 다르며, 이에 해당하는 인물은 『창녕조씨족보』副提學公派에 따로 있다. 그러나 『중종실록』14년 10월 20일 조에는 "彦卿有兄彦亨" 云云의 기록도 있어 혼란스럽다.

사림이 무참히 죽임을 당하고 남은 때에 즈음하여, 선비들의 짓거리가 구차스러워져서 醉生夢死가 풍습을 이루었다. 사람들이 도학 보기를 큰 저자에 내다 파는 면류관처럼 여기는 정도가 아니었다. 그럼에도 불구하고 선생이 떨쳐 일어나 만길 절벽처럼 우뚝 세워, 경박해진 선비의 기풍을 다소 새롭게 하고 이미 이지러진 도학을 다시금 밝히시니, 퇴폐해진 것을 일으켜 세운 공이 우리나라에 아직 없었던 정도였다.[14]

기묘사화 이후 사림이 도학 공부를 위험시하여 꺼리던 시절에 그것을 다시 일으켜 세운 공은 조식에 비견할 만한 인물이 없었다는 것이다. 이는 조식의 학문이 기묘사화 이전 사림파의 학풍을 계승하여 이를 크게 떨친 것이었음을 잘 보여주고 있다. 조식은 사화가 있기 이전부터 과거에 별로 뜻이 없었으나 양친의 요구에 따라 그 준비는 계속하고 있었는데, 부친이 타계하기 직전인 25세 때 과거공부를 위해 들어가 있었던 산사에서 『성리대전』을 읽다가 출처의 문제에 대해 크게 느낀 바 있어, 이후 학문의 목적을 오로지 위기지학에 두었던 것으로 알려져 있다.

『명종실록』에는 조식이 52세 되던 해인 명종 7년 3월에 그 친우인 이희안과 더불어 경상감사 이몽량에 의해 추천되어 그해 10월에 전생서주부에 임명되며, 동 8년 윤삼월에 사도시주부, 4월에 예빈시주부에 임명된 기사가 보인다.[15] 그가 조정으로부터 당시로서는 문과

---

14) 『南冥集四種』, 3쪽, "當士林斬伐之餘, 士習偸靡, 醉夢成風, 人視道學, 不啻如大市中平天冠, 而先生奮起不顧, 竪立萬仞, 使士風旣偸而稍新, 道學旣蝕而復明, 扶頹拯溺之功, 在我東國宜亦未有也"

15) 『朝鮮王朝實錄』 明宗 7년 3월 辛卯/7월 辛卯/10월 辛亥/8년 윤3월 壬戌. 이는 『남명집사종』 405~406쪽에 보이는 「남명연보」의 기록과 어긋나는 것으로서, 연보에 의하면 조식은 48세 때 典牲署主簿, 51세 때 宗簿寺主簿에 임명되며, 司導寺・禮賓寺의 主簿에 임명된 기록은 보이지 않는다. 『道先生案』에 의하면 李夢亮은 명종 6년 6월 3일에 경상감사로 부임하여 7년 7월에 이임하였으므로 同王 7년 3월에 그가 조식을 유일로서 천거한 실록의 기록은 신빙할 수 있는 것이다. 이 무렵 조식이 연달아 세 차례나 종6품인 주부직에 발령되고서도 취임하지 않았던 것은 이황이 명종 8년에 조식에게 처음으로 편지를 보내어 '不仕無義'의 도리를 설득코자 했던 정황과도 잘 부합한다.

급제자가 아닌 경우 파격적이었다고 할 수 있는 이와 같은 우대를 받은 까닭은, 예법으로 자신을 다스려 소행이 방정하고, 형제가 가족과 더불어 같이 거처하면서도 서로 재산을 구분하지 않고, 과거를 목적으로 하지 않은 참된 학문에 뜻을 두고, 부모의 삼년상 기간 중에 상복을 벗지 않았으며, 집안이 매우 가난해도 구차한 출세를 구하지 않는 등 영욕에 구애되지 않는 빼어난 행실로서 세상에 널리 알려져 있다는 점이 열거되고 있다.[16]

당시 조정에서는 팔도에 영을 내려 유일을 추천하게 했던 것인데, 경상도의 이희안·조식, 청홍도(충청도)의 성제원, 경기도의 성수침·조욱 등 다섯 명이 먼저 추천되었으며, 그중 조욱을 제외한 나머지는 모두 조식의 친구이다. 경상감사가 추천한 상기 두 사람의 학문과 행실에 대해 史臣은 기묘사화 이후의 沮喪된 士氣를 진작시킨 인물로 평가하고 있으며, 조식이 55세 때 단성현감 사직소를 올려 조야에 큰 파문을 일으킨 지 4년 후인 명종 14년에 영남 유생 배익겸이 올린 상소에서는 『소학』과 주자 『가례』에 입각한 조광조의 학문을 계승한 대표적 유일로서 조광조 문인인 성수침과 조식 두 사람을 들고서, 이들을 侍從臣으로 발탁할 것을 요청하고 있다.[17]

『東儒學案』의 저자 하겸진은 방계 선조인 하항의 묘갈명에서 다음과 같이 언급하였다.

당시 사람들은 선생이 일마다 모두 『소학』에 합치된다 하여 '참 소

---

16) 『明宗實錄』 7년 3월 신묘, "方正廉潔, 兄弟同居, 不私己物, 有志學問, 不事科擧, 父母喪三年, 身不脫衰絰, 家無甁石, 常安如也"/7월 신묘, "方正廉潔, 兄弟同居, 不私己物, 父母喪三年, 身不解絰, 家無甁石, 不求聞達"/8년 윤3월 임자, "爲人淸修苦節, 以禮法律身, 不以榮辱利達動其心, 操行卓異, 有名於世"

17) 『명종실록』 7년 3월 임자/14년 12월 무술.

학'이라 일컬었다. 아! 우리나라의 문물과 유교적 교화의 성대함은
실로 한훤당 김문경공으로부터 비롯되는 것이다. 한훤당의 시에
이르기를 "『소학』 책 가운데서 어제의 그릇됨을 깨달았네"라고
하였는데, 점필재 김문충공이 논평하여"이것은 성인 되는 뿌리
라"하였다. 그 후 남명 선생이 일어나 경·의의 요지를 깊이 탐구
하여, 천리를 말하면서 물 뿌려 소제하는 절도를 지키지 않음을
경계하였으니, 아마도 역시 한훤당의 뿌리를 지키려 한 뜻이다.
선생은 남명을 좇아 배웠으니, 그러므로 『소학』에서 얻은 것이 이
와 같았다.[18]

이는 김굉필에서 조광조로 이어지는 사림파적 학문 정신의 진수가
조식을 거쳐 하항에게로 전해졌으며, 그것은 바로 『소학』을 근간으로
하는 실천적 주자학임을 언명한 것이다. 조광조 등이 정책적으로 보
급하고자 노력했던 「여씨향약」도 바로 이 『소학』 속에 포함되어져
있는 것이다. 조선 전기 영남사림파의 중심은 경상우도에 있었다. 이
는 그 원조인 김종직을 비롯하여 김종직 문하의 대표적 인물인 김굉
필·정여창·김일손 등이 모두 경상우도 혹은 下道 출신임을 보더라
도 자명한 것이다. 조식은 지역의 선배인 이들 모두와 직·간접으로
밀접한 인적 관계로 맺어져 있었다.

예컨대 김종직이 영남사림파로 불리는 문인집단을 형성한 것은 그
가 함양군수로 재임하던 시기부터였다.[19] 김굉필의 학문이 이루어진
것은 지금의 합천군 가야면 매안리 처가 동네에 한훤당(현재 그곳에
소학당이 있다)을 지어 거처하면서 함양·안음·거창 등지로 왕래하

---

18) 河沆, 『覺齋集』 권2 부록, 河謙鎭 撰 「墓碣銘」, "當時之人, 以先生事事實合於小學, 稱之爲眞小學. 嗚
呼, 吾邦文物儒化之盛, 實自寒暄金文敬公而肇發之, 寒暄嘗有詩曰, 小學書中悟昨非, 畢齋金文忠公批
曰, 此作聖根柢. 其後南冥先生作, 深究敬義要旨, 而談天理而不知灑掃爲戒, 盖亦寒暄根柢之意也. 先生
從學南冥, 故其得於小學者如此"

19) 이수건, 『영남사림파의 형성』, 253~254쪽; 『續東文選』 권21, 金宗直 「頭流紀行錄」/金馹孫 「續頭流
錄」 참조.

며 정여창 등 김종직 문하의 동문들과 교유하던 시기였다. 조식은 김 굉필의 손자인 김입이나 외손이자 제자인 이장곤 등과 교분이 있었 을 뿐 아니라 조식 문인 정구는 김굉필의 외증손이었으며,『경현록』 의 편집 출판을 비롯한 현창 사업은 후배인 이정의 주도로 이루어졌 고 조식 역시 당시 그 작업에 동참하였다.[20]

정여창은 조식이 "천령[함양]의 儒宗", "우리나라의 현인들 중 오 직 이 선생만이 거의 허물이 없다"하여 높이 평가했던 인물로서[21] 조 식의 벗인 노진은 정여창과 같은 마을에 사는 인척이었고,『문헌공실 기』역시 조식 문인에 의해 편찬되었다. 정여창을 기념하기 위해 조 선에서 두 번째로 설립된 남계서원은 조식 문인 강익이 창건을 주도 하였고, 인조반정 이전까지 이 서원의 원임은 대부분 남명학파의 인 물이 담당하였다.『탁영집』의 간행을 비롯한 김일손의 현창 사업은 그 장조카인 김대유에 의해 추진되었다. 김대유는 조식이 유일하게 '천하의 선비'로 허여한 선배로서 서로 교유가 깊었고, 멀리 떨어져 사는 가난한 조식에게 매년 쌀을 보내줄 것을 유언으로 남긴 사람이 기도 하다.[22]

뿐만 아니라 조식은 김굉필의 문인으로서 기호사림파를 형성한 조 광조의 적통을 이었다 하여 기호학파 측에서 도통을 주장할 때 반드 시 언급되는 성수침과도 서울 시절부터 친밀한 관계에 있었다.[23] 조 식의 묘갈명을 지은 지기인 성운과 을사사화로 죽은 그 형 성우는 바

---

20)『남명집사종』, 53 · 292~293 · 419 · 445쪽; 정원재,「조식이 본 김굉필」참조.

21)『남명집사종』, 56쪽,「遊頭流錄」, "先生乃天嶺之儒宗也, 學問淵篤, 吾道有緖"/407쪽,「年譜」, "東國諸 賢中, 唯此先生, 庶幾無疵累矣"

22)『남명집사종』, 13 · 34 · 62~63쪽.

23)『남명집사종』, 242 · 256쪽.

로 성수침의 종제이다.

그러므로 사림정치가 확립된 이후 조선 성리학의 도통을 정립하게 되었을 때, 사림파의 정통을 조식이 '천리를 말하면서 물 뿌려 소제하는 절도를 지키지 않는' 혐의가 있다고 비판했던 이황, 혹은 이이의 학맥으로 연결시킴은 아이러니라 하지 않을 수 없다. 왜냐하면 김굉필이 '소학동자'로 자처했던 점에서 보는 바와 같이, 하학을 강조하며 형이상학적 문제에 대한 이론적 논변을 거부함은 사림파의 가장 두드러진 특징이기 때문이다.[24]

조식은 손녀사위이자 제자인 김우옹에게 학문에 대한 자신의 생각을 이렇게 설명하고 있다.

> 한·당의 유자들은 그런대로 도덕적 행실이 있었지만 도덕을 학문적으로 강론하지는 못했네. 염·락의 현인들 이후로 저술과 집해에 순서와 행로가 해나 별처럼 밝아져서 처음 공부하는 입문자라 할지라도 책을 펼치기만 하면 훤히 볼 수가 있게 되었네. 빼어난 스승이 인도해 준다 할지라도, 앞 시대 현인들이 가르쳐 준 바에다 조금인들 덧보탤 수 있을 리가 만무하네. 어찌 맹자의 시대에 살면서 다른 스승을 구하려는 정도일 뿐이겠는가! 다만 배우는 이가 정성스럽게 구하지 않을 따름일세. 이 늙은이는 일찍이 나아갈 바를 대충 알기는 했지만, 앞 시대 현인들이 전해준 말씀을 충분히 체득하지 못해 이처럼 보잘것없는 정도에 이르렀을 따름이니, 이는 내 정성이 부족했기 때문이네. 자네는 이미 四書를 대충 섭렵했음에도 불구하고 아직도 의심스런 데가 있는 모양이니, 아마도 정성이 도탑지 못해서일 것이네. 늙은이가 조금 도와줄 힘이 있다 할지라도 周子·정자가 말한 데서 터럭만큼이라도 덧보탤 수 있겠는가? 그 중에서도 어록이나 『역경』의 난해한 부분 같은 것은 나 역시 그다지 중요치 않은 말까지 억지로 다 구명해내려 하지는 않네. 게다가

---

24) 이수건, 『영남사림파의 형성』, 253~264쪽/『영남학파의 형성과 전개』, 287~302쪽; 이태진, 「사림파의 향약보급운동─16세기 경제변동과 관련하여─」, 123~127 · 268~271쪽; 이원명, 『고려시대 성리학 수용연구』, 227~228쪽 참조.

우물 파는 것과 같아서, 처음에는 흙탕물이 일지만 다 파내고서 물
이 맑아진 다음에는 은빛 무늬가 역력해지는 법이네. 한꺼번에 다
얻으려 하지 말고 세월을 쌓아 날로 얻는 바가 있은 다음에 늙은이
와 만나서 절차탁마해 보는 것이 좋겠네.[25]

즉, 한·당대의 훈고학자들은 경전의 문구를 해석하고 그 가르침
을 실천하려 노력한 면이 있지만 도덕적 의리를 체계적으로 구명하
지는 못했으며, 그러한 작업은 북송대의 성리학자들에 이르러 비로소
착수되어 이미 방대한 분량의 저술과 경서 주석 작업을 통해 전체적
틀에서부터 세부에 이르기까지 빈틈없이 완성되었다는 것이다. 그러
므로 송대의 성리학자들이 이룩해 놓은 바에 의거하지 않고 그것과
다른 새로운 이론을 추구한다는 것은, 맹자와 같은 시대에 살면서도
다른 더 훌륭한 스승을 찾는 것과 마찬가지여서, 어리석고도 부질없
는 짓이다.

송대의 성리학자들 이후로 이제 더 이상 의리를 천착하여 해명할
수 있는 여지는 전혀 남아 있지 않고, 오로지 그것을 자신이 스스로
체득하고 실천하는 문제만 남았다. 의리의 세세하고 난해한 부분들까
지 모두 알아야 할 필요는 없고, 다만 자득을 통하여 마음속에서 전
체적 의리가 명료해지는 것이 중요하다. 말은 쉽지만 그것은 한꺼번
에 얻어지는 것이 아니므로, 당장은 잘 파악되지 않는다 할지라도 성
실한 자세로 매일 조금씩 체득해 나간다면 언젠가는 전체적 의리를

---

25) 『남명집사종』, 43~44쪽, 「奉謝金進士肅夫」, "漢唐諸儒, 粗有道德之行, 而未講道德之學. 濂洛諸賢以
後, 著述輯解, 階梯路脈, 昭如日星, 初學小生, 開卷洞見, 雖有明師提耳, 萬不能畧加於前賢指南, 豈止
如孟氏之時求而有餘師乎, 但學者求之不誠耳. 老夫雖嘗粗知所向, 而不能體悉前賢所傳之語, 庸庸到
此, 是吾不誠之故也. 君旣聊涉四子之書, 而猶有所疑焉, 恐誠不足也, 老夫雖有一分相長之力, 能加絲
髮於周程立言乎. 其中有語錄易經難解處, 吾亦不强究盡其閑話. 且如穿井, 初間汙濁, 堀盡澄澈, 然後銀
花子歷歷. 請勿一跳盡得, 累以歲月, 日有所得, 然後見與老夫切磋, 幸甚"

명료하게 자각할 수 있는 시기가 올 것이라고 한다.

조식은 이러한 취지의 말을 얼마 되지 않는 분량의『남명집』여기 저기서 반복하고 있다.[26] 그러므로 문집의 분량이 많지 않다고는 하나, 그 사상의 전체와 핵심을 파악하는 데 부족함은 없는 것이다. 「인백에게 답하는 편지(答仁伯書)」에서는『대학』이 주자 사상의 핵심이라는 점을 강조하고 있고, 「송파자에게 보임(示松坡子)」에서는『대학』의 내용이 모든 경전을 관통하는 근본이념을 담았다는 점과 아울러, 사서에 통달하면『역경』등 상달의 문제를 다룬 것을 포함한 육경도 어렵지 않게 이해할 수 있다는 점을 설명하고 있다. 이 역시 조식의 독특한 견해라기보다는 정자・朱子 이래로 계승되어 온 성리학자의 전통적 입장을 강조한 것이다.[27]

그런데 '性과 天道' 같은 일상생활로부터 유리된 고답적이고 형이상학적인 주제에 대한 논변을 부정하는 발언들은 공자・맹자 이래로 유학의 전체 역사를 통해 끊임없이 되풀이 되어 온 것으로, 사실상 유교의 주류를 이루어 온 견해라고 할 수 있다.[28] 송유의 경우도 결코 예외가 아니어서, 우리는『학기유편』을 통해 정자나 주희의 스승 李侗 등이 실천으로부터 유리된 사변적 학문 및 후학의 저술 행위를 비판하고 있는 사례를 실로 적지 않게 찾아볼 수 있다.

의리는 송유에 의해 완성되었으므로 후학은 더 이상 그런 문제에 대해 논변할 필요가 없다는 조식의 위와 같은 주장은 그가 처음으로 꺼낸 말이 아니요, 그것과 똑 같은 주장을 우리는 명대 초기의 성리

---

26)『남명집사종』, 249쪽, 「與退溪書」/254쪽, 「與吳御史書」/257쪽, 「與吳子强書」/260쪽, 「答仁伯書」/262쪽, 「示松坡子」/280~282쪽, 「戊辰封事」등.

27) 김영두 옮김,『퇴계와 고봉, 편지를 쓰다』, 501~502쪽 참조.

28) 池田秀三,『自然宗教の力-儒敎を中心に-』, 86~87쪽 참조.

학자인 설선(薛瑄, 1389~1464)에게서 찾아볼 수 있다. 설선은 "주자 이후로 우리 진리는 이미 크게 밝아졌으니, 번거롭게 저술할 필요는 없고 곧바로 몸소 행하기만 하면 된다"고 말하고 있다.[29] 그에 대해서는 이황도 일찍이 "명나라 학자들은 대개 모두 파미르고원[을 넘어온 불교]의 기미를 띠고 있지만, 홀로 설문청만은 참으로 성현의 근본 뜻을 얻었다"고 언급한 바 있다.[30] 『사고전서총목제요』에서 명대의 유학을 총괄하여, "朱·陸이 문호를 나눈 이후로, 명에 이르러서는 주의 전함이 흘러서 하동이 되고, 육의 전함이 흘러서 요강이 되었으며, 그 나머지는 나가기도 하고 들어가기도 하면서 모두 두 파의 사이를 왕래하였다"고 설명하고 있는 바와 같이, 설선이 개창한 河東學은 주자학의 정통적 계승으로서, 후에 일어난 왕수인의 姚江學과 더불어 명대 리학의 양대 유파를 형성하였던 것이다.[31]

설선의 저술로서는 『讀書錄』과 『讀書續錄』 총 23권이 있다. 그 자신이 설명하고 있는 바와 같이 "책을 읽다 마음이 열리는 데가 있으면 곧 그것을 기록해 두었다가, 생각이 모자라면 도로 막으려 한 것"으로서,[32] 독서의 과정에서 마음에 떠오른 단편적인 생각들을 메모 형식으로 기록해 둔 것을 모아 후에 출판한 것이다. 설선의 주저인 이 책은 조선에서도 널리 읽혀져, 명종 9년(1554)에 이루어진 『攷事撮要』를 통해 조식 당대에 연안·성주·합천에서 간행된 조선판본이 있었

---

29) 『明史』 권282, 儒林 1, 薛瑄傳, "自考亭以還, 斯道已大明, 無煩著作, 直須躬行耳"

30) 『退溪先生言行總錄』 권5, 14ab, '崇正學', "皇明學者, 大抵皆有慾嶺氣味, 獨薛文淸眞得聖賢宗旨" 『宋季元明理學通錄』 권11, '明諸子'에도 그의 이름이 첫머리에 보인다.

31) 『四庫全書總目提要』 권58, 「明儒學案」, "大抵失陸分門以後, 至明而朱之傳流爲河東, 陸之傳流爲姚江, 其餘或出或入, 總往來於二派之閒"; 趙北耀 編, 『薛瑄學術思想研究論文集』, 「序」, 1~4쪽 참조.

32) 『讀書錄』 권1, 序言, "橫渠張子曰, 心中有所開. 卽便箚記, 不思則還塞之矣. 余讀書至心有所開處, 便隨卽錄之, 蓋以備不思而還塞也" 張載의 『經學理窟』 권4, 「學大原 下」에 있는 "義理有疑, 則濯去舊見, 以來新意, 心中苟有所開, 卽便箚記, 不思則還塞之矣"를 인용한 것이다.

음을 알 수 있으며, 일본 주자학의 태두인 하야시 라잔(林羅山)이 조선본에 의거하여 손수 베껴둔 필사본이 일본 내각문고에 소장되어 있기도 하다.[33] 또한 이 책은 조식의 문하에서도 여러 사람이 읽고 있었음을 확인할 수가 있다.[34]

송유 이후 그것을 계승하여 원·명대의 관학이 된 성리학이 이론적 탐구보다 실천에 중심을 두었다는 것은 주지의 사실이다. 설선의 견해도 물론 당시의 이러한 학문적 조류 가운데서 나타난 것이었다. 그러므로 이 시대의 학풍에는 전반적으로 독창성이 결여되어 있지만, 그것은 개인적 재능의 문제라기보다는 설선이나 조식이 설명하는 바와 같이 성리학 자체가 남송의 주희에 이르러 너무도 완벽하게 체계화되었기 때문에, 그 이론적 틀 안에서는 근본적으로 더 이상 발전의 여지가 없었던 것이다. 또한 유학, 그중에서도 특히 성리학이라는 것은 오늘날 우리가 말하는 이른바 철학이라기보다는 실천을 전제로 하는 신념의 체계로 그 속에 종교적 요소가 다분히 내포되어 있었다.[35]

저술이나 문예에 대해 부정적이고, 선유의 가르침을 준수하여 고치지 않으며, 실천과 치용을 중시하는 이러한 학문 경향은 宋濂·方孝儒·曹端·설선·吳與弼·胡居仁 등 명초의 주자학을 대표하는 인물들에게서 공통적으로 나타나는 것이며, 이는 陸隴其를 비롯하여 청대 초·중기의 주자학을 대표하는 존재들 역시 마찬가지였다.[36] 그것은

---

33) 阿部吉雄,『日本朱子學と朝鮮』, 174쪽.

34) 『德川師友淵源錄』권3 門人, 吳儞, "手不釋薛文淸讀書錄"; 尹根壽,『月汀別集』권4,「記皇朝名臣」, 薛瑄 條; 朴敏,『凌虛集』권1,「讀讀書錄」; 河弘度,『謙齋集』, 목판본 권1,「謙齋年譜」, 64歲 條 注, "小學 近思錄 四子之外, 薛子讀書錄要語, 最切於下學"

35) 池田秀三,『自然宗敎のカ―儒敎を中心に―』, 202~208쪽 참조.

36) 『明史』권282, 儒林傳 序; 李書增·岑靑·孫玉杰·任金鑾 공저,『中國明代哲學』; 任亨錫,「청대 주자

주자학 자체 안에 세계나 인생의 구조를 설명하는 구조론의 측면과 성인을 목표로 하여 자기를 향상시켜 가는 실천론의 측면이 있는데, 흔히 인식되고 있는 바와 달리 주자 자신에게 있어서는 오히려 실천론 쪽이 더 큰 비중을 차지하고 있었던 까닭이기도 하다.[37]

어떤 의미에 있어서 이러한 경향 중의 일부는 양명학파까지를 포함하여 명대 전체를 관통하는 사상 조류였다고도 할 수 있다. 왜냐하면 왕수인 자신이 진시황의 분서갱유를 칭찬할 정도로 저술의 폐단을 통렬히 지적하며 그 자신은 평생 단 한 권의 저술도 남기지 않았을 뿐 아니라, 실천을 동반하지 않는 박문다식의 무용함을 누누이 지적하고 있기 때문이다.[38] 또한 송학을 비판하는 청대 고증학자들 주장의 핵심 역시 리기심성의 문제에 대한 공허한 논의가 공자의 가르침에 위배된다는 것이었다. 송학이나 한학에 대해 모두 비판적이었던 顔元·章學誠 등에 있어서도 유학의 본질에 대한 그러한 인식은 전혀 다름이 없다. 그러므로 이는 경세제민을 유자의 본무로 간주하는 사람들에게 있어서 늘 되풀이되는 논조라고 할 수 있다.

우리나라의 성리학은 원의 간섭하에 있던 고려에 처음으로 도입되었던 것이므로, 그것을 원의 관학으로 정립한 許衡 당시부터 『소학』을 중시했던 원나라 학풍의 영향을 받아 왔다. 원대와 명초의 유학이 서로 그러하듯이 여말선초의 성리학도 학풍상에 이렇다 할 차이가 없는 것이지만,[39] 특히 조선 전기 사림파의 실천적 경향은 시대적으

학에 대한 唐鑑의 인식」 참조.

37) 土田健次郎, 「『學記類編』을 通してみる南冥の性理學的思惟の特色」, 21쪽.

38) 『傳習錄』, 11·20·172·220條. 여기서 인용하는 『전습록』의 조목 수는 정인재·한정길 역주본이 채택한 통합번호이다.

39) 이원명, 『고려시대 성리학 수용연구』, 214쪽.

로 그에 상응하는 명대 초기의 학풍과 불가분의 관계가 있다. 조식의 위와 같은 발언 역시 이러한 사상적 배경 속에서 나온 것임이 분명하며, 그의 독서 箚記인『學記』또한 설선의『독서록』및 그것과 더불어 당시 道學正宗으로 간주되고 있었던 호거인의『居業錄』과 유사한 성격을 지닌 것이다.『학기』가 여러 서적에서 취한 말로써만 이루어진 점으로는『거업록』에 보다 가까우며, 후일 내용에 따라 다시 분류된 類編本이 나온 점 또한 그러하다.

2) 실학의 이념

『선조수정실록』에서는 조식의 사망에 즈음하여 그 학풍을 다음과 같이 소개하였다.

> 식이 학문함은 마음에 얻는 것을 귀하게 여기고, 현실에 적용하고 실천함을 시급하게 여겼으며, 강론하고 따져 해석하는 말을 좋아하지 아니하여 일찍이 배우는 이들을 위해 경전이나 서적을 해설한 적이 없고, 다만 돌이켜 구하여 스스로 얻도록 했다.[40]

조식 학문의 특징은 이론적 지식으로서의 앎보다는 책에 적힌 의리를 자신의 내면적 자각을 통해 실제로 체험하는 것, 즉 자득과 또한 그렇게 하여 얻은 앎을 실천하고 구체적 현실에 적용함을 중시하는 데 있다고 정리한 셈이다.

---

40)『宣祖修正實錄』5年 正月 朔 戊午, "植之爲學, 以得之於心爲貴, 致用踐實爲急, 而不喜爲講論辨釋之言, 未嘗爲學徒談經說書, 只令反求而自得之"

이 글은 김우웅이 지은 조식 행장의 내용을 요약한 것인데, 그 원문에는 이렇게 되어 있다.

> 그 학문함은 지엽적인 것을 생략해 버리고 요컨대 마음에 얻는 것을 귀하게 여겼으며, 현실에 적용하고 실천함을 시급하게 여겨, 강론하고 따져 해석하는 말을 좋아하지 않았다. 아마도 부질없이 헛된 말을 일삼아 몸소 행하는 데 도움이 되지 않기 때문일 것이다. …또 말하기를, '나는 배우는 이에 대하여 다만 그들의 잠을 깨울 수 있을 따름이다. 눈을 뜨고 나면 자기 스스로 천지 일월을 볼 수 있을 터이다'라고 하였다. 그런 까닭에 배우는 이들을 위해 경전이나 서적을 해설한 적이 없고, 다만 돌이켜 구하여 스스로 얻도록 했다.[41]

역시 요지를 말하자면, 조식 학문의 핵심은 자득과 실천, 그리고 경세치용에 있으며, 그렇지 않고서 지식 추구를 목적으로 삼는 강론은 '헛된 말(空言)', 즉 공리공담이라 하여 배격한다는 것이다. 자득은 내면적인 것이요 실천이나 경세치용은 현실을 지향하는 것이니 서로 반대되는 개념인 듯도 하지만, 조식에 있어서는 내실 있는 학문이라는 점에서 사물의 안과 밖처럼 서로 불가분의 관계에 있다. 반면에 그가 배척해 마지않은 것은 현실로부터 유리된 관념적인 학문이었다. 그리하여 그는 이 양자를 '허'와 '실'로써 대비시키고 있는 것이다.

조식 자신은 갓 즉위한 선조에게 올린 「무진봉사」에서 학문의 목적에 대해 이렇게 말하고 있다.

---

41) 『남명집사종』, 104~105쪽, 金宇顒 撰 「行狀」, "其爲學也, 略去枝葉, 要以得之於心爲貴, 致用踐實爲急, 而不喜爲講論辨析之言, 盖以爲徒事空言而無盆於躬行也… 又言, 吾於學者, 只得驚其昏睡而已, 旣開眼了, 自能見天地日月矣. 以故未嘗爲學徒談經說書, 只令反求而自得之"

리를 궁구함은 장차 현실에 적용하기 위함이며, 몸을 닦는 것은 장차 도를 행하기 위함입니다. 리를 궁구하는 바탕은 책을 읽어 의리를 따져 밝혀서 일에 응하여 그것이 마땅한지 아닌지를 구함이며, 몸을 닦는 데 중요한 것은 예가 아니면 보지도 듣지도 말하지도 움직이지도 않는 것입니다. … 아래로 사람의 도리를 배움으로 말미암아 위로 하늘의 리에 다다르는 것이 또한 배움에 나아가는 순서입니다. 사람의 도리를 저버리고서 하늘의 리를 말한다는 것은 입으로 추구하는 리이며, 자기에게 돌이키지 않고서 지식을 많이 얻고자 하는 것은 귀로 하는 학문입니다. 하늘 꽃이 어지러이 떨어짐을 제아무리 아름답게 설명한들 몸이 닦여질 리는 만무한 법입니다. … 하물며 여기서 개진한 임금의 덕이란 옛사람이 이미 베풀어 놓은 수레바퀴 자국입니다. 그러나 바퀴 자국을 따라가지 않고서 달리 갈 수 있는 길은 없는 것입니다.[42]

조식의 학문관을 보여주는 이와 유사한 취지의 글들은 꽤 많으므로 이 정도로 줄이고자 한다. 문인 곽월이 지은 제문에 "책을 짓지 않고, 의론을 세우지 않아, 다만 한결같이 옛사람이 바퀴 자국을 따르고자 하셨네"[43]라고 한 것 역시 그러한 뜻과 다르지 않다. 요컨대 현실을 지향하지 않는 학문은 허황된 것이며, 옛 사람들이 이미 밝혀 놓은 진리 외에 다른 진리는 없다는 것이다. 이는 유자로서 지극히 당연하고 상식적인 말일 따름이지만, 이와 같은 정신에 충실한 것이 바로 조식이 말하는 진실한 학문, 즉 실학인 것이다.

오늘날의 연구자들이 종래에 흔히 그렇게 해 왔듯이 조식의 독자적인 성리설을 찾아내어 그것으로써 조식의 철학사상을 설명하려고 할 때, 문집에서는 대체로 이와 같은 원론적 수준의 말뿐이고, 특별히

---

42) 『남명집사종』, 73~75쪽, 「戊辰封事」, "窮其理, 將以致用也, 修其身, 將以行道也, 其所以爲窮理之地, 則讀書講明義理, 應事求其當否, 其所以爲修身之要, 則非禮勿視聽言動… 由下學人事, 上達天理, 又其進學之序也. 捨人事而談天理, 乃口上之理也. 不反諸己而多聞識, 乃耳底之學也. 休說天花亂落, 萬無修身之理也… 況此開陳君德者, 不過古人已陳之塗轍, 然不由塗轍, 則更無可適之路矣"

43) 『남명집사종』, 90쪽, "不著書, 不立論, 只一味循古人塗轍"

색다른 성리 이론을 피력한 내용은 별로 없다. 그러므로 비록 타인에 의해 편집된 것이기는 하지만 성리의 문제를 비교적 많이 다루고 있는 『학기유편』이 주목을 받아 왔다. 본격적인 연구가 시작되던 1970~80년대 무렵에는 『학기유편』에 인용된 송유의 말들이 조식 자신의 것으로 오인된 경우도 적지 않았지만, 그것이 오류임이 밝혀진 오늘날에 있어서는 그중 조식 자신에 의해 그려진 學記圖로 관심이 집중되고 있다.

정인홍은 『학기유편』 초간본인 丁巳本(1617)에 붙인 「남명선생학기유편서」에서 이 책의 성격에 대해 이렇게 서술하고 있다.

> 아! 우리 동쪽나라에 문학이 있은 이후로 지금까지 어느 정도 세월이 흘렀던가? 그 사이 도학으로 일컫는 이가 또한 한둘이 아니지만, 그들이 생각하는 바가 더러 같지 않다. 그 폐단은 지식을 구하는 데 뜻이 있어 먼저 학문하는 근본을 저버린 이가 있는 점이다. 선생의 이 책은 한결같이 앞 시대 현인들의 저서 가운데서 가장 절실한 것들을 한 구절 혹은 한 단락씩 줄여 취한 것일 따름이니, 곧 『근사록』의 수집 원칙을 본받은 것이요, 또한 述而不作의 뜻에서였다. 하물며 이 책이 나오게 된 것도 당일 자기를 위해 덕을 기르고자 하는 뜻에서였지 후일을 고려했던 것은 아니었다.[44]

즉, 조식 자신이 이미 누누이 언명해 왔던 바와 같이, 그의 염두에는 처음부터 앞 시대의 학자들이 이미 밝혀 놓은 것 이외에 자신의 새로운 생각을 덧붙일 뜻은 전혀 없었던 것이다.

학기도 역시 이러한 의도로부터 더 나아간 것은 아니었다. 권근의

---

44) 『學記類編』丁巳本, 鄭仁弘 撰 「南冥先生學記類編敍」, "噫, 吾東一國, 自有文學, 于今幾年代. 其間以道學稱者, 亦非一二, 而其所存或不同. 其弊也, 志在求知, 先喪爲學之本者有之. 先生此書, 則一就前賢本書中, 節取最切實者, 一句或一段而已, 卽近思蒐集之律令, 亦述而不作之謂也. 況此書之出, 亦當日爲己畜德之意, 非爲後日計也"

『입학도설』이 그러했던 바와 같이 학기도는 선유들이 밝힌 성리의 이론을 그림으로 정리하여 이해하기 쉽도록 하는 데 목적이 있었던 것이지, 그 자신이 그린 부분이라 하여 새로운 의미를 개진할 의도가 있었던 것이라고 볼 수는 없다. 왜냐하면 그러한 의도는 조식 자신의 학문적 입장과 근본적으로 모순되는 것이기 때문이다. 하물며 이 학기도가 주목을 받게 된 것 자체가 근자의 일로서, 고종 말년에 『남명집』 중간본 작업에 참여했던 여러 학자들은 이 그림들이 성리학적 이론에 모순되는 부분이 많다 하여 이를 중간본에서는 모두 삭제해 버리든지 아니면 대폭적으로 수정하고 그 숫자를 줄이고자 하였다. 특히 중간본 작업의 중심에 있었던 조식의 후손 조원순은 학기도 중에 부회의 폐단이 많아 일일이 수정하기 어렵다 하여 아예 모두 빼 버릴 것을 제의하고 있었던 것이다.[45]

또한 학자들은 조식 사상의 핵심이 경·의에 있다 하여, 그 내용을 그림으로 표시한 「신명사도」 및 그 銘을 특별히 주목하여 왔다. 경·의가 조식 사상의 중심임은 그 자신이 임종의 자리에서까지 거듭 언명하였을 뿐 아니라 그를 말하는 사람들 역시 누누이 지적하여 왔다.

그런데 조식 자신이 상기 「무진봉사」에서 "존양 성찰을 몸소 닦는 궁극적인 공부는 반드시 경을 주로 해야 합니다. 이른바 경이란… 한 마음의 주인이 되어 만사에 응하는 것으로 안을 바르게 하고 바깥을 반듯하게 하는 바입니다"라고 설명하고 있듯이, 경은 의를 포괄하는 개념이므로 경 밖에 따로 의가 존재하는 것은 아니다.[46] 하물며 이른

---

45) 曺垣淳, 『復庵集』 권3, 48b, 「答金致受」.

46) 『남명집사종』, 73쪽, 「戊辰封事」, "其所以爲窮修存省之極功, 卽必以敬爲主. 所謂敬者, 整齊嚴肅, 惺惺不寐, 主一心而應萬事, 所以直內而方外, 孔子所謂修己以敬是也"; 『전습록』, 상권, 117조 참조.

바 '경과 의를 양쪽에 지님(敬義夾持)'은 송학의 슬로건으로서, 주희
는 자기가 거처하던 晦堂의 양쪽 방을 각각 敬齋와 義齋로 명명할 정
도였다.47)

　조식은 평소 "도회지의 큰 시장바닥에 노닐면, 금·은과 진귀한 노
리개가 없는 것이 없다. 온종일 거리를 오르락내리락하며 그 값을 말
해 보았자 끝내 자기 집 물건은 아닌 것이니, 차라리 내 베 한 필로
생선 한 마리를 사 오는 것만 못하다. 지금의 공부하는 이들이 성리
를 높이 말하되 자기에게 얻는 것이 없음이 이와 무엇이 다른가?"라
고 말하며,48) 자득의 중요성을 강조하였다. 정구가 이황과 조식의 기
상 및 학문을 묻는 선조에게 대답하여, 조식의 학풍을 "초연히 스스
로 얻어, 우뚝 서서 홀로 갑니다"라고 설명한 것 역시 자득을 중시하
는 경향을 강조한 것이었다.49)

　자득 역시 李侗을 비롯하여 송학에서 끊임없이 강조되어 온 바였
으며, 정좌를 통한 수련은 이러한 맥락 속에서 나온 것이었다. 그것은
성과 천도, 미발의 中 같은 것은 궁극적으로 體認을 통하지 않고서는
언어로써 알 방도가 없는 것이기 때문이다.50)

---

47)『朱子大全』권78,「名堂室記」, "堂旁兩夾室, 暇日黙坐讀書其間, 名其左曰敬齋, 右曰義齋, 蓋熹嘗讀易
　　而得其兩言, 曰, 敬以直內義以方外, 以爲爲學之要無以易此" 이 글 속에서 주희는 자신의 字인 元晦의
　　뜻을 '木晦於根, 春容曄敷, 人晦於身, 神明內腴'로 설명하였는데, 이는 조식의「座右銘」에 보이는 '燁
　　燁春榮'의 유래인 듯하다. 陳建,『學蔀通辯』, 終編 中卷「學蔀通辯總序」, "朱子敎人之法, 在於敬義交
　　修, 不使學者陷一偏之失, 而流異學之歸也, 此正學之塗轍也"; 黃宗羲,『明儒學案』권1,「崇
　　仁學案」序, "康齋… 一稟宋人成說… 言工夫, 則靜時存養, 動時省察, 故必敬義夾持, 明誠兩進, 而後爲
　　學問之全功"

48) 정인홍 찬「행장」, "遨遊於通都大市中, 金銀珍玩, 靡所不有. 盡日上下街衢而談其價, 終非自家家裡物,
　　却不如用吾一匹布, 買取一尾魚來也. 今之學者, 高談性理, 而無得於己, 何以異此." 김우옹 찬「행장」에
　　도 거의 동일한 내용이 있다.『학기유편』상권, 58b~59a에는 程子의 말로서 "學者好爲高論, 猶貧人談
　　金. 辨其體色, 詳其貴賤, 其言未必非也, 終不如富人之有金, 未嘗言金之美也"라고 보인다.

49)『寒岡年譜』권2, 張顯光 撰「寒岡行狀」, "曹植, 器局峻整, 才氣豪邁, 超然自得, 特立獨行"

50)『남명집사종』, 335쪽, "[程伊川曰] 苟非自得, 則雖五經亦空言耳"/354쪽, "[程明道曰] 性與天道, 非自
　　得則不知, 故不得以聞";『전습록』상권 125條·中卷 跋·下卷 跋 참조.

조식은 스스로 "名은 實을 구할 수 없다" 하여, 고답적인 성리 논변을 비판하면서 현실지향적인 학문이라는 의미에서 실학의 중요성을 강조하고 있거니와,[51] 그 제자들이 스승의 학문을 언급한 글들 속에서도 실학이라는 말이 보이고 있다.[52] 조선후기의 실학이 성리학과 본질적으로 구별되는 개념인지 어떤지에 대해서는 이러한 용어가 학계에 대두한 이래로 계속 논쟁이 있어 왔다. 근자에는 '탈성리학'이라는 관점에서 성호학파를 제외한 북학파만을 실학으로 간주해야 한다는 주장도 제기되어 있으나, 본 대계의 철학사상 편에서 북학 부분을 담당한 김문식은 이에 대해 비판적인 견해를 피력하면서 "실학자들은 유학의 왕도정치론이 현실사회에서 시행될 수 있다고 생각하고 이를 위해 노력해야 하는 자신의 책임을 확인한 사람들"이라고 설명하고 있다.[53]

조식의 사상이 성리학의 틀을 벗어나 있지 않음은 이상에서 언급한 바와 같으나, 후학들이 국가 및 사회의 급무를 도외시하고서 관념적인 성리 논변에 치중하는 경향을 비판하는 점에 있어서는 당대의 어느 누구보다도 준엄하였다. 이는 수기와 치인이라는 유학의 본질에 대한 각성을 촉구한 것에 지나지 않는 것이지만, 동아시아 실학의 역사 속에서는 조식의 것과 다름없는 주장이 끊임없이 되풀이되어 왔다. 오늘날에 흔히 쓰이는 바와 같은 의미의 실학 개념이 대두하게 되는 계기를 마련하였던 정약용의 『여유당전서』 속에서도 조식과 똑같은 주장들이 여기저기에 보이고 있다.[54] 이는 이익 연원의 근기실

---

51) 오이환, 『남명학파연구』, 31~38쪽 참조.
52) 『남명집사종』, 86쪽, 崔永慶 撰 「祭文」, "明正務實之學"/ 88쪽, 李魯 찬 「제문」, "實學實踐"
53) 제19장 「북학론의 사상적 특징」, 제1절 참조.

학이 정구로부터 유래한다는 사실과 더불어 필자가 조식을 조선 전기의 사림파와 후기의 실학파를 연결하는 사상사적 고리로 간주해 온 주된 이유이다.

3) 독립불굴의 비판정신

조식의 존재가 한국사상사에서 가지는 의미는 이상에서 그치는 것이 아니다. 이익은 이황·조식으로 대표되는 영남의 학풍을 말하면서 조식 및 그를 계승한 下道, 즉 오늘날의 경상남도에 대해 이렇게 설명하였다.

> 남명은 두류[지리산]의 아래에서 태어나 동방 기절의 최고가 되었다. 그 흐름을 이은 이들은 고심하여 힘써 행하고 의를 즐겨 목숨을 가벼이 여기며, 이로움으로써 굽힐 수 없고 해로움으로써 옮길 수 없으니, 스스로 우뚝 선 지조이다.[55]

우리나라 기개와 절조의 절정, 다시 말해 선비정신을 대표하는 존재로서의 면모가 그것이다. 이익은 다른 글에서 "진주는 옛날 남명 조 선생의 고을이다. 조 선생에게는 만 길 절벽처럼 우뚝 선 기상이 있어, 남기신 여운이 아직도 그치지 않았다. 그 풍속은 대개 절의를 숭상하고 명교를 세우며, 자기를 엄격히 지녀 일을 만나면 과감하게 나아간다"고도 하였다.[56] 이처럼 '동방 기절의 최고', '만길 절벽' 같

---

54) 丁若鏞, 『與猶堂全書』 第1集 第17卷, 「爲盤山丁修七贈言」/제1집 제18권, 「示二子家誡」/제1집 제19권, 「答李汝弘」 참조.

55) 李翼, 『星湖僿說』 권1, 天地門, 「白頭大幹」, 26b, "南冥生於頭流之下, 爲東方氣節之最. 其流苦心力行, 樂義輕生, 利不能屈, 害不能移, 自特立之操焉"

56) 이익, 『星湖集』 권37, 「台溪集附錄跋」, "晋, 古南冥曺先生之鄕. 曺先生有壁立萬仞氣像, 遺韻未沫. 其

은 표현은 조식에게 늘 따라다니는 수식어이다. 유사한 말은 그 제자들의 글 속에서도 두루 보이는 것이어서, 조식의 인격에 대한 공통된 인식을 이루고 있다.[57]

이는 주로 조식 및 그 학파의 의를 지향한 투철한 정신력과 그것을 뒷받침한 용기를 가리킨 것으로, 조식의 단성현감 사직소를 비롯한 상소문들에 보이는 과감한 국정 비판에 단적으로 나타나 있고, 임진 왜란에 즈음하여 그 제자들 대부분이 의병활동에 참가하여 생명을 바쳐 나라를 지킴으로써 초반의 압도적으로 불리했던 전황을 되돌리는 중요한 계기를 마련했던 데서 역사적인 기능을 수행하기도 했다. 이는 조식의 기질과도 관련된 것으로서, 그는 임종에 즈음한 자리에서 문병 온 제자들에게 자신에게는 "평생 협기가 많았다"고 술회하고 있다.

고금의 인물을 평하는 데 있어서도 그의 견해는 세론에 구애받지 않고서 독자적인 판단을 내리는 경우가 많았다. 예컨대 자기 생애에 있어서 처음이자 마지막으로 국왕의 부름에 응해 상경하여 思政殿에서 명종을 면담하였을 때 제갈량에 대한 삼고초려의 질문을 받았는데, 그의 대답은 제갈량이 결국 유비의 요청에 응하였지만, "함께 [漢의] 부흥을 도모한 지 거의 삼십여 년이나 되었어도 천하를 회복하지 못하였으니, 그가 나간 것을 알지 못하겠습니다"라는 것이었다.[58]

당시 이항 역시 부름을 받아 서울에 올라와 있었다. 두 사람은 이

俗大抵尙節義立名敎, 持己刻勵, 遇事敢行"

57)『남명집사종』, 82쪽, 吳健 撰「祭文」, "卓立海東, 蓋世精神, 龍潛九淵, 鳳翔千仞, 明透鬼神, 勇奪行陣, 橫渠壯志, 見義奮迅, 泰山秋氣, 俯壓偸風"/106쪽, 金宇顒 찬「行錄」, "愛人好士, 不事表襮, 開心坦懷, 一見如舊. 豪氣絕倫, 議論凜然, 儀表士林, 至於鄙夫野人, 皆知有南冥先生, 而學士大夫, 識與不識, 稱先生者, 必曰秋霜烈日云"

58)『明宗實錄』, 21년 10월 甲子, "然與劉備, 共圖興復幾近三十餘年之久, 不能恢復天下, 則其出未可知也"

전에 면식이 없었으나 서로의 이름을 듣고 있었으므로 조식이 入對한 다음 날 김보억이란 선비의 집에서 만날 기회를 가지게 되었다. 그 자리에는 두 사람을 보기 위해 많은 선비들이 모여 있었는데, 조식은 이항이 師道를 자임하며 선비들의 질문에 응답하여 의리를 강론하는 말을 듣자, 술자리의 취기를 빌어 반말을 건네면서 서로를 임금과 세상을 속여 명성 및 작록을 훔친 도둑에다 비유하며 모욕적인 농담으로 그를 조롱하였다.[59]

고려 말 정몽주의 정치적 처신에 대해서도 마찬가지여서, 정몽주가 신돈이 집권한 이후인 공민왕 16년에 처음 벼슬길에 나아가 신돈 및 그 소생인 우왕을 오랫동안 섬기다가 마침내 우왕을 폐위시키고는 그 아들인 창왕을 옹립하였고, 1년 만에 다시 폐한 후 우·창왕 부자를 모두 죽이고서 숙종의 7대손을 맞아 공양왕으로 세우는 데 중심적인 역할을 한 사실에 대해 날카롭게 비판하고 있다. 또한 사육신에 대해서도 그 충절은 높이 평가하면서도, 그들의 출처 및 거사의 무모함에 대해 불만의 뜻을 피력하고 있다.[60] 사화와 관련하여서는 김굉필과 조광조가 시국을 옳게 파악하지 못하고 출사하여 마침내 패가망신에 이르거나 많은 사류를 희생시키기까지 한 데 대해서도 모두 선견지명이 부족했다고 비판하고 있다.[61]

이언적은 조식을 遺逸로서 처음으로 벼슬에 천거해 준 사람이었으나 자기를 알지도 못하면서 남의 말만 듣고 추천했다 하여 취임하지 않았다. 후일 이언적이 경삼감사로 부임하자 조식에게 여러 차례 편

---

59) 같은 책, 21년 10월 甲子·戊寅;『남명집사종』, 36쪽,「與吳御使書」; 오건,『歷年日記』; 정인홍 찬「行狀」; 김우옹 찬「行錄」.

60) 진주시 수곡면 사곡리 하원준 家 소장 필사본『辨誣』所收「辨疑」.

61)『남명집사종』, 36쪽,「與吳御使書」, "前日寒喧孝直, 皆不足於先見之明"

지를 보내어 만나기를 구하였는데, 조식은 당시 대·소윤의 갈등 관계가 이미 심각한 지경에 이르러 조만간 정변이 일어날 조짐이 뚜렷함에도 불구하고 그가 아직도 벼슬에서 물러나지 않고 있음을 은근히 풍자하는 내용의 답장을 보내어 이를 사절하였다.[62] 또한 후일 을사사화의 원흉이 된 이기가 재상의 신분으로 영남에 출장을 와서 조식에게 편지를 보내 『중용』의 의리 문제에 대해 질문하였는데, 조식은 답장에서 자신은 의리를 강론하지 않는다 하여 겸손한 말로써 답변을 사절한 바 있다.[63]

이상에서 보는 것처럼, 조식이 인물을 평가하는 데 있어서는 대체로 출처의 當否가 주된 기준이 되었다. 이에 대해 문인 정인홍은 다음과 같이 설명하고 있다.

> 깊이 출처를 군자의 큰 절조로 여겨, 두루 고금의 인물을 논할 때는 반드시 먼저 그 출처를 본 다음에 그가 행한 일의 잘잘못을 논하였다. 일찍이 말하기를 "근세에 군자로 자처하는 이 또한 적지 않으나, 출처가 의에 합당한 경우는 거의 듣지 못했다. 이즈음 오직 경호[이황]만이 옛 사람에 가까우나, 인물을 남김없이 논하고자 한다면 결국 미진한 부분이 있다"고 하였다.[64]

이처럼 조식은 자신의 뚜렷한 관점을 지니고서 국정과 인물에 대해 비판적 시각을 감추지 않았다. 그의 인물에 대한 판단은 상대방의 지위나 자기와의 친소관계에는 무관한 것으로 오직 의의 기준만이 적용되었다. 그러므로 그를 아는 사람들은 좋아하였지만, 당대에 이

---

62) 『남명집사종』, 49~50쪽, 「解關西問答」.

63) 같은 책, 9쪽, 정인홍 찬 「행장」.

64) 같은 글, 9쪽, "深以出處爲君子大節, 泛論古今人物, 必先觀其出處然後論其行事得失. 嘗曰, 近世以君子自處者, 亦不爲不多, 出處合義, 蔑乎無聞. 頃者唯景浩庶幾古人, 然論人欲盡, 畢竟有未盡分矣"

미 그를 비난하는 이 또한 적지 않았던 것이다.[65]

4) 비성리학적 요소의 문제

이 문제와 관련한 필자의 견해는 이상의 논의에서 이미 분명해졌다고 본다. 조식 사상의 도가적 경향 및 양명학과의 관련 문제에 대한 구체적인 논증은 『한국의 사상가 10인-남명 조식』 제3부에 전재된 필자의 논문 「남명의 유·도 사상비교연구」 및 「남명과 육왕학」에 보이며, 조식의 불교에 대한 견해에 대해서는 같은 곳에 실린 김경수의 논문 「남명의 불교관」이 포괄적으로 다루고 있으므로, 여기서는 거듭하여 언급하지 않겠다. 다만 본고의 첫머리에서 소개한 논자들의 주장에 언급된 논거들에 대해서만 필자의 견해를 피력해 보기로 한다.

먼저 조식의 글 속에 보이는 '태허', '태일군', '신명사', '물초', '화시'라는 용어를 근거로 하여, 조식이 형이상학적 근원자를 지칭할 때 성리학에서 말하는 선험적 리를 걷어 내고 그 대신 노장사상으로 보완하였다거나, 도가적 기 개념을 사용하였다는 주장에 대해 검토해 보자. 그들이 가장 중요한 논거로 삼고 있는 '태허'는 『남명집』의 「한훤당화병발」 첫머리에 "잘 보관하는 이는 하늘에다 보관하는 법이니, 태허는 하늘의 실상이다"라고 단 한 번 보인다.[66] 이 글의 전체적 취지는 사람이 물건을 자신의 소유로 여겨 애착하는 마음을 가져서는 안 되며, 소유욕을 버리고 사물의 자연스런 이치, 즉 하늘의 질서에 맡기는 것이야말로 그것을 제대로 보관하는 셈이 된다는 것이다. 그

---

65) 『남명집사종』, 8~9쪽, 정인홍 찬 「행장」/85쪽, 鄭逑 찬 「제문」 참조.

66) 『남명집사종』, 52쪽, 「寒暄堂畵屛跋」, "善藏者藏於天, 太虛者天之實也"

러므로 하늘의 본질을 소유하지 않는다는 의미와 관련시켜 '커다란 빔(太虛)'이라고 설명하였다.

'태허'의 용례는 『장자』 외편 「知北游」에 보이는 "태허에 노닐지 않는다(不遊乎太虛)"가 최초일 것이며 그들이 조식의 태허를 도가와 결부시키는 이유도 그 출전이 『장자』라는 근거에서일 것이다. 그러나 『장자』의 경우를 포함하여 고대에는 태허라는 말이 대체로 허공이라는 뜻으로 사용되었고, 이렇다 할 철학적 의미는 부여되지 않았다. 이를 우주생성론적인 개념으로 사용하게 된 것은 후한에서 육조에 이르는 시기이며, 唐代의 도교에 이르러 비로소 '기', '원기'와 관련하게 된다. 그러나 태허를 본격적인 형이상학적 본체의 개념으로 사용한 이는 오히려 북송 성리학의 대표자 중 하나인 張載이다.

장재는 '태허는 곧 기'라는 설을 제창하였고, 기일원론의 계통에 속하는 조선의 서경덕이나 청초의 王夫之 같은 이들이 그러한 태허 개념을 계승하고 있다. 그러나 태허는 장재뿐만이 아니라 정자와 주희 등 다른 송유들에 있어서도 여전히 태극과 같은 뜻으로 사용되고 있었던 것이다. 이황이 기대승에게 보낸 답변 가운데 보이는 "정자가 어떤 사람에게 답하여 '태허란 없다' 하고서, 마침내 허공을 가리켜 리라고 한 것은 허 가운데서 실을 인정하고자 한 것일 따름이지, 본래 허는 없고 실만 있다고 한 것이 아닙니다. 그러므로 정자 · 장자 이래로 허로써 리를 말한 이는 본시 적지 않으니, 정자는 '도는 태허이다. 형이상이다' 하였고, 장자는 '허와 기가 합하여 성이라는 이름이 있다' 하였고, 주자는 '형이상의 허는 온통 다 도리이다' 하고, 또 말하기를 '태허는 태극도 위쪽의 한 동그라미인 것이다'라고 하였으니, 이러한 따위는 일일이 다 들 수 없습니다"라고 보이는 것이 그러하다.67) 조식의 글 중에 보이는 '태허'도 감각의 대상이 되지 않는 형이상의 실체를 가리키는 송학의 이러한 일반적인 용례를 답습한 것일 따름이다. 그러므로 이는 장재류의 기일원론과 무관할 뿐 아니라 도교적 본체론과는 더욱 결부될 수 없는 것이다.

태일은 『학기유편』에 "석량 왕씨가 말하기를, '禮家에서는 『역』에 태극이란 글자가 있는 것을 보고서, 그것을 변형시켜 태일이라는 하나의 말을 만들어 내었다'고 하였다"고 보이는 바와 같이 이 역시 태극과 동의어이다.68) 여기서 말하는 예가란 『공자가어』 「禮運」편에 "대저 예란 반드시 태일에 근거한다"고 한 것을 가리켰을 터이다.69) 물론 이 태일이란 용어도 「천하」편의 "태일을 주로 삼는다"를 비롯하여,70) 『장자』에 '태일' 및 '大一'이란 어휘가 모두 다섯 군데 보인다. 이것들은 대체로 둘이 아닌 것, 즉 공간 개념을 초월한 극대 또는 이로부터 파생하여 무한한 포용력을 가진 품성을 가리키는 뜻으로 사용되고 있다.

『여씨춘추』 「大樂」편에 이르러 비로소 태일은 만물이 유래하는 형이상학적 근원자의 의미로 사용되기 시작한다.71) 또한 『사기』 「天官書」에서는 북극성의 신, 즉 천신 가운데서 가장 존귀한 자를 가리키

---

67) 李滉·奇大升, 『兩先生四七理氣往復書』, 上篇, 26ab, "或問太虛. 程子曰, 亦無太虛. 遂指虛曰, 皆是理, 安得謂之虛, 天下無實於理者."/47b~48a, "程子指或人曰, 亦無太虛, 而遂指虛爲理者, 是亦欲其就虛而認實耳, 非謂本無虛而但有實也. 故程張以來, 以虛言理者, 故自不少. 如程子曰, 道太虛也, 形而上也. 張子曰, 合虛與氣有性之名. 朱子曰, 形而上底虛, 渾是道理. 又曰, 太虛便是太極圖上面一圓圈. 如此之類, 不勝枚擧… 今徒欲明理之實, 而遂以理爲非虛, 則周程張朱諸大儒之論皆可廢耶, 大易之形而上, 中庸之無聲無臭, 其與老莊虛無之說同歸於亂道耶."

68) 『남명집사종』, 300쪽, "石梁王氏曰, 禮家見易有太極字, 飜出一箇太一."

69) 『孔子家語』, 「禮運」, "夫禮必本於太一"

70) 『莊子』, 「天下」, "主之以太一"

71) 『呂氏春秋』, 「大樂」, "萬物所出, 造於太一"

는 용어로 사용되고 있다. 그러나 조식의 「신명사도」에 보이는 '태일군'이나 「신명사명」에 보이는 '태일진군'은 이 같은 「천관서」의 의미를 비유적으로 차용한 것으로서 결국 태극으로부터 품부 받은 본연지성을 가리킨 것이므로, 이 역시 도가와는 무관하다. 『학기유편』에 '태일'이 禮家가 만들어 낸 말이라고 보이는 것도 조식이 이를 도가적 용어로 인식하고 있지 않았음을 시사하는 것이다.

'신명'을 도가적 기의 개념과 연결시킨 것 또한 오해이다. 위에서 인용한 이황과 기대승의 사칠논변 바로 다음 부분에 "주자는 心을 논한 곳에서 매번 '虛靈' 혹은 '虛明' 혹은 '神明'이라 하였으니, 이것들 모두는 오로지 심의 본체를 가리켜 말한 것입니다"고 보이듯이,[72] 주희가 '신명' 또는 '신명사'를 말한 곳은 적지 않다.[73] 주자학에서는 또한 "心은 性의 郛郭이다"라고 말하고 있으므로,[74] 「신명사도」는 이러한 데서부터 발상된 것임이 분명하다.

소급해 보면 신명이란 용어는 『주역』「설괘전」을 비롯하여 여러 문헌에 보이고 있지만, 심의 지각 능력[75]을 가리켜 말한 것은 『순자』의 「解蔽」편에 "心은 형체의 임금이며, 神明의 주인이다"고 보이는 바와 같이 荀卿에게서 비롯하는 듯하다. 또한 『순자』「天論」편에 "심은 가운데 거하여 虛로써 五官을 다스리니, 그러므로 天君이라 한다"고 보이듯이 심을 천군이라 표현한 사례 역시 순경에게서 처음으로

---

72) 『양선생사칠리기왕복서』, 상편, 26b, "朱子於論心處, 每每言虛靈, 或言虛明, 或言神明, 此皆專指心之本體而言也"

73) 朱熹, 『孟子集註』, 「盡心 上」, 第1章 注, "心者, 人之神明, 所以具衆理而應萬事者也. 性則心之所具之理, 而天又理之所從出者也."; 『朱子語類』, 권5 제42조, "乃心之神明昇降之舍"/卷98 第42條, "心是神明之舍"

74) 山井湧, 「宋明の哲學における<性卽理>と<心卽理>」, 98쪽 참조.

75) 『남명집사종』, 312쪽, "雲峯胡氏曰, 智者心之神明, 妙衆理而宰萬物."

보이고 있다.[76]

「陋巷記」에 "顔氏의 도는 사물의 시초(物初)를 극하였고, 조화의 시작(化始)에까지 아득하다"고 보인다.[77] 顔回의 학문이 형이상학적 근원자의 문제까지 꿰뚫었음을 표현한 말이다. '物初', '化始'는 모두 선행한 용례가 없고, 다만 『梁書』何胤傳과 『주역』 건괘의 正義에 '物始'라는 말이 보인다. 후자의 경우, "元은 사물의 시작(物始)이다"라고 하였는데,[78] 이는 乾, 즉 형이상학적 하늘이 현상계의 만물을 생성하는 근원이 됨을 가리킨 말이다. 이동환은 조식의 「누항기」에서 사용된 '물초'나 '화시'라는 용어는 "저 퇴계에서 보는 '淨淨物表' 하고 '광명·광활'한 리의 세계와는 먼 거리의 것"이므로 "그가 우주의 구극 실재를 기로 생각하고 있음을 분명하게 보여준다"[79]고 주장하였다. 그러나 필자로서는 그가 왜 그렇게 생각하였는지 이해되지 않을 따름이다.

이동환은 같은 곳에서 잇달아, "남명의 만년 제자 곽재우의 「調息箴」 같은 것은 남명의 「鷄伏」 개념의 연속이란 점에서 이 학파에서의 氣的 사유의 전승의 일단을 확인할 수 있다"고도 하였다. 조식의 「鷄伏堂銘」 즉, 「신명사명」에 『주역참동계』나 『음부경』에서 유래하는 표현이 풍부하게 내포된 것은 주지의 사실로서, 필자도 앞서 소개한 졸고에서 이미 상세히 언급한 바 있었다. 그러나 『참동계』나 「음부경」이 그러한 것처럼,[80] '마음과 호흡이 서로 의지함(心息相依)'을 근간으

---

76) 『荀子』, 「解蔽」, "心者形之君也, 而神明之主也"/「天論」, "心居中, 虛以治五官, 夫是之謂天君."

77) 『남명집사종』, 47쪽, "顔氏之道, 極於物初, 冥於化始."

78) 『周易』, 乾卦 文言傳, "元者善之長也" 孔穎達 疏, "元是物始, 於時配春."

79) 이동환, 「남명·퇴계 양 학파의 사상 특성에 관한 몇 가지 문제 제기」, 5~6쪽.

80) 曺友仁, 『頤齋集』 권2, 「上從兄曺善伯」; 河悏, 『滄洲遺集』 권1, 「參同契論(瑜瑕辨)」; 鄭經世, 『愚伏

로 하는 도가적 호흡론 역시 주희의 「조식잠」에서 유래하는 것임을 이 씨는 인식하지 못하고 있는 듯하다. 이는 송학의 정좌 이론과도 밀접히 결부되어 있는 터이다.[81]

이상에서 검토한 바와 같이, 조식 사상의 본질 속에 도가의 영향이 역력하다고 주장하는 이들의 논거는 어느 것 하나도 타당성을 갖추지 못했다. 대체적으로 말한다면, 이 문제와 관련한 필자의 견해는 김윤제·신병주의 그것과 비슷하다고 할 수 있다. 즉, 조식은 도가의 책을 읽고서 그 용어를 차용해 쓴 경우가 없지 않지만 그것이 조식 사상의 본질에 관계되는 것은 아니며, 그러한 사례가 조식에게서만 발견되는 것도 아니라는 사실이다.

조식을 지목하여 당대의 도가(南華之學)를 대표하는 존재라고 했던 이황 자신이 기대승과 더불어 성리학의 문제를 논한 편지들 가운데서만 하더라도 『노자』나 『장자』를 인용 혹은 차용하고 있는 곳이 한두 군데가 아니다.[82] 뿐만 아니라 이황은 도교의 신선 수련 방법 중하나인 導引術을 일상생활 속의 건강 비법으로서 실천하고 있었던 것이다. 그러므로 그들이 살았던 16세기까지만 하더라도 지식인으로서 노장의 원전을 읽고서 그것을 자신의 문장 속에 차용하는 것은 일종의 교양이었다고 할 수 있다. 어떤 이는 남명이라는 호 자체가 『장자』에서 유래한 점을 지적하기도 하지만, 이는 조식이 서울 살림을 청산하고 반도의 남쪽 끝이자 당시까지만 하더라도 남해 바다에 접한 낙동강의 하구에 위치해 있었던 김해의 처가 동네에 山海亭을 세워 낙

集』권15, 「書陰符經後」 참조.

81) 『朱文公集』권85, 「調息箴」; 『주자어류』권1 제44조/권138 제64조; 三浦國雄, 『주자와 기, 그리고 몸』, 제5장 「호흡론」 참조.

82) 김영두 옮김, 『퇴계와 고봉, 편지를 쓰다』, 428, 430, 508쪽 등 참조.

향하면서 자신의 포부를 새롭게 다짐하기 위해 지은 것이었다. 邪獄의 위기에 처한 정약용이 『노자』의 문구에서 취한 與猶堂이란 당호를 지어서 처세의 지침으로 삼았다 하여 그를 도가로 간주할 수 없는 이치와 마찬가지인 것이다.

조식은 이황과 이이가 그러한 바와 같이 순정한 주자학자이다. 그들 각자의 이론적 입각지는 모두 주자학에 있지만, 각자의 강조점이 달랐던 것이다. 그리고 그것이 자신들의 학문적 특성을 이루었을 뿐만 아니라 그 학파의 경향을 특징짓게 되었다. 조식은 이황이나 이이에 못지않게 주자학자로서 확고한 자신의 견해를 가지고 있었고, 그것이 조선유학사상에 하나의 개성 있는 학파를 이루게 하였으며, 그로 말미암아 나름대로의 사상사적 위치를 지니게 되었다.

조식에게는 오직 공부론만 있고 리기론이 없다는 주장과 관련하여, 필자는 일찍이 조식의 리기에 관한 인식이 호발설에 입각한 것이라는 점에서 이황과 다름이 없음을 지적한 바 있었다.[83] 조식의 이러한 인식을 보여주는 學記圖의 제15 「心統性情圖」 가운데서 上圖는 지금은 전하지 않는 元代 학자 程復心의 『四書章圖』로부터 옮겨 온 것으로서, 『陶山全書』 제2책 281쪽에도 같은 그림이 보인다. 후자는 이황의 나이 66세 때인 명종 21년(1566)에 제자인 조목이 기대승의 사단칠정설을 지지하는 발언을 한 데 대해 이황이 그 잘못을 지적하기 위해 그려 보낸 것인데, 자신의 호발설이 주희의 견해와 어긋나지 않음을 입증하기 위한 것이었다.[84] 이황과 기대승 사이의 사칠논변은 명종 13년

---

83) 『남명학파연구』, 상권 158쪽. 이 부분은 1990년에 발표된 졸고 「南冥集板本考(Ⅱ)-滄洲刊本을 중심으로-」의 368쪽에 보인다.

84) 『陶山全書 二』, 「與趙士敬」, 279쪽, "至四七分理氣, 本非吾說, 乃考亭元有說如此. 近又見程林隱心統性情圖, 正用此說, 亦錄在別紙. 可更虛心游意, 勿遽揮斥而看, 恐可信鄙說非出於妄見也."

부터 21년까지 이어졌는데, 동왕 14년(1559)에 이황이 기대승에게 보낸 첫 번째 답서의 말미에서도 『주자어류』권53 「맹자3」에서 찾아낸 "사단은 리의 발이요, 칠정은 기의 발이라"는 구절을 결정적 증거로서 들어 비로소 자신의 의견에 대한 확신을 피력하였던 것이다.[85] 그러고 보면 이황은 이 논쟁이 시작될 무렵부터 종료된 시점까지 시종 주희의 설을 자신의 가장 중요한 논거로 삼고 있음을 확인할 수가 있다.

리기호발설은 조식이나 이황의 독창적인 주장이 아니요, 주희의 본설에 원래 그러한 것이 있었다. 그러므로 이들에 선행하여 중국에서는 물론이요 조선에서도 권근의 『入學圖說』과 김종직의 「堂後日記」에 인용된 이파의 설, 유숭조의 「大學箴」및 『性理淵源撮要』등에서 이미 이러한 四七理氣分對說의 단서를 엿볼 수가 있는 것이다.[86] 그럼에도 불구하고 "퇴계는 위와 같은 황간(黃幹)이나 유숭조의 설을 미처 보지 못한 것 같다. 퇴계는 자신의 생각에 따라 리발을 주장하였으며", 리발설은 이황 철학의 "가장 독창적인 부분이자 가장 중요한 부분"이라고 보아, 이를 근거로 이황의 철학을 주희의 리학과 구별하여 심학이라고까지 호칭하고 있는 것은[87] 『퇴계집』의 원문을 제대로 검토하지 않은 까닭이라고 말할 수밖에 없다. 또한 송명리학이라고 할 때, 그 속에 육왕의 심학이 포함됨은 상식에 속한다. 에도 시대의 일본 주자학자들이 조선의 이황을 존숭했던 주된 이유도 그가 주희에

---

85) 『양선생사칠리기왕복서』, 상편, 6ab, "自承示喻, 卽欲獻愚, 而猶不敢自以其所見爲必是而無疑, 故久而未發. 近因朱子語類論孟子四端處末一條, 正論此事, 其說云, 四端是理之發, 七情是氣之發. 古人不云乎, 不敢自信而信其師, 朱子吾所師也, 亦天下古今之所宗師也. 得是說然後, 方信愚見不至於大謬, 而當初鄭說亦自爲無病, 似不須改也 …若以爲理雖如此, 名言之際, 眇忽有差, 不若用先儒舊說爲善, 則請以朱子本說代之, 而去吾輩之說, 便爲穩當."

86) 李丙燾, 『韓國儒學史略』, 84~87, 123~124, 147~148쪽 참조.

87) 홍원식, 「퇴계학, 그 존재를 다시 묻는다」/「장윤수 교수의 지적에 답한다―퇴계학은 '리학' 인가」/「주륙화회론과 퇴계학의 심학화」.

비견되는 새로운 학설을 제창해서가 아니라, 명대 이후의 중국 유학이 설선 이외에는 대부분 주희의 정설에서 벗어나는 경향을 보인 데 반해 이황이 그 정통적 학설을 계승하였다고 본 까닭이었던 것이다.[88]

손영식이 조식을 양명학적 사상의 소유자라고 재론한 점에 대해서는 한형조의 비판 속에서 이미 대체적인 토론이 이루어졌다고 보기 때문에 본고에서는 다시 부연할 필요를 느끼지 않는다. 이와 유사한 사례로, 김현은 그의 박사학위 논문에서 "조선성리학이 표면적으로는 주자학만을 존신하고 양명학과 같은 중국근세유학 사조를 극력 배척하였지만, 실제의 사상 면에 있어서는 조선 성리학 자체가 후기로 갈수록 점점 더 양명학과 같은 성격을 띠는 방향으로 변화해 갔다는 가설을 세우고, 임성주의 철학을 그러한 변화의 실증적인 예"로 지목하였던 바 있었다. 김현은 "성리학의 양명학화 경향이 임성주라는 철학자 개인의 특색에 머무는 것이 아니라 조선 후기 성리학의 변화상 전체를 대변하는 것"이라고 보았으며, 그 구체적인 근거를 "리·기를 동일시하고 性·心을 일체시하는 일원론적 경향"에서 찾았다.[89]

그 후 필자는 임성주의 대표적 저술인 「鹿廬雜識」 등을 학생들과 함께 윤독하며, 그의 이른바 氣一分殊 철학을 검토해 본 바 있었다. 그 결과 임성주의 글에서는 자기가 속한 학파의 원조인 이이의 이른바 리통기국설에 대해 불만을 토로하는 대목은 더러 있지만, 그 어디에서도 주희에 대한 비판적인 언급은 찾아볼 수가 없고, 성리의 문제에

88) 朴旨瑞, 『訥庵集』 4冊本, 권1, 「讀退溪書抄序」.
89) 金炫, 『任聖周의 生意철학-氣철학의 한국적 전개와 귀결-』, 9~11쪽 참조.

대한 자신의 모든 주장을 주희에게서 근거 지우고 있음을 확인할 수가 있었다.

이제 손영식은 王守仁(1472~1528)과 거의 동시대 인물인 조식에게서 이미 자생적으로 발생한 '양명학적 경향'을 찾아볼 수 있다고 주장한다. 그리고 그 주된 근거를 성리학의 형이상학적 이론에 대한 탐구보다는 자신의 내면에 도덕적 주체를 확립할 것을 강조한 점이 양명학의 핵심적인 주장인 치양지설과 일치한다는 점에서 찾고 있다. 그러한 점에서 손영식은 중국철학의 전통 속에서 초월적이고 보편적인 관념을 추구하는 형이상학적 경향과 이를 거부하고서 개인의 자유로운 주체를 확립하고자 하는 반형이상학적 경향의 구도를 대립시켰던 바로 그 논리를 한국유학의 전통 속으로 가져와, 조식을 후자에 속하는 전형적인 인물로 간주하여 이를 양명학과 결부시켰던 것이다.

손영식은 이번 반론에서 조식 철학의 성격 규정은 텍스트에 따라 달라진다는 새로운 주장을 폈다. 그리하여 조식이 남긴 두 종류의 텍스트 가운데서 『학기유편』 및 그 속에 포함된 「학기도」는 주자학적 사상을 담고 있고, 『남명집』은 양명학에 속한다고 주장했다. 이는 실로 세상을 놀라게 하는 논법이라고 하겠다. 필자로서는 이것이 졸고 「남명과 육왕학」의 말미에서 "『학기유편』에 열거된 조목들이 수양론에 치우친 것이라는 [손영식의] 주장이 어느 정도 객관성이 있는 발언인지 아직 검토해 보지 못했으나, 분명한 것은 舊本 학기의 상권 대부분이 道體에 관한 내용이며, 이 책에 箚記된 先儒의 절대 다수가 程朱 및 그 학파에 속하는 인물들이라는 것이다. 주자의 언설을 가지고서 주자 사상과의 동이를 논한다는 것은 기묘한" 것이라고 지적한 데 대한 응답이라고 판단하고 있다.[90]

이미 위에서 검토한 바와 같이, 『남명집』 가운데서 노장적 사유를 보여주는 대목이라고 간주되어온 용어들도 실은 모두가 주자학에서 유래한 것이므로, 손영식의 이러한 시도는 성공하기 어렵다. 한형조가 이미 지적한 바와 같이, "주자학과 양명학이 그렇게 무 자르듯 가를 수 있는 것"이 아니다. 조식이 후학의 저술 행위를 비판하고 스스로 단 한 권의 저서도 남기지 않았으며, 자득을 강조하고, 실천을 중시하는가 하면, 四聖賢畵屛을 만들 때 程頤 대신 程灝를 그려 넣는, 이 모든 점들이 조식과 왕수인의 사고가 서로 근접해 있음을 보여주고 있다. 그러나 이는 동시에 주희 이래 대부분의 성리학자들이 강조해온 점이기도 한 것이다.

양명학이 육구연으로부터가 아니라 주희로부터 나왔다는 주장은 이미 널리 알려져 있다. 구체적으로는 陳榮捷・唐君毅・시마다 겐지(島田虔次) 같은 이들이 그러한 견해를 가진 부류이다.[91] 그런데 이 견해의 타당성 여부는 차치하고서, 양명학의 바이블처럼 간주되어 온 왕수인의 어록 『전습록』을 훑어보면, 실로 주희의 이론에 대해 사사건건 비판을 가하고 있다고 해도 결코 틀린 말이 아니다. 우리의 조식이나 임성주의 저술 어디에서도 주희를 비판한 구절이 보이지 않음에도 불구하고, 그들이 오히려 근본에서부터 주자학을 떠나 양명학으로 접근해 가는 경향을 보이고 있다 함은 정말 설득력을 가질 수 있는 주장인가?

---

90) 『남명학파연구』, 상권, 101쪽.

91) 陳榮捷, 「早期明代之程朱學派」/「從朱子晚年定論看陽明之于朱子」; 唐君毅, 「陽明學と朱子學」; 島田虔次, 『朱子學と陽明學』 참조.

손영식은 조식의 "수양론은 마음에 강한 주인을 만드는 것, 그의 말로 하자면 '살아 있는 용'을 만드는 것을 중시한다. 안으로 그것만 만들면 도덕적 행위는 겉으로 나타나게 마련이라는 것이다. 이는 왕수인의 '양지를 이루자'는 주장과 비슷한 생각이다"라고 해설한다.[92] 손영식이 말하는 '양지를 이루자'는 양명학의 핵심 개념인 '致良知'를 번역한 말이다. 그러나 그는 '致' 자를 잘못 번역하였다. 그것은 자신의 내면에다 강한 주체성을 형성하자는 뜻이 아니고, 그와는 반대 방향으로 사람마다 이미 태어날 때부터 온전히 갖추고 있는 양지를 현실의 모든 일에다 적용하여 발현시키라는 의미이기 때문이다.

3. 남명학파의 전개

1) 참동계 논쟁

정인홍(1536~1623, 호 來庵)이 선조 37년(1604) 8월에 발문을 쓴 『남명집』 갑진본이 간행된 직후, 합천 도촌(지금의 妙山面 陶沃里)에 거주하는 그 주요 문인 조응인에게 예천 사람인 從弟 조우인이 보낸 편지에 다음과 같은 내용이 있다.

> 퇴계는 남명과 더불어 같은 때에 태어나셨고, 또한 같은 지방으로서, 더불어 한 시대에 태산북두와 같은 명망이 있으시니, 만약 뜻이 같고 도가 합해 벗으로 교제하여 서로 도움을 주어 끊어진 학문을 동방에 제창해 밝히셨다면, 어찌 우리 진리의 큰 다행이 아니겠

---

92) 손영식 · 조남호, 『남명 조식의 철학사상연구』, 14쪽.

습니까? 그러나 가만히 두 선생의 규모·기상과 그 학문하는 큰 방법을 보건대 아득히 서로 같지 않으므로, 편지를 주고받으면서도 학문을 논하는 말은 한 마디도 없었으니, 그 뜻을 알 수 있습니다. 퇴계가 남명을 잘못 인식하여 일개 고상한 선비로만 허여한 것이 아닙니다. 아, 퇴계가 어찌 참으로 남명을 알지 못했겠습니까! 남명을 알기로는 퇴계만 한 이가 없습니다.[93]

이는 당대에 이미 영남학파의 兩大산맥으로 간주되었던 이황과 조식의 문도 사이에 대립이 처음으로 가시화되었던 시기에 쓰였던 것인데, 그 대립의 주된 원인은 이황의 조식 비판에 대한 정인홍의 반론이었던 것이다. 조우인은 이 글 속에서 "내암은 남명에게 있어서 다른 스승·제자에 견줄 수가 없으니, 남명을 아는 이로는 이 노인만 한 이가 없습니다"라고 말하고 있으므로,[94] 당시 정인홍은 사림으로부터 조식의 수제자로 간주되고 있었음을 미루어 알 수 있다. 이는『선조실록』의 史臣評에 조식이 그를 중시하여 "덕원이 있으면 나는 죽지 않는다"고 말했던 것으로 보이는 바와 일치하며, 조식의 여러 문인 가운데서도 특히 기절의 면에서 남다른 바가 있었다.[95] 그러므로 동문인 김우옹이 경연관으로서 선조를 대면하였을 때 조식의 여러 문하생 가운데서 최영경과 정인홍이 스승의 학풍을 잘 계승한 사람이라 하여 특별히 거명해 등용토록 추천한 바 있었던 것이다.[96]

---

93) 曺友仁,『頤齋集』권2,「上從兄曹善伯」, "退溪之於南冥, 生同一時, 又同一方, 俱有一世山斗之望, 若使志同道合, 麗澤相資, 倡明絶學於東方, 豈非吾道之一大幸也. 而竊觀二先生規模氣像與其爲學之大方, 逈然有不相侔者, 故其書尺往復之間, 未嘗一語及於論學, 則可見其意之有在. 非退溪錯認南冥, 但以一介高尙之士許之也. 嗚呼, 退溪豈眞不知南冥者哉, 知南冥者, 莫如退溪也."

94) "來庵之於南冥, 非如他師弟子之比, 則知南冥者無如此老."

95)『宣祖實錄』, 40년 5월 15일, "仁弘, 孝性出天, 操履剛方. 自少從師南溟先生, 南溟器之曰, 德遠在則吾爲不死矣. 仁弘亦尊信之, 篤向學之專, 危坐讀書, 夜以繼日. 廉劌棘棘, 與人寡合, 尙義嫉邪之心, 終始不撓, 對人論議之際, 劍鋒截然, 聞人有非義之行, 則雖高官大爵, 鄙之如讐, 雖號爲名儒碩士, 素所相識者, 少有依阿苟合之態, 則絶不與語, 人皆憚而病之, 略不介意. 暫入柏府, 百僚屛氣, 屢宰州縣, 邑人畏敬, 雖居林下, 慷慨憂國, 壬亂倡義, 不尸其功. 其節操風裁, 有人所難及處."

조우인은 『월천집』 부록에 조목의 대표적 문인 중 한 사람으로 보이는 인물이다. 이 편지 속에서 그가 이황의 조식에 대한 견해를 옹호하는 이유는 주로 「신명사명」 속에 실제로 『장자』 『음부경』 『참동계』 등 도가의 문헌으로부터 유래하는 문구가 있고, 그 밖에도 유가의 가르침과 어긋나는 글이나 행실이 새로 간행된 『남명집』 속에 실려 있으므로, 이황이 그를 기절 있는 선비로서만 인정하고 성리학에 종사하는 도학자로 인식하지 않은 것이 틀리지 않았다는 점에 있다.

광해군 시기의 덕천원장으로서 『학기유편』 초간본 및 『남명집』 임술본의 간행에 중심적 역할을 수행한 바 있는 하증의 『창주유사』에 보이는 「참동계론」(일명 「瑜瑕論」)은 조우인의 이러한 주장을 논파하기 위한 것이다. 그 논지는 『주역참동계』가 『주역』의 원리와 합치되는 점이 많으므로 주희가 특별히 연구 주석한 바였고, 또한 주희는 그 내용을 부연하여 「조식잠」을 짓기도 하였으며, 『역학계몽』에서 『참동계』를 언급하기도 했으므로, 비록 도가에 속하는 문헌이라고 하지만 성리학적 『주역』 이해와 근본적으로 모순된다고 볼 수는 없다는 것이다. 그는 이러한 취지를 더욱 전개하여, 이황도 『계몽전의』에서 『참동계』를 인용하여 해석한 바 있고, 또한 「조식잠」을 「古鏡重磨方」에다 넣었을 뿐 아니라, 『참동계』의 구두구결을 정하기도 했음을 지적하고 있다.[97]

도가적 내용을 지닌 문헌에 대한 주희의 이러한 경도에 대해서는

---

96) 『선조실록』, 6년 11월 丙午, "上問金宇顒曰, 曹植敎人如何. 宇顒曰, 植之博文窮理, 不如李滉, 然敎人精神氣槪, 多有興起者, 如崔永慶鄭仁弘之類是也.";『남명집사종』, 514쪽, "上因問, 植之學問如何. 對曰, 躬行踐履之功甚篤, 精神氣魄, 多有動悟人處. 故遊其門者, 多有可任事之人, 如崔永慶鄭仁弘, 皆節行可用之士也." 이 밖에 정인홍이 퇴계학파에 대해 대결의 기치를 표방할 당시 남명학파의 동향과 그 가운데서 정인홍의 위치에 대하여는 졸저 『남명학파연구』 상권, 114~121쪽을 참조하기 바란다.

97) 하증의 조우인 비판에 대하여는 『남명학파연구』 상권 161~163쪽 참조.

후세의 성리학자들 간에 이따금 논란이 있어 왔다. 그러나 한평생 경제생활의 대부분을 도교사원의 관리인 직책에서 나오는 녹봉에 의지했던 주희로 보아서는 도가 사상에 대해 비판 일변도만이 아니었음은 당연하다. 북송의 도학자 대부분이 그러했던 것처럼 주희 역시 불교 및 도교로부터 상당한 양의 자양분을 섭취하고 있었던 셈이다. 따라서 조식이 이 문헌들에 관심을 가지고서「신명사도」나 그 銘 같은 데다 원용한 것은 주희의 선례를 따른 것이므로, 주자학의 범주를 벗어난 것이라고는 할 수 없는 것이다.

2)『변무』의 출현

퇴계학파와 남명학파의 대립에 관해서는 필자를 포함한 몇 사람이 이미 논급한 바 있었다. 그러나 사안의 민감성과 인조반정으로 말미암은 남명학파의 몰락이라는 역사적 사실에 비추어 볼 때, 이와 관련되는 1차 자료는 정도의 차이는 있다고 하겠지만 대부분 이미 왜곡된 것이라 해도 과언이 아니다. 그런데 필자는 근자에 이 문제에 관해 중요한 의미를 지니는 것으로 판단되는 몇 가지 새로운 자료를 입수할 수가 있었다. 따라서 여기서는 이러한 새 자료들에 입각하여 이 문제를 조명해 보고자 한다.

그중 첫 번째는 경상대학교 경남문화연구원이 한국학술진흥재단의 지원을 받아 수행하고 있는 '진주권 지역 고문헌자료 조사·정리' 프로젝트의 과정에서 2003년 2월 23일 진주시 수곡면 사곡리 하원준 씨 댁에서 나타난『辨誣』라는 표제의 필사본 1책이다. 하원준은 진주 지역의 저명한 문인인 하수일(1553~1612, 호 松亭)의 현손 하세응

(1671~1727, 호 知明堂)의 종손이니, 결국 이 문헌은 하수일의 문중을 대표하는 집안에서 나온 것이다.

제목을 '변무'라 한 것은 조식이 이황에 의해 부당하게 왜곡된 것을 변론한다는 뜻으로, 선조 말년으로부터 광해군 대에 이르기까지 이황의 조식 비판에 대한 남명학파의 입장이 표명된 여러 종류의 1차 자료들을 정리·수록해 둔 것이다. 이 문헌의 중요성은 당시 남명학파를 대표하는 존재였던 정인홍을 비롯하여 대북 관련 인사들에 관한 자료가 수정됨이 없이 원형대로 수록되어져 있을 뿐 아니라, 정인홍이 정구를 비판한 「正脈高風辨」 등 당시 여러 사람의 입에 오르내렸으나 오늘날 다른 문헌에서는 찾아볼 수가 없게 된 정인홍 자신의 글들도 여러 편 포함된 점에 있다.

책의 첫머리에는 「辨誣草畧」이라는 제목으로 된 정인홍의 글을 싣고 있다. 이는 정인홍이 『남명집』 갑진본의 발문에서 이정의 문제와 관련하여 처음으로 이황을 공개 비판한 이후에 쓰인 것으로서, 그 첫머리에 이황이 황준량에게 답한 편지와 이에 대한 김우굉의 항의에 답한 이황의 편지 내용이 요약하여 제시되어져 있고, 황준량과 이황의 견해를 비판하는 논지로 이루어져 있다.[98] 여기서 그는 이황이 조식을 가리켜 "그가 의리를 꿰뚫지 못했음은, 이런 사람은 흔히 노장이 빌미가 되어 우리 학문에는 조예가 깊지 못한 법이다"라고 폄하한 데 대해 다음과 같이 반론하고 있다.

---

98) 『孤臺日錄』에 의하면, 정인홍이 이 일기의 저자인 鄭慶雲에게 이 글을 꺼내 보인 것은 갑진본의 출간으로 말미암아 서·남인 측의 반론이 시작된 무렵인 선조 38년(1605) 7월 17일이었다. "七月十七日. 早發… 午後拜先生… 論及退溪答黃俊良書, 出示所見之記, 詞義烔出乎人意表. 爲大谷南冥辨析義理, 若決江河. 若使退溪死而有知, 能不顙泚乎"

선생께서는 평소에 배우기를 청하는 이가 있으면, 반드시 말씀하시기를 "『소학』, 『대학』, 『근사록』 등의 책은 배우는 이의 길이요 계단이다. 그러나 주석이 분명하여 손바닥을 보이는 것과 같으니, 글 뜻을 해득할 수 있는 이는 스스로 간파해야 할 것이지, 자질구레하게 억지로 설명할 것 없다"고 하셨다. … 선생은 늘 하학 공부가 시급하다고 여기셨고, [그러한 생각이] 지으신 글로서는 [무진]봉사와 편지들에 많이 나타나 있는데, 역시 한 자 한 구도 [도가의] 허무에 가깝거나 [불교의] 적멸에 관계되는 것이 없으니, 눈이 있다면 모두 볼 수 있다. … 게다가 도덕에서 귀하게 여기는 바는 자득함이 있어야 하는 것이니, 앞 시대의 현인들이 언급하지 못한 점을 확충하여 集義・養氣・氣質・定性 등의 설에 대해 무궁한 미래에까지 후학들을 열어주어 聖門에 큰 공이 있게 된 다음에야 가능한 일이다. 이러하지 못할진대, 어찌 經傳을 믿고서 내면의 공부에 힘을 들여 무익한 주장을 하지 않는 것만 하겠는가?… 말 잘하는 자가 반드시 덕이 있는 것이 아니요, 글 다듬는 자가 도를 안다고 할 수도 없으니, 나는 입과 귀로써 하는 학문 또한 빌미가 되지 않은 적이 없었음을 두려워한다.[99]

그는 이 글 속에서 조식이 성리학의 의리에 대한 논변을 거부하고 그런 일에 몰두하는 사람들을 비판한 것은 결코 도가사상과 관련된 것이 아니며, 程頤나 謝良佐 등 북송의 성리학자들로부터 이미 전례가 있었음을 구체적인 사례를 들어 논증함으로써, 논변이나 저술에 능한 것과 도학은 무관한 것임을 주장하고 있다.

다음으로는 「有感」이라는 제목으로 된 정인홍의 칠언절구 한 수를 실었는데, 그 내용은 다음과 같다.

---

99) "先生平日有請學者, 必曰, 小大學近思錄等書, 是學者路脈階梯, 而傳註分明, 如示諸掌, 解文義者, 自當看破, 不待區區强說也 … 先生眷眷以下學爲急, 所作文辭, 見於封事見於書札者多矣. 亦無一句一字, 近於虛無, 涉於寂滅者, 則有目皆可見 … 且所貴乎道德者, 須要自有見得. 擴前賢未發, 如集義養氣氣質定性等說, 開後學於無窮, 有大功於聖門然後可也. 若不如此, 曷若姑信經傳, 向裡着功, 不爲無益之說, 終不效而南越王黃屋左纛之爲善也 … 有言者未必有德, 工文辭者, 未能知道, 則吾恐口耳亦未嘗不爲崇也."

일찍이 보았네, 남을 업신여김은 자신을 가볍게 하는 짓임을
논하고 설하여도 도리어 분명함이 부족함을 부끄러워하노라.
善을 비방하여 老莊이라 한다면
肥遯의 형통함도 모두 떳떳치 못한 것이 되고 말겠네.[100]

세 번째로는 정인홍의 「高亢學問辨」인데, 이는 이황이 선조 2년
(1569) 2월 25일에 판중추부사의 직을 사임하고서 고향으로 돌아가기
를 청하여 올린 箚子에서 조식과 이항의 출처에 대한 자세를 비교하
여, "신이 보건대, 조식은 거만한 선비(高抗之士)이니 본래 [세상의]
풍진 가운데서 머리를 굽히고 싶지 않은 것이요, 이항은 학문에 종사
하는 사람(從事學問之人)이니 벼슬하지 않는 것만을 높다고 생각하지
않으므로, 두 사람의 마음 씀씀이 또한 같지 않은 것입니다. 그러므로
선왕대에 둘 다 왕명에 응하여 오기는 하였지만, 식은 入對하자마자
곧 달아나 산으로 돌아가 버렸고, 항은 왕명을 받아 지방관으로 나가
서 몇 년 근무하다가 돌아갔던 것이니, 그 같지 않음이 이러합니다"
라고 한 발언을 비판한 것이다.[101] 이 차자는 이황이 사망하기 전해
에 쓰인 것이므로, 그의 조식에 대한 가장 만년의 견해를 엿볼 수 있
는 사례이다.

정인홍은 이황의 조식에 대한 모든 편견의 근본 원인이 출처의 문
제에 대한 소견 차이에서 비롯된 것임을 지적하면서, "더러는 나아가
고 더러는 물러나며, 세상을 놀라게 하지 않고 여러 사람과 다르게
처신하지 않아야 도학하는 사람"[102]이라는 이황의 견해가 『중용』이

---

100) "曾見輕人祗自輕/却慚論說欠分明/若將狃善爲莊老/肥遯之亨摠不經", '肥遯之亨'은 『周易』遯卦 卦辭
   에 "遯, 亨, 小利貞"이라 하고, 그 上九 爻辭에 "肥遯, 无不利"라 한 데 근거한 것이다.

101) 『退溪集』, 內集 권7, "乞退箚子", "以臣觀之, 曹植高抗之士, 本不欲屈首風塵中, 李恒從事學問之人,
   非偏以不仕爲高, 二人心跡, 亦不同也. 是以在先王朝, 雖皆嘗應命以至, 植則纔入對即遁去還山, 恒受
   命出守數年以後歸, 其不同如此."

나 『주역』 『논어』에 보이는 時中의 가르침과 크게 어긋나는 것임을 구체적인 典據를 들어 입증하고 있다.

또한 이 책에는 정인홍이 동문인 정구의 태도를 비판한 글이 세 편 실려 있다. 「跋文解」, 「答人問」, 「正脈高風辨」이 그것이다. 「발문해」는 정인홍이 이황을 비판한 발문이 첨부된 『남명집』 갑진본이 간행되어 전국적으로 큰 소란이 일어났을 때, 누가 정인홍을 찾아와서 그런 글을 왜 지었느냐고 충고하였는데, 후에 그 말이 동문인 정구에게서 나왔음을 알고서 정구와 자신의 견해 차이를 분명히 한 것이다.[103] 당시 정구의 견해는 "돌아가신 스승께서 과연 현인이시라면 후세가 저절로 알아줄 것이니, 대립적인 관계를 조성할 필요가 없다"는 것이었다.[104] 그것에 대한 정인홍의 견해는 이러하다.

> 스승과 제자라면 의리 또한 크다. 남이 비방하고 헐뜯어 그 참 모습을 잃게 한다면 마음이 저절로 불안하여 한번 말해 그 시비를 밝히지 않을 수 없는 것은 사람의 마음을 가진 이라면 그만둘 수 없는 바이다. 자기가 좋아하는 분이기 때문이 아니라 타고난 시비지심인 것이다.… 이제 퇴계는 전국에 명성이 자자하고 뭇사람이 칭찬하므로, 叔孫氏나 다른 시대의 비방들에 비길 바가 아니다. 그런데도 우리 선생님을 꾸짖고 배척하여 못하는 말이 없다. 말로 나타낼 뿐만 아니라 글에 올리고 목판에 새겨 지금 돌아다니고 후세에 전해지므로, 오늘날의 시비를 현혹케 하고 후세의 이목을 그릇되게 할 것인데, 그럼에도 사실이 그렇지 않음을 밝히는 말 한마디도 못하고서 후세가 저절로 알아주기를 기다리자고 한단 말인가? 아! 같

---

102) "退溪所見, 一向如此, 論說終始, 一樣其意. 盖以爲獨善高尚者, 必非學問之士, 或進或退, 不駭於俗, 不違於衆者, 方爲道學之人, 其言之病痛, 不旣多乎."

103) 「寒岡言行錄」에 의하면, 정구는 갑진본의 편집 작업이 이루어지고 있었던 선조 36년(1603) 겨울에 이미 제자인 李堉을 보내어, 李楨의 문제와 관련하여 퇴계학파와의 사이에 대립의 불씨가 될 수 있는 「與子强子精書」를 『남명집』에서 뺄 것을 요청하였다고 한다. 『남명학파연구』 상권, 118~119쪽 참조.

104) "先師果賢, 後世自當知之, 不須分疎也"

은 시대에 살아도 서로 몰라 오히려 퇴계처럼 비방해 헐뜯는 이가 있는데, 후세가 이퇴계의 말에 혹해서 저절로 알아주지 못함이 어찌 이상하겠는가? 이러니 대립적 관계를 조성할 필요가 없다는 설은 도리어 애매모호한 태도로 남의 비위를 맞추자는 사심일 것이요, 공정하게 시비를 밝히자는 마음이 아닌 것이다.[105)

이를 통해 갑진본의 간행을 계기로 정인홍과 정구 사이에는 이황 비판의 문제로 말미암아 심각한 균열의 기미가 이미 조성되어져 있었음을 확인할 수 있다.

다음으로 배열된 「답인문」은 정인홍이 광해군 3년 3월에 辭職箚를 올려 조식과 성혼을 변호하면서 갓 문묘에 종사된 이언적·이황을 비판한 이른바 晦退辨斥 사건으로 말미암아 한창 소요가 벌어지고 있던 시기에 누가 정인홍을 찾아와, 이 문제에 대해 정구는 "퇴계가 남명선생을 노장이라 했다 하여 어찌 갑자기 노장이 될 리 있겠는가? 나는 변명할 필요가 없다고 본다"[106) 하더라고 전해 준 데 대한 반응이다. 광해군 시기는 남명학파의 전성기라고 할 수 있겠지만, 본고 정도의 지면으로써는 취급하기 어려울 정도로 복잡한 문제들을 내포하고 있는지라, 필자는 그 시기 남명학파의 동향에 대해서는 곧 이어질 논문에서 정인홍과 정구의 예학 문제에 대한 대립적 견해를 중심으로 따로 다루고자 한다.

「정맥고풍변」은 『광해군일기』의 회퇴변척 조 사신평 이래로 「고풍정맥변」이라는 이름으로서 알려져 온 것인데, 이 책을 통해 비로소

---

105) "師生則義亦大矣. 見人之非毁, 損其眞, 失其實, 則方寸自不安, 不免有一言以明其是非, 有人心者所不能已. 非阿其所好, 乃是非之本心也… 今退溪有一國盛名, 爲衆人稱譽, 非叔孫與一時謗毁之比, 而詆斥我先生无所不至, 不獨發於言語, 至於揭之書鋟之梓, 行於今而傳於後, 將以眩今日之是非, 誤後世之耳目. 此可无一言以明其不然, 而曰待後世之自知乎. 噫, 生同一時而不相知, 顧有如退溪之非毁, 又何怪後世之惑於李退溪之言而自不能知乎. 如此則不須分疎之說, 恐反爲糢糊徇物之私, 非大公是非之心."

106) "退溪雖謂南冥先生爲老莊, 豈有遽爲老莊之理. 吾意以爲不須辨明也."

그 본래의 명칭을 알 수 있게 되었다. 이는 정구가 선조 36년(1603) 11월에 죽은 친우 김우옹을 위해 지은 8연으로 된 輓詞의 제4연에 "퇴도의 바른 맥(退陶正脈) 하늘 끝까지 사모하고, 산해의 높은 기풍(山海高風) 땅의 우뚝함으로 공경했네"라는 구절이 있음을 보고[107] 정인홍이 선조 39년(1606) 가을에 이를 비판한 글이다.

정인홍은 이 구절에 대해, "그의 뜻은, 퇴계는 도리를 강설하여 저술이 많은데다, [벼슬에] 온전히 나아가지도 않고 온전히 물러나지도 않았으니 중용에 가깝고, [남명] 선생은 남과 더불어 강론한 일이 적은데다 문자를 높게 여기지 않았고, [野에] 머물러 길이 곧게 처신하셨으니 높은 듯하기 때문이라"고 해석한다.[108] 이어서 그는 「퇴계연보」에 근거하여 이황이 을사사화의 여파가 채 가라앉지 않은 명종 1~2년 사이의 5개월 동안 홍문관 應敎로서 내직에 종사하면서 왕자인 鳳城君을 역모로 몰아 죽음에 이르게 한 차자에 동참했던 사실, 官妓를 첩으로 집안에 들여 죽는 날까지 음식 마련을 주관하게 했던 사실, 또한 이언적이 관기를 임신케 하여 아들을 두었고, 후일 그 관기가 조윤손의 첩이 됨으로 말미암아 아들이 曺씨 가문에서 玉剛이라는 이름으로 자라다가 후일 상속 문제에 따른 분쟁에 휘말려 생부에게로 돌아가서 李全仁으로 개명한 사실이 있음에도 불구하고 이언적을 문묘종사의 대상으로까지 추켜올린 점 등을 들어, 이황이 사문의 정맥이라는 호칭에 합당치 못함을 지적하였다.

당시의 시대적 상황 속에서 진정 시중의 도에 합당하게 처신한 사

---

107) 金宇顒, 『東岡集』, 附錄2, "退陶正脈終天慕/山海高風特地欽".

108) "其意以爲, 退溪講說道理, 多有著述, 不全進不全退, 近於中. 先生少與人講論, 又不尙文字, 艮止而永貞, 疑於高故也." 여기서 '艮止而永貞'은 『주역』艮卦 象傳의 "艮其止, 止其所也" 및 初六의 "艮其趾, 无咎, 利永貞"에 근거한 말이다.

람은 이황이 아닌 조식임에도 불구하고, 오히려 이황을 사문의 정맥으로 간주하고 조식에 대해서는 中道에 어긋난 방외인의 뜻으로도 해석될 수 있는 高風으로 지칭한 정구를 가리켜 정인홍은 "스스로 스승의 문하에서 끊어진" 사람, 즉 조식을 배반하고 이황의 계열에 가담한 사람으로 치부하였다.[109] 조식은 임종에 즈음한 병석에서 정인홍·김우옹·정구에게 "너희는 출처에 대해 대충 본 바가 있으므로 내가 마음으로 허여한다. 사군자의 큰 절조는 오직 출처라는 한 가지 일에 있을 따름이다"라고 말한 바 있었다.[110] 조식의 인물 평가는 언제나 출처의 당부를 가장 우선적으로 고려하는 것인 만큼, 이 말은 자신의 여러 문인 가운데서도 이들 세 사람에 대해 각별한 기대를 걸고 있음을 의미한 셈이 된다. 그런데 이제 김우옹의 죽음을 계기로 퇴계학파와의 관계 설정 문제로 말미암아 정인홍과 정구가 결정적으로 결별하게 되며, 그에 따라 남명학파가 최초의 분열을 맞게 된 것은 아이러니라고 하겠다.

「정맥고풍변」의 다음으로는 「與崔持平季昇書」가 수록되어져 있다. 이는 정인홍이 이황 문인 김성일의 조카사위인 선산 사람 최현에게 보낸 것인데, 이 편지에 대한 답서로서 『訒齋集』 권8에 수록된 「答鄭仁弘書」가 선조 41년(1607)에 쓰인 것으로 되어 있으므로, 역시 선조 말년의 것임을 알 수 있다.[111]

---

109) "以高風稱先生, 非獨不知高尚之高和中庸之中也, 多見其不知而自絕於先生之門也. 非徒自絕於先生之門, 實與聖賢之敎亦大相悖也."

110) 『남명집사종』, 107쪽, 金宇顒 撰 「行錄」, "又語仁弘及顒述曰, 汝等於出處, 粗有見處, 吾心許也. 士君子大節, 唯在出處一事而已."

111) 정인홍과 崔晛 사이의 두 차례에 걸친 왕복 서신 및 그것과 선조 연간 퇴계학파의 주도하에 거의 해마다 반복되고 있었던 조선조 五賢 문묘종사 疏請 운동과의 관련에 대하여는 『남명학파연구』 상권, 66, 82, 127~128, 136, 539쪽을 참조하기 바란다.

정인홍이 보낸 이 편지의 별지에서는, 최현이 조식의 문자 가운데 분명 노・장의 책에서 유래한 것이 있으므로, 정인홍이 변명하려 해도 소용없다고 말한 점에 대해 따지고 있다. 정인홍은 북송의 도학자들 가운데서 주희의 학문적 계보와 직결된 楊時도 젊은 시절 『장자』, 『열자』에 심취했던 까닭에 문장 가운데 그 영향이 나타난 경우가 있고, 도학에서 "경은 늘 마음을 깨어 있게 하는 법(敬是常惺惺法)"이라고 할 경우의 '惺惺'도 선승인 瑞巖和尙에게서 나온 것이며, "앞으로 나아가며 마구 죽여 길머리를 끊는다(向前斯殺, 截斷路頭)"고 할 경우의 '斯殺', '截斷'이라는 말도 그 출처는 『손자』, 『오자』와 같은 兵家의 책에 있음을 지적한다. 그러므로 글 속에 나타나는 단편적인 문자를 근거로 하여 그 학문 전체의 성격을 의심하는 것은 타당치 못함을 주장한다. 조식의 글 속에 『참동계』로부터 유래한 것이 더러 있음은 사실이지만, 이 역시 선현이 '성성'이나 '시살' 등의 문자를 사용한 취지와 다르지 않다는 것이다.

3) 『계암일록』 친필고

필자가 입수한 두 번째 자료는 안동 사람 김영(金坽, 1577~1641)의 친필일기 중 선조 40년(1607) 부분이다. 김령은 광산 김씨 烏川七君子의 한 사람으로 일컬어지는 이황 문인 金富倫의 아들로서, 그의 문집 『溪巖集』은 1992년에 민족문화추진회의 한국문집총간 84로서 간행되었고, 후손이 보관하고 있는 그의 필사본 일기 『日錄』 8책은 국사편찬위원회가 소장하고 있는 일제강점기의 脫草本 15책과의 대조・교열을 거쳐 1997년에 국사편찬위원회의 한국사사료총서 40 『계암일록』

상·하 2책으로 간행된 바 있다. 그런데 새로 입수한 것은 영남대학교 이수건 교수가 1998년에 김영의 종손 댁 破紙 가운데서 찾아낸 친필 일기의 일부분으로서 亂草로 쓰인데다가 저자가 집필 과정에서 먹으로 수정 말소한 부분이 많다. 국편 간행본과 대조해 본 결과 간본에는 당시 안동부사로 부임해 있던 정구에 대한 비판적인 기사가 모두 삭제되어 있어 내용이 변질되었음을 확인할 수 있었다.[112]

　그런데 이 친필 일기에는 정구를 심각하게 비판한 내용이 적지 않아, 당시까지 안동 지역 및 이황의 연원에서는 정구를 퇴계학파의 진정한 일원으로서 받아들이고 있지 않았던 정황을 엿볼 수 있다. 예컨대 정구의 안동부사 부임에 관한 윤 6월 25일자 일기에서는 정구에 대해 다음과 같이 기술하고 있다.

> 한강은 성주 사람이다. 나이 스물다섯에 과거 공부를 버리고 조남명을 좇아 놀았으며, 또한 퇴도 선생을 섬겼다.… 중년이 되자 명성이 자자하였다. 어느 날 임금께서 특별히 불러 만나보고서 말씀하시기를, '네가 조식을 섬긴다고 들었다' 하시니, '신은 이 아무개도 섬깁니다'고 대답하였다. 퇴도 선생을 말한 것이다. 당시 경주 김씨 경창 공이 모두 기록하였다. 우리 선생께서 돌아가신 후 한 번도 서원에 오지 않았으니, 선친께서 늘 이것을 불만으로 여기셨다. 올해 삼월에 부사가 되어 서울로부터 곧바로 도산에 도착하여 선생의 묘에 제사를 드렸는데, 告文도 짓지 않았다. 오래도록 섬기지 못했기 때문이다.[113]

　이 일기에서 보는 한, 선조 말년인 당시까지도 정구는 조야를 막론

---

112) 이수건 교수는 국편 소장 탈초본과도 대조해 보았지만 마찬가지였다고 한다.

113) "寒岡, 星州人也. 年二十五, 棄擧業從曹南溟遊, 又事退陶先生… 當其中年名盛, 日自上特引見, 且曰, 聞爾事曺植. 對曰, 臣亦事李某. 盖退陶先生也. 時鷄林金公慶昌備錄之. 吾先生沒世後, 一不來院, 先君每以此不滿於心. 至是年三月, 以府伯由京直到陶山, 奠先生墓, 告文亦不擧, 久未事之故."

하고 일반적으로 조식의 문하생으로 인식되어 있었으며,[114] 정구 본인은 이황의 문인이기도 함을 표방하고 있으나 이황의 가장 가까운 제자 집안에서조차 그를 진정한 동문으로 인식하지 않았음을 알 수 있다.

또한 당시 정구는 師道를 표방하여 수많은 선비들이 그의 문하로 몰려와 떠나려 하지 않았는데, 정구는 이들에게 카리스마로서 군림하여 다소 늦게 찾아온 자는 상대도 하지 않고, 가까이 붙는 자들만을 친애하였다고 한다. 정구는 유생을 비롯하여 서얼이나 향리 등 가지각색의 사람들을 불러 모으고, 또한 안동부내와 속현의 향교·서원으로부터도 인원을 차출하여 경서의 판각이나 자기 개인이 소장할 수많은 서적들을 필사·교정하는 작업에 종사케 하면서 이백 명 정도나 되는 사람들의 숙식을 비롯한 비용 일체를 공금으로 충당하기 때문에 관민을 막론하고 부내의 원성이 자자하다고 적고 있다. 또한 정구가 타는 藍輿를 지는 일이나 밥 짓는 일, 대소변의 변기 시중뿐 아니라 심지어는 변기통에 걸터앉아 용변을 본 후 물로 항문을 씻어주는 일까지 모두 제자들이 하는데, 그런 비루한 일을 도맡아 보는 이들은 대부분 그를 사문의 종장으로서 숭배하는 성주 및 下道 사람이었다고 한다.[115]

이보다 조금 앞선 시기인 『선조수정실록』 34년 9월 1일 조에 정구

---

114) 安鼎福의 『雜同散異』, 제4책 26쪽 「東方道統」 조 및 305쪽 「東方儒賢淵源」 조에서도 모두 정구를 조식의 嫡統으로 기록하고 있다. 정구가 선조 13년(1580) 봄에 국왕을 면담하였을 때 조식과 이황의 학문에 대해 언급한 내용은 李厚慶의 『畏齋集』 권3에 수록된 「한강언행록」과 『한강연보』 권2에 수록된 張顯光 찬 「행장」, 許穆 찬 「묘지명」, 申欽 찬 「신도비명」에 모두 보이는데, 「언행록」에서는 "上聞, 爾爲曹植之門人耶. 對曰, 出入其門, 而學則未受也. 至於李滉之門, 則嘗受業矣."라고 하여, 그 시기에 이미 정구가 조식이 아닌 이황의 문인으로 자처한 것으로 묘사하고 있다.

115) 丁未 閏6월 25일·8월 11일·9월 13일·11월 6일 條.

가 성천부사로 있을 때 백성들로부터 많은 재물을 거두어 들여 부내에 머물고 있는 궁인을 섬긴 사례를 비판한 기사가 있다. 그러나 정구의 인품을 비판한 이러한 기록은 인조반정 이후의 문헌에서는 거의 찾아볼 수가 없어 매우 생소한 것이다. 심지어 간행된『계암일록』의 해제에서는 일기의 저자인 김영 자신도 이해 6월에 안동부사로 부임한 정구를 찾아뵙고서 강학하여 사실상 그의 문인이 된 것으로 설명되어져 있을 정도이다. 어쨌든 우리는 이 일기를 통해 정구가 선조 말년 당시 이미 정인홍에 필적할 정도의 명성과 권위를 지니고 많은 문인집단을 거느리고 있었음을 확인할 수가 있다. 그리하여 그는 광해군 대에 이르러서는 마침내 집권당 북인의 산림인 정인홍에 대립하는 남인의 구심점으로 부상하게 되는 것이다.

4)『송정세과』와『서행록』

필자가 소개하고자 하는 세 번째 자료는『변무』보다 하루 앞선 2003년 2월 22일에 역시 진주시 수곡면 사곡리 하원준 씨 댁에서 경상대학교 경남문화연구원 측에 의해 조사된 하수일 관계 필사본들이다. 그 세목은 하수일의 문집인『松亭歲課』5책, 일기인『西行錄』1책, 그리고 하겸진이 그 伯증조부가 하다 만 작업을 계승하여 광무 원년(1897)에 완성해 石印本『송정집』의 속집 권3 부록에 수록한『松亭年譜』의 草稿 2종 각 1책이다. 필자가 이 자료들에 주목하는 이유는 인조반정 이후 강우 유림의 주류를 이끈 사람은 정인홍이나 정구의 계열이 아니고, 진주 서면에 거주한 남인계 처사 하홍도였는데, 그는 바로 조식의 문인 하항으로부터 하수일로 이어진 학맥을 계승한 인물이었으며, 『송정세과』와 『서행록』은 비록 하수일의 친필본은 아니지만 그가 남긴 원형을 비교적 잘 보존하고 있는 것이기 때문이다.

『송정세과』는 원래 하수일이 자신의 시문을 해마다 묶어서 모아둔 것이기 때문에 일반 문집의 체제처럼 내용별로 분류된 것이 아니었다. 그가 죽은 후 조카인 河璿(鏡輝의 아들)이 선조들이 남긴 글을 후손에게 전하기 위해 世集의 형태로 편집하는 과정에서 당시까지 온전히 남아 있었던 『송정세과』를 효종 원년(1650)에 『喚醒齋集』『覺齋集』 등과 아울러 『송정집』이라는 이름으로 정리해 둔 것이 있었다. 그것과 어떠한 관계를 가지는지는 알 수 없으나, 더욱 후대에 하수일의 6세손이 문집의 체제에 맞추어 대충 정리한 『송정세과』를 안동으로 가져가 이광정의 교감을 받고 난 후 채제공의 서문을 얻어 정조 12년(1799)에 목판본 『송정집』으로 간행하였는데, 이 필사본은 당시 교감의 대본이 되었던 것이다.

이 필사본 『송정세과』는 제2책까지는 처음 體別 분류에 따라 시 작품을 배열하기 시작하였으나 그러한 원칙이 일관되게 적용되지 않았으며, 산문을 수록한 제3책 이후부터는 더욱 체제상의 혼란이 심하여 운문과 산문이 혼재하는가 하면 연대의 배열이 착종된 경우도 있다. 내용상 특히 주목되는 것은 퇴계학파와 남명학파의 우열을 비교한 까닭에 간행된 문집에서는 삭제된 「소백산」 시가 제4책에, 그리고 하홍도가 이황과 조식 사이의 문제를 해명한 「송정행장」이 제5책에 수록되어 있는 점이다.[116] 특히 후자는 여기에서도 비록 말미가 결락되기는 하였지만 가장 원문에 가까운 형태로 수록되어져 있는데, 남아

---

116) 「小白山」 제1수, "小白山高勢自雄/多雲多雨又多風/南州六十淸靈氣/半與天王薄太空" 이 두 자료에 관하여는 『남명학파연구』 상권, 277~282쪽 참조.

있는 교감의 자취를 통해 양 학파 간 갈등의 흔적이 남인적 시각에 따라 제거되어져 간 과정을 확인할 수 있다.

『서행록』은 하수일이 임진왜란 전해인 선조 24년(1591)부터 광해군 즉위년(1608)까지 과거 응시 혹은 출사 관계로 서울을 왕래하면서 견문한 내용을 기록한 일기이다. 화재로 말미암아 책 가장자리가 불에 타 없어져 버린 부분이 있는데, 임진왜란 발발 이후의 생생한 체험이 기술되어져 있을 뿐 아니라, 그 당시 생존해 있었던 남명학파의 인물들 대부분이 나타나고 있어서, 시기적으로 서로 일치하는 정경운의『고대일록』과 더불어 이 학파의 정황을 이해하는 데 적지 않은 도움을 준다. 특히 임진년 4월 종숙부인 남명 문인 하락 및 하수일의 막내 동생으로서 하락의 양자가 된 경휘(出系 前의 이름은 成一)의 죽음에 관한 기록은 오늘날 전해 오는 그들의 문집 등과는 큰 차이가 있는 것이어서, 후대의 문헌이 얼마나 사실을 왜곡한 사례가 많은지를 새삼 인식케 해 준다.

『서행록』에서는 정구를 포함한 다른 남명학파의 인물들에 대해서는 모두 성명을 적은 데 비해 오직 기축옥사로 죽은 최영경과 당시 생존해 있었던 정인홍에 대해서만 아호 및 '선생'으로 호칭한 것으로 미루어, 남명학파 내에서 이 두 사람의 특별한 위상을 짐작할 수 있는 동시에 하수일이 이들의 문인이었을 가능성도 시사해 주고 있다.[117] 개중에는 인조반정 이후 정인홍과의 관계가 철저히 부인된 사

---

117) [壬辰年(1592)] "[四月]十二日. 弔守愚堂崔先生之喪. 先生孝悌人也…"/[丁未年(1607)] "[閏六月]二十六日…李黃種子克諧見巨源, 仍說崔守愚堂事頗詳"/"十六日… 前金溝金昌一來見巨源, 說崔守愚堂事頗詳"/[戊申年(1608)] "[二月]二十八日, 宿釘院. 路遇一人, 自言忠州安承業, 因極道鄭來庵上疏之正直, 柳永慶權奸之罪惡"/"三十日… 是日宜寧李宗郁往來庵謫所, 遂相見"/"三月一日戊子. 行至板橋. 來庵先生蒙赦在酒幕, 遂進謁, 河渾愼仁愨金錫元李宗郁侍在矣. 時同僚河應觀亦來見先生"/"七日. 鄭來庵先生以判尹入城, 寓于李大期主人. 河渾曹應仁權瀁姜翼文書次石皆侍在矣. 金應成朴明搏[榑]亦來"/"八日. 來庵先生呈辭出去"/[五月]六日… 送購木二匹于崔守愚…"/"二十九日. 弔

람들도 정인홍의 주변에 등장하고 있어 흥미롭다. 후대에 간행된 하겸진의『송정연보』에서도『서행록』에 나타난 하락·경휘 부자의 죽음에 관한 사실이 왜곡되었을 뿐만 아니라, 정인홍의 흔적 또한 완전히 말소되고 그 대신 하수일을 최영경과 정구의 연원에다 결부시키고 있다.

이는 다만 하수일의 경우에 국한되는 것이 아니고, 인조반정 이후 남명학파에 속했던 인물들에 관한 문헌 모두에서 나타나는 공통된 현상이라고 할 수 있다. 광해군 시기 정인홍의 주도로 이루어졌던『학기유편』초간본 및『남명집』임술본의 간행에 있어서 실무적으로 핵심 역할을 수행했던 사람은 하증과 하홍도였다. 그러나 효종 2년(1651)에 있었던『남명집』임술본의 훼판 사건은 바로 그 하홍도의 지시에 따라 문인인 하자혼과 이집이라는 두 청년에 의해 수행되었던 것이며, 하자혼은 하홍도의 스승인 하수일의 손자였다. 이 사건을 계기로 하여 강우의 유림은 하홍도 계열의 남인과 하증의 후예를 중심으로 하는 서인으로 최초의 분열을 보였다. 그리고 그것은 사실상 남명학파의 소멸을 의미하는 것이었다.

崔守愚堂夫人之喪"/"[六月]六日. 鄭來庵先生來豆毛浦, 進謁. 吳澐曹應仁文緯鄭淹鄭稜鄭仁涵侍在矣."/"八日… 又見朴楗李成緩綏安瑞國**鄭述**金應成金九鼎金澤龍李汝馪朴守緒權斗文朴善長及其子玕李堎"

참고문헌

1. 원전

曹植 저, 吳二煥 편,『南冥集四種』, 진주, 남명학연구원출판부, 2000.

『德川師友淵源錄』.

『昌寧曺氏文貞忠順衛公派譜』, 線裝5冊, 진주, 덕천서원, 1989.

『孔子家語』.

金宇顒,『東岡集』.

金銓 等 編,『續東文選』.

金坽,『溪巖日錄』, 2책, 서울, 국사편찬위원회, 1997, 한국사사료총서 40. * 李樹
　　健 발견 親筆稿 破紙.

金坽,『溪巖集』, 서울, 민족문화추진회, 1992, 한국문집총간 84.

『明史』.

朴敏,『凌虛集』.

朴旨瑞,『訥庵集』, 4冊.

『辨誣』, 진주시 수곡면 사곡리 하원준 家 소장 필사본.

『四庫全書總目提要』.

司馬遷,『史記』.

薛瑄,『讀書錄』『讀書續錄』.

『松亭年譜草稿』, 필사본 2種.

『荀子』.

安鼎福,『雜同散異』, 서울, 亞細亞文化社, 1981.

『呂氏春秋』.

吳健,『歷年日記』, 親筆本.

王守仁 著, 鄭仁在・韓正吉 譯註,『傳習錄』2책, 화성, 청계출판사, 2001.

尹根壽,『月汀別集』.

李肯翊,『燃藜室記述』, 12책, 서울, 민족문화추진회, 1968.

李瀷,『星湖僿說』.

이익, 『星湖集』.

李滉, 『陶山全書』, 4冊, 城南, 韓國精神文化硏究院, 1980.

이황, 『宋季元明理學通錄』.

이황, 『退溪集』.

이황·奇大升, 『兩先生四七理氣往復書』, 『高峯集』 권4.

李厚慶, 『畏齋集』.

『莊子』.

張載, 『經學理窟』.

鄭經世, 『愚伏集』.

鄭慶雲, 『孤臺日錄』.

鄭逑, 『寒岡全書』 2책, 서울, 景仁文化社, 1978.

丁若鏞, 『與猶堂全書』.

趙穆, 『月川集』.

『朝鮮王朝實錄』.

曹友仁, 『頤齋集』.

曹垣淳, 『復庵集』.

『周易正義』.

『朱子語類』.

朱熹, 『孟子集註』.

주희, 『朱文公集』.

『退溪先生言行總錄』.

河受一, 『西行錄』, 필사본 1책.

하수일, 『松亭歲課』, 필사본 5책.

하수일, 『松亭集』, 목판본 3책.

하수일, 『松亭集』, 石印本 4책.

河憕, 『滄洲遺集』, 木活字本.

河沆, 『覺齋集』.

河弘度, 『謙齋集』.

『寒岡先生年譜』.

2. 단행본

조식, 경상대학교남명학연구소 옮김, 『남명집』, 서울, 한길사, 2001.

조식, 경상대학교남명학연구소 옮김, 『사람의 길 배움의 길-學記類編』, 서울,

한길사, 2002.

金炫, 『任聖周의 生意철학 - 氣철학의 한국적 전개와 귀결 - 』, 서울, 한길사, 1995.

김영두 옮김, 『퇴계와 고봉, 편지를 쓰다』, 서울, 소나무, 2003.

島田虔次, 『朱子學と陽明學』, 東京, 岩波書店, 1967.

三浦國雄, 李承姸 옮김, 『주자와 기, 그리고 몸』, 서울, 예문서원, 2003.

孫英植·趙南浩, 『남명 조식의 철학사상 연구』, 서울, 서울대학교출판부, 2002.

申炳周, 『남명학파와 화담학파 연구』, 서울, 일지사, 2000.

阿部吉雄, 『日本朱子學と朝鮮』, 東京, 東京大學出版會, 1965.

예문동양사상연구원·오이환 편저, 『한국의 사상가 10人-남명 조식』, 서울, 예문서원, 2002.

오이환, 『남명학파연구』 2책, 진주, 남명학연구원출판부, 2000.

李丙燾, 『韓國儒學史略』, 서울, 아세아문화사, 1986.

李書增·岑靑·孫玉杰·任金鑒 著, 『中國明代哲學』, 鄭州, 河南人民出版社, 2002.

李樹健, 『영남사림파의 형성』, 경산, 영남대학교출판부, 1979.

이수건, 『영남학파의 형성과 전개』, 서울, 일조각, 1995.

李源明, 『고려시대 성리학 수용연구』, 서울, 국학자료원, 1997.

趙北耀 編, 『薛瑄學術思想研究論文集』, 太原, 山西古籍出版社, 1997.

池田秀三, 『自然宗敎の力 - 儒敎を中心に - 』, 東京, 岩波書店, 1998.

崔完秀 外, 『우리 문화의 황금기, 진경시대』, 서울, 돌베개, 1998 초판, 2003. 6쇄.

3. 논문

高錫珪, 「정인홍의 의병활동과 산림기반」, ≪한국학보≫ 51, 일지사, 1988.

金允濟, 「남명 조식의 학문과 출사관 - 퇴계 이황과의 비교를 중심으로-」, 서울대학교 대학원 국사학과 석사학위논문, 1990.

김문식, 「북학론의 사상적 특징」, 『한국유학사상대계』 철학사상편 제19장.

唐君毅, 「陽明學と朱子學」, 『陽明學大系』 제1권 『陽明學入門』, 東京, 明德出版社, 1971.

山井湧, 「宋明の哲學における＜性卽理＞と＜心卽理＞」, 『明淸思想史の硏究』, 東京, 東京大學出版會, 1980.

孫英植, 「조식 철학으로 들어가는 두 개의 통로 - 좁은 문으로 들어가라 - 」, ≪남명학연구≫ 15, 경상대학교남명학연구소, 2003.

손영식, 「중국철학에서 반형이상학의 전통 - 노자철학의 경우 - 」, ≪형이상학과 반형이상학≫, 영남철학회 정기학술발표회 발표논문집, 1995.

吳二煥, 「남명 사상은 어떻게 연구되어 왔는가」, 『한국의 사상가 10人-남명 조식』, 서울, 예문서원, 2002.

오이환, 「南冥遺跡三洞辨證」, ≪남명학연구≫ 10, 경상대학교남명학연구소, 2000.

오이환, 「남명의 생애에 관한 약간의 문제」, ≪철학논총≫ 35-1, 새한철학회, 2004.

오이환, 「南冥集板本考(Ⅱ) - 滄洲刊本을 중심으로 - 」, ≪동양철학≫1, 한국동양철학회, 1990.

오이환, 「南冥學關係旣刊文獻目錄 2002」, ≪남명학연구논총≫ 10, 남명학연구원출판부, 2002.

오이환, 「지리산과 南冥學館」, ≪남명원보≫ 25, 사단법인남명학연구원, 2002.

李光虎, 「남명과 퇴계의 상호비판과 응답」, ≪남명학보≫ 1, 남명학회, 2002.

이광호, 「남명과 퇴계의 학문관 비교」, ≪동방학지≫ 120, 연세대학교국학연구소, 2002.

李東歡, 「남명·퇴계 양 학파의 사상 특성에 관한 몇 가지 문제제기」, ≪남명학연구≫ 9, 경상대학교남명학연구소, 1999.

李樹健, 「조선시대 身分史 관련 자료의 비판 - 姓貫·家系·人物관련 僞造資料와 僞書를 중심으로 - 」, ≪고문서연구≫ 14, 한국고문서학회, 1998.

李泰鎭, 「사림파의 향약보급운동 - 16세기의 사회변동과 관련하여 - 」, 『한국사회사연구 - 농업기술발달과 사회변동 - 』, 서울, 지식산업사, 1989.

任亨錫, 「청대 주자학에 대한 唐鑒의 인식」, ≪철학논총≫ 36, 새한철학회, 2004.

丁淳佑, 「남명 工夫論에 나타나는 초월과 關與의 두 흐름」, ≪남명학연구≫ 9, 경상대학교남명연구소, 1999.

丁垣在, 「조식이 본 김굉필」, ≪남명학보≫ 2, 남명학회, 2003.

정원재, 「지각설에 입각한 이이 철학의 해석」, 서울대학교 철학박사학위논문, 2001.

陳榮捷, 「早期明代之程朱學派」, 『朱學論集』, 臺北, 臺灣學生書局, 1982.

陳榮捷, 「從朱子晚年定論看陽明之于朱子」, 『朱學論集』, 臺北, 臺灣學生書局, 1982.

土田健次郎, 「『學記類編』을通してみる南冥の性理學的思惟の特色」, ≪南冥學研究≫ 11, 경상대학교남명학연구소, 2001.

韓明基, 「광해군대의 대북세력과 정국의 동향」, ≪한국사론≫ 20, 서울대학교 국사학과, 1988.

韓亨祚, 「남명, 칼을 찬 유학자」, 『남명 조식-칼을 찬 유학자-』, 수원, 청계출판사, 2001.

한형조, 「남명은 주자학자인가, 양명학자인가?」, ≪남명원보≫ 31, 남명학연구
원출판부, 2003.

洪元植, 「'퇴계학', 그 존재를 다시 묻는다」, ≪오늘의 동양사상≫ 10, 예문동양
사상연구원, 2004.

홍원식, 「'퇴계학', 그 존재를 묻는다」, ≪오늘의 동양사상≫ 4, 예문동양사상
연구원, 2001.

홍원식, 「장윤수 교수의 지적(교수신문 317호)에 답한다 - 퇴계학은 '리학'인가」,
≪교수신문≫ 제319호, 2004년 6월 28일.

홍원식, 「주륙화회론과 퇴계학의 심학화」, ≪오늘의 동양사상≫ 9, 예문동양사
상연구원, 2003.

(『한국유학사상대계 Ⅱ: 철학사상편 上』, 한국국학진흥원, 2005년 2월 25일)

III

남명의 생애에 관한 약간의 문제

Ⅲ. 남명의 생애에 관한 약간의 문제

1. 문제의 발단

  필자는 1998년 11월에 발행된 사단법인 남명학연구원의 소식지『남명원보』제12호에「雷龍亭 遺蹟碑 有感」이라는 글을 발표한 적이 있었다.[1] 그것은 경상대학교 남명학연구소의 기관지『남명학연구』제7집에 소개된 이 연구소 측이 세운 비문을 읽고서 그 내용 가운데 적지 않은 착오와 부적절한 표현이 있음을 지적한 것이었다. 구체적 근거를 들어 열거한 여덟 가지 항목 가운데서 (1) 鷄伏堂의 위치, (2) 映波臺와 남명의 관계, (6) 龍巖書院의 위치, (7) 용암서원의 훼철 시기,[2] (8) 뇌룡정의 건립 연대[3] 부분은 분명한 오류이며, 나머지 셋은 사실을

---

1) 오이환,『남명학파연구』上卷, 남명학연구원출판부, 진주 2000, 제3부 補論6 所收. 이하『남명학파연구』상권은 상권으로 약칭한다.
2) 그 글을 발표하고 난 이후『고종실록』을 통해 확인한 바에 의하면, 조정으로부터 사액서원에 대한 훼철 허가가 내려진 것은 고종 7년 10월 10일이었고, 훼철의 대상에 포함시키지 않고서 남겨 둘 47개 院祠의 別單은 고종 8년 3월 16일에 보고되고 있으므로, '1868년', 즉 고종 5년에 이 사액서원이 훼철되었다고 함은 타당하지 않다.

입증할 만한 증거가 없거나 정확하지 못한 표현에 해당한다. 이 글에 대해 연구소 측으로부터는 아무런 반응이 없었다.

그 후 필자는 다시 2002년 3월에 발행된 『남명원보』 제25호에 「지리산과 남명학관」이라는 글을 발표하였다. 그것은 남명학연구소의 임원인 崔錫起 교수(이하 경칭 생략)가 남명 탄신 500주년을 기념하는 학술회의에서 발표한 논문 가운데서 남명이 지리산에 들어간 횟수 문제에 대한 필자의 견해를 비판한 부분을 읽고서, 그에 대한 반론을 겸하여 남명학연구소와 관련한 몇 가지 문제에 대해 비판한 글이었다. 그 글의 끝머리를 필자는 "만약 나의 지적이 틀리지 않았다면, 그 비석[뇌룡정유적비]을 언제까지나 방치해 둔다는 것은 良識을 결한 행위일 것이다. 이번의 글에 대해서는 어떠한 반응이 있을지 독자들과 함께 기다려 보고자 한다"라는 말로써 맺었다.

그로부터 얼마 후인 2002년 5월 31일에 개최된 남명학연구소 2002년도 제1차 학술대회에서 필자는 비로소 「지리산과 남명학관」에 개진된 자신의 견해 중 하나에 대한 반론을 얻게 되었는데, 그것은 남명이 과거를 통해 출사할 뜻을 거두고서 위기지학으로 학문적 태도를 바꾸게 된 시기 문제에 관한 것이었다. 그것을 다른 논문의 주석 정도에서 언급하기에는 문제 자체의 비중이 크고 또한 복잡하며, 그렇다고 하여 이에 대한 필자의 소견을 제시하는 것만으로써 한 편의 논문으로 삼기에는 분량이 너무 부족하겠으므로, 남명의 생애 및 학문적 역정과 관련한 다른 몇 가지 문제를 아울러 언급해 보고자 한다.

---

3) 뇌룡정의 건립시기가 고종 22년임은 건립 주체인 삼가현감 신두선이 쓴 「뇌룡정중건기」뿐만 아니라 건립의 두 중심인물인 정재규 연보 및 허유 행장에도 보이며, 유적비문에 보이는 '1883년', 즉 고종 20년은 신두선이 부임한 해에 해당하므로 오류이다.

2. 爲己之學으로의 轉回

이 문제는 먼저 李相弼의 박사학위논문 지도교수로서 그 날의 첫 번째 주제발표에 나선 李東歡의 논문 「16세기 士林에서의 出處觀의 문제-曹南冥과 李晦齋의 관계를 중심으로-」4)에서 다음과 같이 제기되었다.

> 남명의 출처관은 李相弼에 의해 잘 구명되어 있다. 이상필이 남명에 대해 규정한 '嚴正한 出處觀'이란 다른 한편으로 '果斷한 출처관'으로 이해해도 좋을 듯하다.… 남명도 처음부터 은거를 지향한 것은 아니다. 55세 때의 「乙卯辭職疏」에 "과거시험을 보기 10여 년 동안에 세 번이나 떨어진 뒤 물러났으니, 애초부터 과거 공부를 일삼지 않은 사람은 아니었습니다"라고 왕에게 스스로를 소개하고 있다. 「年譜」에 의하면 남명의 첫 應擧는 20세 때이다. 바로 기묘사화가 있던 다음 해, 사림이 쑥대밭이 된 상황이다. 이런 상황에 출사하려고 했으니 당초에 남명도 진출에 아주 적극적이었다. 이런 자세로 10여 년, 남명은 세 번이나 실패를 했다. 고시 과목과의 모순을 해소하지 못해서다. 그러다 30세 경 『性理大全』을 통해 元나라 許衡의 말에 접했다. 대체로 알려졌거니와 "伊尹의 뜻한 바를 뜻하고 顏淵의 배운 바를 배워서, 세상에 나가면 남들을 위해 크게 일하고 들어앉으면 스스로 지키는 것이 있어야 한다. 大丈夫는 마땅히 이러해야 한다. 세상에 나가서 남을 위해 일하는 것이 없고, 들어앉아서 스스로 지키는 것이 없으면 뜻한 바와 배운 바로 장차 무엇을 할까" 하는 것이다. 이 말을 접하고 남명은 그야말로 코페르니쿠스적인 전환을 했다. 마침 그때 5년 동안 파직 상태에 있던 김안로가 다시 入朝할 태세를 갖추었다. 鄭仁弘이 「南冥集後誌」에 "선생이 嘉靖 己丑年(1529)에 陰道가 漸張할 조짐을 보고 문득 君子가 決斷할 의리를 생각하여 빛을 林下에 묻었다"라고 한 바 있는

---

4) 그날 배부된 발표논문집인 『남명과 동시대 大儒들』에 수록된 이 논문은 각주 부분이 미완성으로 되어 있으며, 같이 발표된 다른 논문들은 모두 『남명학연구』 제13집(2002. 6)에 수록되었으나, 이 논문만은 아직 다른 곳에 수록되었다는 소식을 접하지 못하였다. 이동환은 제13집 이후 『남명학연구』의 편집위원으로 참여하고 있다.

데, 여기서 '음도가 점장할 조짐'이란 당시 정국의 상황으로 보아 김안로의 복귀를 가리키는 듯하다. 남명은 「연보」에 의하면 36세까지 과거에 응시한 것으로 되어 있는데, 이것은 출사와는 상관없고 그의 母夫人의 명령을 거역할 수 없어서였다. 그리고 38세 때에 회재에 의해 유일로 獻陵參奉에 천거되나, 이미 8년 전에 출사를 단념한 남명이 나갈 리가 없었다. 그 뒤 남명은 10여 차례나 조정으로부터 召命을 받았으나 나가지 않고 處士로 일관했다.

이동환은 이날의 발표에서 前後로 두세 차례에 걸쳐 이러한 취지의 말을 되풀이하며 강조했는데, 그 자신은 『남명집』에 실린 상소문을 읽고서 남명이 許衡의 글을 읽은 것이 25세 때라고 한 「연보」의 기록에 대해 계속 의문을 품고 있었다가 이상필의 박사학위논문을 보고서야 비로소 자신의 의견에 대해 확신을 가지게 되었노라고 설명하였다.

그날 두 번째 주제발표 순서인 琴章泰의 논문 「退溪와 南冥의 학풍과 학문체계」에 대한 토론에 나선 이상필은 두 가지 문제점을 지적하였는데, 그중 첫 번째 질문은 다음과 같다.

첫째는, '학풍형성의 과정과 성격' 부분의 셋째 단락에 보이는, 남명이 위기지학으로 학문의 방향을 바꾼 계기가 되는 許魯齋의 글을 읽은 시기를 25세 때라고 한 것에 대한 질의입니다. 『南冥編年』과 東岡이 지은 南冥行狀에는 이를 25세 때의 일이라 하였고, 來庵이 지은 南冥行狀에는 이를 26세 때의 일이라 하였습니다. 그런데 남명 자신이 쓴 「書圭菴所贈大學冊衣下」에서는, '나이 서른을 넘긴 후[年已三十矣]' 어느 날 『性理大全』에 있는 허노재의 글을 읽은 뒤 크게 깨달아 科學를 포기하고 爲己之學으로 나아갔다고 하였습니다. 그리고 자신의 이러한 태도를 보고 친구인 東皐 李浚慶이 『心經』을 선물했다고 하였습니다. 이때 받은 『心經』에 발문을 쓴 해가 1531년 10월입니다. 그러므로 남명이 허노재의 글을 읽은 때는 31세 때입니다. 그런데도 아직까지 대부분의 학자들은 대체로 25세 설을 그대로 사용하고 있을 뿐만 아니라, 제가 남명 학문의 轉變의 시기를 31세 때라고 했다 하여, 어떤 사람은 『南冥院報』에서 제가 알 수 없는 학설을 주장한다며 어이없어 하였습니다. 금 교수도 25세 설을 그대로 인용하셨는데, 참으로 25세 설이 타당하다고 생각하여 쓰셨습니까?

토론 요지5)에는 이렇게 되어 있으나, 글 속의 '어떤 사람' 부분에 대하여 이상필은 구두로 "이 자리에 참석해 있는 오이환 교수"라고 필자의 이름을 명시하였다. 이상필의 이날 토론은 그 자신의 박사학위논문 중 '嚴正한 出處觀' 부분의 주석을 거의 그대로 옮겨 놓은 것으로서, 학위논문에는 다음과 같이 되어 있다.6)

남명이 魯齋 許衡의 글을 본 것을 두고, 東岡 所撰의 行狀과 『南冥編年』에는 25세 때의 일이라고 하고, 來庵 所撰 行狀에는 26세 때의 일이라고 하였다. 근자에 나오는 논문의 집필자들은 대체로 이 기록에 근거하여, 25세를 남명 생애의 큰 전변기로 보고 있다. 그러나 이 일이 일어난 시기는 남명 자신이 쓴 「書圭菴所贈大學冊衣下」의 기록에 근거하여 31세의 일로 보는 것이 옳을 듯하다. 「書圭菴所贈大學冊衣下」는 32세 때에 쓴 글인데, 이 글에서 남명은 '나이 서른을 넘긴 후[年已三十矣]' 어느 날 許魯齋의 글을 읽은 뒤 크게 깨닫고 과거 공부를 포기, 진정한 공부에 나아갈 수 있었다고 했다. 그리고 자신의 이러한 태도를 보고 친구 李浚慶이 기뻐하여 『心經』을 선물했다고 했는데, 이때 받은 『心經』의 발문을 쓴 해가 1531년 10월, 즉 남명의 나이 31세 때의 일이다. 그리고 「題成仲慮所贈東國史略後」는 32세 때 쓴 글인데, 이 글은 과거 공부를 포기하고서 서울 생활을 청산하고 김해로 내려올 적에 벗 成遇가 선물한 책에 쓴 발문이다. 이런 여러 가지 정황으로 보아, 허노재의 글을 본 때

---

5) 『南冥과 동시대 大儒들-2002년도 제1차 학술대회 발표논문집-』, 경상대학교 남명학연구소, 2002, 35~36쪽.

6) 이상필, 「남명학파의 형성과 전개-사상과 학맥의 추이를 중심으로-」, 고려대학교 대학원 국어국문학과, 1998. 6, 注102. 이 주석을 포함한 이상필의 박사학위논문 제2장 '남명 사상의 특징' 부분은 오이환 편저, 『한국의 사상가 10人-남명 조식-』, 예문서원, 서울 2002, 제2부에 轉載되어 있다.

는 서른을 넘긴 시기이고 또 31세 10월 이전이니, 자연 31세로 귀착된다.

이동환이 '엄정한 출처관' 운운하면서 이상필이 자신의 견해에 대해 확신을 가지게 해 주었다고 설명한 내용은 바로 이 주석을 가리킨 것으로서, 학술대회 날 두 사람의 발언 내용이 符節을 합한 듯함은 우연의 일치가 아니며, 모두 필자의 글에 대한 반응으로서 제시된 것임을 알 수 있다. 그런데 필자로서는 이러한 발언들이 어찌하여 자신의 글에 대한 반론이 될 수 있는지 이해할 수가 없다. 왜냐하면 필자로서는 이동환이 이상필의 학위논문을 언급하기 전까지는 이상필이 이러한 새로운 주장을 하고 있다는 사실 자체를 알지 못하고 있었기 때문이다.

이상필이 필자의 말이라고 주장한 부분은 「지리산과 남명학」 가운데 다음과 같이 보인다.

> 필자는 작년 9월 25일과 10월 20일에 방영된 KBS 다큐멘터리 「동방의 빛 남명 조식」에서 경상대 한문학과의 이상필 교수가 명경대를 안내하며 그곳이 남명 학문의 일대 전환이 이루어진 현장이라고 강조하여 설명하는 것을 시청한 바 있다. 그러나 연보 등에 의하면, 남명 학문의 큰 전환이 이루어진 것은 25세 때 벗들과 더불어 산사에서 과거 공부를 하다가 『성리대전』 속에 나오는 許魯齋의 문구를 읽고서 爲己之學에 전념하기로 결심한 때이며, 당시는 남명이 주로 서울에서 생활하던 시절이니, 그러한 발언 역시 무엇에 근거한 것인지 알 수가 없다.

요컨대 경남 의령에 있는 자굴산의 명경대[7]는 남명이 노재의 문구

---

7) 『남명집』에는 七言絶句와 七言四韻 두 首의 「明鏡臺」 詩가 수록되어 있는데, 前者의 注에 '在闍崛山'이라고 보이며, 「편년」 29세 조에는 '讀書于闍崛山'이라고 보인다. '闍' 자에는 '도', '사'의 두 음이 있는

를 읽었던 장소가 아니라는 것이었다. 남명 「연보」나 「편년」에 의하면, 남명이 명경대에 왕래하던 시기는 고향에 내려와 부친의 삼년상을 마친 다음 해인 29세 때이며, 노재의 문구를 읽은 것은 서울에 살면서 산사에 들어가 과거 공부하던 25세 때이므로, 서로 무관한 것이다. 그런데 이제 이상필은 남명이 노재의 글을 읽은 시기는 25세 때가 아니라 31세 때라는 새로운 주장을 펴고서 그것에 대해 필자가 어이없어 했다고 하니, 이는 실로 사실에 어긋나는 말이 아닐 수 없다. 그러나 이동환은 남명이 노재의 말을 접한 것은 '30세 경'이었다고 하면서 '嘉靖 己丑年', 즉 남명 29세 때의 일을 언급한 내암의 글을 구체적 증거로 삼았으니, 양쪽의 말을 아울러 고려해 볼 때 이상필은 어쩌면 남명이 노재의 말을 접한 장소가 명경대였다고 주장하고 있는 것 같기도 하다. 그러나 「연보」 등에 의하면 남명은 30세에 이미 처가가 있는 김해에다 산해정을 짓고서 모친을 모시고 그리로 이주하여, 김해에서 별세한 모친을 고향의 선산에다 장사하기 위해 46세 때 봄에 다시 삼가로 돌아오기까지 이른바 산해정 시기에 들어가 있

데, 25,000분의 1 지형도에 아직도 한글로 도굴산이라고 표기된 것이 있는 점으로 미루어 남명 당시의 산명은 '도굴산'이었을 것이다. '도굴'의 의미가 좋지 못하기 때문인지 이 산의 이름은 그 외에도 여러 가지로 불리어지고 있었으나, 일제 말기에 지방 유지들로 구성된 등산 친목단체인 운악회에서 고향 진산의 이름을 통일하기로 의견을 모아 빼어난 산세를 강조하기 위해 두 글자 옆에 모두 뫼산 변을 넣어 자(山＋者)岾山으로 표기했다고 한다. 인터넷 홈페이지 「한국의 산하」 자굴산 조의 설명에 따라 필자가 답사해 본 바에 의하면 명경대는 宜寧郡 七谷面 内槽里로부터 계곡을 따라 올라가다가 정상(897m) 서남쪽 능선과 만나는 지점 부근의 너덜지대(할미너덜) 바로 위쪽 여기저기에 펼쳐져 있는 우뚝 솟은 바위절벽의 무리를 가리킨 것이다. 『경남일보』 2001년 3월 13일자에 연재된 『강동욱 기자의 경남문화탐방-남명의 숨결을 찾아서』 자굴산 명경대 편에서는 이와 달리 '의령군 가례면 甲乙里 산 136번지'라고 하였는데, 이 연재물을 엮어 단행본으로 펴낸 『남명의 숨결-칼을 찬 선비』(서울, 나남출판, 2003)에 실린 사진을 보면 이상필이 말하는 명경대란 강동욱이 찾은 곳과 같음을 알 수 있다. 그러나 강동욱은 이 글 속에서 "명경대의 위치가 자굴산 정상 조금 못 미친 곳에 있다"고 하면서도, "기자가 찾은 곳이 명경대라는 심증은 가지마는 확실한 증거는 찾지를 못했다"고 하였다. 이상필이 공동 집필자로서 참여한 『교감국역 남명집』(이론과실천, 서울 1995) 注에서는 명경대의 위치를 일러 처음 "경상남도 의령 자굴산 북쪽 기슭에 있는 높은 벼랑의 이름"이라고 했다가, 그것을 수정 보완한 『남명집』(한길사, 서울 2001)에 이르러서는 "자굴산 남쪽 기슭 嘉禮 마을 위에 있는 높은 벼랑"으로 고쳤는데, 후자는 『경남일보』 기록의 부정확한 인용으로 판단된다.

었으니, 31세 때 명경대에서 노재의 글을 읽었다고 함은 전혀 이치에 맞지 않다.

뿐만 아니라 이동환과 이상필의 주장은 그 자체 속에 각각 몇 가지 모순을 내포하고 있다. 먼저 이동환의 경우를 보면, 그는 남명이 저 유명한 단성현감 사직소에서 "과거시험을 보기 10여 년 동안에 세 번이나 떨어진 뒤 물러났으니, 애초부터 과거 공부를 일삼지 않은 사람은 아니었습니다"[8]라고 명종에게 자신의 경력을 언급하고 있는 것을 근거로 하여, 남명이 노재의 글을 읽고서 과거를 단념하게 된 것은 25세 때가 아니라 20세에 처음 과거에 응시한 이래 10여 년 동안 연거푸 세 번이나 과거에 낙방한 후인 30세 무렵이었다고 주장하고 있다.

「연보」와 「편년」에 의하면, 남명이 과거에 응시한 것은 스무 살 때인 중종 15년(1520)에 생원·진사시와 문과 초시에 합격했다가 그 전해에 있었던 기묘사화로 말미암아 당시의 시험관이 모두 파직당하고 그 시험도 무효로 처리된 것이 첫 번째요,[9] 33세 때인 중종 28년(1533) 가을에 향시에 합격했으나 다음 해 봄의 會試에서 실패한 것이 두 번째요, 36세 때인 중종 31년(1536) 가을에 다시 향시에 합격하였으나, 그 다음 해에 어머니의 승낙을 얻어 마침내 회시를 포기한 것이 세 번째로서,[10] 이후 남명은 다시 과거장에 발을 들여놓지 않았다.

---

8) '今臣年近六十, 學術疎昧, 文不足以取丙科之列, 行不足以備灑掃之任, 求擧十餘年, 至於三刖而退, 初非不事科擧之人也. 就使人有不屑科目之爲者, 亦不過悴悴一段之凡民, 非大有爲之全才也. 況爲人之善惡, 決不在於求擧與不求擧也'(『南冥集』 권2, 「乙卯辭職疏」).

9) 상권, 20쪽.

10) 중간본 계통인 정유본(1897)의 부록으로 첨부된 「편년」 및 경술본(1910) 부록인 「연보」에는 이렇게 되어 있으나, 무민당의 「남명연보」에서는 '中廟丁酉, 先生年三十七, 于時國家無朝夕之虞, 獨見有憂違之幾, 遂請命先夫人, 棄擧子業, 筮遯山林'이라고 한 내암 찬 행장 및 '嘉靖丁酉, 先生年三十七, 始斷棄擧業, 一意吾學'이라고 한 동강 찬 행장에 의거하여 '先生三十七歲, 請命母夫人, 不就東堂'이라고만 하였고, 그 전해에 향시를 치른 일은 적지 않았다.

남명이 임금에게 말한 세 번의 과거란 이것들을 지칭한 것이며, 그 이전에 30세 무렵까지 세 번의 과거를 치렀다는 것은 아무 문헌에도 보이지 않는다.

　이동환이 인용한 내암의 글은 인조반정 이전의 『남명집』 권3 말미에 보이는 이른바 「跋南冥集說」로서, 그중 '陰道가 漸長할 조짐을 보고 문득 君子가 決斷할 의리를 생각하여'는 원문에 '약한 돼지가 장차 날 뛸 조짐을 보시고서 문득 군자가 결단할 것을 결단하는 義를 생각하시어'[11] 로 되어 있는 부분을 의역한 것인데, 원문은 『주역』 姤卦 初六의 '약한 돼지는 장차 날뛸 것을 믿는다(羸豕孚蹢躅)' 및 그 바로 앞 괘인 夬卦 九三의 '군자는 결단할 것을 결단한다(君子夬夬)'를 결합한 것이다. 내암의 이 구절 바로 다음에는 "乙巳年間에 이르러 시세가 위태로움이 불을 보듯 환하더니 마침내 仁宗께서 승하하시자" 운운이라하여 을사사화의 참화를 남명이 예견하였음을 시사하고 있으므로, 무민당이 찬한 「남명연보」에서는 이를 그해 6월에 문정왕후가 중종의 제2계비로 책봉됨으로 말미암아 윤원형의 小尹 세력이 증대하여 大尹·小尹 간에 알력의 조짐이 형성된 점과 연계 지워 설명하고서, "이로 말미암아 벼슬에 나아갈 뜻을 끊고서 林下에 빛을 숨기고 오로지 爲己의 학문에 힘썼으며, 의령의 명경대에 오가면서 머물렀다"고 설명하였다. 그러나 순암 안정복은 문정왕후가 왕비로 된 것은 그보다 훨씬 전인 종종 12년(1517)이었음을 들어 일찍이 이 부분의 오류를 지적한 바 있었다.[12]

　그런데 이제 이동환은 내암의 기록을 오히려 大尹 측 權臣으로서

---

11) '先生於嘉靖己丑年, 見羸豕蹢躅之象, 便思君子夬夬之義, 埋光林下, 學專爲己'.

12) 『順庵集』 권13 雜著, 「橡軒隨筆 下」, '退冥二先生年譜'.

문정왕후의 폐위를 기도하다가 중종 32년(1537)에 사사된 김안로와 연관 지어, 기축년(1529) 당시 "5년 동안 파직 상태에 있던 김안로가 다시 入朝할 태세를 갖춘" 것을 보고서 남명은 마침내 이후의 출사를 단념하게 된 것이라고 설명하였다. 이동환의 이러한 주장이 어떤 문헌에 근거한 것인지는 알지 못하겠으나, 김안로는 을사사화가 일어나기 몇 해 전에 이미 죽었으므로 이동환이 근거로 삼은 내암의 기록 자체와 일치하지 않는다. 또한 김안로가 남곤·심정 등의 탄핵을 받고서 실각하여 유배된 것은 1524년이며, 그가 유배에서 풀려나 다시 서용된 것은 1531년이었다. 당시로서는 김안로의 아들이 중종의 부마가 된 것을 계기로 권력남용을 한 정도 외에는 그의 비리가 그다지 드러나 있지 않았던 시기였다. 그럼에도 불구하고 젊은 나이의 남명이 아직 유배 중에 있는 김안로가 다시 등용되어 후일 조정에서 커다란 풍파를 일으킬 것을 미리 예측하고서 자신의 이후 진퇴를 결정했다고 함은 합리성이 없는 것이다.

이동환이 '30세경' 남명이 노재의 글을 접했다고 말한 것은 29세 때 '빛을 林下에 숨기고서 오로지 爲己의 학문에 힘쓰기'로 결단했다고 한 내암의 기록 및 '科擧를 구한 지 10여 년에 세 번 발꿈치가 잘리고서야 물러났다'고 한 남명 자신의 진술을 가능한 한 결합시켜 보고자 한 것인데, 그 말대로라면 남명은 김안로가 입조할 조짐을 보고서 이미 출사를 단념한 이후에 노재의 글을 읽고서 그러한 결심을 한층 더 굳혔던 셈이 되어, 결국 비슷한 시기에 두 차례에 걸쳐 출사의 뜻을 접기에 이른 셈이 된다. 그러나 그 어느 것도 노재의 글을 읽은 것이 31세 때라고 본 이상필의 주장과는 일치하지 않으며, 无悶堂 찬「연보」에서는 29세 때 남명이 출사를 포기하고서 의령의 명경대를 왕

래했다고 했을 따름이지 명경대가 그러한 심경의 변화를 가져온 장
소라고 말하고 있지도 않다.

　다음으로 이상필은 남명이 노재의 글을 읽은 시기에 대해 동강이
찬한 행장과 「편년」에는 25세, 내암이 찬한 행장에는 26세 때로 적고
있다고 하였다. 그러나 이는 오류이며, 남명의 생애를 기록한 上記 두
사람의 행장과 두 종류의 「연보」 및 한 종류의 「편년」 등에 모두 25
세 때의 일로 기록되어져 있다.[13] 다만 大谷 성운이 찬한 墓碑文에서
는 26세 때 부친이 별세하여 고향으로 돌아와 장사하고서 모친을 모
신 일을 기록한 다음에, "公이 하루는 책을 읽다가 魯齋 許氏의 말에
'伊尹의 뜻을 뜻하고 顔子의 학을 배워'라고 한 것을 얻고서는" 크게
깨달아 학문에 정진하게 되었다고 적었다.

　물론 이러한 기록들은 모두 1차적으로는 남명 자신이 32세 때 스스
로의 생애를 돌이켜 본 글 내용에 근거한 것이다.[14] 이상필이 남명이
노재의 글을 읽고서 과거 공부를 포기하고 위기지학으로 전회한 시
기를 25세가 아니라 31세 때라고 보는 것은 이 「書圭菴所贈大學冊衣下」
에서 남명 자신이 과거에 응시해 오다가 '나이가 이미 서른 남짓에
이르렀다'고 한 부분과 또한 이 글 속에 언급되고 있는 東皐 이준경이

---

13) '先生年二十五歲時, 借友人肄業於山寺, 讀性理大全, 至許魯齋之言'(『남명집』 임술본 卷首, 정인홍 찬
　　행장). 최석기, 「남명의 成學과정과 학문정신」, 『남명학연구』 창간호, 1991, 68쪽에 이상필의 설명과
　　똑같은 내용이 보이는데, 최석기의 이 글은 『남명집』 기유본에 근거한 것이며, 기유본의 오류는 임술본
　　에 이르러 위와 같이 수정되었다.

14) '弱冠而中文科漢城試, ︎中司馬試覆試, 春官俱出於有司. 以爲科目初未足爲丈夫拔身之地, 況此小科
　　乎! 遂廢輟司馬擧, 只就東堂, 三居一等, 或進或黜, 年已三十餘矣. 又慮爲文不中程式, 更求平易簡實之
　　書觀之, 始就性理大全讀之. 一日閱至許氏之說, 有曰, 出則有爲, 處則有守, 大丈夫當如此, 出無所爲,
　　處無所守, 所志所學將何爲? 輒竦然自省, 愧縮自喪, 深嘆所學之無類, 幾枉了一世, 初不知人倫日用事
　　皆自本分中來也. 遂厭科擧之學, 亦復廢輟, 專意學問, 漸就本地家鄕入焉. 如弱喪而不知歸, 一朝忽見慈
　　母之顔, 不知手足之蹈舞. 友人原吉, 見而喜之, 以心經授焉, 眉叟以是書與之. 當此時, 有若夕死而無憾
　　焉者'(『남명집』 권2, 「書圭菴所贈大學冊衣下」).

남명에게 『心經附註』를 보내 온 시기가 남명 31세 때인 1531년 10월인 점에 주목했기 때문이다.[15] 이상필이 31세로 특정한 것은 '年已三十餘矣'를 문자대로 해석하자면 아무리 적어도 31세 이상은 되어야 하기 때문이니, 결과적으로 31세 되던 해 정월에서 10월 사이에 그러한 변화가 일어났다고 想定한 것이다. 더 이상 구체적인 시기는 추정할 근거가 없거니와, 당시 남명이 거주하던 김해와 동고가 거주하던 서울 간의 거리 및 왕복에 소요되는 시일을 고려한다면, 남명의 심중에 일어난 변화가 곧바로 천리 타향에 있는 少時의 친구에게 전달되어 동고가 그러한 남명을 격려하는 의미로 이 책을 보낸 셈이 된다. 통신 수단이 발달하지 못했던 당시의 정황으로 보면 무리한 설정이라고 하겠다. 남명은 30세 때 산해정을 짓고서 김해로 거처를 옮긴 이후 31세 때 이준경으로부터 『심경부주』를, 32세 때는 송인수로부터 『대학』, 성우로부터 『동국사략』을 선물로 받았는데, 서울 친구들이 이 시기에 집중적으로 책을 보내 준 뜻은 「題成仲慮所贈東國史略後」에 설명되어 있는 바와 같이 남명이 서울 생활을 청산하고서 국토의 남쪽 끝에 위치한 시골로 낙향한 데 대한 석별의 정표로 삼은 것이었다.

필자로서는 '年已三十餘矣'를 이상필처럼 심경의 변화가 일어나기 직전 시기까지로 한정하기보다는 남명이 이 글을 쓴 32세 당시를 의미하는 것으로 해석하는 편이 오히려 문장의 의미를 순조롭게 할 것이라고 본다. 남명이 마음속으로 과거를 단념하게 된 시기를 특정하기는 어려우니, 위에서 검토한 바와 같이 실제로 그는 이 글을 쓴 이후로도 두 차례 더 과거에 응시하고 있는 것이다. 이 글의 앞부분에

---

15) 이해 10월에 동고는 33세의 나이로 식년문과에 급제하여 관료로서의 생활을 시작하게 된다.

서 남명은 스스로 일찍부터 富貴를 대수롭지 않은 것으로 여겨 늘 세상을 저버릴 듯한 기상이 있었다고 설명하고 있거니와, 무민당이 찬한 「남명연보」에서는 그가 20세 때 처음 과거에 응시한 것도 자신의 뜻이 아니라 부친의 勸勉을 거역할 수 없었기 때문으로 설명하고 있으며, 29세 때 있었던 출처의 문제에 대한 결심도 유사한 사례의 하나이다.

그러므로 노재의 말에 접한 것은 평소 출사에 대해 회의적인 생각을 지니고 있었던 남명이 순수한 학문의 길로 매진하게 된 계기를 설명한 정도로 이해해야 할 것이며, 그가 확고하게 과거를 단념한 것은 37세 때인 것이다. 남명의 대표적 문인인 내암과 동강이 모두 스승의 생애를 서술한 행장에서 25세 때 친구와 더불어 山寺에서 과거공부하던 때의 일로 明言하고 있는 만큼, 남명의 생애에 대해 누구보다도 익히 알고 있었을 그들의 증언을 무시해서는 안 될 것이다. 실제로 「서규암소증대학책의하」는 남명이 스스로 자신의 전반생을 회고한 유일한 예이므로 일찍부터 『남명집』을 읽는 거의 모든 학자들로부터 주목을 받아왔던 것인데, 그들이 지금 사람보다 한문의 독해력이 부족하여 한결같이 노재의 글을 읽은 시기를 25세라고 오해해 왔던 것은 아닐 터이다. 이상필은 금장태에 대해 "금 교수도 25세 설을 그대로 인용하셨는데, 참으로 25세 설이 타당하다고 생각하여 쓰셨습니까?"라고 질문하고 있는데, 이야말로 어이없는 말이다. 왜냐하면 31세 설은 이상필 한 사람의 주장으로서 거의 알려져 있지 않으며 그의 학위논문 지도교수인 이동환이 당일 처음으로 찬조적인 발언을 하였을 따름이지, 남명학연구소의 같은 임원인 최석기·허권수조차도 남명의 생애를 소개하는 글들 속에서 25세 설에 대해 아무런 이의를 제기

하지 않았기 때문이다.[16]

3. 師承관계

이 문제는 먼저 金忠烈이 1982년에 남명의 생애와 학문적 역정을 처음으로 정리한 「생애를 통해서 본 남명의 위인」에서 다음과 같이 언급되었다.[17]

> 지금 남명의 師事관계는 전혀 밝혀져 있지 않으나, 어릴 때의 친구 관계를 미루어 보면, 가정에서만 배운 것 같지는 않고, 李潤慶형제가 어려서 黃孝獻(1491~1532)을 사사한 것으로 보아 남명도 어린 시절을 황효헌한테서 배우지 않았나 생각된다. 황효헌은 남명의 숙부인 彦卿과 같은 해 문과에 을과로 급제하고 그의 학문이 인정되어 賜家讀書의 禮遇를 받을 정도로 문장이 뛰어났고, 뒤에 新增東國輿地勝覽을 편찬한 인물이다.

남명이 李潤慶(1498~1562)·浚慶(1499~1572) 형제와 더불어 황효헌에게 배웠으리라고 보는 근거로서 김충렬이 제시한 것은 이윤경 형제가 남명의 어린 시절 친구였는데, 그들의 할아버지와 아버지가 "燕山朝 갑자사화의 해를 입고 자식들까지 연좌되어 槐山에 유배되었다가 1506년, 마침 남명이 서울로 이사할 무렵 귀경하여 어린 친구로 어울리게 된" 점과 "少日의 친구였다고 한다면, 학문수업이 일과였던

---

16) 최석기, 「천왕봉처럼 우뚝한 남명의 정신세계」, 『남명집』, 한길사, 서울 2001, 35쪽; 허권수, 『절망의 시대 선비는 무엇을 하는가-실천의 사상가 남명 조식과의 만남-』, 한길사, 2001, 43쪽; 허권수, 『남명 조식』, 지식산업사, 서울 2001, 21쪽 참조.

17) 『大東文化硏究』 제17집, 성균관대학교 대동문화연구원, 77쪽.

士大夫家의 자제로서 같이 공부하는 관계가 아닐 수 없었을 것"이라는 정도였다. 김충렬이 남명의 어린 시절 친구였으리라고 추측하여 이름을 든 사람에는 一齋 李恒이 더 있으며, 그들이 과연 언제부터 서로 알고 지내게 되었는지 지금 확인할 방법은 없지만 설사 어린 시절부터 사귀게 되었다고 할지라도 그 무렵 남명의 친구가 후세에 명성을 남긴 이 세 사람 뿐만은 아니었을 터인데, 왜 하필 이윤경 형제와 더불어 같은 스승 밑에서 공부했을 것으로 보는지에 대해서는 더 이상 언급이 없다. 그러므로 이는 이준경이 황효헌에게서 배웠다는 기록이 있고,[18] 황효헌 역시 명망 있는 사람이라는 데서 유래하는 假託의 수준을 넘지 않는다.

최석기는 1991년에 발표한 「남명의 成學과정과 학문정신」에서 김충렬의 설을 부분적으로 계승하고, 또한 『德川師友淵源錄』 권2, 李東皐조에 보이는 "선생은 어린 시절부터 公과 교분이 도타와, 서판을 나란히 하고 栖山에서 함께 공부했다(先生自童年與公契厚, 聯槧幷讀書于栖山)"는 구절에 주목하여 다음과 같이 주장하였다.[19]

> 여기서 '栖[柄]山'이 어디인지는 정확히 알 수 없으나, 이윤경이 京都 東部 蓮花坊(現 鐘路 4~5街)에서 태어났다는 기록이 있는 것으로 보아, 이준경의 집에서 가까운 서울 동부 근방의 작은 산일 가능성이 크다. 이 자료를 통해 볼 때, 남명의 집도 처음에는 이준경의 집이 있는 연화방에 있었던 것으로 추정된다.
> 『東皐遺稿』에 의하면 이준경은 어려서 황효헌에게 소학을 배우고, 조금 커서는 從兄 李延慶(1484~1552)에게 배워 17, 8세에 行成德立 했다는 내용이 보인다. 이에 의하면 이준경은 황효헌이나 이연경과

---

18) 이윤경의 문집인 『崇德齋集』 권4 부록에 수록된 아우 이준경이 찬한 행장에는 '十歲始就學, …大夫人 亦嚴於敎養, 孝經大學等書, 皆親授句讀'라고만 하였지 누구에게서 배웠다는 기록은 없다.

19) 62~63쪽. 주 13참조.

이웃하고 살았다는 것을 짐작할 수 있는데,… 이준경 형제는 유배에서 풀려난 병인년(1506, 중종 1년)부터 황효헌에게 배우고, 10여 세가 지나서는 이연경에게 배웠을 가능성이 높다.
이런 기록들을 종합해 볼 때, 남명은 서울로 이사해 이준경의 집이 있는 동부 연화방에서 살았으며, 7세부터 가정에서 수학하기 시작하여 8, 9세 때 큰 병을 앓고, 10여 세부터는 이준경 형제와 함께 이연경에게 유학의 기본 경전을 배웠을 것으로 추정된다.

최석기는 남명이 어린 시절 이윤경 형제와 같은 스승에게서 배웠으리라는 김충렬의 견해를 발전시켜 4세에서 7세 사이에 三嘉에서 서울의 연화방으로 이사하여 18세 직전에 壯義洞으로 이주하기까지 거주한 곳은 이준경 형제와 같은 동네인 蓮花坊이었을 것으로 추정하는 반면, 이 글의 주석에서는 남명이 황효헌에게 배웠으리라는 김충렬의 견해를 부정하고서 그 대신 "이준경 형제의 수학 과정을 참고로 해 볼 때" 10여 세 이후부터 이준경 형제와 더불어 이연경에게 배웠을 가능성이 더 크다고 보았다.

그러나 최석기가 이 글의 내용을 정리하여 『교감국역 남명집』 및 『남명집』의 서두에 실은 「천왕봉처럼 우뚝한 남명의 정신세계」[20]에서는 남명이 "10여 세 이후 청소년기에 이웃에 살던 황효헌 및 이연경에게 배웠을 가능성이 있다"고 하여, 황효헌에게서 배웠을 가능성도 인정하였다.

최석기의 주장 중 우선 문제가 되는 것은 남명이 서울로 이사하여 이준경 형제와 같은 동네인 연화방에 살았을 것이라는 점인데, 이윤경·준경 형제가 증조부대 이래로 살아온 서울의 蓮花坊 蓮池洞 집에서

---

20) 주 7 · 16 참조.

태어났다는 기록은『崇德齋集』부록 및 1913년 刊 목활자본『東皐遺稿』 권11의 연보에 보인다. 그러나 갑자사화에 그들의 조부 및 부친 4형제가 모두 참화를 입어 사망하고 滅門의 변고를 당하였기 때문에, 그들이 연산군 10년 이후 3년간의 유배 생활 끝에 중종반정으로 유배에서 풀려나 서울로 돌아왔을 때 거처했던 곳은 외할아버지인 申承演의 집이었으며, 이후 그들은 결혼할 때까지 계속 외할아버지의 슬하에서 자라나고 있다. 그러므로 이윤경 형제와의 교제를 이유로 남명의 집이 연화방에 있었다고 함은 성립될 수 없는 주장인 것이다.[21]

이준경이 황효헌 및 종형인 이연경에게서 배웠다는 것은 1711년 刊 목판본『동고유고』권7의 「東皐年譜」8세 條 注에 서울로 돌아온 후 모친의 엄한 가르침을 받은 사실을 적은 다음, "후에 황효헌 공에게서『소학』을 배웠고, 더 자라서는 형과 더불어 종형인 灘叟 선생에게서 공부하였다"고 보이는데, 아마도 최석기가 참조한『동고유고』는 이것일 터이다. 그러나 上記 목활자본의 연보에는 1507년 동고 9세 조에 외할아버지의 任地를 따라 경상도 尙州로 가서 그곳에 世居해 온 蓄齋 黃孝獻에게서『小學』을 배웠다고 하였으며, 16세에 결혼하고서 종형인 灘叟 李延慶에게 배웠다고 하였다. 이 점과 관련하여서는 이준경이 찬한 이윤경 祭文에 유배지에서 돌아온 이후 외할아버지 슬하에서 함께 배우며 거처하였고, 외할아버지의 임지를 따라 같이 상주로 갔다가 15·16세 때 나아갈 바를 알았으며, 弱冠에 서울로 돌아와 잇달

---

21) 최석기가 남명의 "증조부 安習이 한양에서 삼가현 板峴으로 이주하여 비로소 이곳에 정착하게 되었다"고 함도 김충렬이 "신라의 月城, 고려의 松都에서 世家로 살아오던 남명 조상의 家勢는 李朝初 잠시 서울에서 살다가 증조인 안습에 이르러 지금의 慶尙南道 陜川郡 三嘉面 板峴으로 낙향한 것이다"라고 한 말을 답습한 것인데, 이 역시『昌寧曺氏派譜』卷首에 실린 조부 永의 묘갈명에 '曺氏自新羅, 世家昌寧, 號爲名族. 至公之先君, 始移居于三嘉'라 보이는 것과 모순되므로 근거 없는 주장이다.

아 결혼하였다고 보이므로,[22] 이들은 결혼할 무렵까지 대체로 외할 아버지의 임지인 지방에서 생활하였음을 알 수 있으며, 황효헌을 만 난 것도 서울 연지동이 아니라 그의 세거지인 상주에서였던 것이다. 상기 연보에서 이연경에게 배운 시기를 16세 무렵으로 잡은 것은 蘇 齋 盧守愼이 찬한 동고 행장에 17 · 18세 무렵 학교에 입학할 때까지 종 형인 탄수에게서 배웠다고 보이므로,[23] 서울로 돌아와 결혼하고서부 터 학교에 입학하기 이전까지는 가학을 계승한 시기로 간주한 것이다.

목판본 「동고연보」에는 남명과의 교유에 대한 기록이 없으나, 2세 기 후에 간행된 목활자본 연보에는 東皐 15세 때인 중종 8년(1813)에 남명과 더불어 楢山에서 함께 독서하였고,[24] 20세인 중종 13년(1618) 에 동고가 친구와 더불어 山寺에서 『易經』을 읽을 때 남명도 참여하 여 함께 토론했다[25]는 기록이 보인다. 1960년에 간행된 『덕천사우연 원록』李東皐 조의 기록은 목활자본 동고 연보에 근거한 것임을 알 수 있는데, 이러한 기록들은 과거의 문헌에는 없었다가 20세기에 이 르러 비로소 나타난 것이며 그 내용에도 윤색의 흔적이 농후하므로, 이 두 名人의 교분을 수식하기 위해 조작된 것일 가능성이 크다.

동고가 20세였던 때 두 살 아래인 남명은 18세이며, 무민당의 「남 명연보」에 의하면 이해에 남명은 함경도 端川郡守로 부임해 있던 부 친에게 가 있다가 체직된 부친을 따라 일단 고향으로 내려가고 있으

---

22) '年登九八, 同見天日, 歸以就育于外王父, 同學同居, 共荷恩煦. … 又侍王父, 隨任于尚, 年十五六, 粗知 向方. 弱冠還京, 相繼有室.'

23) '就學於從兄灘叟先生. 年十七八, 行成德立, 乃遊學宮'

24) '與曹南冥讀書于楢山. 一日戱笑言志, 謂南冥曰, 君之所性, 可能修道枯死巖穴, 是則吾可爲矣. 南冥曰, 君若何居. 答曰, 吾則國之元老, 遇君澤民, 安社爲悅, 而君未必如吾也. 南冥亦以其言爲知己之友, 先生 已能自知, 又能知人如此.'

25) '與友人讀易山寺, 時南冥亦從焉, 相與討論.'

니, 서울에 사는 동고와 더불어 산사에서 교유한다는 것은 우선 물리적으로 불가능한 것이다. 『남명집』 중간본 계통 중 최초인 丁酉本(1897)에 부록으로 첨부된 「編年」에서는 당시 남명의 집이 서울 장의동[26]에 있었던 점을 들어 남명이 부친을 따라 고향으로 내려갔다는 설을 부정하였으며, 이듬해인 기묘년(1519), 즉 남명 19세 때 "친구와 더불어 山寺에서 『易』을 읽었다.(與友人讀易于山寺)"고 하였다. 그러나 庚戌本(1910)에 첨부된 「연보」에서는 이를 따르지 않고서 일단 고향으로 내려갔다가 기묘년에 상경하여 그해 가을 산사에서 『역경』을 읽은 것으로 설명한다. 목활자본 동고 연보 20세 조의 기록은 「남명편년」의 文句에서 '于' 字 하나를 줄인 데 불과하므로, 이와 같은 『남명집』 중간본 계통의 先行하는 기록을 가지고서 附會한 것임이 분명하다.

그런데 『조선왕조실록』에 의하면 남명의 부친인 曹彦亨은 중종 12년(1517) 4월까지는 사헌부 지평으로 있었고, 중종 15년(1520) 6월 29일 현재 단천군수로 재직하고 있으며, 동왕 18년(1523년)에 사헌부 집의로 제수되었으므로, 「남명연보」나 「편년」의 기록 모두와 일치하지 않는다. 이러한 점들을 감안할지라도 동고 연보에 나타난 동고와 남명의 교유에 관한 두 기록은 모두 동고가 상주에 거주하다가 서울로 돌아온 직후이거나[27] 혹은 동고가 결혼하고서 학교에 입학한 이후의 시기에 해당하므로, 남명이 어린 시절 이윤경·준경 형제와 더불어 황

---

26) 남명의 서울 집이 장의동에 있었다는 기록 또한 「편년」에만 보이고 있는데, 이는 大谷 成運이 찬한 남명 제문에 '昔在洛都, 連棟爲隣' 云云이라 한 기록이 유일한 근거이며, 대곡의 사촌인 成守琛의 聽松堂이 지금의 종로구 淸雲洞에 위치한 데서 대곡과 남명의 집도 그 근처일 것으로 유추했을 터이다. 남명의 부친이 갑자사화가 일어난 연산군 10년(1504), 즉 남명의 4세 때 흉화한 것은 분명하지만, 가족이 언제 상경하였고 서울의 어디서 거주하였는지에 대해서는 이 제문 외에 신빙할만한 기록은 없는 것이다. 상권, 174쪽 참조.

27) 최석기에 의하면 "당시 수령의 임기가 5년이었다"고 한다. 최석기(1991), 64쪽 참조.

효헌이나 이연경에게서 배웠다고 하는 주장은 모두 성립될 수 없는 것임이 확인된다.

'남명과 동시대 大儒들'이라는 大주제하에 개최된 남명학연구소의 2002년도 제1차 학술대회에는 李鍾建도 초대되어 「남명 조식과 동고 이준경 비교 고찰」이라는 주제의 논문을 발표하였다. 그는 당시 "김충렬이 남명도 황효헌에게서 배웠을 것이라고 추측했다"는 점을 중시하여, 동고 연보의 기록과 대조한 후 "이 글에서 楢山이 어디인지 알게 되면 남명과 동고가 어디에서 공부를 함께 했는지 쉽게 알 수 있다. 이때 정황으로 보아 추측컨대 유산은 상주 안동 합천 근처의 어느 장소일 것으로 생각된다"고 주장하는가 하면, "남명은 5세 때 아버지가 과거에 합격을 해서 서울에서 벼슬을 하게 된 관계로 서울로 이사를 온다. 이때 동고는 7세로 서울에 살지 않고, 괴산으로 어머니의 귀양길을 함께 하고 있다.[28] 남명이 언제 합천으로 내려갔는지는 잘 알 수 없으나 동고가 9세부터 상주에서 사는데, 남명도 합천으로 내려간 뒤부터 동고와 황효헌에게 수학함으로써 서로 書板을 나란히 독서를 했다고 생각할 수 있을 것이다. 이를 바탕으로 계산해 보면 아무리 빨라도 남명 7세 동고 9세에나 서로 만나서 한 스승을 모셨을 가능성이 있다", "남명과 동고는 尙州 황효헌 문하에서 함께 공부를 한 것 같다. 남명은 상주와 가까운 고향에서 마음을 수양하는 공부를 했고, 동고는 객지에서 과거를 보는 공부를 했다"고도 설명한

---

28) 이준경이 형 윤경을 위해 찬한 제문에 '養于乳媼, 于彼槐灘'이라고 하였으니, 이들 형제는 어머니와 함께 귀양 간 것이 아니라 어린 형제의 유배에 유모가 따라간 것이다. 또한 이종건이 "16세 때 豊山 金氏 館夫人에게 장가들었다"고 한 것도 동고 연보에 보이는 '委禽於豐山金氏館, 夫人參判淸白吏楊農女'를 잘못 해석한 것이며, "황효헌이 1507년부터 7, 8년간 영남에 살았다는 기록은 찾을 수 없다" "황효헌이 1507년부터 1514년 사이에 상주나 합천 근처 어디에도 살지 않았다" 함은 동고 연보 9세(1507년) 조의 注에 보이는 '按, 蓄齋世居尙州, 而先生在是年受學' 부분을 유의하지 않은 것이다.

바 있다. 그러나 유산의 위치에 대해서는 후에 "楢山은 바로 山淸郡의 지리산 자락으로 남명과 동고가 공부를 함께 했음직한 곳이다"라고 수정하였다.[29] 그는 또한 남명이 이연경에게 배웠을 가능성을 부정하였다.

이에 의하면 남명과 동고가 처음으로 만나 함께 공부한 곳은 서울이 아니라 상주이며, 그런 인연으로 친숙해진 이 둘은 그 후 지리산 자락으로 장소를 옮겨서도 교유한 셈이 된다. 남명의 고향인 합천군 三嘉가 상주에서 가까운 곳이라는 말도 사실에 어긋나지만, 외할아버지를 따라 상주에 내려왔던 동고가 서울로 돌아간 후 친구와 더불어 다시 반도의 남쪽 끝 지리산 자락으로까지 내려와『주역』을 토론하는 자리에 남명이 동참했다는 설은 더욱 엉뚱하다. 김충렬이 처음 어림짐작으로 한 발언이 결국 이렇게까지 전개되고 만 것이다.

4. 허구 · 설화 · 사실

김충렬의 상기 논문은 다섯 개의 절로 구성되어져 있으며, 그 제2절의 제목은 '南冥學의 四度轉變', 제3절은 '南冥生涯의 四度遷移'로 되어 있다. 전체 논문의 골격을 이루고 있는 것은 남명의 학문적 성장과정이라고 하겠는데, 제2절의 첫머리에서 그 핵심인 이른바 '남명학의 四度轉變'에 대해 다음과 같이 설명하고 있다.

---

29) 『남명학연구』 제14집, 경상대학교 남명학연구소, 2002, 41~45쪽. 楢山의 위치를 지리산 자락으로 수정한 것은 학술대회 당일의 자유토론 시간에 필자가『山淸縣邑誌』山川 조에 지금의 지리산 熊石峰을 한글로 음이 같은 '楡山'으로 적고 있고, 大東輿地圖에도 그렇게 표시되어 있다고 발언한 결과인 듯하다.

제1시기: 유년과 少壯期에서 25세까지, 이때는 주로 서울에서 자란다.
제2시기: 장년에서 중년기, 25세에서 45세까지, 이때는 주로 김해
山海亭에서 敎學相長의 세월을 보낸다.
제3시기: 중년에서 노년에 접어든 시대, 45세에서 61세까지, 이때는
주로 본 고향이었던 합천 삼가 雷龍亭, 鷄伏堂에서 存養공부에 힘
썼다.
그리고 마지막 제4시기는 남명 일생의 마지막 꽃을 피운 시대로서
頭流山下 山天齋에서 인재를 기르고 國政을 논의했다.

그런데 제2절의 구성은 제목대로 네 개의 시기로 구분되어져 있되,
그 구체적 항목은, '1. 제1시기 小學시기: 학문의 기초를 닦던 청소년
기[1~17세]', '2. 제2시기: 독학으로 정신력과 경륜을 기르던 시기
[17, 18세 端川官衙 시절]', '3. 제3시기: 老莊學에 심취했던 시기
[18~25세 서울 시절]', '4. 제4시기: 성리학으로 되돌아온 시기[25세
이후]'이다. 즉, 冒頭에서 제시한 제1시기, 즉 許魯齋의 글을 읽고서 爲
己之學으로의 轉回가 이루어지기까지를 다시 세분하고 있는 것이다.
그러므로 하나의 節 안에서 남명학의 네 차례에 걸친 변천 과정은 서
로 다른 두 종류가 병존하고 있는 셈이다.

제3절의 소제목은 '1. 삼가에서의 五年생활[26~30세]' '2. 18년간
의 산해정 생활-潛德期, 講學 第一期[30~48세]' '3. 12년간의 계부당·뇌
룡정 생활-강학 第二期[48~61세]' '4. 11년간의 산천재 생활-만년의
回光返照[61~72세]'로서, 節의 제목과는 달리 제2절에 이어 부친의
죽음으로 말미암아 고향에 돌아온 이후의 시기를 다시 네 시기로 구
분하였는데, 그중 김해 시기는 앞서 제2절의 冒頭에서 모친의 죽음으
로 말미암아 귀향하기까지의 15년으로 잡은 데 반해 제3절에서는 모
친의 삼년상을 마칠 때까지의 18년으로 잡고 있어 서로 일치하지 않

는다. 그 원인은 48세 때 조정으로부터 내린 典牲署主簿의 관직을 김해의 처가 마을 이름인 主簿洞과 관련시키고자 했기 때문이다. 또한 각 시기 햇수의 계산 방식에도 서로 기준이 일치하지 않는 점이 있어서 납득하기 어렵다. 이를테면 삼가 시기의 계산방식으로는 14년, 산해정·산천재 시기의 방식으로는 13년이 되어야 할 뇌룡정 시기가 12년으로 계산되어져 있는 것이다.

이 논문의 뒷부분인 제4, 제5절은 산천재 시기를 다시 부연 설명한 것이다. 전체적으로 보면 각 절의 제목과 그 내용이 서로 일치하지 않을 뿐 아니라 항목들 간에도 서로 중복되거나 모순되는 곳이 많아 구성상 매우 혼란스럽게 되어 있음을 알 수 있다.

또한 내용상의 면에 있어서도 수긍하기 어려운 점이 없지 않으니, 예컨대 제2절의 제3시기는 '노장학에 심취했던 시기'라고 되어 있거니와, 그 까닭은 "昌寧成氏 守琛, 遇, 運 등 종형제의 영향을 받아서 高超芳潔한 意境과 孤高卓絶한 氣像을 갖추었기 때문"이라고 하였다. 그러나 그 근거로서 제시한 것은 이 시기에 남명과 교제가 있었다고 본 聽松 및 그 從弟인 大谷이 모두 隱君子의 기상을 지녔다는 점과, 율곡의 『石潭日記』에 남명이 聽松堂을 방문했다가 청송의 隱者的 기풍에 감명을 받아 과거를 단념했다는 기록이 보인다는 정도에 불과하다. 대곡이 은둔을 결심한 것은 그 형인 遇가 乙巳士禍에 휩쓸린 이후인데 이는 남명의 나이 45세 때의 일이므로 시기적으로 일치하지 않으며, 율곡의 기록은 위에서 살펴본 바 있는 『남명집』에 나타난 설명과 일치하지 않으므로 신빙성에 문제가 있지만 설사 남명이 출사를 단념한 배경에 청송의 영향이 있었다 할지라도 유가가 일반적으로 높은 가치를 부여하는 隱居求志를 노장학 공부와 연결시킨다는 것 역시 무리한 설정인 것이다.

최석기는 남명의 생애와 수학과정에 대한 기존의 연구에 대해, 대체로 「편년」의 내용을 크게 벗어나지 못하고 있으며, "좀 더 심하게 얘기하면, 이 「편년」에 있는 내용에 살을 붙여 자의적으로 시기구분을 해 놓은 데에 불과하다"고 비판하였다.[30] 최초의 중간본인 丁酉本에 첨부된 「편년」은 일반 문집의 부록을 대신하여 남명 생애의 전체적 모습을 망라코자 한 것이므로 우선 분량에 있어서 다른 어떠한 자료보다도 월등하게 풍부하여 이 방면의 연구자들에게 널리 활용되고 있다. 그러나 남명의 10세손인 復庵 曹垣淳이 主編한 이 「편년」은 그가 중심이 되어 추진한 중간본의 편집 의도를 그대로 반영하여 적지 않은 문제점을 내포한 것이므로, 그 이용에 앞서 엄밀한 문헌비판이 요구된다.[31] 중간본의 편집 의도란 남명에 대한 종래의 비판적 시각을 시정하여 남명이 주자학의 범위를 조금도 벗어나지 않은 순수한 도학자라는 인식을 고취하는 데 있었다. 복암 등은 남명에 대한 그릇된 시각이 모두 來庵 鄭仁弘이 중심이 되어 편집한 인조반정 이전 『남명집』의 오류를 답습한 데서 유래한 것이라고 설명하며 尊衛釐正의 차원에서 종래의 문집에 대한 대대적인 삭제와 수정을 가했던 것이지만, 실은 그들이 과거의 『남명집』에 수록된 글들이 모두 남명 자신이 남긴 원형이 아니거나 내암이 날조한 것이라고 정말 믿었다고는 할 수 없다. 마찬가지 이유로 그들이 「편년」에다 추가한 수많은 내용들

---

30) 최석기(1991), 61~62쪽.

31) 중간본의 편집 의도 및 중간본 「편년」과 「연보」의 성립 과정에 대하여는 오이환, 「『남명집』 중간본의 성립」, 『철학논총』 제32집 제2권, 새한철학회, 2003. 4.를, 그리고 무민당 찬 「연보」와 중간본 「편년」에 나타난 남명 이해의 차이에 대해서는 李遠碩, 「남명의 修養論을 바라보는 두 가지 시각-「연보」와 『남명선생편년』의 비교를 중심으로-」, 『남명학보』 제2호, 남명학회, 2003 참조.

역시 참으로 신빙할 만한 근거가 있었던 것은 아니었다. 그 대부분은 종래의 『남명집』에 이미 보이는 내용을 가지고서 자의적으로 편입해 넣은 것이며, 상당 부분은 그들이 지어낸 것이거나 불확실한 傳聞 또는 사료적 가치가 문제시되는 후세의 기록에 의거한 것이지만, 복암 등은 남명의 참모습이 그러한 것이라고 주장하고 싶었던 것이다.

예컨대 본고 제2절에서 언급된 남명과 명경대의 관계로 말하자면, 신해본(1671) 이전의 『남명집』에는 다만 「명경대」 시가 수록되어 있을 따름이었는데, 무민당 찬 「남명연보」에서는 29세 조의 注에다 내암의 「跋南冥集說」에 보이는 '嘉靖己丑年'의 기록을 발췌 수록하고서 이를 어림잡아 문정왕후의 입궁과 연결시켰으며, 또한 '往來棲息于宜春之明鏡臺'라 하여 마치 이 무렵 남명이 명경대에서 거처한 바가 있는 듯이 기술하였다. 문정왕후에 관한 기술이 오류임이 이미 판명되었듯이, 이해로부터 무민당이 「남명연보」의 草稿를 이룬 인조 12년[32]까지는 이미 105년의 시간적 간격이 있으므로, 명경대에 관한 설명역시 남명 자신이 남긴 시 외에 무슨 구체적 근거가 있었던 것이라고 보기는 어렵다. 이러한 무민당의 기록은 그로부터 다시 263년 후에 간행된 「편년」에 이르러서는 남명이 당시 명경대에 있는 僧舍에 와서 거처하였고, 그가 매일 바깥출입을 하지 않고서 오로지 독서에만 골몰해 있으므로, 중들도 남명이 깊은 밤에 이따금씩 손가락으로 책상을 두드리는 소리를 듣고서야 비로소 그가 아직도 공부하고 있음을 알 수 있었다는 식의 설화로 변모되고 있는 것이다.

이처럼 이정본 계통 『남명집』에 첨부된 무민당 찬 「연보」에도 문

---

32) 상권, 210쪽 참조.

제점이 없지는 않지만, 오늘날 남명의 생애를 서술함에 있어 대부분의 필자들이 주된 근거로 삼고 있는 중간본 계통의 「편년」이나 「연보」는 그 성립 시기가 남명이 생존했던 시대와는 커다란 거리가 있어 신빙성이 부족하며, 심지어는 후대의 시각에 의해 고의로 사실을 왜곡한 면도 적지 않다. 그러므로 이러한 전기 자료를 무비판적으로 이용한다는 것은 오류를 초래할 우려가 있다. 그럼에도 불구하고 남명의 생애를 다룬 기존의 논문이나 단행본들은 여기서 한층 더 나아가 민간에 유전하는 설화를 삽입하거나 각자의 상상력에 의해 꾸며진 내용을 추가하여, 남명의 생애에 관한 우리의 이해를 더욱 혼란스럽게 만들고 있다.

허권수가 1990년 3월 24일부터 1992년 6월 15일까지 주간 『진주신문』에다 105회에 걸쳐 연재한 「진주정신을 찾아서」는 남명의 생애와 사상이나 그 학파에 관련되는 내용을 일반 독자들이 이해하기 쉽게 설명한 것인데, 여기에는 『남명집』에 보이는 내용들뿐만 아니라 문헌 및 구비설화, 그리고 소설에 보이는 내용들까지도 폭넓게 수용되고 있다. 여기에서 서술된 내용 가운데는 기왕의 채록된 구비설화에 포함되지 않은 내용이 적지 않기 때문에 문집에 보이는 것은 차치하더라도 어디까지가 설화이며 어디까지가 창작인지를 구분할 수 없는 경우가 허다하다.[33]

허권수는 이후 『진주신문』에 연재했던 내용을 정리하여 『남명 조식』 및 『절망의 시대, 선비는 무엇을 하는가-실천의 사상가 남명 조식과의 만남-』이라는 두 권의 단행본으로 각각 출판하였다.[34] 이 두

---

33) 정우락, 「남명 설화 뜻풀이」, 남명학연구원출판부, 진주 2001, 261~262쪽 참조.
34) 주 16 참조.

책에서 설화적 요소는 대폭 줄어들었으나 아직도 더러 남아 있으며, 『편년』 등의 기록을 무비판적으로 수용한 면도 적지 않다. 무엇보다도 이러한 책들은 남명의 생애와 사상을 포괄적으로 다루는 評傳의 형식으로 쓰인 것이기 때문에 일반 독자들은 이러한 기록을 신빙할 만한 것으로 이해할 가능성이 높은 것이다.

5. 결어

권오봉은 퇴계의 생애를 정리한 『예던 길-퇴계 선생의 생활實事-』(1988)를 평이한 글로 새로 고쳐 간행한 『퇴계 선생 일대기-가을 하늘 밝은 달처럼-』(교육과학사, 서울 1997)의 서문에서 다음과 같이 말하였다.

> 퇴계 선생에 대해서는 후손들이 ㅁㅁ傳承한 이야기가 있고, 세간에 야담설화로 전파된 이야기도 많다. 야사에 실린 이야기가 있는가 하면 꾸민 이야기도 허다하다. 십수 년 전에는 부정확한 사실을 전혀 고증도 하지 않은 채 『퇴계소전』과 『퇴계일화선』이란 책을 소설가가 지어냈기 때문에 그 책을 읽은 독자들이 사실인줄 믿고 퇴계를 모두 이해한 것처럼 착각까지 하는 경향이 있었다.

그로부터 얼마 후 서울대 이순형 교수가 『신동아』 1998년 5월호에 연재된 '한국의 종가 탐방 5' 「퇴계 이황 종가」에서 퇴계가 문하생이 되기 위해 찾아온 정인홍과 정구 가운데서 정구를 받아들이고 정인홍은 되돌려 보냈다는 일화를 소개하여, "퇴계에게 퇴짜를 맞은 정인홍은 후에 광해군 때 영의정에까지 오르나 옥사의 장본인이 되고, 그를 문하생으로 받아들였던 남명 조식은 부관참시를 당하게 된다"는 언급을 하여 적지 않은 분쟁을 초래한 바 있었다.[35] 이 중 정인홍과 관련한 부분은 소설가 정비석이 집필하고 퇴계학연구원에서 간행한 『퇴계소전』(1978) 및 『퇴계일화선』(1980)과 안동시청 및 도산서원관리사무소에서 발행한 『선비정신의 참 모습』이라는 책에 실린 내용과 대체로 일치하고 있다. 그러한 설화가 세간에 구전되어 왔던 것은 사실이겠지만, 관계 당국은 차후 더 이상 이러한 출판물을 배포하지 않겠다는 약속으로 사태를 수습한 바 있었다. 선현과 관련한 부정확한 사실의 유포가 얼마나 심각한 사태를 초래할 수 있는지를 보여준 하나의 실례라고 하겠다.

이와 비슷한 사례는 정정대가 남명의 생애를 주제로 하여 엮은 장편소설 『울지 않는 종』(남명학연구원출판부, 진주 2000)이 출판될 무렵에도 재현되어, 이미 인쇄가 완료된 이 책은 그 내용 중 사실과 어긋나는 부분이 적지 않다는 등의 이유로 덕천서원 외임의 비판을 받아 지금까지도 배포되지 못하고 있다. 그러나 소설이란 그 본질상 반드시 사실에 입각해야 할 이유가 없을 뿐 아니라, 당시 지적된 부분들은 대체로 문헌적 근거가 있는 것이어서 사실과의 관계에 비추어 볼지라도 문제시될 수 없는 내용이 대부분이었다. 결국 문제의 본질은 저자가 무명의 작가였다는 점에 있었다고 본다. 이 소설의 출판이 저지된 이후 남명에 대한 공식적 평전의 형태로 간행된 허권수의 상기 두 서적에도 남명 및 정인홍과 관련한 설화들이 여기저기에 섞여

---

35) 「공개질의서」, 『남명원보』 제10호, 사단법인 남명학연구원, 1998년 5월 30일; 「경과보고」, 『남명원보』 제11호, 1998년 8월 10일; 권인호, 「남명학파에 대한 400년간 지속된 진실의 왜곡날조에 대한 辨誣-남명 조식과 내암 정인홍에 대한 글을 중심으로-」, 『남명원보』 제11호; 이순형, 「불의에 항거한 남명 조식 48가」 『신동아』 1998년 6월호, 동아일보사.

있으며, 소설적 허구의 방식으로 기술된 부분도 적지 않다. 그러나 평전이란 오히려 설화나 소설과는 본질적으로 다른 것으로서 사회적 공신력이 요구되므로, 신빙할 수 있는 사실만으로 구성하지 않으면 안 되는 것이다.

* 참고 문헌은 각주로 대체함

(『철학논총』 제35집 제1권, 새한철학회, 2004년 1월)

IV

南冥遺跡三洞辨證

Ⅳ. 南冥遺跡三洞辨證

1. 序言

지난 1999년 6월에 남명학부산연구원이 주최하는 학술발표회에 초청되어 간 바 있었는데, 그때 얻어 온『南冥學研究院報』제7호에 이 연구원의 이사 중 함양에 고향을 둔 분이 쓴 「남명 조식 선생의 발자취를 찾아서-三嘉 枝洞에서 지리산 嚴川江으로-」라는 기행문이 실려 있었다. 그 글 속에 남명의 先塋이 있는 지동을 남명의 조부 및 부친이 살던 친가 마을이라 하였고, 咸陽郡 柳林面의 오른쪽 끝 부분에 있는 獐項里를 남명의 「遊頭流錄」 말미에 나오는 獐項洞이라고 하며, 거기서 서남쪽으로 지리산 休川계곡을 따라 엄천강(지금의 이름은 臨川江)을 계속 거슬러 올라가다가 義灘 조금 못 미친 지점의 松田里에 있는 名所 龍遊潭을 역시 위와 같은 문헌에 보이는 龍遊洞이라고 설명하였는데, 이는 모두 필자가 알고 있는 바와는 어긋나는 것이었다.

그 글 중에, "용유담의 절경을 구경하다가 남명께서 이곳에 오신 흔적을 찾아내었다. 큰길에서 내려 용유담을 가로지른 쇠줄다리를 건너서 강 상류로 향하면 100m쯤에 큰 바위가 있었다. 정면은 평평한데 중앙부분 190×85cm 면에 한 자 크기 16×12cm[넓이(?)] 세로쓰기로 文獻公一蠹鄭先生, 文愍公濯纓金先生, 文貞公南冥曹先生, 그 아래에 가로쓰기로 杖屢所의 각자가 뚜렷하다" 운운의 내용이 보이며, 이 글에 뒤이어 부산연구원장이 지은 七言絶句 "觀參頭流山龍遊洞南冥先生杖屢所"도 보인다. 이 글에서 말하는 장항리는 산청군 生草面 소재지에 가까운 곳으로서, 임천강이 흘러내려 남강의 상류인 鏡湖江과 합류하는 지점에 위치해 있는데, 또한 "鄭在景은 『정여창 연구』에서 남명이 이곳 장항동에서 저 유명한 '頭流山 양단수를 예 듣고 이제 보니…'를 남겼으며 이곳에 은거할 계획이 있었다고 기록하였다"라고도 소개하고 있다. 세상의 소문이나 글의 내용이란 정확하지 못한 경우가 흔히 있는 법이지만, 돌에 새긴 것은 오래도록 남을 뿐 아니라 많은 사람이 그것을 근거로 삼을 것이므로 문제가 있다고 생각하였으나, 好事家가 한 일을 가지고서 학문적 입장에서 따지기도 무엇하여, 기회 있으면 언젠가 한 번쯤 언급해 보리라는 정도로 생각하고서 덮어두었다.

그런데 그 후의 8월에 간행된 「南冥院報」 제15호에 다시 부산연구원장이 쓴 「智異山龍遊洞龍遊潭을 찾아서-陜川郡 三嘉面 下板里를 거쳐-」라는 답사 기행문이 실렸는데, 그 내용 역시 전자와 대체로 다르지 않으나, 여기서는 용유담 부근이 남명의 시조에 나오는 '兩湍水[sic]'일 것이라고 하는가 하면, 枝洞을 '선생이 태어나신 고장으로 어린 시절 놀고 공부하신 곳, 즉 고향'이라 하여 지방문화재로 지정할 것을 주장하고 있으며, 용유담 옆의 지방도 60호선에 '南冥先生等杖屢之所'라는 표지판을 세울 것도 제의하고 있다. 그러므로 망설이던 끝에 이 일은 더 이상 방치할 수 없는 것이라 판단하여, 지난번에 발표한 「雷龍亭 遺蹟碑 有感」에 이어 이 문제에 대해서도 고증해 두고자 한다.

2. 板峴洞 고향 마을

먼저 위에서 언급한 두 글은 모두 선영이 있는 곳을 '下板里 枝洞'이라 하였고 『昌寧曺氏派譜』에도 분명 그렇게 되어 있으나, 그것은 이 마을이 속한 계곡 전체를 오늘날의 행정구역상 하판리로 칭하고 있기 때문이며, 지동은 그 북쪽 끄트머리 부근에 외따로 떨어진 곳이어서, 근자에는 오히려 왼쪽 옆 계곡인 文松里의 포장도로로부터 그리로 접근하는 편이 편리할 정도이다. 하판리는 합천군 삼가면 소재지에서 서쪽으로 빠져나가 嘉會面 소재지 쪽으로 향하는 지방도에서 첫 번째 북쪽으로 갈라져 올라가는 기타도로의 주변에 위치해 있는데, 현재는 그 안에 아래쪽으로부터 숲거리·하판새터·상판 등 네 개의 마을이 인접하여 산재해 있으며, 지동은 상판에서 2km 정도 더 올라간 위치에 있다. 필자는 십 년쯤 전에 이 일대를 몇 차례 답사한 적이 있었으며, 그중 남명의 후손과 함께 갔을 때 曺玉煥 사장으로부터 들은 바로는, 지방도에서 하판리 길로 꺾어 들어 얼마쯤 올라간 지점의 논 건너편으로 바라보이는 하판 마을이 남명이 살던 곳으로 전해지고 있다는 것이었다. 만약 그 말이 참이라면, 남명의 고향집은 이 일대의 북쪽 끝 마을인 상판에서부터 갑자기 좁아진 골짜기를 따라 다시 한참을 더 올라가서 있는 지동이 아니라, 삼가읍에서 꽤 가까우며 지방도 아래쪽의 넓은 들판과도 연결된 지점에 위치해 있었던 셈이 된다.

선영 아래의 재실인 屛山齋에는 秋淵 權龍鉉이 1960년에 지은 記文
이 걸려 있는데, 그 첫머리에 "昌寧 曹氏가 三嘉 板峴洞에 살게 된 것은
생원 安習으로부터 비롯하였다(昌寧曹氏之居三嘉板峴洞, 始自生員安習)"
고 하였고, 그는 齋室 어귀에 위치한 남명의 從孫 松齋 曹繼明(字 熙伯,
1568~1641)의 遺墟碑銘도 지었는데, 거기에는 "三嘉의 서쪽에 있는 板
峴洞이라는 곳은 昌寧曹氏가 대대로 살던 곳이며, 남명선생의 고향 마
을이다(三嘉之西, 有曰板峴洞者, 昌寧曹氏之世庄, 而南冥先生之梓里也)"라
고 보인다. 유허비라고는 하지만 그것이 선영으로 들어가는 길목 입
구의 사람 눈에 띄기 쉬운 장소에 세워져 있으므로, 여기서 말하는 板
峴洞은 특별히 枝洞을 가리키는 것이라기보다는 오늘날 下板里라고
부르는 지역을 두루 일컬은 것이라고 보아야 하겠다.

이 松齋는 남명의 아우 桓의 嗣孫으로서, 嫡子가 없었던 남명은 환
갑을 넘기고서 지리산 德山洞으로 들어가게 되었을 때, '承重' 즉, 제
사를 받드는 책임과 그에 따른 先代의 재산을 桓에게 양도하였던 것
인데, 그 손자인 송재는 임란 때 무공을 세워 武班으로서 내외의 관직
을 역임하였고 死後 병조참판에 追贈되어 昌寧曹氏忠順衛公派인 桓의
후손 가운데서 크게 두드러진 인물이다. 膠宇 尹冑夏가 撰한 송재의
墓表에, "어려서 慷慨하고 義氣가 있었으며 馬藏山 아래에 살았는데, 神
馬의 應함이 있었으니 산의 이름은 이에서 얻은 것이라(少慷慨有義氣,
居馬藏山下, 有神馬之應, 山之得名, 是也)" 하였다. 이 설화는 송재의 甥姪
이 인조 22년(1644)에 찬한 「實錄」에 처음으로 보이고 있는데(『松齋遺
稿』 권2, 부록), 거기에는 이 대목이 "公은 嘉樹縣의 板峴里 집에서 태
어났다… 萬曆 18년 庚寅[1590, 松齋 23세, 임진왜란 2년 전] 봄에 집
뒤의 산이 무너지자 신령스런 망아지가 뛰쳐나와 포효하기를 마지않

으므로, 들사람들이 아무도 감히 가까이 가지 못하였다. 공이 몸소 가서 빨리 달리게 하니[그것을 부리니] 말이 스스로 귀를 드리우고 고분고분해지는 듯하였다. 그러므로 끌고 와서 먹이고 기르기를 몇 년 동안 하였다(公生于嘉樹板縣里第… 萬曆十八年庚寅春, 家後山崩, 神駒躍出, 嘶唬不已, 野人莫之敢攖. 公躬往駛[馭]之, 馬自帖耳, 如服馴. 因以牽來, 喂養數年)"고 되어 있다.

여기서 말하고 있는 馬藏山은 『三嘉邑誌』山川條에는 馬壯山이라 적고, "縣의 북쪽 5里에 있으며, 邑 터의 主山이니 曹松齋가 여기서 神馬를 얻었다(在縣北五里, 爲邑基主山, 曹松齋得神馬於此)"고 주석을 달았으며, 이 故事에서 유래하는 馬藏洞도 『松齋遺稿』 부록에 馬壯洞으로 적힌 곳이 많다. 25,000분의 1 지형도에는 이 산의 이름이 나타나지 않지만, 마장동·마장골못 등이 보이는 것으로 미루어 하판 마을 맞은편 도로가의 새터 마을과 숲거리 마을 사이에서부터 동쪽으로 이어지는 작은 골짜기의 끄트머리에 위치해 있는 이 부근에서 제일 높은 해발 277m의 야산을 지칭한 것인 듯하며, 馬藏洞이란 이 산 아래 좁은 골짜기 일대의 논으로 연결된 곳을 가리키는데, 지금도 후손들 사이에는 이 마장동이 송재가 말타기 연습을 하던 곳이라는 전설이 전해져 오고 있다.[1]

새터란 한자로 新基라고 적으며, 시골의 동네 이름에 흔히 보이는 것으로서 그 뜻은 '새로 생긴 터전'이니, 아마도 그 쪽으로 도로가 개설됨에 따라 생겨났을 것이다. 송재는 남명이 卒하기 4년 전에 태어났던 것이므로, 그가 어린 시절 마장산 아래에 살았다면 그 산은 반

---

1) 그러나 成宗 12년(1481)에 완성된 『東國輿地勝覽』 권31, 三嘉縣의 山川條에 이미 馬莊山이 보이고, 그 注에 「在縣北六里」라 하였으므로, 이러한 설화들은 원래 있었던 산 이름에서 유추한 것이라 하겠다.

드시 최고봉만이 아니라 거기서 새터까지 이어진 산줄기 전체를 지칭하는 것으로서, 남명으로부터 그의 조부에게 양도된 先祖 전래의 집이 있었던 곳은 마을이 형성되어 있지 않은 마장동 골짜기보다는 비교적 들이 넓은 하판 마을 쪽이었다고 보아야 할 것이다.

새터뿐만이 아니라, 하판을 제외하고서는 지동을 포함한 하판리의 다른 마을들은 모두 도로에 인접하여 형성되어 있다. 그러므로 우리는 이 마을들이 모두 새 도로의 개설과 더불어 생겨난 것이며, 원래의 板峴洞은 그 위쪽에 上板 마을이 생겨남으로 말미암아 下板으로 불리게 되고, 따라서 과거 판현동의 중심이었던 마을 이름에 따라 이 일대가 모두 하판리로 명칭이 바뀌게 된 것이리라고 추측해 볼 수가 있다.[2]

그러고 보면 남명 연보에 남명의 死後 三嘉縣의 서쪽 20里 지점에 위치한 晦峴에다 晦山書院을 창건하였다가 임진년에 왜적에 의해 燒失되었다는 기록(創立于晦峴, 在三嘉縣西二十里許. 萬曆壬辰燬于倭賊)도 있는데, 남명을 享祀하는 서원은 餘他 서원들의 例가 그러하듯이 그와 인연이 깊은 곳에 세워지는 것이 마땅하며, 삼가현의 서쪽은 남명의 고향 마을과 선산이 있던 곳이므로, 이 晦峴은 어쩌면 향리인 板峴의 옛 이름이거나 혹은 고유어의 한자 표기 과정에서 생긴 차이일지도 모른다는 생각을 해 본 적이 있었다. 그러나 거리가 문제인데, 20리가 대략 오늘날의 8km에 해당하는 것으로 환산된다면, 삼가읍의 錦里에 지금도 남아 있는 조선시대 관아의 정문인 岐陽樓에서부터 차를 몰아

---

2) 1961년에 三嘉鄕校가 鉛活字로 발행한 『嶺誌要選三嘉新舊邑誌』의 下卷 「三嘉續修邑誌」 4b, 面洞分合條, 三嘉面 下板里의 注에는 「舊枝洞·上板村·下板村·馬莊洞合」이라고 되어 있다. 이것은 마을 중심이라기보다는 구역 중심으로 설명하여, 이 네 개의 구역이 하판리의 범위임을 표시한 것이 아닌가 싶다. 만약 그렇다면 그중 하판촌은 지금의 새터숲거리까지를 포괄하는 것으로 보아야 할 것이다.

實測해 본 결과,[3] 하판 및 새터까지는 불과 2km, 이 일대 마을의 북쪽 끝인 상판까지는 3.38km, 그리고 지동까지는 5.3km로,[4] 모두가 그 정도에는 미치지 못하는 것이다.

최근에 필자는 李相弼 교수로부터 三嘉·嘉會·大幷 三面 방향의 갈림길인 가회면 將臺里의 삼거리 옆에 있는 장대 마을이 회산서원의 옛터로 구전되어 온다는 소식을 들은 바 있다. 25,000분의 1 지형도에 그 삼거리에서 삼가 방향으로 1킬로 남짓 지나온 곳에 그음재라는 지명이 보이는데, 50,000분의 1 지형도에는 그것이 그믐재로 표기되어 있으므로 바로 연보에 보이는 晦峴임을 확인할 수 있으며, 또한 장대 마을의 위치는 삼가현에서 서쪽으로 20리라는 기록과 대체로 일치하고, 임란 후에 이 서원을 재건할 때 다른 지역, 즉 합천·삼가 兩邑의 경계에 있는 龍巖書院 터로 장소를 옮긴 이유로서 연보에 보이는 "晦山의 옛터는 골짜기 속에 있어 비좁으므로, 여러 선비들이 회의하여 香川으로 移建하였다(晦山舊址, 在峽裡隘狹. 多士會議, 乃移建于香川)" 라는 설명도 그 지형과 일치하고 있다.[5] 그렇다면 회산서원의 위치는 남명의 고향마을과는 제법 떨어져 있으나, 三嘉縣 각 지역의 선비들이 접근하기에 편리한 교통의 요지를 선택한 셈이 되겠다.

근년에 승용차가 대중화됨과 더불어 상판까지의 도로는 이미 아스팔트 포장이 되어 있고, 상판에서 지동까지의 길도 비포장이기는 하

---

3)『三嘉縣邑誌』坊面條에 보이는 각 마을의 거리는 「距官門」, 즉 三嘉縣衙의 正門인 岐陽樓로부터의 거리이다.

4) 1963년에 간행된 慶尙南道誌 附錄『慶尙南道輿地集成』所收「三嘉縣邑誌」名墓條, 昌寧曺氏墓의 注에 "在縣北十里枝洞, 南冥先生祖父山"이라 보인다.

5) 許愈(字 退而, 1833~1904)는『后山續集』卷2,「與郭鳴遠[鐘錫] 別紙」에서 "僕嘗恨南冥先生不血食於今世, 僭不自揆, 欲起數間精舍於晦山遺墟, 要與同志紙牌將事, 一以寓高山景行之思, 一以爲暮年依歸之所, 未知盛意以爲如何"라고 하여 晦山書院을 재건할 계획을 피력하고 있는데, 將臺里는 后山이 살았던 德村里의 동북쪽에 이웃해 있다.

지만 차가 왕래할 수 있을 정도로 확장되어 있는 터이지만, 往年에 필자가 이 일대를 답사하던 때만 해도 상판까지는 차량 통행에 불편이 없을 정도의 도로가 닦여져 있었으나, 상판에서 지동까지 5리 정도의 거리는 골짜기가 좁으므로 농토도 적고, 차 한 대가 빠듯이 통행할 수 있을 정도의 農路가 이어져 있을 따름이었다. 그러므로 하판리의 다른 마을들로부터 외따로 떨어진 이 후미진 골짜기에 오늘날에 비해 인구밀도가 훨씬 희박했을 그 당시 과연 마을이 형성되어 있었을지 조차가 여전히 의문으로 남는다고 하겠다.

『昌寧曺氏派譜』에 의하면, 남명의 증조부인 생원 安習(字 學純)은 조선조 초에 本貫地인 昌寧으로부터 처음 三嘉縣으로 入鄕했던 것인데, 그의 처는 江城[丹城]人으로서 從九品 성균관 學諭를 지낸 文可容의 딸이요, 及第 출신인 益夏의 손녀였다. 그런데 이들에 대하여는, 雲牕 李時馦이 찬한 「丹城誌」 都山八坊考證 條에,

> 第3坊인 所耳谷은 江城君 文益漸의 동생인 益夏가 새로 자리 잡은 터전이다. 益夏에게는 두 아들이 있었는데, 可庸·可學이라 하였다. 모두 뛰어난 재능이 있어 형제가 다 文科에 올라, 可庸은 學諭가 되고 可學은 內翰이 되었다(『雲牕集』 卷2, 雜著: 第三坊所耳谷, 江城君文益漸之弟益夏新卜之基也. 益夏有二子, 曰可庸·可學. 皆有逸才, 兄弟俱登文科, 可庸爲學諭, 可學爲內翰).

라는 기록이 있다.

여기에 보이는 文益夏는 곧 고려 말에 처음으로 木花 씨를 들여온 三憂堂 文益漸의 아우이며, 可容[可庸]은 그 장남이므로, 남명 증조부의 장인은 다름 아닌 삼우당의 조카임을 알 수가 있다. 『三憂堂文先生實記』의 「世系」에 의하면, 三憂堂의 부친 文叔宣과 부인 趙氏 사이에는

네 명의 아들이 있었는데, 그중 둘째가 益漸이며, 넷째가 太學士인 益夏로 되어 있다.

삼우당 一族이 거주하던 곳은 木花始培地가 있는 지금의 山淸郡 丹城面 沙月里 培養 마을로 알려져 있으며,[6] 그 季弟인 益夏가 새로 이주해 간 所耳谷이란 山淸郡 新安面의 동북쪽 끝으로서 新等面 및 生比良面과의 接境인 所耳里에 해당하는 것인데, 소이리 소이 마을의 위쪽 新等面 丹溪里에 가까운 碧溪 마을은 조선시대에 驛이 있었던 곳으로서,「大東興地圖」에 의하면 삼가에서 산청으로 연결되는 主道路에 위치해 있었다. 이 소이리에서 하판 마을까지는 직선거리로 약 10km이니, 당시로서는 서로 왕래하기에 편리한 지점이었을 것이다. 그러고 보면 남명의 증조부는 조선 전기에 일반적이었던 子女均分相續制로 말미암아, 당시의 관례에 따라 결혼에 의해 妻便으로부터 새로이 취득하게 된 토지를 관리하기 위해 三嘉의 板峴洞으로 入鄕해 온 것임을 짐작할 수가 있다.

그런데,「丹城誌」(一名「雲牕誌」)에는 위의 인용문에 이어서, 文可庸의 아우인 可學이 젊은 시절 新等面의 屯鐵山 중턱에 지금도 존재하고 있는 淨趣庵이라는 절에서 공부를 하다가 정월 보름날 밤마다 나타나 요술을 부려 사람을 헤치는 여우를 담력과 꾀로써 사로잡았는데, 그 여우를 살려주는 대가로 遁甲術에 관한 책을 얻지만, 여우가 그 마지막 章의 자취를 감추는 비결을 담은 부적을 찢어서 달아나는 바람에 그 부분을 익히지 못하여, 후일 內翰이 되었을 때 새(鳥)로 둔갑하여

---

6) 필사본『丹城邑誌』碑板條, 碑閣 注: "在縣南五里, 高麗孝子文益漸之碑閣. 李滉記, 江城培養里者, 前朝故左司議大夫文公之舊居也. 前之識事者, 爲方丈山人曺植也. 後之記碑閣者, 退溪老人李滉也". 남명이 쓴 문익점의 墓祠記는 逸文의 형태로『三憂堂實記』권3에 실려 있다.

궁중에 날아들었다가 발각되어 죽임을 당했다는 설화가 꽤 소상하게 소개되어 있다.

이 설화는 오늘날까지도 이 지방에서 널리 전해져 오는 것인데,『南平文氏大同系乘譜』卷1, 事蹟篇에서는 이 文可學에 대해 "太宗 3~5년간에 李朝를 타도하기 위하여 開京과 평양에서 반역을 도모하다가 동료의 밀고로 발각되어 丹城의 文門이 적몰되고 멸망의 비운을 맞게 한 先祖였다"고 설명하고 있으며, 丹城의 文氏 일족은 이 사건으로 말미암아 모두 해변으로 유배되고 江城文氏의 후예들은 오늘날 南平文氏로 되어 있다고 한다.[7] 그런데 이 文可學의 역모사건과 관련된 기록은『太宗實錄』의 2년 7월조에서부터 6년 12월조에 이르기까지 모두 여섯 차례에 걸쳐 보이고 있다. 이에 의하면 그는 가뭄에 비를 내리게 할 수 있는 술법을 지닌 사람이라 하여 晉州 출신의 名儒인 郊隱 鄭以吾가 藝文館直提學으로 있을 때 그의 천거에 의해 조정에 등용되었는데, 후일 開城留後司에 있으면서 무리를 모아 역모를 꾀하다가 밀고에 의해 태종 6년 11월 15일에 체포되어 그해 12월 15일에 저자에서 轘刑에 처해지고, 그 처자는 모두 連坐되어 젖먹이 아들도 絞刑에 처해진 것으로 되어 있다.

위에서 본 바와 같이 曺氏 문중의 족보에 적힌 남명 증조부의 장인 이름은 「雲牕誌」의 기록과 다소 다르나,『國朝文科榜目』에 의하면 益夏의 아들 文可容은 太祖 2년(1393) 春場榜에 同進士 第21人으로 及第하였으며,[8] 欄外注에는 그의 이름에 대해 「容은 用으로 적기도 한다(容一作

---

7) 吳主煥,『山淸鄕土史』, 大邱, 泰一出版社, 1999, 149쪽에서 再引. 저자인 오주환 교수는 이 逸話의 신빙성을 부정하고 있다.

8) 朝鮮王朝 초기의 文科는 고려시대의 進士科 제도를 답습하여 대체로 乙科 3인, 丙科 7인, 同進士 23인 씩을 뽑았으니, 이 同進士는 자격만 부여하는 進士試와는 달리 官吏採用試驗의 등급으로서, 후대의 丙科

用)」고 되어 있다. 그러나 丹城鄕校에 소장되어 있는 필사본을 1973년
에 石印出版한 『丹城蓮桂案』 중 문과급제자의 명부인 桂案에는 그 앞부
분에 삼우당의 장인으로서 문과에 壯元하고 晉陽君에 封해진 鄭天益과
江城君에 봉해진 文益漸, 益漸의 동생인 太學士 文益夏와 그 아들 學諭
文可庸,[9] 익점의 아들인 中庸·中誠·中實·中啓 및 中實의 아들인 策 등이
나란히 수록되어 있어, 삼우당을 중심으로 한 江城文氏 일족은 麗末鮮
初에 있어서 단성 지방 최대의 문벌이었음을 확인할 수가 있지만, 策
이후에는 단 한 명의 문과급제자도 배출하고 있지 않다. 어찌하여 문
가용의 이름표기에 위와 같은 혼란이 존재하게 되었는지는 알기 어
려우나, 어쨌든 그가 문과에 급제하였으면서도 벼슬이 최하위인 從九
品에서 그치고 만 것은 아마도 그의 집안에 있었던 이 역모사건과 관
련이 있을지도 모르겠다.

3. 龍遊洞

龍遊洞과 獐項洞에 관하여는 남명이 58세 때인 明宗 13년(1558)에 지
은 지리산 유람기 「遊頭流錄」의 말미에 다음과 같이 보인다.

> 내 일찍이 이 산에 왕래하여, 德山洞으로 들어간 적이 세 번, 靑鶴·
> 神凝洞으로 들어간 적이 세 번, 龍遊洞으로 들어간 적이 세 번이었
> 고, 白雲洞으로 들어간 적이 한 번이요, 獐項洞으로 들어간 적이

에 해당한다.

9) 진주의 향토사학자 梧林 金相朝 씨가 1974년에 이를 追補한 것에는 文可容이라 적고 그 아래에 可庸·可
用이라고 注記하였는데, 이는 그 序文에 보이는 바와 같이 『國朝榜目』을 對照하여 수정한 것이다.

한 번이었다. 어찌 오직 산을 탐하고 물을 탐하여 가고 오는 번거
로움을 꺼려하지 않은 것이겠는가? 한평생 지녀온 계획이 오직 華
山의 반쪽[10]을 빌어 늘그막 여생을 마칠 장소로 삼고자 할 따름이
었다. 일이 마음과 어긋나 머무를 수 없음을 알고서, 서성거리고
되돌아보며 생각하다가 눈물을 흘리면서 나오곤 했던 것이니, 이렇
게 하기를 열 번이었다. 이제는 시골집에 매달린 박처럼 산송장이
되어 있으니, 이번 걸음은 또한 다시 하기 어려운 걸음이라 어찌
답답한 심정이 아니겠는가? 일찍이 詩를 지었는데, "황소[11] 갈빗대
같은 頭流山 열 번 답파하더니/좋은 나무 세 둥지[12]에 겨울 까치처
럼 움츠려 있네"라고 하였고, 또한 "몸을 보전하려는 온갖 계획 모
두 어긋났으니/方丈山 이제 이미 맹세 어겼네"라고도 하였다(余嘗
往來玆山, 曾入德山洞者三, 入靑鶴神凝洞者三, 入龍遊洞者三, 入白
雲洞者一, 入獐項洞者一, 豈直爲貪山貪水, 而往來不憚煩也. 百年齋
計, 唯欲借得華山一半, 以作終老之地已. 事與心違, 知不得住, 徘徊
顧慮, 涕洟而出, 如是者十矣. 於今宛繫田舍, 作一行屍, 此行又是難
再之行, 寧不悒悒. 嘗有詩曰, 頭流十破黃牛脇, 嘉樹三巢寒鵲居. 又
曰, 全身百計都爲謬, 方丈於今已背盟).

　이 詩들과 관련하여서는 『南冥集』 七言四韻의 「次湖陰題四美亭韻」 중
52세 무렵에 쓴 第2首의 第4聯에 "황소 갈빗대 같은 頭流山 열 번 답파
했으나/정녕코 전생의 연분이건만 돌아가기를 허락지 않네(頭流十破
黃牛脇, 定是前緣未許歸)"라고 하여, 지리산을 태어나기 전부터 숙명에

---

10) 華山이라 불리는 산은 중국의 여러 곳에 있으나, 여기서 말하는 것은 그 가운데서 五嶽 중 西嶽에 해당
하여 가장 유명하며 陝西省 華陰市의 남쪽에 있는 것을 의미하는 듯하다. 『書經』 周書, 武成篇에 「歸馬
于華山之陽, 放牛于桃林之野」라는 구절이 있는데, 華山之陽이란 華山 남쪽을 가리키고 桃林은 華山 동
북쪽에 위치한 桃林塞를 가리키니, 이는 모든 일을 마치고서 쉬게 한다는 뜻이다.

11) 己酉本에는 「黃牛」로, 壬戌本 이후로는 「死牛」로 되어 있다. 『周易』 遯卦 六二 爻辭에 「執之用黃牛之
革」이라 하고, 그 象傳에 「執用黃牛, 固志也」라 하였으며, 또한 革卦 初九 爻辭에는 「鞏用黃牛之革」이
라 하고, 그 象傳에 「鞏用黃牛, 不可以有爲也」라고 하였으니, 이는 모두 黃牛, 즉 中順의 道로써 자신의
뜻을 굳게 지켜 세상으로부터 은둔함을 의미한다. 『莊子』 雜篇, 盜跖에 「帶死牛之脅」이라 보이는 것이
이 詩句에 유사하며, 또한 그것이 지리산의 主 능선에서 뻗어나간 여러 支脈과 그 사이의 골짜기들을 형
용하기에 적절하므로 이렇게 고친 것이겠으나, 『莊子』의 원문은 다만 孔子의 옷차림새에 대한 묘사일
뿐 隱遁과는 무관하니, 이 시의 원래 뜻은 「黃牛」에 있었다고 하겠다.

12) 三嘉라는 縣名은 三支[歧]縣와 嘉樹[壽]縣을 朝鮮 太宗 代에 이르러 합하면서 고쳐 命名한 것이다. 『東
國輿地勝覽』 慶尙道 三嘉縣, 建置沿革·郡名 條 참조. 그 郡名 중에는 「麻杖」도 보인다.

의해 정해진 낭군에다, 그리고 남명 자신은 그를 그리워해 마지않는 배필의 여인에다 비유하고 있는 것이 上記 두 詩의 의미와 일치하고 있다.[13]

이 글대로라면 남명은 열다섯 번째로 지리산에 들어갔다가 돌아온 다음「遊頭流錄」을 쓴 셈이 되는데,[14] 그가 이처럼 자주 지리산에 왕래한 것은 단순히 유람이나 등산을 목적으로 한 것이라기보다는 그 중 열 번 정도는 자신이 은거하여 만년을 보낼 장소를 물색하기 위함이었다고 설명하고 있다. 남명은 그러한 계획을 꽤 오랜 세월에 걸쳐 지니고 있었으며, 특히 妻家 고장인 김해에서 늦게 얻은 외아들이 죽고 모시고 있던 어머니도 돌아가시자 山海亭의 생활을 청산하고서 아내와 별거하여 홀로 고향인 삼가로 돌아온 중년 이후부터 그러한 생각이 더욱 절실하였던 것으로 보인다.

여기서 말하는 洞은 골짜기(幽壑)란 뜻인데, 반드시 어떤 특정 장소만을 의미한다기보다는 대체로 그 언급된 장소를 중심으로 하는 보다 광범위한 계곡 일대를 지칭하는 것으로, 그가 택한 산행 코스를 가리키는 것이라고 보아야 할 것이다. 남명이 언급한 지리산의 여러 洞들 중 德山洞은 오늘날의 慶南 山淸郡 矢川面 德山 일대, 白雲洞은 그 인근의 丹城面 白雲里 및 백운계곡 일대,[15] 青鶴神凝洞은 河東郡 花開面

---

13) 拙著,『南冥學派研究』(晋州, 南冥學研究院出版部, 2000) 第3部 補論2, 注37 참조. 여기에도 壬戌本 이후로「黃一作死」라는 注가 첨부되었으나, 重刊本에 가서는 삭제되었다. 이 詩의 제1수에도「百穿深壑身猶客」云云의 句가 있어, 初老에 접어든 남명이 고향인 三嘉縣에서도 안주할 곳을 얻지 못하고 계속 방황하며, 산속에서의 은둔 생활을 동경하고 있는 모습을 엿볼 수 있다.

14) 이 글의 4월 19일 조에서 남명은 자신이 과거에 청학동으로 들어간 적이 세 번이라 하였고, 23일 조에서는 일찍이 成遇와 더불어 지리산 上峰으로부터 지금은 그 자리에 왕성초등학교가 들어서 있는 神凝寺로 내려온 적이 있고, 그 뒤 거의 30년 만에 河天瑞와 더불어 이 절에 와서 여름 내내 머문 적이 있으며, 이번 걸음은 그로부터 다시 20년쯤 후임을 말하고 있으니, 청학동과 신응동을 같은 시기에 찾은 것은 아닌 듯하다. 雙磎寺의 이름이 이 두 골짜기에서 흘러내리는 물에서 유래하는 바와 같이 서로 인접해 있으므로, 나란히 언급한 것이리라.

雙磎寺 뒤편의 佛日瀑布 주변 및 三神洞 중 義信 쪽과 七佛庵 쪽 계곡이 갈라지는 지금의 신흥 마을 일대를 각각 가리키는 것임은 이미 알려져 있어 異論의 여지가 없다고 할 수 있다.

문제의 龍遊洞은 지리산의 여러 골짜기 가운데서도 남명이 자주 찾았던 곳 중의 하나인데, 이에 관하여는 『晉陽誌』 권1, 山川 條에 다음과 같은 설명이 있다.

> 龍遊洞은 田頭里의 서쪽 靑巖山에 있다. 洞天이 깊숙하며 泉石이 아름다운데, 南冥先生의 「頭流錄」에서 '龍遊洞으로 들어간 적이 세 번'이라 하신 것이 이곳이다(龍遊洞, 在田頭里西靑巖山. 洞天深邃, 泉石奇麗, 南冥先生頭流錄所謂入龍遊洞者三, 是也).

田頭里에 대하여는 같은 책 各里 條 西面에 "州의 서쪽 60里에 있다. 東은 矢灘, 西는 岳陽, 南은 河東,[16] 北은 五臺이며, 東西로 30리, 南北으로 15리이다. 風土는 五臺와 같다(在州西六十里, 東矢灘, 西岳陽, 南河東, 北五臺, 東西三十里, 南北十五里. 風土與五臺同)"고 보이고, 그 바로 앞부분에서는 五臺里에 대하여 "州의 서쪽 60 里에 있다. 동은 宗化, 서는 岳陽, 남은 田頭, 북은 矢川이며, 동서로 45 리, 남북으로 25 리이다(在州西六十里, 東宗化, 西岳陽, 南田頭, 北矢川, 東西四十五里, 南北二十五里)" 云云이라 하였다. 戶口·田結 條에서는 이 두 지역에 대해 아무런 언급도 하고 있지 않은데, 그것은 五臺里의 風土에 관해 "이 里는 사방이 산으로 둘러싸여 거주하는 백성이 적으며, 예로부터 士族이 없고, 風俗은 무지하여 어리석다(此里四山回抱, 居民鮮少, 自古無士族, 風俗蠢愚)"

---

15) 성락건, 「지리산 시리즈 ③ 白雲洞」, (『月刊 山』 1984. 12.) 참조.

16) 河東의 옛 주성성터는 지금의 古田面 古河里에 남아 있다.

고 설명하고 있는 바와 같이 산골 僻地로서 인구가 희소했기 때문이며, 그러므로 임란 이후에는 오대리와 전두리가 함께 오늘날의 河東郡 玉宗面 면소재지 일대인 雲谷里에 합쳐졌던 것인데, 운곡리의 호구는 30戶 530人으로 되어 있다.

青巖山은 『晉陽誌』 山川 條에서는 위 한 군데에서 보일 뿐 달리 그 이름을 찾아볼 수가 없으나, 「大東輿地圖」에는 나타나 있는데, 후자로 미루어 보건대 그것은 오늘날의 하동군 青岩面과 산청군 시천면의 경계를 이루고 있는 主山 일대를 가리킨 것으로 판단된다. 田頭里는 지금의 하동군 橫川面 북쪽에 있는 田垈里가 그 이름에서 유래할 것으로 추정되는바, 光武 10년(1906) 晋州郡의 7개면이 河東郡으로 移屬될 때까지만 해도 田垈洞은 青巖面에 속해 있었으며,[17] 『晉陽誌』가 쓰인 광해군인조 무렵에는 이 일대를 포함한 오늘날의 청암면 전체가 전두리와 오대리에 속해 있었던 듯하다. 위에서 인용한 『진양지』各里 條의 설명으로 볼 때 전두리는 대체로 오대리의 남쪽에 위치하며, 전자는 후자보다 그 영역이 훨씬 작음을 알 수 있으나, 문제는 이 두 고장의 정확한 境界를 확인할 수 있는 기록이 입수되어 있지 않은 점이다.

용유동이 '전두리의 서쪽'에 있다고 하였는데, 지도상으로는 현재의 전대리 바로 서쪽은 青岩面 明湖里·坪村里 일대를 거쳐 대체로 赤良面(『진양지』의 赤良里)의 북부에 해당하며, 적량면 건너편에 岳陽面(소岳陽里)의 남부가 위치해 있다. 그럼에도 불구하고 전대리의 서쪽이 악양이라 한 것은 대체적인 방향을 지시한 것으로 해석할 수도 있고,[18] 오늘날의 전대리에서 서북 방향에 위치한 악양과의 접경도 전

---

17) 『河東郡誌』(1996) 上卷, 208~209쪽 참조.

18) 현재의 적량면 중심부는 그보다 훨씬 아래쪽으로, 남으로 길게 이어져 舊 邑治가 있었던 古田面에 닿아 있다.

두리의 영역에 포함된다고 해석할 수도 있으나, 문제는 「대동여지도」에 보이는 청암산이 오히려 오대리의 북쪽에 위치해 있는 점이다.

田垈里의 북쪽으로는 玉宗面의 玉山에서부터 돌고지재를 거쳐 서북 방향으로 670봉과 上梨里 부근의 양이터재로 이어지다가, 왼쪽으로 橫川江을 끼고 계속 북상하여 黙溪里의 790.4봉에서 主山 능선과 합류하는 이른바 洛南正脈이 지나가고 있으므로, 이 긴 산줄기가 대체로 전두리와 오대리의 경계선이 될 것으로 추측해 볼 수가 있다. 그렇지만 오대리의 서쪽도 악양이라고 하였으며, 전두리에 비해 오대리의 면적이 넓고 그 남북의 폭도 길므로 서북쪽으로 이어지던 낙남정맥이 횡천강을 만나 북쪽으로 방향을 바꾸는 中梨里와 上梨里 부근을 두 지역의 서쪽 경계 지점으로 생각해 볼 수가 있다. 이 두 마을의 이름은 「대동여지도」에 보이는 梨山, 즉 청암·적량·악양 세 面의 分界 지점이 되는 지금의 七星峰(해발 약 900m)에서 유래함이 분명하므로, 三神峰(1,284m)에서부터 낙남정맥과 갈라져 칠성봉으로 南下하는 지리산 남부능선의 主脈에서, 칠성봉 기슭의 상기 두 마을 근처로부터 가로로 횡천강을 건너질러 낙남정맥의 횡선과 연결시켜 보면 대체로 그것이 전두리와 오대리의 南北 경계선이 될 것으로 간주해도 크게 틀리지는 않을 것이다.

「대동여지도」에 나타난 청암산이 이러한 조건과 모순되는 점에 대하여서는 河受一의 石印本 『松亭集』 권4의 續集에 수록된 「遊靑巖西岳記」에 보이는 다음과 같은 설명을 참조할 수 있다.

靑巖의 서쪽은 땅이 아름답고 절이 절다우며, 좌우가 모두 산이다. 언덕 하나를 넘으면, 두두룩하게 높이 솟아, 가리면서 골짜기의 門이 된 것이 東岳이다. 층을 이룬 둥그스레한 봉우리들이 여러 차례 일어나면서 엎드려 맺혀서 主山으로 된 것이 北岳이다. 작은 시루 봉들이 야트막하게 솟으면서 남쪽에서 일어난 것이 南岳이다. 남쪽으로부터 점차 높아져 가며, 우뚝하게 빼어나 천길 절벽 같은 것이 西岳이다. … 四岳 가운데서 西岳이 가장 기이하고 험준하다(靑巖西, 土佳寺寺, 左右皆山. 越一丘, 穹然高峙, 遮爲洞門者, 爲東岳. 層巒屢起, 伏結而爲主山者, 爲北岳. 小巘微隆, 而起于南者, 爲南岳. 自南漸高, 而聳秀壁立千仞者, 爲西岳… 四岳中, 西岳最奇峭).

이것으로 보건대, 靑巖山이란 어느 특정한 산이나 산줄기 하나를 가리키는 것이 아니며, 청암면 일대에 들어찬 산 전체에 대한 통칭임을 짐작할 수가 있다. 아마도 靑巖이란 지명 자체가 이처럼 사방이 빽빽하게 산으로 둘러싸인 데서 유래한 것이 아닌가 한다. 오늘날의 主山이란 명칭은 그 여러 산줄기 가운데서 북쪽 일대의 連峰이 風水地理에서 그 터의 운수 기운이 매였다고 하는 이른바 主山, 즉 主龍에 해당하므로 그렇게 부르게 된 것이며,[19] 「대동여지도」에서도 그런 까닭에 이를 청암산으로 표시했을 터이다. 그러나 사실에 있어서는 西岳, 즉 사방의 전체적 산세 가운데서 右白虎[20]에 해당하며 남부능선의 主脈에서 뻗어 내리는 칠성봉 능선이 가장 높고 험준하니, 그런 까닭에 『진양지』에서는 이를 청암산으로 호칭하고 있는 것이다.

속집 권3에 부록으로 수록된 송정 연보에 의하면, 河松亭은 26세 때

---

19) 河福島가 編著한 鄕土誌 『靑岩』(진주, 靑岩鄕友會, 1992)에 의하면, 五臺寺 뒷산을 主山 또는 五臺山이라 부르는 것은, 「이 절터에서 보면 다섯 봉우리가 삼와 같이 벌려 있는데 그중에서 주된 산이라 하여 主山으로 부르는 것 같다(오대주산이라 부르기도 한다)」고 하였는데, 그러한 설명은 추정의 수준을 넘는 것이 아니다. 上揭書 168~169쪽 참조.

20) 지형으로 보면, 낙남정맥이 主山의 서쪽 끝 봉우리에서부터 남으로 이어져 나간 보다 낮은 산줄기를 이른바 內白虎로, 그리고 그것을 바깥에서 높게 둘러싸고 있는 칠성봉 능선을 外白虎로 간주할 수 있겠다.

인 宣祖 11년(1578) "4월에 동생인 守肯齋(天一)·梅軒(鏡輝)과 더불어 靑
巖寺에서 독서하였고, 그러면서 西岳에 노닐었다(四月, 與弟守肯齋(天一)
梅軒(鏡輝)讀書靑巖寺, 仍游西岳)" 하였고, 그 注에서 "記文이 문집에 보
인다(記見文集)"고 하였으니, 晦峰 河謙鎭(字 叔亨, 1870~1946)이 撰한
이 연보의 신빙성에 문제가 없는 것은 아니지만, 대체로 위의 글은
그 무렵에 쓰인 것임을 알 수가 있다. 25세 조에서는 또한 "겨울에 靑
巖의 西日庵에서 노닐었다(冬, 游靑巖西日菴)" 하였고, 그 注에는 "詩가
문집에 보인다(詩見文集)" 하였는데, 西日庵은 上記 記文 중에 청암사의
부속 암자로서 보인다.

   이 청암사는 『진양지』 佛宇 條에 "청암사는 전두리에 있으며, 임진
왜란에 불탄 다음 중건되었다(靑巖寺, 在田頭里, 火于壬辰, 後重建)"고
보이며, 그 바로 다음에 "河受一의 <瀑布記>에 이르기를, '폭포는 靑
巖 골짜기 입구에 있는데, 절에서 5리 떨어진 곳이다(河受一瀑布記曰,
瀑布在靑巖洞口, 距寺五里許)'" 云云이라 하여, 松亭과 이 절의 인연을 증
언해 주고 있다.[21]

   靑巖寺는 또한 明巖寺라고도 부른다 하며, 현재 그 遺墟가 칠성봉 능
선 아래쪽의 기슭인 明湖里 寺洞 마을에 남아 있는데, 오늘날에는 옛
청암사 골짜기 일대를 일반적으로 절골 또는 明寺라고 부르고 있
다.[22] 이로써 칠성봉 능선 일대가 바로 『진양지』가 말한 청암산이며

---

21) 이 瀑布記는 현재의 『송정집』에 수록되어 있지 않다. 그 밖에도 청암 일대에는 河松亭의 발자취가 두루
   미치고 있으며, 40세 때에는 임란을 만나 온 가족이 五臺寺로 피난한 바 있다. 목판본 『松亭集』 권1,
   「題三呵息別墅」;「寄仲弟太初(天一)遊五臺寺」;「避盜五臺寺有感二首」;「眞住菴遇除夜」;『松亭續集』
   권1,「靑巖寺感舊遊」 등 참조.

22) 필자가 2000년 6월 18일에 寺洞의 靑巖寺址를 답사해 보았더니, 그 자리에는 명사민속관광농원이 들어
   서서 차량이 통행하기에 편하도록 진입로를 새로 닦고 있었으며, 농원 건물 바로 뒤의 네모지고 큼직한
   자연석 위에 비석을 세웠던 자리가 남아 있고, 마을 앞 논 가운데에 있었다고 하는 크고 작은 돌구유 두
   개와 맷돌은 건물 입구로 옮겨져 있는데, 가로·세로·깊이가 각각 230×160×100cm인 큰 돌구유는 횟감

여기도 전두리에 속했음을 확인할 수가 있는데, 그것은『晉陽誌』各里條에서 오늘날의 北川面 大也川 일대인 繕川里의 서쪽이 靑巖이라고 한 것과도 일치한다.[23]

龍遊洞은 청암산에 있다고 하였는데, 칠성봉 능선 아래에는 절골 말고도 中梨里에 사이 골짜기가 하나 더 있다. 그러나 이 궁벽한 청암 일대에 남명 당시 이런 좁다란 사이 골짜기에까지 일반인이 사는 마을이 있었다고는 생각하기 어렵다. 남명이「유두류록」에서 언급한 여러 洞들은 대체로 지리산의 큰 계곡에 속하며, 오늘날 橫川江으로 불리는 강은「대동여지도」에 玉溪로 표시되어 있으나, 남명 당시에는 또 다른 이름이었을 가능성도 있다. 절골 입구의 용심정(龍潯亭?)이란 지명이나, 黙溪里 일대의 횡천강 상류가 25,000분의 1 지형도에 靑龍江으로 표시되어 있는 점을 감안한다면 당시의 강 이름도 龍과 유관한 것이었을지 모른다. 그러나 그것은 아직 문헌에 의해 확실히 입증된 바가 아니므로,『진양지』의 설명에 따라 용유동은 대체로 청암산 기슭이자 전두리 서쪽에 해당하는 현재의 명호리나 그 위쪽 평촌리·중이리 근처의 횡천강 일대를 가리키는 것으로 간주함이 무난할 터인데, 이 지역은 남명 당시 橫浦驛이 있어 교통의 요지였던 지금의 橫川面 소재지[24]에서 비교적 가까운 곳이요, 횡천강을 거슬러 黙溪 쪽

용 산 물고기를 담는 통으로 사용되고 있었다. 寺洞 아래쪽에 瀑布亭이라는 건물이 근년에 세워져 있었으나, 주민의 말에 의하면 원래의 폭포는 이 골짜기 어귀의 용심정 마을에 있었는데, 개발로 말미암아 그 마을과 더불어 사라지고 말았다고 한다.

23) 繕川은 大也川의 별칭인데,「대동여지도」에서는 鐥川이 주산과 낙남정맥 사이를 흘러 덕천강에 합류하는 것으로 표시되어 있다.「대동여지도」의 청암면 일대에 관한 지형이나 지명에는 부정확한 점들이 적지 않게 눈에 띄며, 이것도 그중 하나이다. 拙著,『南冥學派研究』上册, 315~316쪽 참조.

24) 임란으로 말미암아 河東縣의 舊 邑基가 왜적에 의해 焚蕩을 당한 후, 인조 10년부터 읍기를 횡포로 옮기자는 논란이 일었고, 실제로 효종 9년에 그것이 결정되어 현종 2년부터 숙종 5년까지 이곳으로 移邑된 바 있었으며, 그 뒤 구 읍기로 돌아갔다가, 숙종 7년에 다시 횡포 이전을 추진한 적이 있었으나 실현

의 奧地로 나아가는 어귀 부분이라 할 수가 있다.

그런데 묵계 골짜기의 오늘날 黙溪堤가 있는 삼거리 맞은편 河東郡 岳陽面과의 경계를 이루는 칠성봉 능선 상부에는 회남재가 있고, 그 아래 산중턱에 회남 마을이 있는데, 여기에는 남명과 관련한 전설이 남아 있다. 즉, "南冥先生이 德山 쪽에서 花開面으로 가 보시려고 가파른 고갯길에 올랐다가, 河東 쪽으로 내려다보니, 좋지 못하여 되돌아 왔다고 하여, 그 뒤에 사람들은 이 고개를 '回南재'라 불러오고 있다" 는 것이다.[25] 이는 남명이 지리산에 안주할 곳을 찾아 돌아다니다가 번번이 뜻을 이루지 못하고서 되돌아왔다는 「遊頭流錄」의 내용과 흡사한 것이므로, 후자에서 유래하는 전설일 가능성이 있다고 본다. 그러므로 남명의 발길이 반드시 전두리에서 그친 것이라고 보아야 할 이유는 없을 것이다.

松亭이 상기 인용문 중에서 「언덕 하나를 넘으면」 청암의 四岳이 펼쳐진다고 한 것은 주산 능선의 동쪽에 위치한 갈치재를 가리킨 듯한데, 필자 역시 오래 전에 남명의 유적을 찾아 山淸郡 矢川面 內公里로부터 걸어서 이 갈치재를 넘어 主山과 묵계 계곡 일대를 답사한 적이 있었다. 재를 넘어오면 처음으로 다다르게 되는 主山 동남쪽 골짜기인 하동군 청암면 葦台里의 上村 마을에는 남명의 七言絶句 「題五臺寺柱」 및 「贈五臺僧」에도 보이는 고찰의 흔적을 전하는 '主山五臺寺'라는 편액을 내건 조그만 절이 있고, 主山 정상에서 바로 남쪽인 弓項里에는 五臺라는 지명이 남아 있으며, 그 일대에서는 당시 五臺寺의 復元

되지 못하고, 同王 28년(1702)에 현재의 하동군 소재지가 위치해 있는 陳畓里로 옮기게 되었다. 前揭 『河東郡誌』 上卷, 208쪽 참조. 「유두류록」에서의 남명 일행도 귀로에 악양과 적량의 경계인 三呵息峴 (삼화실재)를 넘어 橫浦驛을 통과하여 旌樹驛으로 나아가고 있다.

25) 李商元, 「南冥 書植에 關한 野乘의 硏究」, (『南冥學硏究論叢』 1, 1988), 284~285쪽 '回南이' 참조.

佛事가 진행 중이었다.[26]

『東國輿地勝覽』권30, 晋州牧 佛宇 條에서는 五臺寺에 대해, "薩川縣의 남쪽으로부터 고개 하나를 넘으면 다섯 봉우리가 늘어서 있는데, 모습이 마치 臺와 같다. 절이 그 가운데 있으므로 이름한 것이다. 또한 水精社라고도 한다(自薩川縣南, 踰一嶺, 有五峯列立, 狀如臺. 寺在其中, 故名. 又稱水精社)" 云云이라 하고, 權適(字 得正, 1094~1147)의 記文 내용을 비교적 자세히 소개하고 있는데, 權適의 「智異山水精社記」 全文은 『東文選』권64에 실려 있으므로, 그것에 의해 이 절의 내력을 구체적으로

---

26) 河東文化院이 펴낸 『河東의 文化遺蹟』(1997) 및 『河東의 文化遺蹟 Ⅱ』(1997)에 의하면, 절의 유물로는 주춧돌과 연자방아의 일부 및 石鐘式 浮屠 1基가 남아 있는데, 五臺寺는 원래 신라시대 혜원선사에 의해 창건된 것이었다고 한다. 그러나 필자가 최근 靑巖寺址를 방문했던 날 이곳을 다시 찾아보니, 지리산 전체에서도 가장 奧地라고 하는 弓項里 골짜기에까지도 개발의 바람이 불어 닥쳐 몰라볼 정도로 변해 있는 데다, 2차선 포장도로가 건설 중이었다. 主山 중턱의 五臺 마을 뒤에 있는 五臺寺址에 들러 보니, 거기에는 국선도의 백궁선원이라는 콘크리트 건물이 자리 잡고 있고, 그 마당 앞에 부도 하나가 겨우 눈에 띌 따름이다. 절터로부터 2km 정도 아래쪽의 五臺 마을 진입로 가에 최근까지 세워져 있었다는 '水精寺'라는 刻石도 사라져 버렸으며, 河松亭이 靑巖 四岳의 동쪽 門이라고 설명한 月橫里 부근 삼거리에는 葦台里 방향으로 들어가면 오대사가 있다는 표지판이 눈에 띄었다. 「贈五臺僧」에 "山下孤村草掩門, 上人來訪日初昏"이라 보이므로, 남명이 德山洞에 자리 잡은 후에 지은 것임을 알 수 있다. 「題五臺寺柱」는 임술본 이후로 題名에서 「柱」字를 빼 버렸는데, 이는 儒者가 절 건물에다 題詩를 써 붙이는 것을 떳떳치 못하다고 여기는 풍조가 있었기 때문일 것이다. 이 절 외에도 남명은 61세 때 덕산에 卜居한 후 그 인근의 여러 절에서 제자들이나 벗과 모임을 가지고 있으니, 그러한 사례로서 「南冥年譜」 64세 조에 吳德溪의 「歷年日記」를 인용하여 德溪와의 만남을 적고 있는 德山寺는 지금의 山淸郡 三壯面 장당골에다 신라 무열왕 때 無染國師가 창건하였다고 전해 오는데, 南孝溫의 『秋江集』권4, 「智異山日課」에 이 절과 그 부속암자들의 모습이 보이며, 수백 년 동안 폐허화하여 농지로 변해 있다가 1959년에 洪圓景이란 승려에 의해 內院寺라는 이름으로 재건되어 있다. 申命考의 『南溪集』卷3, 「遊佛藏庵及德山寺故基記」에 폐허 당시의 이 절 모습이 상세하다. 남명 연보 66세 조 및 吳德溪의 「歷年日記」 丙寅年 정월 10일에서 15일 조에 걸쳐 남명학파의 一大 회합이 적혀 있는 智谷寺는 山淸邑 內里의 熊石峰(古名 楡山) 아래에 있었던 절로서 「山淸縣邑誌」 佛宇 條에 "創設於新羅, 重新於高麗. 有高麗禮部尙書郞[東國輿地勝覽作孫]夢周所撰僧慧月·眞觀二碑, 今卽無"라 하였는데, 魚得江의 『灌圃詩集』 첫머리 「山陰十二詠」의 끝에 「智谷寺碑」 詩와 그에 관한 注가 있고, 『松亭續集』권1에 燒失된 후 폐허의 모습을 전해 주는 「過智谷寺故基」가 있으며, 『朝鮮金石總覽』 上册, 高麗期附錄에 「智谷寺僧慧月碑」의 斷片이 수록되어 있고, 같은 이름으로 재건되어 있는 현재의 가람 경내에는 옛 건물의 礎石과 龜趺 두 基 등이 남아 있다. 孫星模 씨는 「舊誌」를 들어 眞觀禪師 碑는 翰林 王融이 지었다고 하였다. 같은 해 2월의 「남명연보」에 李龜巖과의 회합이 적혀 있는 斷俗寺는 丹城面 雲里에 있었던 통일신라시대의 고찰인데, 이에 관하여는 宋熹準, 「斷俗寺의 創建 以後 歷史와 廢寺過程」(『南冥學研究』 9)을 참조할 수 있다. 진주는 고려 중기에 이르러 崔忠憲 이하 최씨 역대 武臣執權者의 食邑이었기 때문에 단속사는 그 집안의 駐錫寺로 되었으며, 『禪門拈頌』 『三家龜鑑』 등 韓國思想史 상 중요저술의 목판들이 이 절에서 제작된 바 있다. 「내고장 傳統」山淸郡 편, 산청군 문화공보실, 1982, 132~133쪽; 손성모, 「선비의 고장 산청의 명소와 이야기」, 서울, 경상대학교 경남문화연구소, 2000; 金斗鍾, 『韓國古印刷技術史』, 서울, 探究堂, 1981, 106쪽 참조.

파악할 수가 있다.[27] 薩川은 德川의 중산리 쪽 上流를 뜻하는 것으로서 矢川의 固有音에서 비롯하는 별칭이니,[28] 松亭이나 필자가 넘은 고갯길은 예로부터 德山 쪽에서 靑巖 방면으로 갈 때 주로 경유하던 통로였으므로, 남명 또한 이 길을 이용했을 것임도 짐작할 수가 있다.

主山은 거기에 五臺寺가 들어선 이래로 중국 山西省 북부에 있는 佛敎聖地와 같은 이름인 五臺山으로 불리기도 했던 것이다. 상기 記文에서는 五臺寺에 대해 "산의 남쪽에 자리 잡았는데, 그 산은 다섯 겹으로 起伏하여 은은함이 마치 樓臺 같으므로, 그 모습을 취하여 절 이름으로 삼은 것이다(居山之陽, 其山起伏五重, 隱隱如樓臺然, 故取以爲寺號"라고 설명하고 있다. 지리산의 三神峰으로 이어지는 主山의 능선 가운데서 갈치재에서부터 거의 직선을 이루며 서쪽으로 늘어선 해발 500미터 이상 되는 봉우리를 차례로 열거해 보면 515봉, 頂上인 831.3봉, 752봉, 770봉, 790.4봉이 되는데, 마지막 봉우리에서부터는 위에서 언급한 洛南正脈과 연결되어 능선의 방향이 삼신봉이 있는 서북쪽으로 바뀌면서 주산의 主峰보다도 오히려 더 높은 지대로 이어지므로 五臺라 함은 이 다섯 봉우리를 가리키는 것이다.[29]

---

27) 記文에 의하면 이 절은 津億이라는 중이 중심이 되어, 東晉 元興元年(402)에 慧遠이 廬山 東林精舍에서 일으킨 白蓮社 및 그로부터 약 600년 후인 北宋 淳化 年間에 蓮社七祖 중 한 사람인 省常이 杭州 西湖의 昭慶寺에서 廬山 白蓮社의 遺風을 흠모하여 일으킨 淨行社 등 중국의 佛敎結社를 본받아, 出家·在家者를 포괄한 삼천 명 정도의 大衆을 모으고 1123년으로부터 1129년까지에 걸쳐 지리산에 있는 五臺라는 이름의 廢寺 자리에다 86間의 절을 지어서 고려 최초의 불교결사인 水精社를 창설한 것이었다. 記文 가운데 "千峯環衛, 百谷會同, 若有仙聖隱處乎其中, 觀者不覺目眩而心醉. 大覺國師嘗南遊至其所, 徘徊周覽曰, 此大法住處也"라고 한 것은, 五臺寺 터가 풍수상 靑巖山群 전체를 거느리는 主山 최고봉 남쪽의 핵심적인 위치임을 설명한 것이다.

28) 『東國輿地勝覽』이 완성되기 6년 전인 成宗 6년(1475)에 지어진 秋江 南孝溫의 「智異山日課」에서는 德山洞 일대의 당시 모습에 대해 "行盡洞口, 入一村, 曰壤堂, 家家戶戶, 鉅竹成林, 柿栗掩靄, 柴門鷄犬, 依然如武陵朱陳然. 其右有矢川洞, 矢川者, 晉州屬縣也"라고 적고 있다. 『진양지』 各里 條의 西面 三壯里 屬坊 중에도 德山이 있는데, 이는 同書 佛宇 條에서 德山寺에 대해 "在德山村上五里許"라고 설명하고 있는 바와 같이 지금의 三壯面 垈下里 일대에 해당한다. 여기가 원래의 德山으로서 덕산이라는 지명은 德山寺에서 유래한 것이었다고 한다. 孫星模, 前揭書, 172쪽.

『濯纓集』 권5의「續頭流錄」에 의하면, 金馹孫은 咸陽으로 一蠹 鄭汝昌을 방문하고서 역시 함양 선비인 林貞叔과 더불어 셋이서 지리산 유람 길에 나섰는데, 丹城의 斷俗寺에서 하루를 묵고서 다음 날 五臺寺에 들러 權適의「五臺山水陸精社記」[sic]를 읽어보고 그 절에서 다시 하룻밤을 묵고 있으며, 이 두 절의 당시 모습에 대해 꽤 자세한 기록을 남기고 있다.

咸陽의 龍遊潭을 一蠹와 濯纓의 杖屨所(노닐던 곳)라고 함도 역시 이「續頭流錄」에 근거한 것이다. 濯纓이 26세였던 成宗 20년(1489)의 4월 14일에 그들은 咸陽 邑城을 출발하였으나, 첫날과 그 다음날에 걸쳐 이틀간 폭우를 만나 계곡 물이 크게 불어서 원래 예정했던 馬川 부근의 上無柱[上無住庵]·君子寺[30] 쪽으로는 건너갈 수가 없게 되었으므로, 그 근처의 登龜寺에서 이틀을 머문 후 사흘째에 코스를 바꾸어 休川계곡의 강 물길을 따라 하류로 내려오다가 龍游[sic]潭에 이르러 점심을 들며 잠시 쉬고서 다시 떠나게 되었던 것이었다. 그러므로 濯纓과 一蠹는 일부러 龍游潭에 놀러 왔던 것이 아니었고, 그 주위에 南冥 같은 사람이 농사를 지을 만한 들이 있는 것도 아니거니와, 하물며「龍遊洞 龍遊潭」이란 이 양자를 무리하게 결합시키고자 하는 데서 나온 문헌적 근거가 없는 造語에 불과한 것이다.

---

29) 『晉陽誌』 山川條, 德山洞: "天王峯一枝, 東南來爲五臺山, 爲蘆峴, 而東橫於薩川之前." 동남쪽으로 흘러내리던 지리산의 支脈이 薩川 맞은편에서 동쪽으로 방향을 틀어 五臺山과 蘆峴을 이룬다고 하였는데, 여기에 보이는 蘆峴이 갈재, 즉 오늘날의 지도에 보이는 갈치재이므로, 五臺山은 갈치재의 서쪽임을 알 수 있다. 各里 條에 蘆峴은 五臺里의 屬坊 中 하나로서 보이는데, 아마도 현재의 위태리 상촌 마을 일대를 가리킨 듯하다. 「大東輿地圖」에서는 梨山과 洛南正脈·五臺山 능선이 갈라지기 전의 남부능선이 천왕봉에서 흘러나온 것처럼 표시하고 있으나 사실은 靈神峰에서 비롯하는 것이며, 같은 山川 條 안에 오대산과 청암산의 이름이 함께 보임은 『진양지』에서 말하는 청암산이 梨山, 즉 칠성봉 능선임을 더욱 분명히 일러주는 것이다.

30) 咸陽郡 馬川面 소재지인 佳興里로부터 임천강 바로 건너편에 君子里가 있고, 군자리 뒤쪽의 삼정산 정상(1182.2m) 부근에 普照國師가 깨달음을 얻었다는 上無住庵이 있다.

4. 獐項洞

獐項洞에 관하여 『晉陽誌』 山川 條에서는 다음과 같이 설명하고 있다.

三壯里 塔洞 서쪽의 골짜기 입구에 있다. 그윽하고 깊어 삼십여 리
쯤 되고 냇물과 바위가 기이하고 험하여 산속의 더욱 빼어난 곳이
다. 시내는 지리산의 동쪽에서 발원하여 구름을 뚫고 바위에 부딪
히며 동쪽으로 흘러 三壯川에 들어가는데, 널찍한 바위가 있어서
여남은 명이 앉을 수 있다(在三壯里塔洞西谷口. 幽深可三十餘里,
泉石奇險, 山中之尤絶處也. 川源發於智異之東, 漏雲激石, 東流入三
壯, 有盤石, 可坐十餘人).

그리고 이어서 松亭 河受一의 詩를 소개하였는데, 그 내용은 다음과
같다.[31]

지난날 獐項의 아름다운 경치에 대해 들었더니,
昔聞獐項有瑰觀,
오늘 薩水 골짜기로 와 찾아보도다.
今日來尋薩水干,
골 입구의 양쪽 斷崖는 벽처럼 깎아지르고
谷口兩崖懸似壁,
산골 물속의 두 돌은 넓적하게 솟아 있네.
澗心雙石贔如盤,
봄바람은 이미 죽은 소 옆구리를 끊었고
春風已斷死牛腸,
가을빛은 부질없이 춤추는 鳳의 얼굴을 꾸민다.
秋色空粧舞鳳顏,
슬프다 옛사람은 이제 볼 수가 없고,
怊悵古人今不見,
산골짜기 달을 보며 그리움만 끝이 없네.
洞天山月思無端

---

31) 이 시는 목판본 『송정집』 권4에 수록된 「遊德山獐項洞盤石記」 가운데 보인다.

또한 그 아래에서 塔洞에 대해 설명하기를, "塔洞은 獐項洞의 아래에 있는데, 灌圃 魚先生이 젊었을 때 그 물과 바위를 사랑하여 작은 정자를 짓고서 왕래하였으며, 지금 그 遺址가 있다(塔洞在獐項洞下, 灌圃魚先生, 少時愛其泉石, 築小亭往來, 今有遺址)" 하고, 그와 관련한 魚得江의 詩를 소개하고 있다.[32]

또한 『晉陽誌』山川 條에서는 德山洞에 관해 설명하여, "천왕봉 물이 法界寺로부터 동쪽으로 흘러, 薩川村을 거쳐 社祭峯 아래에 이르며, 동북으로 흘러 薩川이 된다. 또 鉏屹山으로부터 동쪽으로 흘러, 上流菴을 거쳐 獐項洞에 이르며, 남쪽으로 흘러 三壯川이 되고, 兩堂村 앞에서 薩川과 합하니, 이것이 德川이다(天王峯水, 自法界寺東流, 由薩川村達社祭峯下, 東北流爲薩川. 又自鉏屹山東流, 由上流菴達獐項洞, 南流爲三壯川, 與薩川合于兩堂村前, 是爲德川)"라고 하였다.

이는 남명의 것으로서 널리 알려진 시조에 나오는 이른바 「頭流山兩端水」에 대해 설명한 것인데, 위와 같은 『진양지』의 여러 記述들로 미루어 볼 때 獐項洞은 오늘날의 大源寺 계곡에 있으며, 그 계곡 도중의 上流庵 아래쪽에서부터 塔洞까지 이르는 긴 골짜기를 가리키는 것임을 짐작할 수가 있다. 여기서 말하는 塔洞이란 各里 條에 三壯里의 屬坊 중 하나로서 보이는데,[33] 同書 佛宇 條에 "三壯寺는 塔洞에 있는데, 지금은 廢하였다(三壯寺, 在塔洞, 今廢)"고 보이는 바와 같이, 山清郡 三壯面 坪村里에 지금도 남아 있는 三壯寺址三層石塔[34]에서 유래하는

---

32) 『灌圃詩集』, 26b, 「書心印上人軸」 第2首.

33) 三壯里의 屬坊 중에 獐項洞이 보이지 않음은 이곳에 거의 마을이 형성되어 있지 않음을 의미하는 것일 터이다.

34) "들 가운데 있는 이 탑은 신라시대 석탑으로서 무너져서 部材만 흩어져 있던 것을 1989년에 당국에서 복원하였다. 탑 바로 앞에는 부도 1기가 있을 뿐 옛날에 있었다고 전하는 鐵造如來坐像과 석등은 없어지고 말았다. 탑은 경상남도 유형문화재 제31호로 지정되었다." 손성모, 前揭書, 182~183쪽. 『내고장

지명이다. 獐項 즉, 노루목이란 아마도 비교적 넓은 곳에서부터 좁고 긴 곳으로 진입하는 지형이 마치 노루의 긴 목을 닮은 데서 유래하는 지명이 아닐까 짐작되는데, 지리산 일원에는 필자가 아는 것만 해도 이곳 외에 앞서 이미 언급한 함양군 유림면의 그것과 전북 남원시 山內面 뱀사골 입구의 獐項里, 지리산 주능선에서 반야봉 쪽 능선으로 갈라지는 지점의 노루목 등이 있다. 그중에서 여기가 남명이 찾아왔던 곳임은 河松亭의 詩가 남명의 「遊頭流錄」에 나오는 '死牛脇'을 언급하며 그를 사모하는 내용으로 점철되어 있음으로 보더라도 의심할 여지가 없는 것이다.

역시 오래 전에 나는 三壯面 大浦里에 살고 있는 曺義生 翁에게 청하여 함께 택시를 타고서 남명이 말한 獐項洞이라는 곳까지 가 본 적이 있었다. 그이가 안내해 준 곳은 大源寺 입구의 야영장으로부터 평촌리 쪽으로 약간 내려온 지점의 골짜기에 포장도로가 커브를 만들면서 전망대 같은 빈터를 이루어 놓은 언덕이었다.[35] 그런데 지금 생각해 보면 曺翁이 데려다 준 협곡 역시 사람이 거주할 만한 평지는 거의 없는 것이므로, 위에서 인용한 山川 條에 '幽深可三十餘里'라 한 것을 아울러 고려한다면, 이 獐項洞은 평촌리 서쪽의 지리산국립공원 그린벨트 지역이 시작되는 지점에서부터 대원사 계곡 대부분을 지칭한 것이라고 해석할 수도 있다.

河松亭의 「遊德山獐項洞盤石記」는 그의 연보에 의하면 30세 되던 해

傳統』 산청군 편에서는 "삼장사지에는 신라시대의 5층 석탑이었다는 탑의 3층 석탑과 무너진 재료들이 있고, 幢竿支柱 2기가 있다"고 되어 있다. 仝書 100쪽 참조.

35) "대원사에서 계곡과 나란히 길을 따라 내려오다가 계곡을 건너서 약간 경사진 오르막길을 따라 가노라면 길이 산 중턱에 걸리면서 급히 굴곡을 지으며 산모퉁이를 돌게 된다. 이곳의 노송 밑에 간단한 휴게시설이 갖추어진 곳이 있는데 여기가 노루목 속칭 獐項洞이다. 의자에 앉아서 오던 길 아래쪽을 바라보면 수십 길 발아래 펼쳐진 대원사 계곡이 꿈속에서 仙景을 보는 것 같이 아름답다." 손성모, 전게서, 182쪽.

인 宣祖 15년(1582) 8월에 德川書院의 享禮를 참관하고서 茅山 崔琦弼·滄洲 河憕(증, 징)·思湖 吳長 및 南冥의 仲子인 慕亭 曺次磨 등과 더불어 여섯 명이 남명의 발자취가 미친 獐項洞을 방문하고서 지은 것인데, 그 앞부분에서 다음과 같이 述懷하고 있다.

書院에서 薩水를 건너 서북쪽으로 수십 리를 가면 골짜기가 있는데, 이를 獐項이라 부른다. 우묵하고 깊으며 깊고도 좁은데, 그 위아래로는 소나무가 빽빽이 늘어섰으며, 그것들이 화살처럼 곧다. 獐項으로부터 조그만 암자를 지나, 동북쪽으로 수십 걸음을 가면 돌이 있는데, 이를 盤石이라 이르며, 반듯하고도 넓고 넓으면서 평평하다. 그 좌우로 물이 돌아 흐르며, 그 울림이 마치 佩玉 소리 같아 참으로 이른바 기이하고도 빼어난 곳이다. 옛날 남명 선생께서 일찍이 소 갈빗대를 뚫으시고 [골짜기로 들어오시어], 여기서 머뭇거리시고 여기서 쉬시었던 것이다. 諸君은 모두 사모하는 마음이 복받쳐 머뭇거리면서, 소나무의 곧은 것을 바라보고는 선생의 기상을 생각하고, 시냇물의 울림을 듣고서는 선생의 기침소리를 그리워하였다(自書院, 渡薩水, 西北行數十里, 有洞焉, 是謂獐項. 窈而深, 深而狹, 其上下有松森列, 其直如矢. 自獐項過小菴, 東北行數十步, 有石焉, 是謂盤石, 方而廣, 廣而平. 其左右有水環流, 其鳴如佩, 眞所謂奇絶處也. 昔南冥先生, 嘗破牛脇, 軸於斯焉, 寬於斯焉. 諸君皆感慕踟躕, 睹其直而思其氣象, 聆其鳴而慕其警欬).

여기서 薩水라고 한 것은 『晉陽誌』 山川 條에서 말한 三壯川을 가리킨 것이니, 당시에는 三壯川도 薩水로 칭했음을 알 수 있다.[36] 松亭이 말하고 있는 小庵이나 그 조금 위쪽에 있다는 盤石이 무엇을 가리키는지가 문제인데, 손성모 씨는 曺翁이나 자신이 말하는 장항동에서

---

36) 松亭과 같이 갔던 6인 중 河滄洲는 『진양지』를 共編한 사람 가운데 하나이다. 灌纓은 「續頭流錄」에서 丹城의 斷俗寺로부터 10리쯤 더 가서 처음으로 건너게 되는, 아마도 오늘날의 倉村里 칠정 부근의 德川江을 가리켜 "薩川之下流也"라고 하였으니, 薩水 또는 薩川은 덕천강의 통칭으로도 쓰이고 있었는지 모르겠다.

"계곡으로 가려면 길을 따라 [평촌리 방향으로] 내려오다가 계곡 쪽으로 난 산길로 내려가야 한다. 옛날에 獐項寺가 있었던 안쪽 계곡에는 넓은 반석이 있어 예로부터 先賢들이 즐겨 찾던 곳으로 전한다"고 설명하고 있다.[37] 그러나 이 장항사는 문헌에서 확인할 수가 없고, 「넓은 반석」이란 과연 송정이 말하는 바와 같이 谿流 가운데에 있는 것인지도 분명치 않거니와, 송정은 반석의 위치에 대해 장항에서 암자를 지나 동북쪽 방향이라 하였으니 상류 쪽으로 더 올라간 지점인데, 이는 손 씨의 설명과 모순된다. 무엇보다도 이 일대는 좁고 가파른 협곡이어서 남명이 여기를 자신의 卜居地로 고려했을 가능성은 생각하기 어렵다고 하겠다.

앞서 언급된 上流庵에 대하여 『진양지』 佛宇 條에서는 "獐項洞 위쪽에 있는데, 亂後에 重建하였다(在獐項洞上, 亂後重建)"고 설명하고 있으니, 小庵은 이 上流庵을 가리키는 것이라고 보는 것이 타당할 것이며, 이는 삼장천이 상류암을 거쳐 장항동에 이른다고 하는 山川 條의 설명과도 일치한다. 그러면 이 상류암은 어디에 있었던 것인지가 또 문제인데, 『내고장 傳統』 산청군 편에서는 寺址 목록에서 上流庵址는 삼장면 油坪里에 있다고 하였다.[38] 그러나 이것이 같은 유평리에 있는 현재의 大源寺 터를 가리키는지 여부에 대해서는 언급이 없으며, 필자가 예전에 이 일대의 주민들에게 上流庵址의 위치에 대해 探問해 본 바도 있었지만, 아무도 제대로 알려주는 이가 없었다. 大源寺는 『진양지』에 보이지 않는바, 이 절에 현존하고 있는 九層石塔은 신라 선덕여왕 15년(646) 慈藏律師(590~658)가 佛舍利를 모신 것이라 전하며, 지방

---

37) 前揭書, 182쪽.
38) 123쪽.

문화재로 되어 있다가 1992년에 보물 제1,112호로 지정되었다. 대원사는 진흥왕 9년(548) 연기조사가 창건하여 平原寺라 하였는데, 그 뒤 1천여 년 동안 廢寺되어 있던 것을 조선조 숙종 11년(1685)에 평원사의 옛 터에다 사찰을 건립하여 大源庵이라 開創하였고, 고종 27년(1890)에 크게 중건하여 大源寺라 개칭하였다고 한다.[39]

이 구층석탑이 자장율사가 석가의 진신사리를 모신 것이라든지 이 절의 起源이 신라 진흥왕 대까지 소급한다는 것은 우리나라의 사찰에 이런 식의 설화가 너무 흔하기 때문에 그대로 신빙하기는 어려운 일이라 하겠지만, 적어도 이 탑이 大源庵 개창 이전부터 그 자리에 존재하고 있었던 것이 사실이라면, 같은 유평리 안에서 상류암이 다른 장소에 따로 있었을 가능성은 별로 없다고 본다. 그러고 보면 송정이 말한 小庵은 곧 上流庵이란 이름으로 지금의 대원사 혹은 그 부근에 있었던 사찰이며, 盤石은 대원사에서 현재의 유평 마을로 올라가는 도중의 계곡 가운데 널려져 있는 넓은 바위들 가운데서 어느 것을 가리키는 것이라고 볼 수 있겠다.

유평 마을에서부터는 이 계곡의 風致 지구가 끝나고 냇물을 따라 民家와 農場이 드문드문 點在하는 평지가 이어지고 있으며, 『진양지』 各里 條에도 三壯里의 屬坊 가운데 하나로서 '楡坪'이 보이니, 이 지역에는 예로부터 민가가 형성되어 있었음을 알 수 있다. 그렇다면 당시 일반적으로 말하던 獐項洞이란 대원사 아래쪽에서 탑동에 이르는 협곡 지대를 의미하는 것이지만, 송정은 반석이 있는 대원사 위쪽 계곡까지를 남명이 노닌 장항동이라 설명하고 있는 것이며, 계곡의 길이

---

39) 손성모, 전게서, 180쪽.

Ⅳ. 南冥遺跡三洞辨證　179

가 30여 리나 된다고 할 때의 장항동은 보다 넓게 탑동 부근의 골짜
기 입구에서부터 유평 마을을 거쳐 새재 마을에 이르는 오늘날의 대
원사 계곡 전체를 지칭한 것이라고 볼 수도 있겠다.

深齋 曺兢燮은 『南冥集』 重刊本의 교정 작업을 위해 德山에 와 머무
르고 있던 기간 중 24세 때(1896년) 남명의 후손들 및 산청 선비들과
더불어 지리산을 등반하여 紀行詩 「遊頭流山紀」를 남기고 있는데,[40]
그중 첫 경유지인 獐項洞에 관한 詩의 注에서 다음과 같이 설명하고
있다.

> 送客亭으로부터 石南坪 마을을 거쳐 내를 따라 가다가, 서북으로
> 꺾어 獐項洞에 들어갔다. 수목은 더욱 울창하고, 물과 바위는 매우
> 웅장하고 빼어나, 사람으로 하여금 응접하기에 여가가 없게 만들었
> 다. 이날 삼십 리를 갔다(由送客亭, 歷石南坪村, 並溪而行, 西北折
> 入獐項洞. 樹木益葱鬱, 泉石極雄拔, 令人應接不暇. 是日行三十里).

여기서 말하는 送客亭이나 石南坪은 현재의 三壯面 德橋里와 石南里
를 가리키는 것이며, 덕천강 상류의 三壯川을 따라 북으로 올라가다
가 명상 마을에서 서북으로 꺾어들면 坪村里가 된다.[41] 삼십 리를 갔
다고 함은 이날의 첫 숙박지인 大源寺까지의 行程 전체를 가리킨 것일
터인데, 深齋가 말하는 獐項洞도 평촌리 부근에서부터 大源寺 근처까
지에 이르는 계곡 일대를 가리키는 것임을 알 수가 있다.

---

40) 『深齋集』 권2; 『巖西集』 권2 所收. 필자는 일찍이 山淸郡 三壯面 坮下里에 있는 昌寧曺氏 門中의 景
愚堂에 소장된 고문서를 조사하다가 이 지리산 기행에 관해 深齋가 친필로 淨書하여 남긴 「深齋戱墨」
이라는 제목의 詩帖을 본 적이 있다. 대체로 문집에 실린 것과 같은 내용이지만, 發行 도중에 大浦里의
直方堂으로 復庵 曺垣淳을 방문하여 인사를 드리는 등의 내용도 있었다. 曺庸相의 刊本 『弦齋集』 및
그 草本인 『弦齋遺草』 권1에도 이 지리산 기행과 관련한 詩들이 보이는데, 이러한 기록들에서는 大源寺
를 여전히 大源庵이라 칭하고 있다.

41) 李商元, 前揭論文, 面上村送客亭 條 참조.

5. 餘言

남명이 지리산에 여러 차례 들어갔었다고 하지만, 그중 덕산동과 백운동·장항동은 모두 인접해 있는 곳이어서 주로 이 부근을 만년의 卜居地로서 생각하고 있었음을 알 수가 있다. 그는 결국 환갑을 지난 다음 해인 61세 때 德山洞, 보다 구체적으로 말하자면 矢川里 입구의 絲綸洞에 자리를 잡았는데, 스스로 지은 「德山卜居」 詩에서는 그 이유에 대해 "봄 산 어디엔들 향기로운 풀 없으랴만/다만 天王峰이 上帝 가까이 있음을 사랑하노라(春山底處無芳草, 只愛天王近帝居)"고 설명하고 있다. 지리산의 정상인 천왕봉을 날마다 바라볼 수 있는 이곳의 여건을 선택한 셈이니, 역시 남명다운 기상을 엿볼 수 있다고 하겠다.[42]

『晉陽誌』에 보이는 西面의 矢川里는 『東國輿地勝覽』에서는 晉州牧의 屬縣 가운데 薩川部曲으로 보이며, 花開部曲과 더불어 둘 다 "그 長은 머리를 깎고서 승려의 우두머리라고 일컫는다(其長剃頭, 稱爲僧首)" 하였다. 部曲이란 전근대사회의 특수한 계층 사람들이 거주하던 지역인데, 중국이나 일본에서는 대체로 호족 세력 등에 예속되어 있는 私賤民으로서 구체적인 신분 계층 자체를 의미하는데 비해, 우리나라의 경우 『東國輿地勝覽』 驪州牧 古蹟 條, 登神莊의 注에 "新羅가 州郡을 세워 설치할 때, 그 田丁이나 戶口가 縣이 될 만하지 못한 것은, 鄕이나

---

[42] 世祖 연간에 지리산에 와 3년간 머물며 斷俗寺 등지에서 과거공부를 하다가 조선조 최초로 지리산을 종합적으로 소개한 산문인 「智異山記」와 「遊智異山錄」을 남긴 靑坡 李陸(1438~1498)은 이 산에 대해 "又有二水, 一自香積前, 一自法戒[或作界]下, 至薩川, 合而爲一… 其薩川村以内, 謂之内山, 外謂之外山云"라고 설명하였다.(『靑坡集』 권2, 「智異山記」) 이로써 미루어보건대, 薩川이란 현재의 内大里와 中山里 계곡 물이 합류한 이후의 명칭이며, 薩川村은 그 合水 지점인 지금의 矢川面 新川里에 있었던 마을일 터이다. 당시로서는 이 산이 지금보다 훨씬 범위가 넓어 오늘날 우리가 지리산이라 부르는 것은 그중 주로 内山을 가리키는 것이며, 남명이 말한 德山洞·龍遊洞·白雲洞 등은 外山에 속함을 알 수 있다.

部曲을 두어 소재하는 읍에 부속되게 하였다. … 위의 여러 곳에는 모두 土姓의 吏民이 있다(新羅建置州郡時, 其田丁戶口未堪爲縣者, 或置鄕, 或置部曲, 屬于所在之邑… 右諸所, 皆有土姓吏民焉)"고 한 바와 같이, 그것은 인구가 적은 지역의 행정단위로서 그 주민은 일반 양민이었다.[43] 고려시대의 부곡제는 후삼국 통합전쟁 시 王建에 저항한 호족세력 지역의 주민들을 강제적으로 편입시켜, 그 주민은 농업 생산 외에 추가적으로 특정한 役을 부담하며 法制的으로도 신분상의 제한을 받고 있었으나, 고려 말·조선 초의 사회변동과정을 거치면서 점차 소멸의 과정을 밟게 되어 『東國輿地勝覽』에 이르면 불과 14개만 존속하게 되는데,[44] 위에서 본 晉州牧의 두 部曲은 그 드문 예에 속한다. 그러나 같은 책 안에서도 上記 五臺寺 조의 注 등에서는 薩川縣으로 보이기도 하다가, 『晉陽誌』에 이르러 西面의 矢川里로 된 것은[45] 고려시대의 특수행정구역이었던 부곡이 해체되어 완전히 일반 행정단위로 편입되

---

43) 이 책 姓氏 條에 薩川의 土姓은 朴이라고 되어 있다. 근자에 발견되어 金大問에 의해 681년에서 687년 사이 저술된 것이라는 주장이 나와 그 眞僞를 둘러싸고서 학계의 논쟁의 대상이 되어 있는 필사본 『花郞世記』에 의하면, 眞平王 초기 3간(579?~582)에 걸쳐 8世 風月主가 된 文弩 때 眞智王 말년에 개편되었던 화랑도의 제도를 재정비하여 이를 郞徒部曲이라 하였다고 한다. 필자는 양측의 논문들과 원문을 검토해 본 결과 이 필사본이 僞書가 아닐 것으로 판단하였다. 李鍾旭 譯註解, 『화랑세기-신라인의 신라 이야기』, 서울, 소나무, 1999 참조.

44) 『한국민족문화대백과사전』 10, 「부곡」 조 참조.

45) 卷頭의 屬縣 條에서는 『東國輿地勝覽』의 기록을 여전히 그대로 옮겨두고 있다. 前揭書 『靑岩』誌에서는, 靑岩面 일대는 686년부터 矢川鄕이 되었고, 757년에 矢川部曲 또는 薩川部曲으로 명칭이 바뀌었는데, 당시에는 지금의 하동군 청암면과 산청군 시천면을 포괄하는 지역이었으며, 조선 태조 5년(1396)에 薩川縣으로 개칭되었다가, 1703년 전국에 면을 둘 때 靑岩面이 되었고, 1906년 晉州의 청암면이 河東郡에 편입될 때 일부는 산청군 시천면으로 분리되었다고 한다(46~48쪽 참조). 그러나 위에서 이미 典據를 들어 설명한 바와 같이, 薩川이란 德川의 상류 중 지금의 中山里·內大里 쪽 지류의 이름으로서 그 두 谿流가 합쳐진 곳 부근에 薩川村이 있고 三壯川과의 합류 지점 부근에 矢川洞도 있었으며, 五臺山은 薩川縣의 남쪽에 위치한다 하였고, 五臺·田頭里는 임란 이후 西面의 雲谷里에 합쳐진 바 있으니, 청암 일대가 살천현에 속했다 함은 신빙하기 어렵다. 端宗 2년(1454)에 이루어진 『世宗實錄地理志』 晉州牧 條에는 "部曲二, 花開谷, 薩川谷"이라 하였고, 그 注에 "右二部曲長, 皆剃頭, 稱爲僧首. 方言聲轉, 今爲矢乃"라 하였으니, 이 두 部曲은 모두 계곡 지대에 위치하며, '薩川'의 固有音은 '살내'였음을 알 수 있다.

는 과정을 보여주는 것으로 생각된다.

南秋江의 「智異山日課」에서는 당시의 이곳 토착민 출신 관리의 풍습에 대해,

> 그 [壤堂村] 오른쪽에 矢川洞이 있는데, 矢川은 晋州의 屬縣이다. 그 縣史는 智異山의 佛敎를 希求하여, 벼슬하여 戶長이 되면, 관리로 있을 때는 머리 깎고 중의 옷을 입다가 職任에서 물러나면 보통 사람이 되는데, 마침내 오랜 풍습을 이루어 官長이 그 습속을 고칠 수가 없다(其右有矢川洞, 矢川者, 晋州屬縣也. 其縣史, 希智異山釋敎, 仕至戶長, 記官則髡髮着緇, 遞任則復爲人, 遂成古風, 官長不能改其俗).

라고 하여, 『世宗實錄地理志』나 『東國輿地勝覽』에 보이는 풍습이 그가 이곳을 찾았던 成宗 18년(1487) 당시에 존재하고 있었던 사실을 보다 구체적으로 증언해 주고 있는데, 그것은 조선 초기까지 지리산 일대의 벽지에서는 유학보다도 산속 불교의 영향이 더욱 컸음을 의미하는 것이다.

『진양지』 山川條에서는 남명이 거주를 정한 絲綸洞에 대해,

> 兩堂村의 동쪽에 있는데, 예전에는 산골의 어리석은 백성들이 살던 곳이다. 嘉靖 庚申년(1560)에 南冥 선생이 三嘉 免洞으로부터 가족을 거느리고 와서 자리 잡은 곳이다. 山天齋를 짓고서 藏修할 바탕으로 삼았으며, 집 앞에 또한 풀로 대들보 없는 집 한 칸을 얽어서 시를 읊조릴 장소로 삼았는데, 그것이 椽亭이다(在兩堂村東, 古有山氓居之. 嘉靖庚中, 南冥先生自三嘉免洞, 挈家卜居焉. 築山天齋, 以爲藏修之地, 家之前, 又草構無梁舍一間, 以爲諷詠之所, 乃椽亭也).

라고 하였다. 이에 의하면 남명이 당시 사륜동에다 지었던 집은 山天

齋와 집 앞의 德川에 면하여 세워진 橡亭뿐이었던 듯하다. 『남명집』의 五言絶句에 그의 漢詩 가운데서 아마도 가장 널리 알려진 '請看千石鍾' 云云의 詩가 「題德山溪亭柱」라는 이름으로 실려 있으니, 『진양지』에 의하면 이 詩는 바로 橡亭의 기둥에 붙여진 것이었다.

그러나 來庵이 撰한 行狀을 보면, 남명은 중년에 삼가 토동의 강이 내려다 보이는 위치에 초가집을 짓고서 雷龍舍라 이름하고는 畫工에게 雷龍의 모습을 그리게 하여 그것이 壁에 거처하도록 해 두었는데, "만년에 두류산 아래에다 살 자리를 잡고서 그 집을 다시금 雷龍이라 이름 했으며, 따로 精舍를 얽어 山天齋란 扁額을 붙였다(晚卜頭流山下, 其室復以雷龍名. 別構精舍, 扁曰山天齋)"고 한다. 東岡이 찬한 행장에는 삼가의 精舍를 鷄伏堂이라 하고 書室을 雷龍舍라 하였으나, 지리산의 精舍에도 雷龍이란 이름을 걸고 그 곁에다 "천둥 치면 컴컴해지고 용은 깊은 바다에 있으니, 용을 잠들게 하라(雷則晦冥, 龍則淵海, 使龍眠)"고 적고, 뇌룡의 모습을 그린 족자 한 폭을 앉는 자리의 구석에다 드리웠으며, 최후로 『周易』大畜卦에서 취한 山天齋라는 이름의 書室을 짓고 그 板窓 좌측에다 敬字를, 우측에다 義字를 적었으며, 敬字 주변에다가는 옛 사람이 敬에 대해 논한 말들을 자그만 글씨로 적어 두고서 늘 바라보며 마음에 되새겼다고 한다. 같은 산천재를 두고서 내암은 精舍라 하고 동강은 書室이라 하였지만, 동강은 精舍와 書室이라는 말을 다소 구별하여 사용한 듯하며, 絲綸洞에는 삼가 시절 이래의 雷龍舍가 먼저 지어지고, 山天齋는 그 후에 지어진 것으로 미루어 전자가 살림집이고 후자는 서재였을 것으로 짐작된다. 그리고 남명이 거처하는 書室에는 온통 적황색의 칠을 하였는데, 이는 집이 밝고 깨끗하게 보이도록 하기 위함이었다고 한다.[46)]

山天齋 옆에는 龜巖 李楨이 지은 일곱 칸의 기와집에 이웃하여 있었는데, 그는 남명과 더불어 산천재에서 함께 살기로 약속하고 집까지 지어 두고는 벼슬살이로 말미암아 끝내 오지 못하였다. 후일 이 빈집에 丹城縣監 鄭復始가 벼슬에 대한 미련을 떨치지 못한 龜巖을 풍자하는 내용의 詩를 써 붙인 것에서 보듯이,[47] 이 일은 또한 남명과 구암 사이에 앞으로 전개될 깊은 갈등의 첫 단서가 되었던 것이다. 「遊頭流錄」의 4월 25일 아침 지리산 유람을 마치고 旌樹驛에서 모두들 헤어지는 무렵에 임하여, 석별을 아쉬워하면서 구암은 잔에 술을 가득 부어 「이 이별에 무슨 말을 하겠는가(此別寧有說乎)」고 감회를 말하고 있는데, 이러한 느낌이 그로 하여금 남명과 더불어 지리산에서 들어와 영원히 함께 살기를 마음먹게 만들었을 것이다. 이 자리에는 또한 후일 河宗岳後妻事件의 발단이 된 黃江 李希顔도 동석하고 있었고, 하종악 자신은 18일에 종을 통해 그들이 머무르고 있는 神凝寺로 음식을 보낸 바 있거니와, 그것 모두가 인간사의 아이러니로 되고 만 셈이다.

(『남명학연구』 제10집, 경상대학교 남명학연구소, 2001년 2월 28일)

---

46) 金東岡 撰 「行錄」: 所居書室, 皆施丹雘, 盖取其明淨也.

47) 『晉陽誌』 山川 條: "遠岫透迤繞竹林, 滿山濃綠插雙尖, 主人不殺東華馬, 盡日溪雲過短簷."

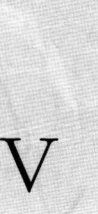

V

『南冥集』 諸板本의 刊行年代

V. 『南冥集』 諸板本의 刊行年代

1. 머리말

필자는 1987년에 발표한 최초의 남명학 관계 논문에서 『남명집』은
종래에 선조 37년(1604, 甲辰) 8월에 쓰인 來庵 鄭仁弘의 서문에 근거하
여 그해에 초간본이 간행된 것으로 알려져 왔지만, 사실은 그것에 앞
서 선조 35년(1602, 壬寅)에 간행된 판본이 있었다는 견해를 밝힌 바
있다.[1] 필자의 논거는 광해군 원년(1609, 己酉)에 세 번째로 간행된 판
본에 보이는 嶧陽 文景虎의 발문 내용과 그것을 뒷받침하는 것으로서
孤臺 鄭慶雲이 남긴 『孤臺日錄』 辛丑年(1601) 조의 여러 기록들이었다.

이후 김윤수 씨는 1992년에 발표한 두 편의 논문[2]에서 『남명집』의
판본 문제에 대해 전면적으로 새로운 주장을 펼치면서 초간본의 간

---

1) 吳二煥(1987), 173~178면; (2000) 上, 105~110면. 1999년 이전에 발표된 필자의 남명학 관계 논문
   들은 『남명학파연구』 상·하권에 모두 수록되어져 있으므로, 이하에서 쪽수를 들 때는 이것에 의한다. 下
   로 명시하지 않을 경우에는 한글로 된 논문들을 수록한 상권의 쪽수를 의미한다.

2) 金侖壽(1992a; 1992b). 이하 각각 前稿·後稿라 약칭한다.

행연대에 대해서도 갑진년 설을 지지하는 입장을 밝혔다. 김 씨의 근거는 『道先生案』에 보이는 『남명집』의 再刊을 도왔다는 경상감사 柳永詢의 재임기간이었다.

이에 필자는 1996년 일본 京都대학에 제출한 문학박사 학위논문[3]의 말미에 「異說에의 檢討」라는 補論을 실어 김 씨의 주장에 대한 비판적 견해를 제시한 바 있었는데, 김 씨는 이에 대해 1996년 12월 10일 경상대 남명학연구소의 제15차 학술발표회에서 「남명집 판본 연구상의 쟁점」이라는 글을 발표하여 격렬한 어휘로 반론하였으므로, 필자는 「실증과 진실」이라는 논문으로써 응답하였고, 같은 제목으로 된 김 씨의 글이 남명학연구소의 기관지에 수록되었을 때는 구두 발표 내용이 약간 변경되고 또한 상당히 많은 부분이 추가되었으므로, 이에 대해 다시 보충하여 응답한 바 있다.[4] 이후 김 씨로부터는 새로운 문제 제기가 없었다.

현존 最古의 『남명집』인 再刊本은 오늘날까지 그 존재가 확인된 것으로는 계명대 도서관에 소장된 산질 1책과 필자가 함안에서 발견한 산질 1책이 전부이다. 그중 후자는 필자의 주선에 의해 기증되어 현재 경상대 도서관 文泉閣에 소장되어 있다. 그런데 경상대 남명학연구소는 기증자에 대한 감사패에서 그 명칭을 갑진본이라 하지 않고 병오본이라 적어 필자의 견해를 부정하고 김 씨의 설을 지지하는 입장을 표명하였다.

원래 김 씨의 『남명집』 판본 연구는 경상대 남명학연구소를 전담해 온 한문학과 교수들에 의해 『남명집』의 새로운 번역작업이 이루

---

3) 오이환(1997a); (2000下).
4) 김윤수(1996); 오이환(1997b; 1998).

어질 무렵 김 씨가 여러 판본들을 대조 교감하는 작업을 위촉받았으므로 그 필요에 의해 이루어진 것이었다. 따라서 두 차례에 걸쳐 출판된 남명학연구소 編譯本[5]에서는 모두 김 씨가 창안한 판본 명칭을 채택하였다. 그 이유에 대해 번역본의 해제를 집필한 崔錫起 교수는 "이처럼 여러 차례 간행된 『남명집』에 대해, 판본 문제를 연구한 보고가 학계에 여러 차례 소개되었고, 지금도 그런 연구가 계속되고 있다. 그러나 기존의 연구 결과만 가지고는 아직까지 명확하게 해명되지 않은 부분이 상당히 많은 것으로 안다. 따라서 이 자리에서는 논란이 되고 있는 부분이기는 하지만, 우선 기존의 연구 중에서 전체적으로 『남명집』의 판본 문제를 거론한 설을 택해 본 번역본의 위치를 이해하고자 한다"고 설명하였다.[6] 즉, 필자의 연구는 당시까지도 완결되지 않은 상태인 데 비해, 김 씨의 연구는 이미 『남명집』의 판본 전체를 포괄하고 있기 때문이라는 것이다. 이는 결국 번역본에서 사용된 판본명칭은 방편적인 것이라는 뜻이므로, 비교적 유보적인 입장이라 할 수 있다.

　그러나 경상대 한문학과의 李相弼 교수는 2008년에 발표한 논문에서 위의 초기 간본들과 관련하여 다시금 김윤수 씨의 설을 지지하는 입장을 표명하면서, 김 씨 못지않게 강한 어조로 필자를 비판하였다. 필자가 이 문제에 관해 기왕에 논의한 부분은 대체로 검증할 수 있는 구체적 근거에 입각해 있었다. 이 씨의 주장은 김 씨와의 논쟁이 종결된 이후 처음으로 나온 이에 대한 반론에 해당한다. 그러므로 필자는 이에 응답할 책임이 있을 뿐 아니라, 필자의 『남명집』 판본 연구

5) 남명학연구소(1995; 2001).
6) 남명학연구소(1995), 26면; (2001), 43면.

도 이제 완결 단계에 접어들었으므로, 차제에 그 동안의 성과를 정리
해 두고자 한다.

2. 초간본과 재간본

이상필 교수는 2008년 4월 25일 경상대학교 남명학관에서 개최된
학술회의에서 다음과 같이 주장하였다.

> 오이환은 그의 저서 『南冥學派硏究』上 484쪽에서, 慶尙監司 柳永
> 詢의 『南冥集』 간행에 대한 후원을 부정하려다가 滄洲의 『德川書
> 院重建記』에 들어 있는, '감사 윤근수가 덕천서원 창건을 후원하였
> 다'는 표현조차 연대가 맞지 않으므로 잘못된 기록이라 주장하고
> 있다. 윤근수는 1574년 10월에 부임하여 1575년 10월에 이임하였으
> 므로, 1575년 겨울에 院役을 시작하였다는 말과 어긋나지 않는다.
> 오이환은, 이취임 연도가 세밀히 적혀 있는 『道先生案』이라는 확
> 실한 근거가 있음에도 불구하고, 文景虎가 『남명집』 기유본 발문
> 에서 3년 전의 일을 확인도 하지 않고 잘못 기록하였다고 본 것이
> 고, 나아가 관련시킬 수도 없는 창주의 「덕천서원중건기」를 인용하
> 면서 감사의 재임 연도에 대한 착각의 예로 들었다. 한 걸음 더 나
> 아가 오이환은 裵大維의 『慕亭集』 3권 소재 「新山書院記」에 보이
> 는 잘못된 주석을 근거로 배대유조차 당대의 일을 착각하여 기록
> 했으므로 문경호도 착각할 수 있다는 논리를 펼치고 있다. 더구나
> 「신산서원기」의 작은 글씨로 쓰인 姓名 3字는 식견 있는 사람이라
> 면 누가 보아도 주석인 것을 알 수 있는 것임에도, 오이환은 '諱字
> 를 처리하는 고인의 관례'조차 모른다고 논문의 본문에서 필자를
> 능멸하였다. 그러나 이는 『맹자』 「진심」하에 보이는 "諱名不諱姓"
> 도 모르고 있음을 스스로 드러낸 것이므로, 반박하기에도 민망스럽
> 다.[7]

---

7) 이상필(2008a), 12~13면(주6). 이상필(2008b), 주7에 수록된 같은 제목으로 된 글에는 이 중에서 "모

당시 필자는 종합토론 시간에 플로어에서 발언하여, 이 논문의 본문에 인용된 창주 하증의 「덕천서원중건기」 중에서 필자의 핵심적 논거가 된 부분을 생략부호도 없이 빠트린 이유가 무엇인지를 이상필 교수에게 질문하였다. 이에 대해 이 씨는 자신이 사용한 글은 『德川書院誌』에 수록된 것이었는데, 거기에는 그런 부분이 없었다고 대답하였다. 그러나 이후 2008년 6월에 간행된 『남명학연구』 제25집에 수록된 이 씨의 논문에서는 본문의 번역된 인용문 아래에다 각주 하나를 덧붙여 「덕천서원중건기」의 원문을 추가하였으면서도 본문에서는 여전히 그 부분을 생략부호 없이 빠트리고 있다.

이 씨가 『덕천서원지』에 수록된 하창주의 글에는 그런 부분이 없었다고 한 말은 물론 사실이 아니다. 그리고 『덕천서원지』에는 이 글이 '院識'라는 이름으로 실렸는데, 이 씨는 「덕천서원중건기」라 하였고, 1575년을 『덕천서원지』에서는 '萬曆壬申'이라 하였는데, 이 씨의 인용문에서는 이를 '隆慶壬申'이라 하였으며, 기타 소소한 차이들을 두고 보더라도 이는 목판본 『滄洲集』 권1에 실린 「덕천서원중건기」임이 분명하다.[8] 이제 이 씨가 인용했다고 하는 『덕천서원지』에서 서원의 중건작업이 완성된 지로부터 11년 후인 광해군 14년(1622) 7월 上旬에 지어져 이 서원에 揭示된 河滄洲 撰 '원지' 중 이 씨가 빠트린 부분을 [ ] 속에 넣어 표시해 보면 다음과 같다.

른다고 논문의 본문에서 필자를 능멸하였다"는 대목이 "모른다는 표현을 하면서까지 필자의 무식함을 드러내려 하였다"로, "스스로 드러낸 것이므로, 반박하기에도 민망스럽다"는 "스스로 고백한 것에 불과하다"로 바꾸었다.

8) 하창주의 문집으로는 융희 원년(1907)에 5권으로 간행된 목판본 『창주집』에 앞서, 광무 원년(1897)에 3권으로 간행된 목활자본 『滄洲遺事』가 있다.

만력 임신(1572) 봄에 남명 선생이 돌아가시자, 여름인 4월에 산천재 뒤편 언덕에다 장사지냈다. 최수우·하각재·영무성 하응도·무송 손천우·조계 유종지가 처음 사당을 세울 것을 발의하였다. 을해(1575) 겨울에 목사인 구변과 더불어 적당한 땅을 물색하다가 마침내 구곡봉 아래 살내 가에다 터를 정하였다. 대개 산천재와 서로 바라보이는 땅이다. 이에 앞서 영무성이 여기에다 서까래가 몇 개 얹힌 초가집을 짓고서 때때로 산책하시는 스승을 모시고 노닐던 곳이다. 이에 이르러 [그 집을 헐고서 장소를 잡았으니, 병자(1576) 봄이었다. 이에] 수우 등이 그 일을 주관하고, 음식은 손승선이 맡고, 작업 책임자는 승려 지관이었고, 진주 아전인 강세견이 장부를 담당하였으며, 목사 구변이 감사인 윤근수와 더불어 수고하였다. 1년이 못 되어 사당 및 강당·齋舍가 이루어졌다.

다음 해에 접어들어서는 붉은 칠로 치장하는 작업을 마쳤고, 주위에 담을 둘렀는데, 담 안에는 샘물을 끌어다 좌우에 네모난 못을 만들어 그 속에 연을 심었다. 따로 냇가에다 기둥을 세 개 꾸려 시를 읊조리는 장소로 만들고서 洗心이라는 편액을 달았다가 후에 醉醒으로 고쳤다.[9]

이는 덕천서원의 설립에 관한 현존하는 가장 오래된 기록인데, 그 내용은 다음과 같이 정리될 수 있다.

1. 1572년 봄에 남명이 별세하자, 그해 4월에 장례식을 치른 후 최영경·하항·하응도·손천우·유종지가 스승을 추모하는 사당을 세울 것을 발의하였다.

2. 1575년 겨울에 이들이 진주목사 구변과 더불어 터를 물색하여 그 장소를 정하였다.

3. 1576년 봄에 하응도의 집을 헐어내고서 그 자리에다 서원을 세우는

---

9)『德川書院誌』「創建事實」天啓 2년 조. "萬曆壬申春 南冥先生歿 夏四月 葬于山天齋後原 崔守愚 河覺齋 河寧無成應圖 孫撫松天祐 柳潮溪宗智 始倡立祠之議 乙亥冬 與牧使具忭相地之宜 遂定址于九曲峯下 薩川之上 盖與山天齋相望地也 先是寧無成結數椽茅舍于此 時陪杖屨徜徉焉 至是[撤其舍卜之 是丙子春也 於是]守愚諸幹其事 主供饋孫承善也 都料匠僧智寬也 州吏姜世堅掌簿籍 而具牧使忭與尹監司根壽 并勗力焉 未一年祠宇曁堂齋成 越明年 粧修丹艧訖 繚以周垣 "內引泉源爲左右方塘 種蓮其中 別搆三楹于溪上 爲風詠之所 扁之曰洗心 後改以醉醒.""

공사를 시작하였는데, 최영경 등이 사업을 주관하고 진주목사 구변과 경상감사 윤근수가 함께 그 작업을 원조하였으며, 이해 안에 사당과 강당·재사 등 서원의 핵심이 되는 건축물들이 이루어졌다.

4. 1577년에는 건물의 칠을 하고 담장을 두르며, 연못을 만들었고, 담장 바깥의 냇가에다 따로 정자를 지음으로써 부수적인 공사를 완료하였다.

이에 의하면 덕천서원의 건축공사가 실제로 진행된 것은 1576년 봄부터 2년간이며, 진주목사 구변과 경상감사 윤근수가 이를 지원했다고 한 것 또한 이 시기이다. 그럼에도 불구하고 이 교수는 공사가 시작된 시기를 기록한 대목을 삭제함으로써 덕천서원의 건축공사는 1575년 겨울부터 시작된 것이라고 왜곡하여 이는 윤근수의 이임 시기인 1575년 10월과 모순되지 않는다고 주장한 것이다.

또한 이 씨는 「신산서원기」에 보이는 경상감사 윤근수 부분에 대해서도 논의의 초점에서 빗나간 주장을 하고 있다. 문제의 핵심은 신산서원의 유래를 기록한 배대유 찬 기문에 서원의 창건을 설명하여 "지난 무자년(1588, 선조 21)에 고을 사람들이 서원을 건립할 것을 청하자 방백(윤근수)과 읍재(하진보)가 상의해 합당하다고 하니 산해정의 동쪽 산기슭 아래에다 터를 잡았는데, 정자 안희가 그 일을 주관하였다"[10]고 보이는 가운데서, 細字로 처리된 윤근수와 하진보의 이름은 후인이 삽입한 것이요, 원문에는 없었던 것이라고 주장한 점이다. 신산서원 중건 작업이 시작된 1588년은 『도선생안』에 보이는 윤근수의 경상감사 이임 시기인 1575년과는 무려 13년의 시간적 간격이 있기 때문이다. 이 교수의 주장에 대해 필자는 "그것이 諱字를 처

---

10) 『慕亭集』 권3. "往在戊子 鄕人請建書院 方伯(尹根壽)邑宰(河晋寶) 議以克合 卜基于亭之東麓下 安正字熹尸其事."

리하는 한문의 관례임을 이 교수가 인식하지 못한다는 점이 오히려 뜻밖"이라고 지적했던 것이다. 그러므로 쟁점은 이 두 사람의 이름이 후대에 삽입된 것이냐 아니냐에 있는 것이지 주석 여부가 아닌 것이다. 「신산서원기」에는 6명의 이름(윤근수·하진보·안희·황세열·허경윤·조차마)과 1명의 자(李山立[屹])가 언급되었는데, 경상감사와 김해부사에 대해서만 그들을 서원 창건의 핵심인물로 부각시키고서 성명을 주석 형식으로 처리하였다. 이는 조정의 사명을 받은 관인의 권위를 높여 다른 사람들과 구별하기 위한 것으로서, 한문에서 흔히 볼 수 있는 형식이다. 만약 이 교수의 주장대로라면 원문에서는 서원의 창건을 가능케 한 인물에 대해 그 직명만을 적고 실명을 빠트린 결과가 되는 셈이니, 상식에 크게 어긋난다.

이 기문은 「덕천서원중건기」와 마찬가지로 신산서원이 미처 완공하지도 못한 상태에서 임란으로 말미암아 소실된 이후, 당시 함께 없어진 산해정의 遺址로 옮겨 선조 41년(1608)부터 광해군 원년(1609)에 걸쳐 중건된 이후로 고종 8년(1871)에 훼철될 당시까지 서원 벽에 게시되어져 있었던 것으로서, 훼철된 이후로도 숙종 31년(1705)에 四友堂 曺爾樞가 글씨를 쓰고 당시의 院任 세 명이 연명한 액자가 일제시기까지 남아 있었음을 확인할 수 있고,[11] 『덕천서원지』 '創建事實' 조나 『金海府邑誌』 '壇廟' 조에도 경상감사와 김해부사의 성명이 細字가 아닌 형태로 본문 속에 포함되어 그 전문이 수록되어져 있다. 그중 연대미상의 필사본에 근거한 『김해부읍지』에는 문제의 부분이 '方伯尹根壽 邑宰梁思俊'으로 되어 있어 읍재의 이름이 다른데, 무민당의 벽

---

11) 『弦齋集』 권6 「書四友堂手筆後」; 『창녕조씨파보』 갑인보(1974) 卷首, 5a, 53a. "板本至今猶在 有耳目者皆可見聞."

한정에 소장된 필사본 『남명선생연보』나 그것을 출판한 이정합집본 『남명선생별집』권1에 수록된 「年譜」의 '創新山書院' 條 주석에는 河晉 寶가 김해부사로서 고을 사람들을 창도하여 서원을 건립한 것으로 되어 있어[12] 인조 이전 시기의 기록이 어떠한지를 확인할 수 있으므로, 이 역시 기문 중의 이 부분은 후대에 삽입된 것이 아니며 읍지 쪽이 오히려 후대에 개조된 것임을 방증해 준다.

『모정집』은 면우 곽종석의 교감을 거쳐 1908년에 목활자본 5권 2 책으로 처음 간행된 것으로서,[13] 「신산서원기」의 액자가 아직도 남아 있었던 당시에 본문에 없던 내용을 문집에다 추가할 수는 없는 것이다. 이 교수가 "작은 글씨로 쓰인 姓名 3字는 식견 있는 사람이라면 누가 보아도 주석인 것을 알 수 있다"고 함은 면우를 포함한 이 모든 관계자들을 식견 없는 사람으로 치부하는 말에 다름 아니다.

이 씨가 『맹자』의 구절을 인용하여, 만약에 휘자 때문이었다면 名 만을 細字로 처리하지 姓까지 함께 적지는 않았을 것이라고 주장한 것은 실로 엉뚱한 발언이 아닐 수 없다. 성을 빼고서 명만을 적는다 는 것은 1인칭이거나 역적 또는 이에 준하는 인물에 대해서만 사용될 수 있는 극도로 폄하하는 용법이기 때문이다.

이 교수는 「덕천서원중건기」나 「신산서원기」의 내용은 『남명집』 기유본 발문에 보이는 경상감사 유영순의 『남명집』再刊에 대한 후원 의 기록과는 아무런 관련이 없는 것이라고 주장하고 있다. 그러나 이 또한 그렇지 않다. 문경호의 기유본 발문은 이러한 기문들과 마찬가

---

12) "時河晉寶爲金海府使 倡起鄕人 創立書院"

13) 곽종석 찬 「慕亭集序」. "今去公且三百年所 劫火更迭 巾衍蕩逸 其得於斷爛轉寫之遺者堇若干篇 其後孫 瑠基昱基 將役剞劂以行于世 來責余丁乙之 且徵一言以冠于卷… 三復感歎 謹就而編摩之 仍畧敍公所 遇之大槩 以質於君子之知言者云"

지로 『남명집』 초기 간본의 내력에 대해 포괄적으로 설명한 기록이며, 하증이나 배대유는 문경호에 못지않게 인조반정 이전의 남명학파 사업에 깊이 관여한 인물들이기 때문이다. 만약 이 발문이 없었다면, 종래에 주장된 바와 같이 현존하는 『남명집』의 초기 간본들에 수록된 내암 정인홍의 서문에 보이는 갑진년(1604, 선조 37)을 초간본의 시기로 간주함은 자연스럽다고 할 수 있다. 그러나 발문 첫머리에 "지난 임인년 동안(1602, 선조 35)에 우리 내암선생은 한두 동지들과 더불어 돌아가신 스승께서 남기신 말씀이 전하지 못할 것을 염려하여 시와 글 약간 편을 수습하여 가야의 해인사에서 목판에 새겼다"14) 고 초간본의 간행이 임인년에 있었음을 분명히 말하고 있으므로, 문제는 달라지는 것이다.

김윤수 씨가 이러한 明文을 부정하고서 갑진본이 곧 초간본이라고 주장한 근거는 문경호 발문에서 재간본의 간역을 도왔다고 언급된 경상감사 유영순의 재임기간이 『도선생안』에 을사(1605, 선조 38) 9월부터 정미(1607, 선조 40) 3월까지라고 되어 있어 서문에 보이는 갑진 8월보다 오히려 늦음을 확인하고서, 모든 것을 이 하나에다 맞추고자 했기 때문이다. 그러나 만약 유영순이 『남명집』의 재간에 관여했다는 기록을 신빙한다면, 문경호의 발문은 그 자체 안에 심각한 모순들을 내포하게 된다. 그것은 무엇보다도 상기 명문에 어긋나는 점이며, 발문에서 그의 이름을 '柳永洵'으로 잘못 적고 있을 뿐 아니라, 특히 초간본이 별로 보급되지도 못한 상태에서 장판각의 화재로 목판이 소실되었고 그 후 수년이 지나 다시 공역을 시작하여 한 해 만

---

14) "向在壬寅年間 我來庵先生 與一二同志 慮先師遺響無傳 收拾詩文若干篇 入梓于伽倻之海印寺"

에 마쳤다고 한 기록15)과는 도저히 정합될 수 없는 것이다.

　김 씨가 처음 재간본의 간행이 병오년(1606, 선조 39)에 있었다고 한 데는 이렇다 할 근거가 있었던 것이 아니고, 재간본의 간행 경과에 관한 위와 같은 발문의 설명에다 최대한도로 맞추어보고자 시도한 것일 따름이다. 그렇지만 갑진년 8월부터 계산하더라도 병오년 말까지는 2년 반에 미달하며, 사실에 있어서는 서문이 쓰인 달에 초간본이 간행되어 병오년의 끝 달에 재간본이 간행된다는 것은 무리하기 짝이 없는 억측에 불과하므로, 아무리 하더라도 발문의 내용과 모순됨을 피할 수는 없는 것이다. 그러므로 김윤수 씨는 후에 가서 "병오본이라 하여 꼭 병오년에 간행됐다는 뜻은 아니다. 1년 만에 간역이 끝났다고 했으니… 병오년 중간에 시작했으면 다음 해 정미년 중간에 끝났을 것이다. 아무려나 병오년이 핵심기간이므로 병오본이라 한 것이다"라고 말을 바꾸어, 병오본이란 이른바 上限근거에 의한 것이라고 해명하고 있다. 만약 그 말대로라면, "상한근거의 판본은 以後字를 붙여 구별한다"고 한 김 씨 자신의 판본명 부여 원칙에 비추어 볼 때 이는 '병오이후본'이라 해야 하지 '병오본'이 될 수는 없다.16) 그러므로 김 씨는 필자와의 논쟁 이후 사실상 병오본이란 판본명을 포기한 것이다.

　이상필 교수는 이처럼 문경호의 발문 중에서 모순투성이인 "순찰사 유영순 또한 공역을 도왔다"는 한 구절을 鐵案으로 삼아, 자신의 유일한 근거인 이 구절의 진실성을 의심하는 필자를 비난하고 있다.

---

15) "印布未廣 藏閣遽灰 呀不幸甚矣 後數年 更起刊役 許生從善 寫出刊本 柳巡察永洵 亦助工役 功一歲而告訖"

16) 김윤수(1996), 15 · 17면.

그러한 까닭에 필자는 남명학파의 초기 역사와 관련된 다른 자료들에서도 경상감사가 관여했다는 기록은 모두『도선생안』과 어긋남을 증거로서 제시했던 것이다.17) 만약 이러한 지적이 이 교수의 주장에 치명적인 것이 아니라면, 그가 「덕천서원중건기」의 기록을 왜곡하고 「신산서원기」 중 해당 부분의 贗作說을 제기하는 것과 같은 무리를 범할 이유는 없었을 것이다.

3. 『孤臺日錄』의 증거

『고대일록』에서는 경상감사 유영순의 주요 동향에 대해 다섯 군데에 걸쳐 언급하고 있다.

> [을사 8월] 7일 기유. 순찰사 이시언이 파직당하고 유영순으로써 그를 대신하였다.
> [을사 9월] 1]4일 을유. 순찰사 유영순이 道界에 도착했다고 들었다. 전임 순찰사 이시언은 충청도로 향했다고 한다.
> [병오 8월] 1]2일 무신. 巡峠 유영순이 함양군에 들어왔다.
> [8월 1]4일 경술. 유 순상이 산음으로 향했다.
> [정미 2월 2]7일 경술. 순찰사 유영순이 임기만료로 교체되고 정사호가 그를 대신했다.18)

이에 의하면, 유영순은 을사년 8월에 감사로 발령되어 9월에 부임

---

17) 오이환(2000), 396~399면.

18) "七日己酉 巡使李時彦見罷 以柳永淳代之… 四日乙酉 聞巡使柳永淳到界 前巡使李時彦向忠淸道云… 二日戊申 巡相柳永淳入郡… 四日庚戌 柳相向山陰… 七日庚申 巡使柳永淳以瓜滿遞[遞] 鄭賜湖代之", 일기의 저자인 정경운 역시 감사의 이름을 모두 柳永淳으로 잘못 기록하고 있는데, 이는 개인적 인식의 착오이니만치 공식적 기록인 문경호 발문의 오류와는 성격이 같지 않다.

하였고 정미년 2월에 체직되었으므로, 『도선생안』에 적힌 을사년 9월에 와서 정미년 3월에 체직되어 떠났다는 기록은 발령된 시기보다는 그가 실제로 부임하고 이임한 시기를 기준으로 하였으며, 당시의 개인 일기인 『고대일록』의 기록 쪽이 보다 자세함을 알 수 있다. 그는 부임 후 순시차 한 차례 右道를 방문하여 병오년 8월 12일에 함양군에 도착하였고, 14일에 산음현, 즉 후대의 산청현을 향해 출발하였다. 『남명집』 임술본 권4에 追錄된 그의 이름으로 된 제문은 실제로는 송정 하수일이 代作한 것인데, 그 제작 시기에 대해 '丙午九月'이라 한 것은 바로 이 무렵 그가 덕산서원, 즉 후대의 덕천서원을 처음으로 방문했을 때를 가리킨 것이다.[19] 9월은 『고대일록』에 보이는 그의 行程을 고려할 때 다소 늦은 감이 없지 않으나, 당시로서는 덕산서원이 산음현이 아닌 진주목에 속하였으며, 그가 우도의 巨邑인 진주에 다소 오래 체재했을 가능성도 있다.

「덕천서원중건기」에는 "병오년에 西齋를 건립하였는데, 순찰사 유영순이 힘쓴 바였고, 손득전이 공사 책임을 맡았다. 유 순찰은 兵使인 김태허와 더불어 祠宇에 참배하고서 쌀 20석과 租 50석을 내어주었으며, 산으로 둘러싸인 구역 1里를 소작료를 취할 땅으로 삼아 院中의 수요에 대비케 하였다"고 보인다.[20] 이 역시 바로 이 시기에 그가 덕산서원을 방문하여, 임진·정유의 왜란에 남김없이 불탄 이후 선조 34년(1601)부터 광해군 3년(1611)에 이르기까지 중건 작업이 진행되고 있었던 이 서원에 대해 중요한 재정적 지원을 하였던 것을 가리킨다.

---

19) "永詢謬以後學 受此重寄 未及函丈 每懷興吁 今攝宮墻 淸廟有閟 彷彿儀形 陟降庭止"

20) "丙午建西齋 柳巡察所致力焉 而孫得全敦役焉 柳巡察與兵使金太虛來謁祠宇 因出米二十碩 租五十碩 還山中一里爲取息之地 以備院中之需"

그 외에 『선조실록』 병오년 12월 庚申 조에는 그가 도내의 사액서원 중 임란에 소실되었다가 중건된 성주의 川谷, 선산의 金烏, 현풍의 雙溪, 함양의 灆溪서원에 대한 再사액과 더불어, 중건 작업이 진행 중인 진주의 덕산서원에 대해서도 사액을 청한 내용의 장계를 올린 기사가 보인다.[21]

유영순의 남명과 관련된 기록은 이상의 것이 전부이다. 그가 을사년 8월에 경상감사로 발령되어 병오년 8월 혹은 9월에 진주를 방문하여 덕산서원을 처음으로 참배하였고, 다음 해 2월에는 감사의 직에서 물러났음을 고려할 때, 기유본 발문에 보이는 그에 관한 기록은 사실에 있어서는 『남명집』의 중간을 원조한 것이 아니라 덕산서원의 중건 사업에 대한 재정적 지원을 이런 식으로 에둘러 표현한 것이라고 본다. 사림의 사업에 대해 수령을 비롯하여 해당지방의 장관인 도백이 후원한다는 것은 그러한 사업의 권위를 드높여 주는 것이므로, 덕천서원이나 신산서원의 중건에 대한 경상감사 윤근수 등의 지원에 대한 기록이 그 재임기간과 일치하지 않는 사실 역시 이 같은 문맥속에서 파악됨이 타당할 것이다.

이미 언급한 바와 같이, 『남명집』의 초간본이 임인년에 간행되었음은 『고대일록』 속에도 움직일 수 없는 증거가 있다. 임인 전해인 신축년(1601) 5월 9·10·12·14일, 7월 20일, 12월 12·28일 조에 해인사에서의 간행 작업에 대한 기록들이 보이는 점이 그것이다.[22] 鄭慶雲 자신이 이해 5월 9일부터 15일까지 함양의 盧士誨[23]·姜應璜과

---

21) "慶尙監司柳永詢馳啓曰… 其中南溟先生曺植 學行道德 竝美於前賢 士子之欽慕 亦不減於前賢 平時營建書院於晋州之德山舊居之傍 而亦爲兵火所及 今方重建 依他書院例 竝命賜額 以示朝廷右文重道之意 詮次善啓"

22) 오이환(2000), 106~107면.

더불어 합천으로 가서 이 작업에 동참하여, 5월 12일에는 해인사에
모였던 정인홍의 문인들이 귀향한 후 절에 홀로 남아 작업을 감독하
고 있으며, 7월 20일에는 함양에서 합천의 해인사까지 일부러 사람을
시켜 밀로 빚은 술을 보내었고, 12월 12일에도 사람을 해인사로 파견
하고 있다.24)

당시 해인사에서 『남명집』의 간행 작업이 이루어진 것은 그곳이
내암의 처소에서 가깝고 작업하기에 편리한 인적·물적 조건이 갖추
어진 점도 있었지만, 무엇보다도 임란으로 말미암아 영남지역의 남명
을 기념하는 세 서원이 모두 소실되어 버렸고, 덕산서원과 香川서원
즉, 사액 후의 龍巖서원은 신축년부터 중건의 조건이 마련되었다고는
하지만 아직 祠宇조차 이룩되지 못한 상태였기 때문에 달리 이렇다
할 대안이 없었던 것이다.25)

김윤수 씨는 원래 문경호 발문에 보이는 임인년에 대해 이를 "壬寅
年間부터 정인홍이 한두 同志만 참여시킨 채 독단, 자의로 편찬하였

---

23) 자 啓時, 1545~1604. 함양 介坪 사람이며 玉溪 盧禛의 차남으로 1594년에 헌릉참봉이 되었고, 1596
년 禮山현감이 된 이후 『고대일록』에서는 '노예산' 또는 '예산'으로 호칭된다. 강응황은 그의 차녀와 결
혼했다. 임인년(1602) 3월 5일 조에 그가 형조정랑이 되었다는 기사가 보이며, 같은 해 8월에 盆山 군
수가 된 이후로는 '노익산'으로 보인다. 그는 1600년에 灆溪書院의 원장이 되었다가 1603년 4월에 타
계한 종형 盧士俒(자 德夫, 호 秋潭, 1544~1603)의 뒤를 이어 그해 6월 12일 새 원장으로 추대되었
다. 정인홍의 제자는 아니지만 그를 존모하여 그해 7월 13일 함양 사림이 양홍주를 비판하는 소를 올
리기로 했을 때는 그 疏頭로 결정되었으나, 7월 21일 중풍으로 반신불수가 되어, 다음 해 10월 10일에
타계하였다. 『豊川盧氏世稿』권5에 그의 『習悅堂遺稿』가 수록되어 있다. 남계서원 소장 필사본 『經任
案』은 1579년에 당시의 원장이었던 弘窩 盧士豫(자 立夫, 1538~1594)에 의해 院史의 형태로 창시되
었는데, 현존 필사본은 그 원형을 비교적 잘 보존하고 있다. 1962년에 간행된 『灆溪書院尊衛錄』권2의
앞부분에 광해군 2년 이전까지의 경임안이 보이지만 필사본과는 여러모로 차이가 있다. 필사본에는 불완
전하나마 인조 5년까지의 기록이 보이지만, 간본에서는 광해군 4년으로부터 숙종 8년까지 71년간의 기
록이 失傳되었다고 적고 있는 것도 그중 하나이다.

24) "[신축 5월] 八日 余與盧禮山姜渭瑞相約往陜川… [1]二日己酉 河性源來海印相話 與禮山相別 食後諸
友各歸鄕 余獨留寺看役… [7월]二十日乙卯 送小麥麴生于海寺… [12월]十二日乙亥 送人于海寺"

25) 「덕천서원중건기」. "辛丑 牧使尹說因本州士子之請協謀重修 於是李清州潮陳院長克敬暨余更送句管 而
壬寅祠宇始完 神廚繼就"

다"고 하여『남명집』초간본의 간행이 아니라 그 편집 작업이 시작된 해로 해석했었는데, 후에 가서는『고대일록』신축년 5월 12일 조에 보이는 '留寺看役'에 대해 "孤臺 鄭慶雲이 신축년에 留寺看役했다면 刊役이 아닌 編役일 것이다"라고 하여 앞뒤가 맞지 않는 의견을 제시한 바 있다.[26] 어쨌거나 신축년의 기록이『남명집』과 관련된 것이라는 점을 인정한다면, 임인년이『남명집』초간본의 간행이 아닌 그 편집 작업이 시작된 해라는 주장은 성립될 수 없다. 정경운은 이 시기 합천에 체재한 한 주 동안에 스승인 내암 정인홍을 비롯하여 그 문인인 暮軒 河渾(자 性源)・嶧陽 文景虎(君變)・竹軒 崔恒慶(德久)・惕齋 成辨圭(賓如)・鄭渰(雲叟)・李敬[景]修 및 조선에 귀화한 명나라 장수 施文用 등과 만나고 있다.

'看役' 또는 이와 유사한 표현은 이후의『고대일록』에도 많이 보이고 있다. 아래에 그 사례의 일부를 열거해 둔다.

> [신축(1601) 8월] 9일 갑술. 體察副使 한준겸이 郡에 들어왔다. 원장과 내가 글을 올려 서원을 이건할 터를 얻었는데, 곧 滌暑亭이다. 九日甲戌 副察使韓俊謙入郡 院長及余呈書 得移院基址 乃滌暑亭也
> [임인(1602) 8월] 9일 임술. 서원에 가서 役事의 시작을 살폈다. 九日壬戌 往書院看始役
> [8월 2]1일 경술. 서원에 가서 역사를 감독하였다. 一日庚戌 往書院董役
> [10월] 9일 정유. 서원에 가서 역사를 살폈다. 九日丁酉 往書院看役
> 10일 무술. 서원에 머물러 역사를 감독하였다. 十日戊戌 留書院董役
> [2]5일 계축. 서원에 가서 역사를 감독하였다. 五日癸丑 往書院董役
> [11월] 8일 을축. 개평에 갔다. 강 목사 형제 및 극수・경승・경소

---

26) 오이환(1998); (2000), 444~446면.

제군이 함께 모여서 完議를 정해 서원을 옮기기로 했다. 八日乙丑
往介坪 姜牧使昆季及克修景承景紹諸君共會 定完議移書院

9일 병인. 羅村에 가서 터를 살펴보았다. 가시나무를 베어 내고 더
러운 흙을 실어 나른 뒤 터를 열어 神에게 고했다. 九日丙寅 往羅
村相基址 芟荊棘 輦糞壤 開基告神

20일 정축. 나는 서원에 가서 역사를 감독하였다. 二十日丁丑 余往
書院董役

[2]1일 무인. 나촌에 가서 역사를 감독하였다. 一日戊寅 往羅村董
役

[2]2일 기묘… 오후에 나촌에 가서 기둥 세우는 것을 보고 서원에
머물렀다. 二日己卯… 午後往羅村 見立柱 留院

[2]8일 을묘. 나촌에 가서 역사를 감독하였다. 八日乙卯 往羅村董
役

[계묘(1603) 2월] 4일 신묘. 새 터에 가서 역사를 살피다가 해질 무
렵에 집으로 돌아왔다. 四日辛卯 往新基看役 日合歸家

[3월] 6일 임술. 새 터에 가서 역사를 감독하였다. 六日壬戌 往新基
董役

7일 계해. 새 터에 가서 역사를 살폈다. 七日癸亥 往新基看役

10일 병인. 升安에 가서 역사를 살폈다. 十日丙寅 往升安看役

[2]3일 기묘. 나는 계수와 함께 비를 무릅쓰고 역사를 감독하였다.
비 때문에 갇혀서 새 서원의 터에서 잤다. 三日己卯 余與季修冒雨
董役 爲雨所關 宿于新院之基

[4월] 12일 무술. 서원에 가서 기와 덮는 것을 보았다. 十二日戊戌
往院觀盖瓦

[4월 1]6일 물댄 논에 종자 뿌리기를 마친 다음, 나는 서원에 가서
역사를 살폈다. 六日壬寅 畢敷水種 余往院看役

[8월] 10일 계사. 서원에 가서 역사를 감독하였다. 十日癸巳 往書
院董役

[9월 1]6일 기사. 서원에 가서 역사를 감독하였다. 六日己巳 往院
監役27)

---

27) 이하의 『고대일록』에도 '看役'과 관련된 기술은 계속 보인다.
    [갑진(1604) 9월] 六日癸丑 留院看役 日昳歸來… 十一日戊午 往院看役 盧賓夫來話敎事 與渭瑞共見
    牛坪基地… [1]七日甲子 往院看事 與趙季售同宿.
    [을사(1605) 정월 1]八日癸巳 往山陽 浮灰事也… 午後到桐谷見役… [1]九日甲午 留桐谷成俊弼家
    董役 浮灰幾盡… 二十日乙未 畢役 午後歷弔李僉知延春 黃昏到家… [2월] 二日丙午 留省谷董役燔
    灰… 九日癸丑 雨 不克役… [2]五日己巳 往書院董役 與盧汝任趙季售同宿… [3월] 四日戊寅 往書院

여기서 보는 바와 같이, '看役' 외에도 '董役' '監役' 등의 표현이 사용되고 있지만 그 의미는 별로 다르지 않으며, 그 밖의 '見立柱' '觀盖瓦' 역시 마찬가지이다. '看'은 '監'과 마찬가지로 살핀다는 뜻이며, '役'은 일군을 시켜 작업함을 말하므로, 여기서는 인부들이 하는 건축공사의 작업을 감독함을 의미한다.

정유재란으로 남계서원이 불탄 후 왜군이 물러가자 假祠를 세워 위패를 봉안하다가, 1602년부터 본격적인 재건작업이 시작되었다. 정경운은 임란 전인 1580년 6월 1일부터 1582년 2월까지 친우인 朴汝樑과 더불어 이 서원의 典穀有司를 맡은 적이 있었는데, 1594년에 친우인 盧士尙이 원장이 되자 그와 함께 다시 이 서원의 유사가 되었다. 정유재란 때는 그 자신이 서원의 위패를 봉안하여 깨끗한 곳에 묻어 보관하였다가, 1598년 노사상이 피란지 익산에서 죽은 후 귀향하여 홀로 유사의 직을 수행하였다. 1600년 봄에 노사예의 아우 盧士俒가 원장이 되자 그와 더불어 서원의 재건작업을 지휘 감독하는 책임을 맡게 되었으나, 1601년 가을에 노 원장이 중풍으로 말미암아 출입할 수 없게 되고 1603년에 작고하였으므로, 실질적인 작업은 정경운에 의해 추진되었던 것이다. 그는 1603년 겨울에 일시 遞任되었다가, 1604년 가을에 다시 盧士점와 더불어 都監으로 천거되어 始終 서원의 재건 작업을 추진하여 마침내 이를 완수하였다. 명종 7년(1552)에 남명 문인 介菴 姜翼 등의 창도로 건설 작업이 시작되어 1564년에 완공되고 1566년에 사액되어 조선에서 두 번째로 설립된 서원인 남계서원은 그 옛

董役… [8월] 五日丁未 往新基看書堂開基 乃辛坐乙向也… [10월 2]二日癸亥 往東面董山役 暮投堂兄家同宿 [2]三日甲子 訪梁致淑梁馨彦 來看山役 仍宿院村.
[무신(1608) 7월 2]六日庚戌 往書堂看役.

터가 낮고 좁다하여 재건 때는 羅村으로 이건하여 선조 32년(1605)에 위패를 봉안하였던 것인데, 광해군 4년(1612)에 이르러 다시 옛터로 옮겨졌으나 관계 문헌이 남아 있지 않으므로 그 이유는 알 수 없다.[28]

임인년에『남명집』의 초간본이 간행되었음은 정경운이 그 전해인 신축년 5월에 합천을 방문했을 때 만났던 문경호가 쓴 발문에 명기되어져 있으며, 이 일 말고는 신축년에 정인홍의 문인들이 해인사에서 작업을 진행할 다른 어떠한 사유도 찾아낼 수 없다. 신축년에 해인사에서 이루어진 작업이 만약『남명집』의 편집에 관한 것이었다면, 그 일을 담당했어야 할 내암의 문인들이 모두 귀향한 다음에 정경운정경운이 홀로 절에 남아 작업을 감독한다는 것은 이치에 닿지 않는다. 그러므로 이것이 편집 작업이 아니라 판각 작업과 관련된 것임은 의심할 여지가 없다.

내암이 서문을 쓴 갑진년 8월에『남명집』이 출판되었다는 것은 매우 무리한 주장이다. 서문은 편집이 거의 마무리된 시점에 쓰인 것으로 봄이 타당하며, 실제로 간행된 시기는『선조실록』에 그것이 초래한 물의에 대한 기사가 보이는 을사년 7월에 가까운 시기였다고 보아야 할 것이다. 그리고 이는 임인본의 장판각이 소실된 지 수년 후에 다시 간역을 일으켜 한 해 만에 완공했다는 문경호의 발문과도 정합된다. 그러나 재판본의 판본명은 서문에 보이는 확실한 기록을 근거로 하여 갑진본으로 삼는 것이 관례에 부합한다.[29]

---

28)『灆溪書院誌』上篇「書院事蹟」; 필사본『經任案』;『고대일록』을사 4월 7일 조. "甲午 與盧志夫同受院任 丁酉再亂後 志夫以毀而滅性 余獨還鄕 經理一灆書院及鄕賢祠 粗有萬分之補 庚子 盧丈爲山長 同起移院之議 卜地創立 盧丈遽殞 言無聽唱無和者一歲"

29) 昌寧曺氏의 족보를 예로 들면, 여러 종류의 私譜가 있으나 대동보의 성격을 지닌 것은 선조 시기의 丙午譜(1606), 숙종 시기의 癸酉譜(1693), 영조 시기의 丁亥譜(1767), 고종시기의 甲戌譜(1874) 그리고 일제시기의 辛亥譜(1911)이다. 병오보는 曺倬이 이루었으므로 參判譜라고도 하는데, 그가 실제로 이

4. 판본의 계통과 板本名

1) 판본 계통

　김윤수 씨는 1992년 6월에 발표한 「『南冥集』 册板系統考」에서 『남명집』의 전체 책판 계통과 그것들에 속하는 각 책판의 명칭을 제시하였는데, 그로부터 반 년 후인 1992년 12월에 발표한 「『南冥集』의 册板과 印本의 系統」에서 이미 책판의 명칭에 대해 적지 않은 수정을 가했지만, 그 계통에 대해서는 기본적으로 前說을 유지하였다. 그리고 후자의 판본명이 1995년과 2001년에 경상대학교 남명학연구소에 의해 각각 번역 출판된 『남명집』에 그대로 적용되어 널리 보급되었고, 이것이 오늘날까지 남명학연구소의 공식적 입장으로 되어 있다고 할 수 있다. 그러므로 여기서는 김 씨가 자신의 견해를 수정하여 발표한 후자에 대비하여 필자의 소견을 개진해 보고자 한다.

　먼저 책판30)의 계통에 대해 김 씨는 ①『南冥先生集』甲辰板, ②『南冥先生集』丙午板 系統, ③『南冥先生合集』庚辰板 系統, ④『南冥先生全集』甲午丁酉板, ⑤『南冥先生全集』庚辰板 系統의 다섯 가지를 구별하고 있다. '계통'이란 複數의 판본이 존재함을 의미하는 것이요, 그런 이름

책을 만든 것은 임인년(1602)이지만 타인이 증보하여 서문을 쓴 시기가 병오년이고, 계유보 역시 그것이 완성되어 발문이 쓰인 시기는 무진년(1688)이지만 출판된 책의 서문에 보이는 것이 계유년이며, 정해보는 갑자년(1744)에 시작된 후 우여곡절을 거쳐 출판된 책의 서문이 정해년에 쓰였고, 갑술보의 서문은 무인년(1878)과 경진년(1880)에 각각 쓰였으나 처음 작업이 시작된 시기가 갑술년이며, 신해보역시 서문이 쓰인 신해년에 작업이 시작되었으나 그것이 실제로 완성된 것은 발문에 보이는 갑인년(1914)이었다. 그러므로 일정한 기준이 없지만, 대체로 序·跋이 집필된 시기에 근거한 것이 많다.

30) 김 씨는 상기 두 논문에서는 책판의 명칭을 다루었으므로 ○○板이라고 하였지만, 자신이 각 판본의 원문을 교감한 『남명집』 번역본에서는 교감의 대상이 된 것이 刊本이므로 ○○本이라는 명칭을 사용하고 있다.

이 붙지 않은 것은 단일한 판본임을 의미하는 것이다. 이에 비해 필자는 ①과 ②를 묶어 甲辰本 계통, ③을 釐正本 계통, ④와 ⑤를 묶어 重刊本 계통으로 호칭하여 세 계통으로 구분해 왔다. 그리고 김 씨가 ②에 소속시킨 신묘판과 신해판을 이정본 계통으로 분류함도 두드러진 차이이다.

이처럼 달라진 것은 김 씨가 주목한 것은 책판의 차이이고, 필자가 주목한 것은 간본 내용과 간행 과정의 차이이기 때문이다. 김 씨의 갑진판과 병오판은 각각 필자가 말하는 임인본과 갑진본을 가리킨 것인데, 후자는 전자의 목판이 소실된 후 그 인쇄된 판본을 가지고서 베껴 다시 간행한 것이기 때문에 책판은 다르지만 내용상으로는 별로 차이가 없는 것이다. 이것들은 모두 인조반정 이전의 원형에 속하는 판본이란 점에서 공통된다.

이와는 반대로 김 씨가 말하는 신묘판과 신해판은 책판으로서는 갑진본 계통의 마지막 판본인 임술본을 바탕으로 한 것이지만, 효종 2년(1651)의 훼판 사건을 거친 후 대북정권과 관련된 부분을 삭제하여 새로 간행한 것이기 때문에 내용상 중요한 차이가 있으며, 이로 말미암은 변화는 이후 전면적으로 새로 판각된 이정합집본 계열의 판본에 그대로 계승되고 있는 것이다.

④와 ⑤는 비록 내용상으로는 커다란 차이가 있다고 할지라도, 모두가 당시 널리 보급되어 있었던 이정합집본 속에 대북의 잔재가 충분히 청산되지 못한 채 남아 있다고 보아 『남명집』과 『학기유편』의 내용에 대해 전면적인 수정을 가하면서 의론을 절충해 나가는 과정에서 생겨난 것이니, 그 간행 시기와 성격에 있어서는 동일한 계통에 속하는 것이다. ⑤의 목판은 대체로 ④의 것을 襲用하였기 때문에 그

런 의미에서도 ④는 ⑤로 나아가는 과도적 단계의 것이라 할 수 있다.

김 씨나 필자가 '합집'이라 호칭한 것은 그것이 문집과 『학기유편』 그리고 연보와 『산해사우연원록』 등 당시까지 존재했던 남명과 관련된 문헌들을 모두 모아 合編한 것이기 때문이다. 그러므로 이것이야말로 全集이라 불러도 안 될 것이 없다. 김 씨가 말하는 '전집'은 본집과 속집 등 일반 문집의 체제를 두루 갖추었다는 데 근거하였으나, 그 내용에 있어서는 새로운 작품이 추가된 것은 별로 없고, 오히려 기존의 『남명집』과 『학기유편』의 내용을 가지고서 발췌 편집하였으며, 거기에다 새로운 연보인 編年을 첨부한 정도에 지나지 않으므로 분량상으로도 이정합집본에 크게 미달할 뿐 아니라, 합집본에서 가장 많은 부분을 차지하고 있었던 別集, 즉 『산해사우연원록』이 대부분 빠져 버린 것이므로 용어의 일반적 관례에 비추어 전집이란 명칭은 타당치 않다. 물론 필자가 사용한 중간본이란 명칭 역시 이 계통의 판본에만 특정할 수 있는 것은 아니지만, 당시의 편집과 관계된 대부분의 문헌에서 이러한 호칭이 사용되었고, 또한 종래의 『남명집』을 청산하고서 면모를 一新한 것이라는 점에서도 그 성격에 부합되는 면이 있는 것이다.

2) 판본명

(1) 갑진본 계통

가) 壬寅本

김 씨는 갑진본의 정인홍 서문에 보이는 '萬曆甲辰八月日'이 초간본을 간행할 때 쓴 것이라 하여 초간본을 갑진본이라 하였다. 그러나 문경호의 기유본 발문 첫머리에 초간본은 임인년에 간행되었음이 명시되어져 있다. 이것과 재간본인 갑진본에 대하여는 앞에서 이미 상세히 논하였다. 이 판본은 현존하지 않으므로 판본 계통의 기준으로 삼을 수 없다.

나) 甲辰本

김 씨는 기유본 발문에 보이는 경상감사 유영순의 『道先生案』에 기록된 재임 기간에 근거하여 이를 병오본이라 하였다. 그러나 이는 추정한 것일 뿐 이렇다 할 객관적 근거가 없으며, 발문 자체의 내용과 모순된다. 또한 간행연도의 상한선에 입각한 판본명에 대한 김 씨 자신의 명칭 부여 원칙과도 어긋난다.[31]

다) 己酉本

권4 말미의 발문에 '歲己酉春正月 後學烏山文景虎謹識'라 보인다. 한국문집총간 31에 수록되어 1989년에 영인간행 되었다.[32]

라) 壬戌本

권4 말미에 '天啓壬戌仲秋 德川書院改校'라 보인다. 4권 3책으로 된 규장각도서 4032번을 가지고서 『南冥集四種』에 포함하여 2000년에 영인 간행되었다.[33]

---

31) 오이환이 발견한 이 판본의 산질은 1992년 『남명학연구논총』 제3집에 수록되어 영인되었다.

32) 全炳允(1984); 韓相奎(1990; 1992)에도 영인 수록되었다.

33) 오이환(2000), 480~485면.

마) 聽江本

필자가 山淸郡 丹城面 紫陽里 147에 소재한 聽江 李道燮(1868~1913)
의 후손 집에서 발견한 산질인데, 간행연대를 확인할 수 없으므로 그
元 소장자의 호를 취한 것이다. 내용은 규장각에 소장된 임술본 완질
과는 경미한 차이가 있으며, 규장각본보다 앞선 시기의 것으로 추정
된다.34)

(2) 이정본 계통

가) 辛亥本

필자가 山淸郡 丹城面 南沙里에 世居하던 故 沙隱 李龍洙의 장서 가운
데서 발견한 것으로, 효종 2년(1651, 辛卯)의 임술본 毁板 사건이 있고
난 후 임술본 가운데서 문제가 된 부분들을 삭제 수정하여 간행한 것이
다. 이 역시 발견 당시로서는 정확한 간행 연대를 확인할 수 없었
으므로, 복사 제본한 것에다 임술본을 이정한 판본이라는 뜻으로 '壬
戌釐正本'이라고 기입해 두었다가, 후일 元 소장자의 호를 취해 '沙隱
本'이라는 명칭으로 발표한 바 있었다.35)

김윤수 씨는 毁板 사건 당시의 덕천서원장인 尹承慶이 한때 목판을
임술본의 원형대로 복원시킨 사실이 있었으므로 그것을 辛卯板이라
하고,36) 후에 송시열이 제시한 지침에 따라 이정된 이 목판은 前稿에

---

34) 오이환(2000), 363~364면 참조. 권2, 1책만 남아 있는 산질인데, 1991년에 『남명학연구』 제1집에 수
록되어 영인되었다.

35) 오이환(2000), 361~363면 참조.

36) 전고에서는 毁板 사건이 일어난 해를 효종 3년으로 착각하여 壬辰板이라 하였다가 후고에서 신묘판으로
고쳤다.

서는 조정으로부터 이정 지시가 내려진 현종 11년(1670, 경술)에 간행
된 것으로 간주하여 庚戌板이라 하였다가, 後稿에 가서는 현종 12년
(1671, 신해)에 간행되었을 것으로 추정하여 신해판이라고 고친 바 있
었다. 그 후 필자가 晉州市 大谷面 丹牧里의 丹池 河悏 종택에 소장된
고문서 가운데서 현종 12년 1월 29일 경상감사가 왕명에 따라 이정
간행 작업을 마치고서 보고한 장계에 "문집 중 賊徒의 이름이 붙어
있는 쪽 같은 것은 모조리 깎아 내고서 다른 板을 첨부하여 開刊하였
사오며(文集如賊徒付名之葉 盡爲削去 他板添附開刊爲白乎㫆)"라는 문구
가 있음을 찾아내어 그 간행시기가 확인되었으므로, 이를 신해본으로
개칭하였다.37)

나) 合集本 A(曺永哲本)

신해본을 전면적으로 개판하고, 거기에다 별도로 광해군 9년(1617,
丁巳)에 초간되었던 『학기유편』의 목판을 부분적으로 수정하여 문집
의 일부로서 포함시키고, 종래의 필사본 『산해사우연원록』을 『남명
선생별집』으로 개칭하여 숙종 28년(1702, 壬午)에 초간한 것을 추가해
본집 5권, 별집 9권으로 간행한 것이다.38) 남명과 관련된 기본 자료가
망라된 것이라고 할 수 있으므로, 필자는 이를 이정합집본이라 명명
하였다.

김윤수 씨는 전고에서 이를 '『南冥先生合集』 肅宗板 系統'이라 하였
다가, 후고에 이르러서는 별집이 숙종 26년(1700, 庚辰)에 간행된 것이
라고 보아 경진판이라 개칭하고서 '『남명선생합집』 경진판 계통'을

<hr />

37) 오이환(2000), 486면 참조. 『남명집사종』에 수록되어 영인 간행되었다.
38) 오이환(2004), 4~5면 참조.

설정하였다. 그러나 별집의 성립 시기에 관한 김 씨의 고증은 신빙할 만한 것이 못된다.[39] 합집본의 별집은 문집에 비해 匡郭이 현저히 작으며 行款도 같지 않으므로 별도로 간행되었을 터이지만, 합집본이 이루어진 시기에 대해서는 별집의 간행과 큰 차이가 없으리라고 추정하는 것 외에 현재로서는 근거할 수 있는 확실한 문헌이 없다. 그러므로 이 역시 元 소장자의 이름으로 구분하여 상대적 성립시기에 따라 그 순서를 부여한다.

조영철본은 전남 보성군 보성읍 원봉리 208번지에 사는 조영철 씨가 소장하고 있다가 사단법인 남명학연구원에 기증한 것으로서, 제4책인 學記 下卷의 끝에 두 장, 그리고 제5책인 附錄 끝에 석 장의 불필요한 間紙가 덧붙여져 있다. 이것들 가운데에는 『남명집』 임술본, 『학기유편』 정사본의 일부이거나 혹은 현존 간본과는 다른 이정합집본의 일부 등이 포함되어져 있다. 조영철본은 간지에 보이는 이 판본 미상의 이정합집본으로부터 박영돈본으로 나아가는 중간 단계의 것이다.[40] 이정합집본의 여러 간본들은 그 가운데에 남아 있는 미미한 수정의 자취에 의해 구별되는데, 필자가 감정하여 그러한 차이점을 발견한 간본들인 조영철·박영돈·조태화본은 남명학연구원출판부에서 영인 간행한 『南冥集四種』 속에 간행 시기 순으로 결락되거나 혹은 인쇄가 불분명한 부분들을 보완하여 대조 수록되었다.

다) 합집본 B(박영돈本)

남명학연구원이 박영돈이라는 사람으로부터 구입한 것이다. 조영

---

39) 이러한 주장에 대한 필자의 논의는 오이환(2000), 389~393, 424~431면에 보인다.
40) 오이환(2000), 469~470면 참조.

철본보다 후에 간행된 것임을 확인할 수 있는 것은, 조영철본은 권4의 첫머리가 『학기유편』 정사본의 체제를 그대로 유지한 채 板心 부분만 고쳐져 있음에 반해 박영돈본은 권4의 제1판 전체를 새로 짜서 권3의 양식과 일치시킴으로써 합집본으로서의 체제를 보다 정비하고 있는 점이다.[41]

라) 합집본 C(甲申本)

영조 40년(1764, 갑신)에 별집을 교정하여 출판한 것으로서, 金墩과 朴挺新이 각각 이해에 찬한 발문이 붙어 있다. 교정 초간본의 현존은 아직 확인되어져 있지 않다.

마) 합집본 D(曺台和本)

경남 하동군 하동읍 읍내리 1267번지에 거주하는 조태화 씨 소장본이다. 국립중앙도서관에 문집 부분만 소장된 正祖 20년(1796, 丙辰)에 내려진 賜祭文이 追刻된 판본과 동일한 것인데, 별집 9권 3책까지 갖추어져 있으므로 보다 완전한 것이다. 문집 권5 부록과 중복되는 부분이 많은 별집 권1・2는 탈락되고, 그 대신 권3의 끄트머리에다 別集跋과 別集校正跋 총 5편을 추가해 두었다.[42] 이에 앞서 정조 22년(1798, 戊午)에 남명 후손인 曺龍琬이 인쇄 제본한 합집본에는 문집 권1, 7・8판, 권2, 49・50판, 별집 권1, 11・13판, 권2, 23・24판 등 총 8장의 缺板이 있는데,[43] 이 결락 부분들은 모두 새 목판으로 대체되었다.

---

41) 오이환(2000), 430~431, 469~470면 참조.

42) 오이환(2000), 470~471면 참조.

43) 김윤수 씨는 이를 戊午印出本이라 명명하였으나, 목판에 결락된 부분이 생겼을 뿐 새로운 판본이라 할 수는 없다. 김 씨가 7장이 缺板이라 한 것은 별집 권1 제11판을 빠트린 것이다. 아울러 김 씨는 賜祭文

바) 합집본 E(亞細亞文化社影印本)

1982년에 아세아문화사의 朝鮮中期思想叢書에 포함되어 영인 출판된 것이다. 문집 권5의 끝에 57·58판을 새로 새겨 조태화본에서 추록되었던 정조 사제문을 권5의 後尾에다 끼워 넣었고, 별집 권1, 제8판을 새로 새기고, 권7, 16b, 2행의 조태화본에서는 비어 있었던 부분에 '有''也' 2자를 추가했으며, 권9의 19·20·21판을 새로 새겼다. 김윤수 씨는 전고에서 이를 純祖板이라 했다가 후고에서는 乙酉板으로 고쳤다. 그 근거는 벽한정 소장『卞誣錄』에 수록된「龍淵書院通道東文 甲申二月七日」에 순조 24년(1824, 갑신) 무민당의 후손이『별집』을 비판하여 그것이 무민당이 편찬한『산해사우연원록』과 다름을 주장하면서 그 증거의 하나로서 별집 권9 제19판에 追入된 李玄逸 撰 李天慶墓碣銘을 들었는데, 이 묘갈명이 삭제된 것은 그러한 지적이 있은 이후일 것으로 간주하여 역시 추정 가능한 상한년도를 잡은 것이다.[44]

사) 합집본 F(東洋文庫本)

일본 동양문고 소장본으로서, 이정합집본의 문집 부분 5권 5책이다. 권1, 26a에 있던「無題」詩가 삭제되고 그 자리로 26b에 위치했던「次徐花潭韻」이 옮겨지면서 26b의 시가 있던 자리는 공백으로 남겨졌으며, 권3 및 권4의 첫머리가 조영철본에서 본 바와 같이 체제상 서

追刻本을 전고에서는 丙辰板이라 하였다가 후고에서 己未板으로 고쳤는데, 이는 무오 다음 해인 기미년(1799)을 간행 연도의 추정 상한치로 설정한 것이어서 학명이 될 수 없다. 후일 그는 이를 순조 24년(1824, 甲申)에 간행되었을 것으로 보아 상기 별집교정본인 갑신본과 구별하기 위해 갑신년본으로 다시 고쳤는데, 이에 대한 필자의 견해는 오이환(2004), 6~7면 참조.

44) 김윤수 씨는 후일 이 판본의 성립 시기가 철종 7년(1856, 丙辰)일 것으로 보아 을유판이라는 명칭을 다시 병진판으로 고쳤다. 이에 대한 비판적 견해는 오이환(2004), 13~14면 참조.

로 조화되지 않은 채 남아 있다.45) 김윤수 씨는 경북대학교에 소장된 문집·별집의 완질이 "경진본 계통의 마지막 판본으로 아세아문화사에서 영인한 을유본과 몇 군데 차이가 날 뿐 거의 똑같다"고 하여 이를 을유본 이후에 이루어진 판본이라는 뜻으로 乙酉後板本이라 명명하고서 경상대학교 번역본 교감의 저본으로 삼았는데,46) 그 校勘記에 의해 문집 부분은 동양문고본과 같음이 확인된다.

(3) 중간본 계통

가) 丁酉本(初期重刊本)

고종 23년(1897, 정유)에 原集 5권, 續集 不分卷, 附錄인 編年 不分卷, 學記類編刊補 4권 2책의 형태로 간행된 것으로서, 문집·속집 및 學記類編刊補의 산질은 남명학연구원출판부가 2000년에 영인 간행한 『南冥集四種』에, 「남명선생편년」은 성균관대학교 대동문화연구원이 1958년에 李朝初葉名賢集選의 일부로서 후기중간본과 함께 영인 간행한 『남명집』에 수록되어져 있다.47)

나) 庚戌本(後期重刊本)

초기중간본 작업을 주도한 남명 후손 曺垣淳의 아들인 曺庸相에 의해 1910년(庚戌) 한일합병조약이 체결되기 몇 달 전에 간행된 것으로서, 원집 5권에 불분권인 속집이 첨부되어 3책이며, 부록인 「연보」 1

---

45) 오이환(2000), 471면 참조.

46) 남명학연구소(2001), 418면.

47) 오이환(2000), 492~494면 참조. 그 성립에 이르기까지 철종·고종 兩代에 걸친 『남명집』 중간 운동의 과정에 대하여는 오이환(2004), 13~36면 참조.

권 1책,『학기유편』5권 2책으로서, 총 6책이다. 景仁文化社의 韓國歷代
文集叢書 제204책으로서 1988년에 영인 간행되었으며, 2001년에 대전
의 學民出版社, 그리고 한국정신문화연구원을 통해 영인 출판된 것도
있다. 1998년에는 남명학연구원이 현재 산천재 장판각에 소장되어 있
는 목판으로써 線裝本 6책으로 30질을 한정 출판하였는데, 그 부록에
수록된 것은 상기 이조초엽명현집선에 보이는 바와 같이 「연보」가
아니고 「편년」이다.[48]

후기중간본의 여러 간본들을 서로 대조해 보면, 이정합집본의 경
우와 마찬가지로 부분적으로 사소한 차이가 확인되기도 한다. 이러한
사실에 근거하여 김윤수 씨는 경술판 계통으로서 乙卯譜同印本(1915)
과 辛未板(1931)이라는 두 판본을 더 설정하였는데, 이 역시 오해로 말
미암은 것이다.[49]

5. 맺음말

본고는 크게 보아 두 부분으로 구성되어져 있다. 즉 제1절에서 3절
까지는 이상필 교수가 2008년에 발표한 논문에서『남명집』의 초기
간본들과 관련하여 김윤수 씨의 설을 지지하는 입장을 표명하면서
필자를 비판한 데 대해 응답한 것이며, 제4절은『남명집』의 전체 판
본 계통과 판본명에 대한 필자의 견해를 정리한 것이다.

이 교수는 문경호의 기유본 발문 중에서 "순찰사 유영순 또한 공역

---

48) 오이환(2004), 35~47면 참조.
49) 오이환(2004), 48~49면 참조.

을 도왔다"는 한 구절을 鐵案으로 삼아, 이 구절의 진실성을 의심하는 필자를 비난하였다. 이것이 김 씨와 이 씨의 유일한 논거인 까닭에 필자는 남명학파의 초기 역사와 관련된 다른 자료들에서도 경상감사가 서원의 일에 관여했다는 기록은 모두 『道先生案』과 어긋남을 증거로서 제시했던 것이다.

『남명집』의 초간본이 임인년에 간행되었음은 기유본 발문에 명기되어져 있으며, 『고대일록』 속에도 움직일 수 없는 증거가 있다. 임인 전해인 신축년 조에 '留寺看役' 등 해인사에서의 간행 작업에 관한 기록들이 보이는 점이 그것이다. '看役'이란 김 씨가 한 때 주장했던 바처럼 판각이 아닌 편집 작업의 의미로는 해석될 수 없는 것이다.

『남명집』 책판 계통에 대한 필자의 견해가 김윤수 씨의 그것과 달라진 주된 원인은 김 씨가 주목한 것은 책판의 차이이고, 필자가 주목한 것은 간본 내용과 간행 과정의 차이기 때문이다. 책판의 명칭에 대해 김 씨는 간행연대의 간지를 가지고서 통일적인 명칭을 부여하고자 했기 때문에 많은 무리를 범하지 않을 수 없었다. 필자는 기왕의 논문들에서 그러한 오류를 구체적으로 논증하였고, 이에 바탕하여 본고에서는 간행연대를 확정할 수 있는 것은 간지로, 그렇지 못한 것은 소장자·출판사나 간본의 특성 등 다른 적합한 방식으로 판본의 명칭을 부여하였다.

참고문헌

『經任案』, 灆溪書院 소장 필사본.

國會圖書館司書局 編輯, 『道先生案』, 국회도서관, 1970.

『金海府邑誌』.

『灆溪書院尊衛錄』.

『德川書院誌』, 덕천서원 소장 필사본.

裵大維, 『慕亭集』.

『卞誣錄』, 碧寒亭 소장 필사본.

『朝鮮王朝實錄』.

曹庸相, 『弦齋集』.

曹植, 『南冥集』.

曹植, 『南冥集四種』, 남명학연구원출판부, 2000.

鄭慶雲, 『孤臺日錄』.

『昌寧曺氏族譜』.

『昌寧曺氏派譜』.

『豊川盧氏世稿』.

河憕, 『滄洲遺事』, 목활자본.

하증, 『滄洲集』, 목판본.

남명학연구소 편역(1995), 『교감국역 남명집』, 이론과실천.

남명학연구소(2001), 『남명집』, 한길사.

吳二煥(2000), 『南冥學派研究』 上·下, 남명학연구원출판부.

韓相奎(1990), 『남명조식의 교학사상』, 세종출판사.

한상규(1992), 『남명조식의 교학사상』, 良書院.

金侖壽(1992a), 「『南冥集』 册版系統考」, 『중국어문학』 제20집, 영남중국어문학회.

김윤수(1992b), 「『南冥集』의 册板과 印本의 系統」, 『남명학연구』 제2집, 경상대학교 남명학연구소.

김윤수(1996), 「南冥集 板本 硏究上의 쟁점」, 『남명학연구』 제6집.

오이환(1987), 「南冥集板本考(1) - 來庵刊本을 중심으로 -」, 『한국사상사학』 제1

집, 한국사상사학회.

오이환(1997a), 「『南冥集』諸板本の成立とその思想史的背景 - 17·18世紀の刊本を中心として -」, 京都大學 문학박사학위논문.

오이환(1997b), 「실증과 진실 - 『남명집』釐正本 계통 판본의 간행 연대 -」, 『남명학연구논총』 제5집, 사단법인 남명학연구원.

오이환(1998), 「실증과 진실 (2) - 「쟁점」 중 추가된 부분에 대하여 -」, 『남명학연구논총』 제6집, 사단법인 남명학연구원.

오이환(2004), 「『남명집』 중간본의 성립」, 『철학논총』 제32집 제2권, 새한철학회.

이상필(2008a), 「滄洲 河燈의 生涯와 南冥學派 內에서의 역할」, 『滄洲 河燈 및 그 후예들의 학문과 사상』, 경상대학교 남명학연구소.

이상필(2008b), 「滄洲 河燈의 生涯와 南冥學派 內에서의 역할」, 『남명학연구』 제25집, 경상대학교 남명학연구소.

全炳允(1984), 「남명의 사상과 문학 연구」, 계명대학교 석사학위논문.

(『남명학연구』 제29집, 경상대학교 남명학연구소, 2010년 6월 30일)

VI

大觀臺 緣起
-李楨과 曹植의 관계를 중심으로-

Ⅵ. 大觀臺 緣起
－李楨과 曹植의 관계를 중심으로－

1. 머리말

필자는 2010년 12월 28일 경남 사천시 사천읍 龜巖里의 龜溪書院 현장에서 있었던 경남발전연구원 역사문화센터의 지도위원회에 참석하였다. 먼저 구계서원 앞 발굴현장 진입로 근처에 설치된 컨테이너 박스 안에서 배부된 인쇄물『사천 구계서원 대관대 및 대관재 시굴조사』와 파워포인트를 통한 역사문화센터 측의 지도위원 및 사천시·사천문화원 관계자, 大觀臺儒契 측에 대한 설명회가 있었고, 구계서원 뒤편 萬竹山(140m) 일대의 대관대 및 대관재 추정지에 대한 발굴조사 현장 답사가 있은 다음, 다시 컨테이너로 돌아가 지도위원들의 의견을 듣는 순서로 모임이 진행되었다.

필자는 경상대학교의 인문대학 사학과 고고학 전공 趙榮濟 교수 및 공과대학 건축학과 건축사 전공 高永勳 교수와 더불어 지도위원의 한 사람으로서 이 모임에 참석하였다. 필자는 예전에 구계서원을 한두 차례 답사한 적이 있었으며, 이 서원에 향사된 龜巖 李楨(자 剛而, 1512~1571)은 자신이 연구해 온 남명학의 역사와 불가분의 관계가 있는 인물이기 때문에 이런저런 논문에서 언급한 바 있었지만, 사실 대관대나 대관재라는 명칭은 생소하였다. 그리고 구계서원 바로 앞을 통과하는 1002호 지방도 건너편의 야산에는 현재 구암공단 조성공사가 진행 중이어서 예전과 달리 분위기가 삭막하였다.

역사문화센터 측의 설명에 의하면, 사천시는 이 지역 출신의 유학자 가운데서 역사상 가장 두드러진 존재라고 할 수 있는 구암 이정의 유적지인 대관대의 복원을 추진하고 있다. 경상대학교 박물관에서는 2007년도에 요구를 받아 2008년도에 대관대 추정지 일대와 관련문헌에 대한 정밀 조사를 실시하였다. 지표조사 결과 대관대 추정지에서는 건물지의 존재를 확인하였으며, 관련문헌 조사에서 대관대가 포함된 고지도도 발견하였다. 따라서 대관대의 복원을 위해서는 추정 대관대지 및 대관재지에 대한 정밀 시굴조사가 필요한 것으로 파악하였고, 이에 사천시에서는 경남발전연구원에 그 사업을 의뢰하여 조사면적 약 2,000㎡에 대해 2010년 11월 22일부터 2011년 2월 15일까지 조사가 진행되었다.[1)]

조사지역은 만죽산의 남쪽 구릉 해발 약 118~125m 사이로 구계서원의 배후에 해당한다. 보고서에는 "대관대는 구계서원에서 산의 경

---

1) 경남발전연구원 역사문화센터(2010), 2면. 필자가 인터넷을 통해 검색해 본 바에 의하면, 대관대의 복원은 구계서원지 간행 사업과 더불어 사단법인 구계서원 대관대유계가 중심이 되어 추진하고 있다. 대관대유계는 구계서원이 훼철된 지 60여 년이 지난 1931년 봄에 지금의 자리에다 서원을 복건한 주체이며, 1963년 12월에 사단법인체로 등록되었다. 행정자치부 지정 정보화 마을 인빌뉴스(www.invil.org), 경남 사천 고읍단감마을, 2009년 2월 3일자 대관대유계 총회 기사 참조.

사면을 따라 약 70~80m 정도 오르면 해발 약 125m 전후인 평탄한 곳에 위치해 있다. 현재 이곳 건물지의 중앙부에는 시멘트 블록으로 지은 건물이 자리 잡고 있으나, 오래전부터 폐허가 되어 수풀이 무성하게 자라 있었다. 대관재는 대관대의 아래쪽인 해발 118m 지점에 위치하며… 기단석 사이에는 무너짐을 방지하기 위해 시멘트로 보수한 흔적이 확인되었다"고 되어 있다.[2] 이로 미루어 볼 때, 대관대라 함은 상하 두 부분으로 조성된 건물 유적지 중 상부 일대를 지칭하는 것이며, 대관재는 그 아래쪽의 정면 6칸 측면 2칸으로 축조된 건물 유적을 지칭하는 것임을 알 수 있다.[3]

발굴 작업에 앞서 행해진 만죽산 일대에 대한 지표조사 결과 다른 장소에서는 가능성이 있는 건물지가 발견되지 않았을 터이며, 현재 남아 있는 1939년 4월 21일 서원 향례 시에 작성된「大觀臺下書齋建物賣却決議」문서의 '賣却建物表示'에 '泗川郡泗川面龜巖里大觀臺書齋一棟六間/ 豫定價格壹千二百圓也'라고 보여 발굴된 건물 유지의 형태와 일치하므로, 발굴 현장에 현대적 건축 자재인 시멘트 블록으로 된 건조물이나 시멘트로 이음새를 처리한 기단석 등이 발견됨은 크게 이상한 일이 아니라고 할 수 있다. 그러나 이러한 건조물의 자취가 과연 이정이 생존해 있었던 16세기의 것으로까지 소급될 수 있는지에 대해서는 의문의 여지가 없지 않았다. 대관재 터 가에는 부근에서 수습된 제조시기에 상당한 차이가 있는 기와들이 모아져 쌓여 있었고, 고건축 전문가인 고영훈 교수도 현재의 지상건조물을 철거하고서 그 하

---

2) 경남발전연구원 역사문화센터(2010), 3면.

3) 경남발전연구원 역사문화센터(2010), 13면에 제시된 구계서원 배치도 및 종단면도에서는 대관재를 '대관대서재'로 표시하고 있다.

부를 발굴해 볼 필요성을 지적하였다. 그리고 구계서원과 대관대 및 대관대와 대관재의 관계에 대해서도 학계에 알려진 바가 거의 없다. 이러한 점들을 감안할 때, 고고학적 발굴이나 건축학적 검토를 통해 얻어지는 것 못지않게 문헌자료 속에도 풍부한 정보가 포함되어 있을 가능성이 있으므로, 대관대의 연혁에 대한 보다 정밀한 문헌고증이 필요하다고 생각하게 되었다. 본고는 필자에 의해 행해진 관계 문헌자료의 검토 결과를 정리한 것이다.

  이정은 그 만년에 벼슬을 버리고 조식을 따라 지리산의 덕산동으로 들어가 함께 여생을 보낼 계획을 가지고 있었고, 실제로 명종 16년(1561)에 조식에게 부탁하여 그곳에다 터를 잡아 몇 간 되는 기와집을 지은 바도 있었다. 그러나 그의 입산 계획은 결국 실현되지 못했고, 명종 21년(1566)에 모친상을 당하여 복상을 마친 이후 그가 실제로 관직을 사절하고서 정착하게 된 선조 원년(1568)에 이른바 진주 淫婦獄이 일어나 결국 두 사람은 절교에 이르기까지 되었다. 이러한 과정은 이정과 조식의 말년 생애에 깊은 관련을 가지며, 남명학파와 퇴계학파가 대립하게 되는 직접적 계기를 마련하였기 때문에 사상사적으로도 중요한 의미를 지닌다. 본고에서는 그 문제 또한 아울러 언급하고자 한다.

2. 靜觀臺 以前

  구계서원이 위치한 구암리 일대는 이정이 태어난 곳이자,[4] 선영이

---

4) 李楨, 『龜巖集』 권2 부록, 許穆 찬 「墓碣銘 并序」. "湛娶鄭氏女 生公於泗川龜巖里"

있는 곳으로서 조부로부터 3대에 걸쳐 그의 집안이 세거해 온 곳이다. 鄭斗[5]가 지은 이정 행장에 의하면, 이정의 고조부 이상 12세는 모두 사마시에 합격하였으나, 증조부 이하 3세는 과거에 합격하지 못했지만 文名이 있었고,[6] 이정이 현달함에 따라 모두 3품 이상의 직에 추증되었다. 그런데 허목은 「東城李氏世系」 後識에서 이정으로부터 5대조에 해당하는 穗(자) 이전은 그 고조부까지의 계보만 간신히 더듬어 볼 수 있으나 家譜가 일실되어 이미 구체적인 사실을 밝히기 어렵게 되었는데, 왜 穗의 조부인 고려 진사 世芳을 初祖로 삼고 있는지 알 수 없다고 하였다.[7] 조식이 지은 이정 부친의 신도비 서문에서는 "李氏의 先代는 泗水縣人이라" 하여 그 본관이 사천으로서 이 지방의 토성이고, 龜巖에 선영과 고택이 있음을 언급하였으며, 銘에서도 이정의 집안이 龜巖山, 즉 萬竹山에 세거해 왔음을 시사하였다.[8] 구암산은 만죽산의 원래 명칭으로서, 거북 모양으로 생긴 바위가 있어 그 위쪽에 울창한 소나무 숲이 둘러섰고 아래에는 맑은 샘이 있었는데, 이정이 그 바위를 사랑하여 자신의 호로 취한 것이다.[9]

이정 자신의 설명에 의하면, 5대조 穗는 泗川 사람이었으나, 세조

---

5) 오이환(2000), 상권 357면 참조.

6) 『구암집』 권2 부록, 「행장」. "高祖進士公以上十二世 繼捷司馬 曾祖以下三世 雖不利於決科 亦皆以文學名於世"

7) 『구암집』 「東城李氏世系」. "今竊攷其家譜斷簡所記 令同正世芳生保勝郎長彦 彦生潭陽敎導磁 磁生彝倫 系譜所載僅四世 又得一紙所記 令同正之上 有進士忠壽生員琼爲二世 然則何以獨推世芳爲所自出之祖而 云云也 又高祖以上十二世 無所攷 蓋其舊藏家譜 於兵亂中失之 子孫隨聞隨錄 亦頗殘缺如此"

8) 『구암집』 허목 찬 「世系」 湛 條. "南冥撰神道碑曰 … 李氏之先 泗水縣人 … 享年六十有三 葬于泗川之龜 巖大塋之下 因舊庄也 … 龜山蒼蒼 公白其衣 槐樹陰陰 植者王祜" 陰德을 쌓은 王祜가 뜰에 三槐를 심어 그 아들이 재상이 된 故事에 관하여는 『宋史』 권269; 『東都事略』 권30 참조. 『泗川邑誌』 「郡名」 조 注에 東城은 泗川의 別號라고 보인다.

9) 『구암집』 권1 五言絶句, 「龜巖」; 『구암속집』 권1 詞賦, 「龜巖歌」 참조. 한글학회(1980), 16면에서는 사천의 '거북바우'를 '구암저수지 밑에 있는 바위'라고 하였으나, 이는 『구암집』에 언급된 내용과 일치하지 않는다.

때 지중추원사를 지낸 鄭陟(1390~1475)의 누나에게 장가들어 진주의 車衣村[10]으로 옮겨간 이후 子孫 대에까지 거기에 머물렀으며, 조부모와 부모는 모두 사천에 거주하였고 묘소 또한 모두 龜巖山에 있다.[11] 이정 자신도 죽어서 구암산의 선영에 묻혔으나 왜란 때 도굴을 당하자 진주의 飛鳳山 아래로 옮겨졌으며,[12] 지금은 다시 구암리에서 멀지 않은 진주시 井村面 大杻(축)里의 실봉산 賜牌地로 옮겨져 있다. 조식은 이정의 부친이 "龜巖 大塋의 아래"에 묻혔다고 하였는데, '大塋'이란 부모의 무덤이라기보다는 선영을 가리키는 것일 터이므로, 구암리는 이정의 집안이 조부 이전 시기부터 世居해 온 터전일 가능성이 있다.

    구암리에서의 이정 집안은 벼슬 없는 빈한한 선비 살림이어서, 고향 마을에 사는 당숙인 생원 李斗는 "집안이 재야의 가난한 선비"라고 했고, 이정 자신은 조부의 비문에서 "집에 종종 양식이 끊어지기도 했다"고 적고 있다.[13] 또한 辭職疏箚에서도 번번이 자신이 궁벽한 시골의 한미한 가문 출신임을 언급하고 있다.[14]

---

10) 『진양지』 권1 '各里', 北面 新塘里 조의 注에 "車衣坪之西 長子潭之東 有新卜村 新塘内洞之人移居"라고 보이는데, 지금의 진주시 集賢面 新塘里 서편 장재실(長在洞)과의 사이에 위치한 월평 마을인 듯하다.

11) 『壽瑞詩』 「敬書先祖詩卷後」, 15a. "先祖敎諭公姓李諱梣 泗水縣人 高麗進士諱世芳之孫也 公娶晋陽鄭相公陟之姉氏 遂卜居于晋之車衣村 子孫因家 枌楡尚存"; 『龜巖續集』 「先祖考贈通政大夫工曹參議碣陰紀事」, 49ab. "李公諱以蕃… 享年六十七 與夫人同窆一原… 立石于兆以識之 洞號龜巖山 山深木宓有原面陽"; 「先祖姚贈淑夫人曺氏碣陰」, 50a. "歸于泗川之李公… 窆于龜巖之原"; 「先考贈嘉善大夫戶曹參判兼同知義禁府事碣陰」, 50b. "公諱湛… 嘉靖庚戌 葬于龜巖山 位在西畔"; 「先姚貞夫人鄭氏碣陰」, 50b~51a. "歸于泗川之贈參判李公諱湛…嘉靖丙寅 祔葬于龜岩山 位在東畔"

12) 「행장」. "葬先生于龜巖洞坎坐离向之原 從先兆也"; 「묘갈명」. "初葬於萬竹山西麓 其後二十年 有倭亂盜發之 改葬於晋州之飛鳳山下" 이정의 묘가 임란 이후 진주로 옮겨진 것은 5대조가 장가들어 비봉산의 북서쪽 車衣村으로 옮겨간 이후 일족이 그 일대에 거주해 왔으므로, 당연히 그곳에도 선산이 있었기 때문일 터이다.

13) 『壽瑞詩』 「敬書先祖詩卷後」. "家世寒儒 生長草茅"; 『龜巖續集』 「先祖考贈通政大夫工曹參議碣陰紀事」. "公性度儉素 居家屢空 常晏如也"

14) 『구암집』 권1, 「辭免大司諫啓辭」. "臣本以冷族孤蹤 氣質庸鈍 生長下鄉"; 「辭免副提學疏」. "臣孤門冷族 生長海陬"

이러한 그가 중종 31년(1536) 2월에 25세의 幼學 신분으로서 별시문과에 장원급제하였다. 당시의 급제자는 2등 2인, 3등 4인을 합하여 모두 7인이었다.[15] 이보다 앞서 그는 중종 18년(1523)에 12세의 어린 나이로 경상도에서 실시한 夏課에서 수석을 차지한 바 있었고,[16] 그러한 까닭에 17세에 성균관에 유학할 수 있었으며, 또한 유학의 신분임에도 불구하고 문과에 응시할 수 있었던 것으로 보인다.

이렇게 하여 관료 생활을 시작한 그는 60세의 나이로 죽을 때까지 36년의 기간 동안 외직을 맡은 것이 19년, 職事가 없는 散職에 있거나 居喪 혹은 질병을 이유로 벼슬에서 떠나 있은 기간이 13년, 내직에 근무한 것이 4년이어서, 외직에 있었던 기간이 비교적 길었다.[17]

그런데 대관대라는 명칭은 이정 자신이 지은 글에서는 보이지 않고, 문집에 실린 그의 글에는 그것이 모두 靜觀臺라는 명칭으로 나타난다. 예컨대 『구암집』 권1 오언절구 「에 올라(登靜觀臺 己巳[1569, 선조 2])」는 이렇게 되어 있다.

> 눈 아래 푸른 바다 넓고
> 眼底滄溟闊
> 산 앞의 녹색 대가 맑도다.
> 山前綠竹淸
> 천 년 전 雪에서 바람 쐬던 뜻은

---

15) 『國朝文科榜目』.

16) 『구암속집』 권1 詞賦, 「鴻門宴圖賦」 참조. 夏課는 고려시대부터 실시해 온 것인데, 여름철에 젊은이들을 절에 모아 일정 기간 체재하면서 詩文을 공부하고 詩賦를 짓게 하던 관습이다. 이정과 조식 兩門의 제자인 浮査 成汝信도 선조 원년(1568) 가을에 경상감사 鄭惟吉과 진주목사 崔應龍이 실시한 진주 및 그 인근지역 유생의 詩賦 시험에 23세의 나이로 수석을 차지하여 함께 뽑힌 10인이 그해 겨울 斷俗寺에 들어가 居接하다가, 休靜의 『三家龜鑑』 훼판 사건을 일으킨 바 있다. 『浮査集』 권4, 「연보」.

17) 「墓碣銘 幷序」. "享年六十卒 公自初筮仕至沒之年 凡三十六年 居外補者十九年 或置散 或居憂 或謝病者十三年 立朝僅四年"

風雩千載意

臺 위의 지금 심정이려니.

臺上此時情

이 시는 이정이 정관대에 올라 근처에 펼쳐진 사천만의 바다 풍경과 구암산 앞면의 대숲 경치를 바라보면서, 『논어』「先進」편 '風乎舞雩' 章에 나타난 曾點과 공자의 뜻을 빌어 당시의 자기 심정을 표현한 것이다. 제목 주석에 "퇴계 선생이 대관대로 고쳤다(退溪先生改以大觀臺)"고 보이므로, 정관대는 대관대의 원래 명칭임을 알 수 있는데, 이정 자신은 1571년 7월 16일로 죽기 2년 전까지도 정관대라는 명칭을 그대로 사용하고 있는 것이다.

지금은 사천비행장 건설로 말미암아 그 일대가 매립된 까닭에 대관대 터에서 바다가 잘 보이지 않지만, 조식의 「遊頭流錄」에 의하면 1558년 4월에 조식 일행은 사천의 이정 집에 이르러 1박 한 다음 날 이정과 더불어 지금의 남해고속도로 가 泗川市 杻洞面 舊湖里에 있는 快哉亭 부근에서 큰 배를 타고 지리산 유람을 출발하고 있으며, 1972년에 편집된 1: 25,000 지형도에도 그 일대가 대부분 늪지로 나타나 있다. 그러므로 4세기 전 당시에는 바닷물이 한층 더 깊고 넓으며 지도상의 늪지보다 더 위쪽까지 올라가 있었을 것임은 김해 산해정의 경우로 미루어서도 짐작할 수 있다.[18]

그밖에 이정이 이 臺를 언급하고 있는 경우는 『구암속집』권1 오언율시에 「여름날 정관대에 올라(夏日登靜觀臺)」가 있고, 권1 칠언절구

---

18) 오이환(2000), 상권 173면 참조. 인조 18년(1640)에 허목이 지은 『구암집』 발문에 "唯公之祠 在萬竹山下海濱"이라 하였으며, 이와 유사한 기록은 구암정사에 관한 다른 여러 글에서도 보이니, 당시에는 만죽산 근처까지 바닷물이 들어와 있었던 듯하다.

에도 「정관대에 올라(登靜觀臺)」가 있다.

비 온 뒤의 산은 더욱 좋아
雨餘山更好
흥에 겨워 가파른 산꼭대기에 오르다.
乘興陟危椒
대 위는 속세의 먼지와 떨어졌으니
臺上俗塵隔
가슴속의 답답함도 스러지네.
胸中悶氣消
맑은 바람은 대숲 언덕으로 불어오고
淸風來竹岸
초승달은 솔가지에 걸리었다.
新月掛松條
다함없이 우러나는 정취는
無盡油然趣
무어라 형용하기 어렵네.
難將彩筆描

남산을 마주하니 의젓한 기풍 지녔고
南山相對儼風持
우거진 숲이 둘러싸고서 그림자가 춤을 춘다.
萬樹回環舞影傲
온종일 臺 위에서 사물을 관찰하는 곳에
竟日臺頭觀物處
때때로 날아드는 빗방울 솔가지를 적시네.
有時飛雨灑松枝

전자에서는 비가 그친 후 대에 올라 밤까지 머물러 있는 모습이 엿보이고, 후자에서는 비가 가끔씩 내리는 날 온종일 대에 머물러 사물을 관찰한다고 했다. 특히 觀物은 邵雍의『皇極經世書』「觀物內·外篇」에서 보는 바와 같이 사물의 이치를 묵상함을 의미하는 것이니, 대 이름의 靜觀과 상통하는 말이다. 그러므로 이정의 정관대란 다만 주변의 경치를 감상하기 위해 지은 정자 정도의 이름에서 그치는 것이 아니고, 이곳이 또한 그의 서재 역할도 했음을 말해 주고 있다.

이 밖에도『구암속집』권1 칠언절구에 "대에 오동을 심다(臺上種梧)" 및「집 뒤 동산에 돌아가신 아버지가 심은 해송이 있는데, 대를 쌓고 뿌리를 북돋아 절구 두 수를 적다(家後山園 有先君手植海松 築臺培根 敬書二絶)"라는 시가 있다. 이 경우 전자의 臺는 정관대를 가리키지만, 후자의 경우는 다만 뿌리가 충분히 덮이도록 흙을 북돋아 시설한 것을 의미하는 듯하다. 그러나 후자 역시 구암산이 이정 집안의 선산이 있는 곳일 뿐만 아니라, 그의 선친 때에도 나무를 심고 각별히 가꾸던 곳임을 알 수 있게 해 준다.

3. 龜巖精舍

이정은 만년에 고향 땅에다 서실을 짓고서 龜巖精舍라 편액을 걸고, 그 동쪽, 즉 왼편은 居敬齋, 서쪽, 즉 오른편은 明義齋라 명명했으며, 벼슬을 사절하고 거기서 제자들과 더불어 강학하는 생활을 보냈다고 한다. 그렇다면 구암정사는 자연히 남향인 셈이다. 1749年刊『龜巖續集』에 수록된 칠언절구「雨後來寓精舍」의 序에서는 이 명칭들을 이황이 지어준 것으로 설명하고 있다. 이정이 구암정사를 지은 곳은 선영 근처이고, 옛집이 있던 곳이며, 대관대의 아래쪽이었다. 「행장」에는 선영 가라고 했고, 정염이 지은 「行狀略」에는 그 아래쪽이라 하여 약간 차이가 있지만, 「묘갈명」에 거처하던 곳에다 지었다고 했으므로, 선영 아래쪽의 옛집이 있던 근처가 타당할 것이다.[19]

그것을 지은 시기는 그가 순천부사로 있던 명종 21년(1566) 4월에 모친상을 당해 영구를 모시고 귀향하여, 그 복상을 마친 이후였다. 모친상의 경우 齊衰(자최) 3년에 해당하나 실제로는 2년 반이 채 못 되는 기간이므로, 선조 원년(1568)에 복을 벗었다. 그리하여 이해 6월에 부호군, 9월에 홍문관부제학의 직이 내려졌지만, 그는 복상 이후 계속 건강상태가 좋지 않았고, 더 이상 관직에 나아가지 않았다. 『구암집』에는 구암정사가 이루어진 시기에 대해 더 이상의 명확한 기록이 없다.[20]

이황은 선조 3년(1570) 가을 무렵 이정에게 보낸 답서에서, 복상을 마친 이후에도 계속되고 있는 여러 병세에 대해 우려의 뜻을 표하면서, 의령에 장모가 있어서 한번 찾아가 뵙고 싶지만 그렇게 하지 못

---

19) 「행장」. "晚構書室於先塋之側 扁曰龜巖精舍 名其左曰居敬齋 右曰明義齋 自服闋來 辭病不出 杜門涵養"; 「묘갈명」. "於所居作龜巖精舍 東曰居敬齋 西曰明義齋 日與諸生 講學不倦 學者稱之曰龜巖先生"; 『龜巖別集』권2 부록, 丁焰 찬 「行狀略」. "築室於松楸之下 扁曰龜巖精舍"; 『龜巖先生集 續集』, 18b, "先生晚搆書室於大觀臺下 扁曰龜巖精舍 東西有齋 東曰居敬 西曰明義 退溪先生之命名也 仍附所作詩三絕" 속집의 "雨後來寓精舍" 다음에는 서문에 보이는 바와 같이 이황의 精舍詠·居敬詠·明義詠을 첨부하였고, 『퇴계선생문집고증』권3, 21a에서도 이 서문을 인용하고 있으나, 1902년에 原·別集과 더불어 合刊된 『구암집』의 속집에서는 서문이 삭제되고, 이황의 시 세 편은 대관대 시와 더불어 속집 권2의 부록 첫머리에 배치되었으며, 이황의 「題不欺堂」은 별집 권2의 '諸賢詩什' 첫머리에 따로 배치되었다.

20) 후손 이중철이 1994년에 한글로 간행한 『구암연보』에서는 1568년 "12월에 구암 땅 重起峯의 만죽산 중턱에 精舍와 臺를 이룩하기로 하고 그 공역을 갖추었고" 1569년 5월 꼭 반년 만에 "대관대와 구암정사(일명 大觀臺書齋)가 준공되었다"고 하였다. '重起'란 지금 구계서원 안에 있는 龜山祠의 출입문 이름인데, 이 씨의 설명이 어떠한 문헌에 근거한 것인지 알 수 없다. 위에서 본 바와 같이 정관대는 구암정사가 이루어지기 이전부터 이미 있어 왔던 것으로 정사의 성립과 더불어 이름만 바뀐 것이다. 이중철(2002), 147면 참조.

하고 있는 처지임을 언급하고, 이정이 질병 치료차 榮川郡으로 온천욕을 오기도 쉽지 않을 것이라고 하면서, "정사가 새로 이루어졌다고 들었습니다. 완상하며 즐길 장소를 얻게 되었으니, 축하하여 마지않는 심정을 종이 몇 장에다 대충 드러내어 따로 적었습니다"라고 하였다.[21] 따로 적은 것이란『퇴계집』권5에「龜巖精舍」,「居敬齋」,「明義齋」,「大觀臺」,「不欺堂」이라는 제목으로 실린 칠언절구 다섯 수가 그것인 듯하다. 당시 이황에게 보낸 이정의 편지가 남아 있지 않으므로, 이황의 답서 및 시의 내용만으로는 이러한 건물 명칭들이 모두 이정의 요청에 의해 이황이 지어준 것이라고 단정할 수 없다.

이황은 이 편지의 말미에 다른 별지를 첨부하였는데, 이정이 음부 사건으로 말미암아 조식으로부터 절교당하게 된 사정을 위로하면서 이에 대한 이정의 대처방안을 언급한 것이다. 후일 정인홍이『남명집』의 말미에서 논평하여 이황 비판의 단초를 열게 된 편지가 바로 그것이다. 그리고 이 편지는 이황이 이정에게 보낸 140여 통의 편지[22] 가운데 끝에서 두 번째에 배열된 것으로서, 두 사람 사이에 오고간 많은 편지들 가운데 가장 후기의 것에 속한다. 이 별지의 끄트머리에 "堂・齋의 액자들도 써 드리고 싶지만, 이즈음 눈병을 앓아 매우 괴롭

---

21) 『도산전서』內集 권30,「答李剛而 [庚午]」, 31b. "滉有外姑在宜寧 欲一往而不得 榮郡椒浴 令公雖有意 亦豈易逐 聞精舍新成 賞心得地 深賀之忱 略見數紙 寫在別牋." 이 편지의 내용으로 미루어보더라도, 상기『구암연보』에서 1969년 5월 대관대와 구암정사가 준공될 때 이황이 직접 와 술臺를 둘러보고, "靜觀臺를 大觀臺로 龜巖精舍를 大觀臺書齋로 改稱한데 이어 東西兩齋를 居敬과 明義라 했으며 外室을 不欺堂로 題號作詩"했다고 한 것은 전혀 사실에 어긋난다. 구암정사는 이황이 이 답서를 보낼 때까지 아직 건물의 액자도 만들어져 있지 않았으므로 이 무렵 갓 낙성되었다고 보아야 할 것이며, 그래야만 『구암집』에 대관대의 명칭이 모두 정관대로 보이는 문제도 해명될 수 있다. 이황은 1523년부터 1542년까지에 걸쳐 모두 9차례 경남지역을 방문하였는데, 그 가장 큰 이유는 의령군 嘉禮面에 초취부인의 처가가 있고, 안의현 迎勝村에 재취부인의 장인 처가가 있기 때문이다. 허권수(1996) 교수는 "23세 때부터 43세 때까지 주로 그의 장년기에 모두 8차에 걸쳐 경남지역을 방문"했다고 하였지만, 이 논문 자체의 내용에 의하면 1523, 1532, 1533, 1534, 1535, 1536, 1537 그리고 1542년에 두 번 등 모두 9차이다.

22) 황위주(2010), 309면 참조.

고 열이 심하여 땀을 뿌리는 상황이라 더욱 억지로 일어나기 어려우니, 못해드려서 한스럽기 짝이 없습니다"라고 하였다.[23]

대관대에 대해 『퇴계선생문집고증』은 "본래 이름은 정관이지만, 선생이 이렇게 고쳤다"고 하였다.[24] 「대관대」 시의 내용은 다음과 같다.

> 아첨하는 말과 치우친 견해로 세상 싸움 시끄럽고
> 諛聞偏見世爭譁
> 渭水와 涇水도 각각 제 잘났다 하는데
> 渭水涇流各自多
> 높은 대에 한 번 올라 멀고 큰 것 바라보라
> 試上高臺觀遠大
> 聖門의 도를 논함이 다시 어떠한지를
> 聖門論道更如何

높은 곳에 올라 먼 경치를 바라보는 기상에 빗대어 유학의 원대한 이상을 말한 것이다.

정사의 전체적 명칭인 龜巖에 대해서는 「繫辭傳」의 神龜를 통해 나타난 啓示인 洛書가 洪範九疇의 원리가 되었던 점을 들어 『주역』을 단순히 卜筮의 책으로 간주하지 않을 것을 말했다.[25] 이 또한 유학의 원대한 이상을 가리킨 것이다. 敬·義는 곤괘 문언전의 효사에 보이는 말로서 성리학적 수양론의 근본원리이며, 不欺는 愼獨의 다른 표현이다.[26] 주희는 자신이 평소 거처하는 집인 晦堂의 양쪽 夾室을 敬齋와

---

23) "堂齋諸額 亦欲寫呈 近患眼疾殊苦 又庚熱揮汗 尤難强作 未果恨恨"

24) "本名靜觀 先生改以此"

25) 「龜巖精舍」. "洛水呈書啓聖神 箕疇千載炳彝倫 誰知揭號巖棲客 不學成都賣卜人"

26) 「居敬齋」. "一寸膠無千丈渾 玉淵秋月湛寒源 端居日夕如臨履 箇是存存道義門"; 「明義齋」. "義路如砥坦且明 一昏心燭故難行 欲知大寐如醒處 唯在研精積久生"; 「不欺堂」. "曾思心法日星懸 人鬼關門更截然 獨臥獨行毋敢慢 尋常何地不爲天"

義齋로 명명했으며, 愼獨은 居敬의 바탕으로서 明義와 서로 표리관계를 이룬다고 말했다.[27] 이는 외직에 있던 기간을 통하여 여러 성리학 관계 서적의 출판 작업을 주도했던 이정 정도의 학자라면[28] 굳이 이황의 가르침을 기다리지 않더라도 충분히 이해하고 있었을 정도로 기초적인 내용인 것이다. 회당의 경우로 미루어볼 때, 이정의 거경재와 명의재도 각각 독립된 건물이 아니고 구암정사에 속한 두 방의 명칭일 가능성이 크며, 대관대와 불기당은 이로부터 독립된 별개의 건물들로 보아야 할 것이다.

이정은 구암정사를 짓기에 앞서 일찍이 조식과 더불어 지리산에 들어가 함께 살 것을 약속한 바 있었고, 명종 16년(1561)에 조식이 마침내 지리산의 德山洞으로 들어가 살기 시작했을 때, 이정은 경주부윤으로 있으면서 사람을 보내어 조식에게 부탁해 산천재 곁에다 터를 잡게 하고는 자기가 살 일곱 간의 기와집을 지었다. 그러나 이후 그는 벼슬살이로 말미암아 그 집에 한 번도 온 적이 없이 계속 비워두고 있었으므로, 단성현감 鄭復始와 진사 尹光前이 이를 기롱하는 시를 지어 그 집 기둥에다 붙인 바 있었다.[29] 이정은 1563년 1월에 임기

---

27) 『朱子大全』 권78, 「名堂室記」. "堂旁兩夾室 暇日黙坐讀書其間 名其左曰敬齋 右曰義齋 蓋熹嘗讀易而得其兩言 曰 敬以直內 義以方外 以爲學之要無以易此 而未知其所以用力之方也 及讀中庸 見其所論修道之敎 而以戒愼恐懼爲始 然後得夫所以持敬之本 又讀大學 見其所論明德之序 而以格物致知爲先 然後得夫所以明義之端 旣而觀玉二者之功 一動一靜 交相爲用 又有合乎周子太極之論"

28) 「행장」. "中朝性理之書 或有未盡刊行於吾東者 亦與退溪往復訂定 相與跋之 如孔子通紀 · 二程粹言 · 程氏遺書外書 · 伊洛淵源續錄 · 濂洛風雅 · 擊壤集 · 延平答問 · 朱子詩集 · 范太史唐鑑 · 丘瓊山家禮儀節 · 薛文淸讀書錄 · 吳敬齋居業錄 · 皇朝名臣錄 · 伊洛錄 · 醫無閭先生集等書 必入梓於所歷州府"; 「묘갈명」. "宋以來諸儒道學之書大傳於東方 自公始刊布云" 성리학서 간행자로서의 이정의 면모에 대하여는 강민구(2002), 6~8면 참조.

29) 『晋陽誌』 권1, 「山川」. "丹城縣監鄭復始 題李龜巖空舍曰 遠岫透迤繞竹林 滿山濃綠揷雙尖 主人不殺東華馬 盡日溪雲過短簷 蓋龜巖與先生 約爲同棲於山天齋 齋邊構七間瓦舍 而竟不來故云爾." 『反李鯤變拙辭』, 22a에 「德山洞龜巖屋棟題詩」란 제목으로 실린 두 사람의 시에는 이 시의 작자를 '鄭僉知復始'라 하였고, '遠岫'는 '遠水'로 되어 있다. '尹進士光前'의 시는 "滿泛桃花川上路 草堂空立碧山中 逢人問着誰爲主 遙指東京府尹公"이라 보인다. 鄭復始(1522~1595, 東萊人, 자 以健, 호 桂潭)에 관하

를 마치고서 집으로 돌아갔다가, 그해 2월에 비로소 덕산으로 조식을 찾아가 며칠 머문 후 돌아갔다. 『남명연보』에는 이때 이정이 찾아왔을 때 자기 집에 붙여진 그 시들을 보았고, 그러면서도 여전히 앞으로는 벼슬을 버리고 거기로 들어와 함께 여생을 보낼 뜻을 조식에게 피력한 것으로 되어 있다.[30] 정인홍의 기록에 의하면, 이정이 덕산동에 집을 지어 두고서도 오지 않는 까닭을 묻는 질문에 대하여, 조식은 그가 결코 오지 못할 줄을 짐작하고 있었지만 함께 지내고자 하는 뜻을 거절할 수 없었노라고 설명하고 있다.[31]

이정이 조식과 더불어 지리산에서 여생을 마치고자 한 뜻은 조식이 지은 명종 13년(1558) 초여름의 지리산 유람기인 「遊頭流錄」에서도 짐작할 수 있다. 이들은 약 열흘 동안의 산행을 마친 후 4월 25일 旌樹[32]驛館에서 조반을 든 후 헤어져 각자의 거처로 돌아갔다. 이정은 작별에 즈음하여 가득 부은 술잔을 잡고서 "이 이별에 무슨 말이 있을 수 있겠소? 눈길만 마주치며 할 말을 잊는다더니 바로 이런 경우일 것이오!"라고 하며 감회에 젖고 있다.[33]

여는 『國朝人物考』中卷에 宋浚吉이 지은 행장이 실려 있는데, 이에 의하면 그는 1558년에 단성현감이 되었고, 1562년에 부친상을 만나 1564년까지 복상한 것으로 되어 있다.

30) 『남명연보』, 癸亥 2월 조. "初先生有志山居 龜巖約與之同 辛酉龜巖尹東京 使人請於先生 占基作數間瓦屋 終爲空舍 鄭僉知復始 尹上舍光前 題詩居柱而譏之 至是年正月 秩滿歸家 二月來謁于山天齋 因見其所構瓦屋及鄭尹二人所題 還至先生所 乃曰 眞樂在是 浮榮可辭 交戰而勝 㢡者肥矣 自此陪遊終老足矣 先生微哂曰 其然 蓋喜其志而慮其終莫能就也 居數日辭歸"

31) 「남명집」 기유본 권3, 跋. "李初欲從先生入德山洞 作五六間瓦屋 或問 李是仕宦人 何遽욕入深計也 先生笑而不答 更問 屋成而久不來何也 先生乃曰 剛而決不來矣 吾亦料其不能來 渠欲相從 豈合拒之 有老友亦謂 我不知剛而不能休官入山 而約與同之 譏吾爲不明矣 剛而城府甚深 不喜人窺其心事 古語日 未有隱而爲君子者 恐渠終不得爲君子也", 이 글의 전반부는 『산해사우연원록』권5 '李副提學 遺事' 조에도 보인다.

32) 『진양지』권1 各里 조에 보이는 西面 桐谷里의 아홉 개 屬坊 중 하나인 正守驛인데, 지금의 경남 河東郡 玉宗面 正水里이다.

33) "二十五日 爲朝飯于驛館者 各欲散去 黯然炊懷 暫許少頃留連也 寅叔居漢城 剛而歸泗川 愚翁歸草溪 植居嘉樹 泓之居三山 行年五十六十近七十 各在數百里五百里近千里 他日益簪 正似難期 寧不慨然惜別乎 剛而酌酒持滿日 此別寧有說乎 擊目忘言 果有是也 衆皆忘言 遽上馬去"

지리산을 함께 유람하던 당시 조식은 58세, 이정은 47세였다. 이 둘이 언제 어떻게 서로 알게 되었는지에 대하여는 분명한 기록이 없으나, 이정의 손자인 이곤변은 음부옥이 일어난 1568년 당시 이 둘은 이미 "30년을 도의로 사귄 사이"라고 언급하고 있는 점으로 보아 매우 이른 시기부터 서로 교제가 있었음을 알 수 있다.[34] 30년 전이라면 대략 1530년대인 셈이다.

이정은 宋麟壽(자 眉叟, 호 圭菴, 1499~1547)가 1534년에서 1537년까지 사천에 유배되었을 때 그 문인이 되었다. 송인수는 조식의 오랜 친구로서 1532년 김해로 낙향한 조식에게 『대학』을 보내 주어 조식이 그 책의 꺼풀에다 소감을 적은 바 있었고, 1546년에는 작고한 조식의 모친을 위한 묘갈명을 써서 지금까지도 그 비문이 무덤 앞에 새겨져 있다.[35] 이 비문에서 송인수는 2세 연하인 조식을 선생이라 칭하여 "도학의 결실이요 유림의 희망"이라고 높이 평가하고 있으며,[36] 조식 연보에 의하면 이듬해 송인수가 양재역벽서사건에 연루되어 죽임을 당하자 조식은 "신위를 만들어 곡하였다"고 한다. 이로 미루어 본다면, 조식과 이정의 관계는 송인수를 매개로 한 것이리라고 추측해 볼 수 있다.

이정은 丁熿(자 季晦, 호 遊軒, 1512~1560)과 金鸞祥(자 季應, 호 騈山, 1507~1570)이 같은 양재역벽서사건에 연루되어 각각 거제와 남해로 유배되자, 해마다 그들을 유배지까지 찾아가 교유했다고 한다.[37] 그

---

34) 李鯤變,『疑訛拙辨』, 6b. "一朝而遇淫婦事 獨能三次反覆於三十年道義之交 寧有是理哉" 이하에서 『疑訛拙辨』은 『졸변』, 曺浚明의 『反李鯤變拙辯』은 『반졸변』으로 약칭한다.

35)『남명집』권2,「書圭菴所贈大學冊衣下」;『昌寧曺氏派譜(甲寅譜)』卷首,「淑夫人李氏墓碣銘 并序」.

36) "夫人李氏 曺先生植之母… 先生曰 立石繫羊 宜有刻也 徵余銘… 先生脫然欲學聖人 便罷試擧 用力敬義 堅把得定 不以一時趨向爲進退… 克生賢人 敎以義方 道學之實 儒林之望"

37)『구암집』권2,「행장」. "丁舍人熿謫巨濟 金正言鸞祥謫南海 先生泛舟往訪 無歲不然" 이정의「行狀略」

240 남명학의 새 연구 상

중 조광조 문인인 정황은 배소에서 죽었는데, 그는 『산해사우연원록』에 조식의 '道義之交'로서 수록되어져 있으며, 정황 문인인 권유의 증언에 의하면, 조식 또한 정황을 거제도로 방문하여 교유하였다.[38] 실제로 정황은 배소에 있으면서도 이들의 지리산 유람 시에 자신의 종을 통해 술과 생선을 보내오기도 하였다.[39]

정황과 이정은 동갑이지만, 『산해사우연원록』에서 정황은 권4의 '도의지교'에, 이정은 권5의 '尊先生者'에 배열되었다. '존선생자'란 '도의지교'와 '門人'의 중간 정도에 해당하는 위치이다. 권5에 배열된 인물들 가운데는 실제로 『덕천사우연원록』에 이르러 문인으로 분류된 사람이 많은데, 전자의 권5 주석에서는 "그러나 蘇齋·龜岩·玉溪는 아마도 문인의 列에 있지 않을 것이라" 하였다.[40]

조식과 이황 또한 동갑인데, 『陶山及門諸賢錄』에서 이정은 약 309명에 달하는 이황의 문인 가운데서 세 번째에 배열되었다. 이정이 이황의 문하에 입문한 시기는 그가 32세였던 1543년 가을에 영천 즉, 지금의 영주 군수로서의 임기가 끝나갈 무렵이었다고 알려져 있다.[41] 허목이 지은 이정 묘갈명에서는 당시 이황을 도산으로 처음 찾아가 바로 제자가 되었다고 적고 있으나,[42] 당시 이황은 종3품 성균관 사

을 지은 丁熖(자 君晦, 호 晩軒, 1524~1609)은 정황의 一族이자 그 문인이었는데, 그 역시 정황을 거제도의 배소까지 찾아가 학문을 강마하였다.

38) 『남명집』 임술본 권3, 25b, 丹城縣監 權愉 撰 祭文. "丁先生(名璜[sic])門 愉昔受學 維時先生 遠于從 之 訪我先生 于彼海中 載笑載言 講論終日 愉以卯角 獲侍左右 先生之道 雖未能知 仰承警欬 亦知敬 之." 『덕천사우연원록』 권2, 丁遊軒 조 참조.

39) 「유두류록」, 4월 18일 조. "河進士宗岳奴靑龍 丁舍人李晦奴 俱以酒鱗来謁"

40) "此卷所錄 皆是尊先生者 然如蘇齋龜岩玉溪 恐不在門人之列也"

41) 황위주(2010), 311~312면. 이정은 영천군수 겸 安東鎭管兵馬僉使로 있던 1542년에 5대조 瓏 내외의 장수를 축하하여 1457년에 만들어진 家傳 詩軸을 새로 편집해 『壽瑞詩』라는 제목의 책자로 만들어서 당대 명인들의 次韻 시를 받았는데, 이황도 1544년 4월 이에 차운하였다.

42) "二十五 擢第壯元 初授成均館典籍 後六年 由禮曹正郎 出守榮川 時從弟子列 初見退陶李先生於陶山"

성으로서 종4품인 군수와 직급상 큰 차이가 없었고, 나이 차이도 크지 않았으므로, 이정의 조식에 대한 관계가 '존선생자'에 지나지 않았음에 비추어 볼 때 이러한 기록은 신빙성이 떨어진다. 보다 앞선 시기에 지어진 이정의 행장에서는 이때의 일에 대하여 "선생이 영천에 있었을 때 일찍이 퇴계와 더불어 도의의 계분이 있었다"[43]고 하였다. '道義之契'란 위에서 언급한 '道義之交'와 같은 뜻으로서, 벗 사이의 친분을 의미하는 말이다.

이정 자신이 지은 이황 제문에서는 "입문한 시기를 손꼽아 보니 이제 20년"이라 하였는데, 이황은 1570년 12월에 죽어 다음 해 3월에 장례식을 치렀으며, 이 제문은 장례식에 참석하지 못하는 대신으로 지은 것이므로,[44] 장례로부터 20년 전으로 간주한다면 대략 1551년 무렵에 해당한다. 실제로 이들이 긴밀한 관계를 가지게 된 것은 이황이 명종 7년(1552)에 정3품 당상관인 성균관 대사성이 되고 이정은 그해 9월에 성균관 직강을 거쳐 종삼품 사성으로 승진하여 약 한 달간 함께 근무하다가 10월에 청주목사로 발령된 때부터였다. 현존하는 이들 사이의 서신 왕래도 그 다음 해에 이정이 청주목사로 부임한 때부터 시작하여 이황이 죽은 해까지 이어지고 있다. 趙絅(경)이 지은 『구암집』 서문에서도 이정은 처음 송인수를 사사했다가, 仕版에 오른 후 성균관에서 이황을 섬기기 시작하여 죽을 때까지 계속했다고 적고 있다.[45]

이정이 경주부윤으로 부임한 해인 1560년 12월에 이정의 父·祖·

---

43) "先生在榮川時 曾與退溪有道義之契"

44) 『구암집』 권1, 「祭退溪先生文」. "屈指搊衣 今二十年… 病未能奔 葬不及會…微誠罔極 遠奠菲薄"

45) "公年未弱冠 師事宋圭菴 及通籍于朝 又事李先生於太學 歿身依歸"

曾祖父母 三代에 대한 추증이 이루어졌다. 이에 이정은 1550년에 죽어 종2품 가선대부에 추증된 부친 湛의 신도비를 세우고자 하여 조식에 게 그 비문을 위촉하여 받은 다음, 1561년에 이황에게 위촉하여 그 비문을 윤색하고 또한 글씨를 써서 받았다.[46] 이로 미루어 볼 때, 당 시 이정의 조식 및 이황에 대한 관계는 별로 차이가 없었던 것이다.[47] 이 비문에서 조식은 이정과 그 선조를 聖人의 德化에 감응하여 나타 난다는 신령스런 어진 동물인 騶虞에다, 그리고 이정의 어린 손자로 서 후일 『졸변』을 저술하여 조식 자신을 극구 비방하게 되는 이곤변 을 천리마에다 비유하고 있다.[48]

이정은 경주부윤의 임기를 마치고서 돌아온 1563년 11월에 다시 순천부사로 발령되었다. 그는 부임 직후부터 이곳에 유배되어 최후를 맞이한 金宏弼(1454~1504, 호 寒暄堂)과 曺偉(1454~1503, 호 梅溪)를 현 창하기 위한 여러 사업을 추진하였고, 그들의 생애를 정리한 『景賢錄』 을 上·下錄 單卷의 형태로 편찬 간행하였다. 처음 이정이 편집하여 간행한 『경현록』 중의 김굉필 부분인 上錄은 김굉필 자신이 지은 가 훈인 「家範」과 문인 李績이 집필한 「行狀」 및 중종 대에 신원된 이후 그를 추숭하기 위해 조정에서 논의된 내용을 정리한 「議得」 등으로만 구성되어져 있었다. 그러나 그 내용이 너무 소략하므로, 이황에게 상

---

46) 『도산전서』 내집 권28, 「答李剛而 辛酉」, 1ab, 12a, 14b~17b, 30b 참조.

47) 『졸변』, 8a에 "惠互十餘年來 交義盆篤 命駕相從 殆無虛歲 書筒之遞月亦累矣"라 보이는 것으로 미루어 이정과 조식 사이에도 서신왕래가 많았을 것으로 짐작되지만 현존하지 않는다. 『반졸변』, 19a에서는 이 문장의 '十餘年來'에 대해 '自戊午至戊辰', 즉 지리산 유람으로부터 음부옥 발생 때까지라고 주석을 달고서, 『졸변』, 13b에서 "戊午遊頭流以來 王父足跡更不入山中 此則一口所共知"라 한 것은 이러한 주장과 모순됨을 지적하는 것이다. 이정이 이황에게 보낸 편지는 이황이 보낸 것 못지않게 많았을 터이지만, 1902년에 간행된 『구암별집』에 겨우 3통이 수습되어져 있을 따름이다.

48) 1641년刊 『구암집』 부록 「東城李氏世系」, 4ab. "應寅有孺子二人焉 曰虎變 曰鯤變 毛骨未成 猶是汗 血駒也…府尹… 忠孝雖其性分内事 亦由於先祖之遺風 騶虞之子其騶虞乎"

의해 김굉필의 손자인 金立과 외증손인 鄭崑壽가 이황에게 적어 보낸 기록들 및 이황 자신이 수집한 정보를 추가하고, 책머리에는 범례를 대신하여 이렇게 수합된 관계 자료에 대해 이황이 취사선택의 편집 방침을 제시한「景賢錄編定別錄總目」을 덧붙여서 1565년 12월에 간행하였다.[49]

『남명집』 기유본(1609) 권4 補遺에 처음으로 수록된「書景賢錄後」는 『경현록』 개정본의 편집에 즈음하여 상록의 내용을 보충하기 위해 집필된 것으로서, 『도산전서』에도 이에 대한 언급이 있다. 그러나 현존하는 조식의 이 글은 모두 7조로 이루어져 있는데, 이황이 조식의 글에 대해 오류 혹은 적절치 않은 표현이라고 언급한 제1조·3조는 『남명집』에 그런 내용이 없고, 제6조의 '東晉之末' 중 '晋' 자를 이황은 '漢' 자로 고쳐야 한다고 했는데, 『남명집』의 제4조에 '東漢之末'로 고쳐진 내용이 보이며, 마지막 조의 '兩君皆有當谷之器'의 '谷' 자가 무슨 뜻인지 모르겠다고 했는데, 『남명집』의 제7조에 '兩君皆有當國之器'로 고쳐진 것이 보인다.[50] 그러므로 기유본에 수록된「書景賢錄後」는

---

49) 『구암집』 권1,「景賢錄識」; 『도산전서』 내집 권29,「答李剛而」, 26b~28b, 31b, 35ab; 권30, 1a~5a 참조. 필사본 『도산전서』에는 이 편지들이 모두 갑자년(1564)과 병인년(1566) 사이에 위치하며 그 가운데 을축년(1565)의 것은 따로 표시되어져 있지 않은데, 간본 『퇴계집』에는 권29, 31b 이하의 편지들이 모두 을축년의 것으로 되어 있다. 따라서 『퇴계연보』에도 『경현록』을 개정한 것은 을축년의 일로 기재되었다. 한훤당기념사업회(1970)에 수록된 李愚益의「國譯本發刊辭」에서는 定本 2권이 병인년 (1566) 순천에서 간행되었다고 하였다. 이중철(2002)도 상기「景賢錄識」의 끄트머리에 보이는 "嘉靖 甲子[1564]秋九月庚子"는 『경현록』 초간본이 간행된 시기를 가리키며, 1566년 순천에서 이를 보완한 개정본이 간행된 것으로 간주하고 있다(121~122면). 그러나 규장각도서 1691번으로서 上·下錄 單 册의 형태로 현존하는 개정본 하권의 말미에 "嘉靖四十四年十二月日"이라 하여 간행연대가 1565년임이 명시되어 있다. 이에 의하면, 「경현록지」에 보이는 "嘉靖甲子秋九月庚子龜巖李楨謹識"는「臨淸臺記」 발문의 작성 시기를 표시한 것일 따름이므로, 『경현록』의 초간 시기로 해석될 수 없다. 이황은 이정이 김굉필·조위를 기념하기 위해 순천에 건립한 臨淸臺·景賢堂의 額字를 썼을 뿐 아니라, 그 장소에 세워진 玉川精舍 및 그 부속건물 志道齋·依仁齋의 경우는 명칭과 額字가 모두 이황에게서 나왔고, 『경현록』 개정본의 상록은 李滉이 編定하고 판각을 위한 글씨도 직접 썼다. 상록의「附諸賢詩」부분 및 하록은 朴範의 글씨를 새긴 것이므로, 한 책자 안에 현저히 서로 다른 글씨가 병존하고 있다. 규장각도서 1691 『경현록』 錄下, 8ab; 규장각도서 2409(1618년 간본) 『경현록』 錄下, 奇大升 撰「玉川書院記」; 『도산전서』 내집 권30, 2a, 5a 참조.

이황의 의견을 반영하여 두 조가 삭제되고 부분적으로 글자가 수정되어 개정본『경현록』상록의 말미에 '南冥曹植追述'이란 설명을 덧붙여 첨부된「補錄」으로부터 옮겨 온 것임을 확인할 수 있다.『남명집』에 수록된「寒暄堂畵屛跋」은 1571년에 김굉필의 손자로서 당시 여든 가까운 나이였던 金立이 덕산동으로 조식을 찾아와서 청하여 지어진 글이다.

4. 河宗岳 後妻 사건

『남명연보』명종 21년(1566) 2월조에 순천부사로 있던 이정이 고향으로 성묘를 왔다가 조식과 약속하여 단속사에서 만난 사실이 기록되어 있다. 이때 조식은 조종도 등 제자 몇 명을 데리고 함께 가서 이정을 만났는데, 이때 이정이 성리학적 義理의 의문점에 대해 질문하다가 처음으로 士族 부인의 失行 문제에 대해 어떻게 처리해야 하는지를 물었으며, 조종도는 이후 이때의 문답 내용에 대해 벗들에게 설명한 바 있었다고 한다. 이는『남명집』「與子强子精書」에 붙여진 정인홍의 後誌에 보이는 내용과 대략 일치하는 것으로서, 조식은 이정의 질문에 대해 선비는 자신을 다스리기에도 겨를이 없으니, 그런 것은 담당 관리가 처리할 일이지 선비가 관여할 문제는 아니라고 대답했다는 것이다.[51]

---

50)『도산전서』내집 권30, 4ab.

51)『남명집』기유본 권2, 12b. "先生嘗與李及士子若干人會于斷俗寺 李問 士族婦人有淫行 士子可以發其事治其罪乎 先生答曰 士族婦人失行 自有有司可治 士子治己不暇 治婦人淫行 干己何事而敢爲之"

이정의 손자 이곤변이 지은 『졸변』은 『남명집』에 실린 「與自强子精書」 및 그것에 대한 정인홍의 後誌, 그리고 정인홍의 『남명집』 발문에 나타난 이정과 관련된 내용을 전적으로 부인하고서 자기 조부를 변호하기 위한 것이다. 그의 해명은 이러하다.

> 하종악의 庶妹는 내 할아버지의 측실이었다. 지난 戊午年間[1558]에 할아버지가 남명과 더불어 두류산에 노닐어 方丈室에서 베개를 나란히 했던 밤에 남명이 宗岳의 후처가 失行한 일에 대해 귀에 대고 은밀히 말한 바 있었다. 그 후 戊辰[1568]에 淫婦獄이 갑자기 일어났다. 사람들이 그 연유를 짐작조차 할 수 없었는데, 남명이 곧 심부름꾼을 통해 편지 한 통을 할아버지에게 보내 말하기를, "君礦(하종악 字)의 집안 일이 하루아침에 이런 지경으로까지 떨어졌으니, 통분하기 짝이 없소. 令公도 들어 알고 있겠지요?"라고 하며, 마치 인척끼리 서로 조문하듯이 말했다. 내 할아버지는 남명이 이 일을 주장하고 있는 줄을 전혀 짐작하지 못하고서, "십년 전 일찍이 산중에서 이 말을 잠깐 들었을 뿐이고, 그 후로는 전혀 들어 아는 바 없습니다"라고 대답하셨다.[52]

즉, 선조 원년 무진년에 음부옥이 발생하기 10년 전인 명종 13년 무오년에 河宗岳·李希顔 등 이 일의 당사자들과 함께 지리산을 유람했을 때, 밤중에 조식이 이정에게 하종악 후처의 음행 문제를 귀엣말로 처음 일러주었고, 그 이후 무진년에 조식의 주도에 의해 옥사가 일어날 당시까지 이정은 이 일에 대해 전혀 관여한 바가 없었다는 것이다.

---

52) 『졸변』, 2b. "河宗岳庶妹 乃吾王父旁室 往在戊午年間 王父與南冥遊頭流 聯枕方丈之夜 南冥嘗附耳密語宗岳後妻失行事 厥後戊辰 淫獄遽起 人莫測其由 南冥卽委伻遺一書王父云 君礦(河宗岳字)家事 一朝零落至此 可痛可痛 令公其亦聞知否 大率似若通家相弔然 吾王父全不料南冥主張是事 答之以十年前曾於山中瞥聞此語而已 厥後更無聞知云" 『龍蛇日記』, 50ab에 이곤변이 조식을 비방한 까닭 등으로 金誠一이 그와의 교류를 끊은 일화가 보인다. 그러나 『졸변』의 첫머리에 "嘗聞吳長袖南冥與自强子精書一通 傳于鄭仁弘 入榇者有年" 운운의 언급이 있으므로, 『졸변』이 간행된 것은 『남명집』이 나온 이후임이 확인된다.

이곤변이 십 년 전 지리산 유람 때의 일을 언급한 것은 「여자강자정서」에서 조식이 10년 전 일찍이 이정에게 이 문제를 거론한 적이 있었음을 언급했기 때문이다.[53] 그러나 10년 전이란 표현이 한문의 관례에서 그다지 정확한 것은 아니며, 또한 음행 문제가 발생한 것은 하종악이 죽은 이후부터라는 점에 비추어 볼 때 이러한 주장은 사실과 부합되지 않는다.[54]

　　『반졸변』은 조식의 손자인 曺浚明[55]의 이름으로 이곤변의 주장에 대해 조목별로 반박한 것이다. 이에 의하면, 조식의 「유두류록」에 이정과 함께 잔 기록이 전혀 없고, 음부옥이 발생할 당시에는 이 일이 이미 세상에 꽤 알려져 있었기 때문에 하종악의 인척인 이정에게 새삼 편지를 보낼 필요도 없었다고 한다. 또한 조식은 옥사를 주장하지 않았을 뿐 아니라, 선조 원년 10월 27일에 서울에서 벼슬살이 하는 오건·정탁에게 위의 편지를 보내어 음부옥의 전말과 아울러 이 일로 말미암아 이정과 절교하게 된 사유를 설명한 데 대해, 이들이 조정에서 그 해결책을 도모해 보겠다는 편지를 보내오자, 다음 해(1569) 정월에 답서를 보내 오히려 만류하는 의사를 표시하기까지 했다는 것이다.[56]

---

53) "十年之前 曾對剛而愼說淫婦之事曰 公爲一室之人 何不縛取行媒婢子投之於江乎 剛而黙然不肯答破 僕心甚不滿".

54) 『반졸변』, 1b. "及宗岳死 其後妻李 大肆淫穢 使一婢前導行媒 稱爲女伴 止宿無處 其所私者 奴元石婢 夫河莫丁是也 每有孕 輒以毒藥墮之 終有兒 鞠于婢 六歲而死"

55) 송 씨 소생 조식의 삼남인 次矴의 장남이다.

56) 『반졸변』, 3ab. "己巳正月 先祖復德溪藥圃書曰 今月十六 州人文武五十六員 齊會鳴鼓 黜去淫婦 撤去 莫丁家 旣黜吾方知之 邦國大政 竟出於閭閻匹夫 直可慨歎 院長之持難 憲長之顧忌 只爲救者之勢也 方 聞時議 大忌觸忤秉權者云 通人坐此難發 公獨何人而不自謀乎 此非山野老夫所與知也 但以我爲孫謀 誣發大獄云 可見廢閣公道之甚也 公等何須用力 鄕人已發 義不必加有所事也 先祖手迹 徑難猶存" 이 편지는 『남명집』에 실려 있지 않다. 이곤변은 오건의 외아들 長이 자기 형 虎變의 사위임에도 불구하고, 그 집안에 보관되어 오던 「與子强子精書」를 정인홍에게 전달하여 『남명집』에 실리게 한 점을 비난하였고, 『용사일록』에는 오장이 김성일의 물음에 응해 이곤변의 인품을 비판한 답변이 보인다. 「여자강자정

이 옥사의 단초에 관여했었던 정인홍의 설명에 의하면, 朴啓賢은 戊辰年間(1568)에 경상감사로 부임해 사천으로 이정을 방문했다가 그로부터 조식의 지기인 이희안 후처 이씨의 失行에 관한 말을 듣고서[57] 원래는 그 문제를 다루고자 정인홍의 장인인 김해부사 梁喜에게 조사를 위촉했었던 것인데, 조식이 그 소식을 듣고서 정인홍에게 이정 측실 집안의 문제를 설명함으로 말미암아 갑자기 조사 대상이 바뀌게 된 것이라 한다.[58]

진사 하종악은 지금의 진주시 수곡면 효자리에 살았다.[59] 그는 조식의 죽은 형 柆(납)의 사위로서, 조 씨와의 사이에 딸 하나를 두었는데, 그가 죽은 후 선조 원년부터 후처인 함안 이씨의 음행 사건이 경상감사에 의해 조사되기 시작하였다.[60] 그러나 취조 과정에서 당사

서」에서 이정이 조식에게 "燈下不明 知之太晩 無面目進見於左右"라고 하며 음부옥과 관련한 자신의 과거 처신을 사과했다고 언급한 편지 또한 조준명의 설명에 의하면 조식 생존 시에 오건에게 전달되어 그 집안에 보관되어 있었다. 『남명연보』의 선조 원년 조에는 이 편지 중 "稹爲河門從兄弟所瞞 輒發言議 捫舌莫及 罪安可逃 痛悔前言之失實 以致人議也" 운운의 구절도 인용되어 있다. 『졸변』이 나온 이후 송 씨 소생의 조식 차남인 曺次磨가 그 주장을 반박할 증거물로 삼기 위해 이 편지의 반환을 요청했으나, 오건의 孫壻인 姜大延은 이호변의 아들 從一이 가져간 이후 여러 차례 요구해도 돌려주지 않는다고 답변했다 한다. 강대연이 광해군 7년(1615) 10월에 두 차례에 걸쳐 조차마에게 보낸 답신은 『반졸변』의 말미에 첨부되어 있다. 강대연은 그 첫 번째 답서에서 "然此事曲折 已盡於鄭也之誌 此書有無 亦何關哉"라고 하여, 정인홍의 후지 내용만으로도 이미 사실 관계가 충분히 설명된 것이라고 말하고 있다. 吳長은 광해군 6년에 鄭蘊이 제주로 유배되자 이를 변호하는 상소를 주도한 일로 兔山으로 귀양 가 광해군 8년에 병으로 죽었고, 그는 嫡妻와의 사이에 1녀를 두었는데, 그 사위가 강대연이다. 『德溪集』 권7, 10b~11a 참조.

57) "隆慶戊辰年間 朴公啓賢爲監司 訪李禎於泗川 李密言黃江門中事 使捕繫窮治"

58) 이희안의 후처 이씨에 관해 『남명집』 권2 「軍資監判官李君墓碑」에서는, "後娶李漢禎之女 無子女 夫人 甫上笄 配公殆五年矣 枯髓痲衰 枕塊奠酹 首不加梳 口不入漿 絶而復蘇者數 便欲自絶 矢與同穴 竭力鳩資 治金伐石 索余以文"이라 하여, 그녀를 열녀로 묘사하고 있다.

59) 孝子里 孝洞 마을에 1972년 새로 세워진 그의 조부 河値千의 묘비와 재실이 있고, 효자리 139와 41번지에 위치한 조선초기의 팔각형고분군 3기는 기념물 제42호로 지정되어져 있는데, 태종대에 초계군수를 지낸 고조부 之溪과 그 아들 現 등의 묘이다. 증조부 備 내외의 팔각고분도 그 위쪽 10m 지점에 있다. 5대조 游는 河崙의 從父弟이고, 하륜의 선대 묘소는 진주시 美川面 梧坊里 산166의 45에 있어 기념물 제41호로 지정되어 있다. 목판본 『松亭集』 권4, 「故司果河公墓碣記」에 "西嶽墓者 故宣略將軍司果河公之墓也 諱値千 於余爲同姓…由郡事諱之溪以上爲同祖 自護軍諱備以下始分爲支宗"이라 보인다.

60) 하종악 후손인 진주의 한학자 故 河東根 옹의 설명에 의하면, 그녀는 『晉陽誌』 各里 조에 보이는 東面 加佐村里(지금의 晉州市 晉城面 下村里) 출신이었다. 『반졸변』에 "夫淫婦勢家也 都憲仁亨其祖 司諫

248 남명학의 새 연구 상

자들은 모두 혐의 사실을 부인하였고 뚜렷한 증거도 드러나지 않았으므로, 박계현의 후임으로서 鄭惟吉이 신임 감사로 부임한 지 얼마 안 되어 혐의자들은 모두 석방되었다. 그러자 석방된 사람들은 모두 조식에게 원한을 품고서 보복을 다짐하고 있었다. 이렇게 된 원인에 대해, 조식은 이정이 중종의 부마로서 정유길과 어릴 적부터 친우인 礪城尉 宋寅에게 사람을 보내어 이 사건이 아무런 증거가 없음을 설명하고, 또한 정유길이 부임하자 그를 찾아가 온갖 말로 설득한 까닭이라고 인식하였다. 그리고 이는 곧 조식 자신을 멸족의 화에 빠트리는 짓이라고 보았다.[61]

조사의 진행 과정에서 조식이 자기 조카손녀에게 유산을 상속시키기 위해 이 일을 꾸며냈으니 조식을 조정으로 불러다 취조해야 한다는 주장까지 대두하게 되었다. 사태가 이렇게 진전된 것은 하종악 후처의 종형제가 중앙의 요직에 있어 그녀를 적극적으로 구원한 까닭이었다. 그러나 조식은 이정이 사건 발생 이후 줄곧 감사 및 추관에 대해 함안 이씨 측을 적극적으로 변호해 왔음에도 불구하고 자신에게 보낸 편지에서는 그것과 반대되는 거짓말을 했을 뿐 아니라, 세 차례에 걸쳐 이 사건에 대한 태도를 번복해 가면서 사실을 호도했는

<hr/>

翊其從甥"이라 보이는데, 그녀의 조부 李仁亨(1436~1497, 호 梅軒)은 김종직의 문인이라는 이유로 무오사화 때 부관참시 된 인물이다. 『함안이씨대동보』에 의하면, 인형의 아우인 義亨 · 禮亨 · 智亨도 모두 동문이었고, 장남 翩(핵)은 김종직의 사위였다. 하종악 조부의 3형제 또한 모두 登科하였으며, 김종직의 從遊人이었다. 碧寒亭 소장 필사본 『남명연보』에는 간본에서 삭제된 부분이 남아 있는데, 이에 의하면 그녀는 부사 翊(영)의 딸이다. 『眉巖日記草』, 戊辰 7월 7일조. "河進士妻李氏 大司憲仁亨之孫 而薦擧科翊之女也 年二十八喪夫 哀毁備至 罕有梳洗 以禮自守 聞於鄕閭 前室女金勵之妻河氏 居于丹城 謀欲害繼母 而專呑家産 造成奸淫之說 浸潤其四寸大父曹植 使囑于都事金逸駿 熒惑監司 以屢聞爲公事 發軍掩捕囚禁 幷囚奴婢十二名 刑問或二次或三次 一鄕大小人民 連名呈狀 尤爲辨明 逸駿執迷愈甚 於刑訊三次之後 監司以辭狀不參公事 逸駿擅論到付 又令加捉奴婢 期於究竟 晋牧崔君 昆陽趙君 皆以爲曖昧云" 이 글 중의 '到付'는 감사가 수령의 狀報에 대해 답하는 공문이며, 당시의 감사는 박계현이었다.

61) 「여자강자정서」. "故罪人全指我釋感 是剛而置我於滅族之地也… 委馳人於礪城尉 極陳其曖昧 都尉與吉元 情分自童穉深篤 到界卽欲放去 剛而復相對終日 無所不救 用是卽解放"

데, 그 배경에는 그가 내직에 있는 동안 하종악 후처로부터 楊州 한강
변에 있는 죽은 남편의 전답과 노비를 얻어 서울 체재비용에 충당했
던 까닭도 있다고 보아,[62] 결국 선조 원년에 그와 절교하고 말았다.

  다음 해인 선조 2년 정월 16일에 하종악의 친척이자 같은 마을에
살던 조식 문인 河沆[63]을 비롯한 인근의 文·武人 56인이 같은 우물
을 사용하기가 창피하다 하여 북을 치며 몰려가서 석방된 후 집에 있
던 함안이씨를 몰아내고 그녀와 간통한 혐의가 있는 계집종의 남편
河莫丁과 종 元石의 집을 헐어버린 사건이 발생하였다. 이 사건 이후
경상감사 정유길이 체직된 것을 비롯하여, 推官인 진주목사 崔應龍과
곤양군수 趙惟誠이 臺官의 탄핵을 받아 파직되었고, 2월에 高景軫이
敬差官으로 파견되어 와 사건에 관련된 유생들을 구속 취조했다. 그
리고 이번에는 함안 이씨의 직속 노비, 하종악 집안의 노비, 그리고
전처인 창녕 조씨의 노비를 두루 취조하였으나, 그들로부터도 이렇
다 할 증언을 얻어내지 못했으므로, 결국 그 노비들도 모두 석방하
고 말았다.[64]

---

62) 『졸변』, 3a. "近有老秀才成汝信 戊辰年間 以少年獲拜於南冥 南冥極悔受賂事果出臆度乘憤過激之語
  云";『반졸변』, 4b. "吾叔父柒原公 書問虛實於成公 其復書略曰… 先生曰 君等聞之 昔年遇剛而於洛中
  問之曰 祿薄旅邸 何以料生 剛而曰 君礦家田畓奴婢在楊州 令我爲留資"

63) 河洛·河沆의 부친이며 조식의 벗인 河麟瑞도 처음에는 하종악 후처를 옹호하는 편에 가담하였다가, 이
  때에 이르러 훼철 행위를 주도하였다. 『선조실록』, 2년 5월 갑자. "河麟瑞亦當初着名於發明單子 而厥
  後乃唱導毀撤 推問其由 則以爲當初不能細知 而其四寸鄭夢祥(宗岳後妻之四寸也)來乞故着名 後日更
  聞則其事的實 故毀撤云"

64) 『진양지』 권4, 叢談 조;『졸변』, 8b~9a. "一唱風論 獄事大作 展轉推蔽 久未得緖 臺評峻發 駁罷方伯
  鄭相國惟吉 推官晋牧崔令公應龍昆守趙斯文惟誠 特遣欽差高公景軫 更加嚴訊李氏事知奴婢河家奴婢及
  先室奴婢 迭殞杖下 俱不服 不得已釋之";『반졸변』, 13b. "當欽差逮囚三家奴婢之時 使人陰誘曰 直招
  則死 牢諱則原 於是三家奴婢 更相諱之 獄遂以解 旣無嚴訊 焉有其死"『道先生案』에 의하면, 박계현은
  1567년 10월 12일에 부임하여 1568년 6월에 사직하여 떠났고, 정유길은 같은 해 7월에 부임하여
  1569년 2월에 체직되어 떠났으며, 그 후임인 姜暹(섬)은 같은 해 3월에 부임하여 5월에 병으로 사직하
  여 떠났다. 『반졸변』, 15a의 의하면, 1576년 李濟臣(호 淸江)이 진주목사로 있을 때 元石은 사천에서
  옛 거처로 돌아와 함부로 나다니다가 이 목사에 의해 杖殺되었다고 한다.

진주 유생들에 의한 毁家黜鄉 사건은 일찍이 前例가 없었던 것이므로, 경상감사의 장계가 올라가자 당시 조정에서도 상당한 물의를 불러일으켰다.[65] 기대승은 4월 19일의 文政殿 朝講에서 처음 이 문제를 거론하여 음부옥에 관련된 사람 중에 억울한 이가 없지 않을 것임을 언급하였고, 5월 21일의 조강에서는 유생 옥사 문제에 관해 어느 정도 징벌을 가할 필요가 있다는 점과 이 사태의 근본적 책임은 진실을 잘 알지 못하고서 소란을 야기한 조식에게 있음을 지적하였다. 그의 발언에 이어 洪暹은 조식이 사람을 서울로 보내어 朝官을 협박했고, 회람문을 내어 毁家를 주도했다면서 그의 죄를 다스리자는 의견을 제시했고, 기대승 역시 원칙적으로 이에 찬성했다.[66] 그러나 홍문관이 유생을 처벌하는 데 대해 반대 의견을 개진하였고, 조정의 의논도 양분되었으므로 이 의견은 채택되지 않았을 뿐 아니라, 결국 구속되었던 유생들도 몇 달 만에 모두 석방되어 사건은 아무런 결론 없이 흐지부지 끝나고 말았다.

하종악 후처사건으로 말미암은 이정과 조식의 절교는 두 사람의 생애에 있어 가장 만년에 일어났던 일로서, 각자에게 준 심리적 타격은 심각한 수준의 것이었다. 조식은 이 사건이 그처럼 흐지부지 끝나고 많은 비난이 자신에게로 돌아오게 된 것은 이정의 배후에 있는 이황과 퇴계학파가 조정에서 가진 영향력 때문으로 판단하고 있었다.[67]

---

65) 『선조실록』 2년 4월 임진; 5월 갑자; 『선조수정실록』 2년 5월 갑진; 『성호사설』 권7 人事門, 「淫訟」 조 참조.

66) 기대승은 이정이 순천에 세운 경현당과 옥천정사 즉, 후일 옥천서원의 기문 및 김굉필 행장을 집필하였으며, 『경현록』의 편집에도 참여했다. 기대승과 조식 및 남명학파와의 대립적 관계에 대하여는 이이의 『경연일기』 1572년 10월 조; 『沙溪全書』 권2, 「答辛用錫(慶晉)李玉汝(貴)」 참조.

67) 이에 관하여는 오이환(2000), 96~97면 참조. 퇴계학파에 속한 유희춘은 음부옥이 일어난 선조 원년 7월 7일 진주에서 상경한 하종악의 양자 陳海壽를 만났으며, 다음날은 진주목사에게 하종악 후처의 억울함을 설명하는 답서를 보내고, 부임 직전의 경상감사 정유길을 찾아가 이 건을 설명하여 그의 공감을 얻

조식은 이황이 죽은 다음 해인 선조 4년(1571) 4월 무렵 오건에게 보낸 편지에서, 당세의 학문이 오로지 상달을 주로 하고 하학을 추구하지 않아 惑世誣民에 급급하다면서, 이러한 경향은 이황으로 말미암은 것이라고 비판하였다.[68] 그리고 자신이 죽기 몇 달 전인 그해 11월 25일 宗室인 慶安令 李瑤에게 보낸 첫 번째 편지에 이어 병석에서 보낸 두 번째 편지에서는 "時議는 더욱 엄중하여, 아침저녁으로 피부를 벗겨내는 듯합니다. 허물을 살피며 깊숙이 엎드렸으니, 남들과 입을 열 마음이 전혀 없습니다"고 말하고 있다.[69] 이정이 관직생활을 그만둔 이후 지리산에 들어가 조식과 함께 만년을 보낼 생각을 실제로 갖고 있었는지 어떤지는 판단하기 어려우나, 적어도 그가 고향 땅에 구암정사를 마련하게 된 것은 조식과의 관계가 끝난 이후였음이 분명하다.

이황은 선조 2년 이정에게 보낸 답서에서 처음으로 하종악 후처 사건에 대해 언급하였다. 그는 절교의 소문이 나라 안에 파다하게 퍼져 있다면서, 여론은 전혀 관여해서는 안 될 일로 말미암아 名流인 두 사람이 이처럼 서로 등을 지니 의아해하고 냉소한다면서, 자기 역시 두 사람을 위해 안타까워하지 않을 수 없다고 했다.[70] 그러나 다음 해에 보낸 답서에서는, 이에 대한 책임을 부질없이 그런 저속한 문제

어내는 등 적극적인 활동을 벌이고 있다. 『眉巖日記草』, 무진 7월 5 · 7 · 8일 조 참조. "初七日… 陳海壽自晋州歷南原上來 乃河進士宗嶽之養子也… 初八日… 朝答晋牧之書 以河宗嶽妻李氏受寃辱事爲答 ○早朝 往訪新嶺南監司鄭公惟吉吉原 懽然談笑 仍白河宗岳[sic]妻李氏冤枉 鄭公亦深以爲然" 유희춘은 『陶山及門諸賢錄』에 11번째로 수록되어 있다.

68) 『남명집』 권2, 「與吳子强書」. "熟看時尙 痼成麟楦驢鞹 渾世皆然 已急於惑世誣民 雖有大賢 已不可救矣 此實斯文宗匠者 專主上達 不究下學 以成難救之習 曾與之往復論難 而不肯回頭 公今不可不知此弊之難收矣" 이 편지를 쓴 시기는 글 속의 "似聞方有召命宣賜食物"로 알 수 있다.

69) 『남명집』 권2, 「答慶安令守夫書, 又」. "況時議更重 朝夕剝膚 省愆深伏 萬無欲與人開口" 조식은 선조 4년 11월에 병석에 누워 다음 해 2월 8일에 죽었다.

70) 『도산전서』 내집 권30, 「答李剛而 己巳」, 28b.

에 개입하여 명성의 손상을 자초한 조식에게로 돌리면서, 이정은 순 임금과 증자를 본받아 의연한 태도를 지녀, 조식의 주장에 대해 애써 해명할 필요가 없고 또한 자기를 굽혀 그와의 관계를 회복하기 위해 노력할 필요도 없다고 조언하였다.[71]

정인홍은『남명집』갑진본의 간행에 즈음하여 이황의 이 두 편지 중 해당 부분을 뽑아내어 권3 말미에다 첨부하여, 이른바「跋南冥集說」로써 이황 비판의 단초로 삼았다. 그러므로 이 사건은 결국 영남 사림을 주도해 온 낙동강 동·서의 두 학파가 서로 대립하는 국면을 초래하였다.[72] 본고에 언급된 이정이나 오건·정탁의 경우가 그러하듯이, 이 사건이 있기 이전까지 이황과 조식 兩門에 모두 출입한 사류가 적지 않았기 때문에, 정인홍의 이황 비판은 또한 정구와 같은 이황·조식 양문의 주요 문인과도 마찰을 초래하여 남명학파의 노선 분열을 초래하는 계기가 되기도 하였으니, 그것이 후대에 미친 영향은 매우 큰 것이었다.[73]

5. 맺음말

『구암집』은 인조 19년(1641) 정월에 不分卷 單册의 형태로 龜巖書院에서 처음 간행되었다. 그 발문은 허목이 썼고, 서문은 허목의 위촉에

---

71) 『도산전서』 내집 권30,「與李剛而 [庚午]」, 30a~32a.

72) 『선조수정실록』 2년 5월 갑진. "李滉答李楨書 問以朋儕間仍小事相失不解爲不可曉云 後其書傳於世 鄭仁弘追咎滉 著書攻斥 終身不已 嶺南分黨之禍 亦始於此矣"

73) 당대 및 후대인의 이 사건에 대한 언급에 관하여는 또한 尹根壽,『月汀別集』권4,「漫錄」, 37ab; 朴惺,『大庵集』권2,「雜著」; 林眞怤,『林谷集』권5,「題龜巖集後」; 曺庸相,『弦齋集』권3,「答曺仲謹 壬戌」; 권6,「謹書退溪先生答李龜巖兩書後」 참조.

의해 그의 벗이자 정치적 동지인 趙絅이 썼는데, 이는 사천 유림의 위촉에 의해 허목이 편집한 것이다. 허목은 또한 효종 3년(1652)에 이곤변의 문집인 『百忍齋遺集』을 편찬하였고, 「龜山祠記」도 직접 지어 그 비석이 지금도 龜溪書院의 龜山祠에 남아 있다.

영조 25년(1749) 3월에 『龜巖續集』이 또한 불분권 단책의 형태로 간행되었는데, 그 刊記에는 서원의 명칭이 龜溪書院으로 되어 있다. 숙종 2년(1676)에 사액되어 바뀐 것이다. 『記言』 권16에 「龜山祠記」로 된 비문은 『구암속집』 부록에는 「廟庭碑陰銘 幷序」라는 제목으로 바뀌었고, "崇禎十八年二月日立"이라 하였다. 숭정 연호는 사실상 그 전해에 이미 끝났으나, 인조 23년(1645)에 龜山祠碑가 세워진 셈이다. 비문에 "만력 39년 고을 사람들이 사시던 동네에다 사당을 세워 구산사라 이름 지었다"고 하였으니,[74] 광해군 3년(1611)에 구산사가 세워졌다. 속집 부록에는 또한 金允安이 지은 「龜山書院上樑文」과 張應一이 지은 「龜山書院重創奉安文」이 실려 있는데, 조경의 「龜巖先生集序」에 "塾序에다 공을 제사한 다음, 또한 전쟁으로 불타고 남은 유고를 수집하여 장차 목판에다 새겨 후세에 전하려 한다"고 하였듯이,[75] 구산사의 건립과 더불어 龜山書院이 창건되고, 중창 이후에 龜巖書院으로 명칭이 바뀌었을 것으로 추정된다. 『泗川市史』에 의하면,[76] 숙종 원년(1675) 9월에 사액을 청하는 상소를 올렸는데, 10월 17일 예조에서 올린 三望(龜山·萬竹·龜溪) 중에서 왕이 구계로 낙점하여 오늘날까지 전하는 서원의 이름이 정해졌다고 한다.

---

74) "萬曆三十九年 鄕人立祠故里 名曰龜山祠"

75) "旣已俎豆公於塾序 又裒遺稿於兵燹之餘 將剞劂以傳後"

76) 제11편 제1장 제3절 26. '구계서원'

「구산서원상량문」에 舊宅의 곁에다 서원을 세운다고 하였으므로,[77] 구산서원이 세워진 장소는 고택, 즉 구암정사가 위치했던 곳과 거의 같은 장소임을 알 수 있다. 왜란으로 말미암아 구암산에 있었던 이정의 무덤이 도굴되고, 유고도 대부분 불타 없어졌으니, 구산사와 구산서원이 세워지던 당시까지 구암정사가 남아 있었을 가능성은 거의 없다. 그러나 광해군 3년에 구산사와 더불어 창건된 서원은 이정 생존 시의 구암정사를 계승하는 의미를 지니고 있었던 셈이다.

오늘날의 구계서원은 고종 5년(1868) 9월에 훼철된 이후 1931년에 복원된 것으로서, 비탈진 산기슭의 자연 구조를 이용하였다. 건물은 모두 5동으로 구성되었는데, 구산사와 그 출입문인 重起門의 아래편에 동서 양재가 세로로 나란히 위치하며, 다시 그 아래에 외문을 겸한 누각인 風詠樓가 위치하여, 일반적으로 서원의 중심을 이루는 강당 건물이 따로 없다는 점에서 다소 특이한 구조이다. 西齋에 龜巖精舍, 東齋에 居敬齋·明義齋의 현판이 걸려 있어, 구암정사에 속했던 옛 명칭들이 그대로 남아 있는 점도 서원이 곧 정사의 後身임을 말해 주고 있다.

『龜巖別集』은 광무 5년(1901)에 대관대가 중수된 다음 해인 1902년에 이루어졌는데, 이때 원집과 속집도 새로 새겨 각 2권씩 전6권 3책의 중간목판본으로 함께 간행되었다. 별집 권2의 부록에 柳世彰의 「大觀臺重修上樑文」과 더불어 宋秉璿이 지은 「大觀臺重修記」가 실려 있다. 이러한 글들에 의하면, 대관대는 일찍이 이정이 독서하던 건물의 이름인데, 그 건물이 퇴락하였으므로 고을에서 재물을 모으고 관청의 지원을 얻어 새로 중수했다는 것이다. 물론 이정 당시의 건물이 그때

---

77) "爰就舊宅之傍 始營高山之仰"

까지 남아 있지는 않았겠지만, 적어도 서원이 훼철된 이후까지도 대관대가 남을 수 있었던 것은 그것이 서원으로부터 다소 떨어진 위치에 있어 그 부속 건물로 간주되지 않았음을 의미한다. 『后山集』 권2에 「登大觀臺二絶」, 『俛宇集』 권8에 「大觀臺用龜巖集中韻」이 실려 있는 것은 許愈(1833~1904)와 郭鍾錫(1846~1919)이 각각 당시로서는 이정의 유일한 유적이었던 이 대관대에 올라 지은 시들이다. 후일 大觀臺儒契의 주관으로 구계서원을 복원하게 된 것은 서원 훼철 이후 대관대가 사천 유림의 구심점 역할을 했기 때문일 터이다.

『면우집』 권138에 1905년에 지어진 「不欺堂記」가 수록되어져 있다. 이에 의하면, 불기당은 원래 이정이 거처하던 곳이었는데, 이정의 거처로는 또 구암정사가 있고 그 좌우에 거경·명의재가 있었으며, 만죽산 허리에는 따로 대관대가 있었다. 그러나 당시로부터 3백 년의 세월이 지나는 동안, 이러한 건물들은 병화로 말미암아 사라져 버리고, 후인이 세워 이정을 제사하던 장소도 폐허가 되어 버렸다. 오직 대관대만이 홀로 남아 있고, 그 앞에 오래된 '書堂'이 하나 있다.[78] '不欺'는 『대학』의 '誠意'와 『중용』의 '愼獨'이라는 핵심 개념을 표현한 것이며, 또한 이정이 이황으로부터 전수받은 학문의 요지로서, '居敬', '明義' 및 '大觀'의 의미를 모두 포괄하였다. 그러므로 사천 사림이 이정의 학문 정신을 상징하는 불기당 하나만이라도 중건하고 싶지만 그렇게 하기에는 물력이 부족하므로, 이해 봄에 서당의 동편 방 하나를 수리하여 거기에다 불기당의 현판을 걸게 되었다는 것이다.

이 글의 내용으로 미루어 볼 때, 대관대 앞의 서당이란 구계서원이

---

78) "臺之前舊有書堂 泗之人士猶恪護而無廢也".

훼철된 이후 그것을 대신하여 세워진 약소한 건물이다. 그러므로 오늘날 이곳이 곧 구암정사의 옛터로 간주되고 있는 것은 난센스이다. 실제로 이곳에는 그 정도의 건물들이 들어설 수 있는 공간이 없으며, 대관대 자체가 이정의 서재일진대 이 건물터를 따로 일러 대관대서재가 있던 곳이라고 함도 타당치 않은 것이다.

참고문헌

郭鍾錫, 『俛宇集』.

『國朝文科榜目』.

『國朝人物考』(1978), 上·中·下, 서울대학교출판부.

金長生, 『沙溪全書』.

「大觀臺下書齋建物賣却決議」(1939), 필사본 고문서.

朴惺, 『大庵集』.

朴絪, 『南冥先生年譜』, 陜川 碧寒亭 소장 필사본.

『泗川邑誌』.

成汝信, 『浮査集』.

『宋史』.

吳健, 『德溪集』.

王侮, 『東都事略』.

柳道源, 『退溪先生文集攷證』.

柳希春, 『眉巖日記草』.

尹根壽, 『月汀別集』.

李鯤變, 『疑訛拙辨』.

李魯, 『龍蛇日記』, 再刊木版本.

李珥, 『經筵日記』.

李瀷, 『星湖僿說』.

李楨, 『龜巖集』, 본집·속집 合2권2책본, 附 『壽瑞詩』『壽瑞詩續集』.

이정, 『구암집』, 본집 2권, 속집 2권, 별집 2권, 합3책 중간본(한국문집총간 제
    33책, 민족문화추진회, 1989에 수록).

李滉, 『陶山全書』.

이황, 『退溪集』.

林眞怤, 『林谷集』.

曹植, 『南冥集』.

曹庸相, 『弦齋集』.

曹浚明,『反李鯤變拙辯』.
朱熹,『朱子大全』.
『晉陽誌』.
『昌寧曺氏派譜(甲寅譜)』.
河受一,『松亭集』.
『咸安李氏大同譜』(1985), 葦溪精舍.
許穆,『記言』.
許愈,『后山集』.

姜玟求(2002),「구암 이정과 사천·진주지역의 퇴계학파」,『퇴계학과 한국문화』 제31호, 경북대학교 퇴계연구소.
경남발전연구원 역사문화센터(2010),『사천 구계서원 대관대 및 대관재 시굴조사』, 지도위원회자료 2010~025집.
「大觀臺와 大觀臺書齋 考察」, 필자 미상.
『泗川市史』, 인터넷 판.
오이환(2000),『남명학파연구』상·하, 남명학연구원출판부.
李中喆(1994, 2002),『구암연보』, 사천문화원.
한글학회(1980),『한국지명총람』9.
寒暄堂先生紀念事業會 編纂(1970),『國譯 景賢錄』, 三和出版社.
행정자치부 지정 정보화 마을 인빌뉴스(www.invil.org).
許捲洙(1996),「경남지역에 소재한 퇴계의 遺跡에 대한 고찰」,『경남문화연구』 제18호, 경상대학교 경남문화연구소.
黃渭周(2010),「퇴계와 구암의 왕복서간」,『퇴계학과 한국문화』제47호, 경북대학교 퇴계연구소.

附記

　　필자는 鄭萬祚 교수의 논문 「宣祖初 晉州 淫婦獄과 그 波紋」(『한국학
논총』, Vol.22, 국민대학교 한국학연구소, 1999)의 존재를 일찍부터 알
고 있었으나, 그것이 필자에게 입수된 것은 원고마감 사흘 전인 5월
12일이었다. 읽고 난 후, 하종악 후처 사건과 관련하여 본고에서 언급
된 문헌들을 정 씨도 이미 대부분 입수하여 사용하였고, 따라서 내용
상 서로 중복되는 부분이 많음을 확인하였다. 그러나 당시까지도 필
자는 본고를 탈고하지 못한 상태여서 시간적 여유가 없기 때문에, 본
고에서는 정 씨의 논문을 일체 반영하지 않기로 하였다.

　　또한 필자가 『남명학연구』 제29집에 실은 「『南冥集』 諸板本의 刊行
年代」에 대해 이상필 교수가 제30집에서 반론한 논문 「『南冥集』 初刊
年代 辨正」도 읽었다. 이 씨의 주장 내용 대부분에 관해서는 필자가
여러 논문에서 이미 상세히 논급하였기 때문에 새삼 응답할 필요를
느끼지 않는다. 그러나 필자는 『남명집』 판본 문제에 관한 글을 더
쓸 계획이 없으므로, 이 씨가 새롭게 주장한 부분에 대해서만 본고에
서 간단히 언급해 두고자 한다.

　　문제는 결국 초간본의 간행연대에 관한 明文이라고 필자가 주장하
는 기유본 발문의 첫머리 부분(向在壬寅年間 我來庵先生與一二同志 慮先
師遺響無傳 收拾詩文若干篇 入梓于伽倻之海印寺)을 어떻게 해석하는가에

달려 있다.

이 씨는 이 글 중 '年間'에 대해 "'그해 무렵'의 의미로, 신축년과 임인년 및 임인년과 계묘년의 즈음에 분명하게 꼭 집어서 말하기 어려울 때 쓰는 용어"이며, "임인년 무렵부터 글을 수습하여 갑진년에 초간되었다는 말(228면)"이라고 해석하였다. 그러나 본고의 注 52(戊午年間)·57(戊辰年間)·62(戊辰年間)에 '年間'이 사용된 문장이 세 군데 제시되어져 있지만, 그것들은 모두 '年中'이란 뜻으로서 특정한 해를 적시한 것이지, '즈음'이란 뜻으로 사용되지 않았다. 그리고 『남명집』의 간행 연혁을 설명한 글에서 초간본의 간행이 아닌 편집이 시작된 시기만을, 그것도 애매하게 대충 언급했다는 주장은 사리에 맞지 않다. 또한 '수습'이란 수집과 같은 뜻이지 편집의 의미가 아니다.

필자는 재간본에 정인홍이 갑진년 8월에 쓴 서문이 있지만, 실제로는 그것이 성균관 통문 사태를 초래한 을사년에 출판되었을 것이며, 갑진년 8월에 초간본, 유영순의 경상감사 재임기간 중인 병오년 말에 재간본이 출판되었다고 하더라도, 두 판본 사이의 간격은 최대한 2년 5개월이 되어 재간본의 간행에 관한 발문 자체의 기록(後數年 更起刊役 … 功一歲而告訖)과 모순된다고 일관되게 주장해 왔다. 그럼에도 불구하고 이 씨는 이에 대해 "갑진년과 병오년도 2년 간격이고 임인년과 갑진년도 2년 간격이다. '수년 뒤에'와 '일 년 만에'가 불합리하다고 하면 다 같이 불합리할 터(220면)"이며, "문집의 서문은, 문집의 간행이 준비된 후 간행될 문집을 보여 주면서 서문을 부탁하고, 그 서문을 받으면 바로 간행하는 것이 일반적 관례다. 그래서 특별한 근거가 없으면 서문이 이루어진 때를 그 책이 간행된 해로 보는 것이다(225면)"라고 하여, 갑진년이 초간본의 간행 시기라고 하였다. '간행될 문집'이 '간행된 문집'이 아닌 이상, 판각과 인쇄 제본 및 유통에 소요되는 시간을 계산하지 않을 수 없음은 자명하다. 그러므로 이는 필자의 주장을 왜곡하고 억측으로 논단한 것이다.

이 씨는 "『고대일록』의 '간역' 관련 자료는 '일을 보았다'라고 번역할 수 있을 뿐, 그것이 구체적으로 무엇을 말하는지는 그저 짐작할 수 있을 뿐이다. … 그런데 '해인사에 머물면서 일을 보았다'는 기록을 두고서 이 일이 바로 『남명집』에 관한 일이라고 보고, 그것도 편집 작업이 아닌 간행 작업이라고 단정하는 것은 참으로 무리한 해석이라 하지 않을 수 없다(230면)"고 한다. '留寺看役'의 '看役'은 '일을 보았다'가 아니라 '작업을 감독했다'는 의미로 해석되어야 한다. 필자는 『고대일록』 신축년 조에 보이는 여러 사례를 들어 이 말이 그러한 의미임을 논증하였다. 그런데 남명학 전공자인 이 씨는 임인 전해인 신축년의 상당한 기간 동안에 걸쳐 해인사에서 정인홍 문인 등이 집중적으로 회동하여 진행하고 있는 작업이 『남명집』의 초간과 관련된 것이 아니라면, 그 시기에 다른 무슨 작업이 진행되고 있었는지를 설명할 수 있어야 할 것이다. 이 씨는 위의 인용문에 바로 이어서, "다만 이를 두고 '『남명집』과 관련된 어떤 작업이 아니겠는가?'라는 정도의 가능성은 열려 있다"고 했다. 이러한 말을 위의 '연간'에 대한 그의 발언과 연결시켜 보면, 임인 전해인 신축년의 『고대일록』에 보이는 기록과 임인 다음 해인 계묘년 겨울의 정구 「언행록」에 보이는 기록을 모두 『남명집』의 간행이 아닌 편집 작업과 관련시켜 해석하고자 할 때, '임인연간'이 특정한 해를 지칭한 것이어서는 자가당착을 초래할 수밖에 없음을 알 수 있다.

이 씨는 병오본 문제와 관련하여, "吳二煥은 직접 필자를 찾아와 부당성을 항의하기도 하고, 때로는 논문의 한 모퉁이에서 필자를 비난하기도 하였다. 그의 필자에 대한 항의란, 권위가 있는 교수의 명백한 설을 지지하지 않고, 권위도 자신만 못하고 남명에 대한 연구 경력도 일천한 같은 학과 강사의 설을 편파적으로 지지하였다는 데 대한 불만의 뜻이 담긴 항의였다. 이 面對에서 필자가 김윤수의 견해를 사실관계도 파악하지 않고 단순히 지지한 것이 아니라며 그 자리에서 그의 논문에서 주장한 논리를 비판하였다. … 그가 거듭 주장하는 '임인년에 초간이 이루어졌다는 설'에 대해 필자가 여러 글에서 반박하였다(215~216면)"고 주장한다. 이는 전적으로 사실을 날조하여 필자의 명예를 훼손한 것이다. 무엇보다도 병오본 문제와 관련하여 필자가 논문의 한 모퉁이에서 그를 비난하기도 하고, 그 자신은 필자의 임인년 初刊설에 대해 여러 글에서 반박하였다고 했는데, 그런 글들이 어디에 실려 있는지 묻고 싶다. 필자는 그런 비난을 한 적이 없고, 2008년 4월 25일의 학술회의에서 이 씨가 「창주 하증의 생애와 남명학파 내에서의 역할」 각주 6을 통해 필자를 비방하기 이전까지 그의 반박의 글을 단 한 편도 읽은 적이 없다. '강사' 운운은 필자가 『南冥集』四種에서 "이러한 異說[병오년 초간설]에 대한 필자의 의견은 拙稿「실증과 진실 (2)」의 제2절 '초간본과 재간본의 간행연대'에 상세히 개진되어 있는데, 그 직후에 나온 경상대학교 한문학과 이상필 교수의 문학박사 학위논문에서는 실로 여러 곳에 걸쳐 같은 학과의 강사가 창안하고 그 학과 교수들이 답습해 온 병오본이란 용어를 사용하고 있다(오이환(2000) 상권, 483면)"는 말을 자의적으로 확대 해석한 것이다. 필자는 이 씨를 찾아간 적이 없고, 항의한 적도 없었다. 그는 학위논문에서 수십 군데에 걸쳐 병오본이라는 용어를 사용하고 있으나,

그 어디에도 자기 견해의 근거를 제시한 적은 없었다. 당시 이 씨의 연구실은 필자의 것과 복도 하나를 사이에 두고서 마주하고 있었으므로, 어느 날 우연히 복도에서 마주쳤을 때 필자의 연구실로 그를 청하여 그러한 용어의 근거를 물었던 것이다. 당시의 대화는 우호적이었고, 필자는 그의 말을 경청했을 따름이며, 다른 대화는 없었다. 그리고 그의 답변은 필자가 그 글에서 소개한 바와 같다.「『남명집』 사종」에서 필자가 그의 견해에 대해 응답한 이후, 이 씨는 자기 동의 없이 대화 내용을 공개한 데 대해 불만의 뜻을 표하면서, "구두로 한 말은 얼마든지 부정할 수 있다"고 말한 바 있었다.

이와 유사한 사례로서, 상기 학술회의 당시에 이 씨가 하증의「덕천서원중건기」중 논의의 핵심이 되는 부분을 고의로 빠트리고서, 필자의 주장을 논파하여 자기 견해의 타당성을 입증한 것처럼 설명한 데 대해 필자가 질문하자, 자기가 사용한『덕천서원지』에 실린 하증의 글에는 그런 내용이 없었다고 응답하였다. 필자가「『남명집』 제판본의 간행연대」에서 그 주장의 허위성을 지적하자, 이번 논문에서는 자기가 인용한 글은『창주집』에 수록된 것이었다고 말을 바꾸면서, "다만 위에서 인용한 글 가운데 [ ] 부분은 2008년 필자의 논문에서 번역은 빠져 있고 원문에는 그 부분이 온전히 실려 있다. 이 부분은 번역 도중에 빠진 것으로 필자의 실수이며, 오이환의 지적은 타당하다(237~238면)"고 변명하고 있다. 그러나 필자가 지적했던 문제점은 빠트린 부분의 원문에 1575년 겨울이 아니라 1576년 봄부터 덕천서원의 院役이 시작된 것으로 명시되어져 있다는 점이었다. 당시의『발표논문집』에 실린 이 씨의 글에는 원문 자체가 빠져 있으며, 그것을 같은 해에『남명학연구』제25집에 수록할 때는 필자에게 응답하기 위해 그 인용문에 대해서만 주석 하나를 추가하여 원문을 수록했으면서도 본문에 소개된 번역문에는 여전히 그 부분을 빠트렸다. 그렇게 처리해 두고서, "윤근수는 1574년 10월에 부임하여 1575년 10월에 이임하였으므로, 1575년 겨울에 원역을 시작하였다는 말과 어긋나지 않는다"고 필자를 비판했었다. 이것이 자기 논거의 핵심이므로, 원문에서는 제시하고 번역문에 실수로 빠트렸다는 변명이 성립될 수 없다. 그랬다가 이번에는 "1576년 봄부터 이루어진 일에 대해 1575년 겨울에 이임하는 관찰사가 지원하였다는 것을 사실이 아니라고 보는 이유는 무엇인가? 지원한 뒤 바로 이임하였다면, 그 일이 이임한 뒤에 이루어지기 마련이니, 이를 사실이 아니라고 볼 수는 없을 것이다 (237면)"라고 주장한다. 지원한 후에 이임했다고 보면 모순될 것이 없다고 또다시 말을 바꾼 것이다.

끝으로, 이 씨는 원래 "裵大維의 『慕亭集』 권3 소재 「新山書院記」에 보이는 잘못된 주석을 근거로"라고 하여, 원래는 기문에 '方伯邑宰'라고만 되어 있었는데 1908년에 『慕亭集』을 편찬할 때 방백과 읍재의 이름이 추가된 것이라고 주장했었다. 필자가 曹爾樞의 기문 내용 등을 거론한 것은 그러한 주장을 논파하고, 기문은 원래부터 그렇게 되어 있었음을 입증하기 위한 것이었다. 그 결과 이번에는, "배대유는 당시의 관찰사 김수와 김해부사 양사준의 인품을 문제 삼아 그들의 이름을 드러내지 않으려는 의도에서 애초에 '방백읍재'라고 하고, '金方伯睟梁知府思俊'이라 표현하지 않았던 것으로 보인다. 추가로, 지금도 신산서원에 걸려 있는, 1705년에 조이추가 글씨를 쓴 배대유 所撰 「신산서원기」에 '方伯尹根壽邑宰河晉寶'라는 기록이 있게 된 분명한 이유는 알 수 없다(245면)"고 한다. 필자는 그 기문이 최근에 재건된 신산서원에 과연 걸려 있는지 어떤지는 확인하지 못했다. 어쨌든 이러한 주장이 학문적으로 성립될 수 있을지의 여부는 독자가 판단할 문제이다.

(『남명학연구』 제31집, 경상대학교 남명학연구소, 2011년 6월 31일)

VII

선조 시기의 정인홍

Ⅶ. 선조 시기의 정인홍

1. 머리말

來庵 鄭仁弘(字 德遠, 1536~1623)에 대해서는 고금에 실로 많은 평가
가 있어 왔다. 그는 인조반정으로 말미암아 正刑의 처분을 받은 사람
이었기 때문에, 이후의 그에 대한 기록은 부정적인 내용 일색으로 되
어 있다. 그러나 그는 선조 초년에 遺逸로서 처음 등용되었을 당시부
터 淸名으로 조야의 주목을 받았으며, 임진왜란이 발발하자 이미 연
로한 나이에다 관직으로부터 물러나 있는 처지였음에도 불구하고 창
의하여 조정으로부터 의병대장의 직책을 받아 향병을 지휘해 커다란
전공을 세웠으며, 특히 임란 이후에 해당하는 선조 후기로부터 광해
군 시기에 걸쳐서는 거의 언제나 고향에 머물러 있으면서도 국왕의
비상한 기대와 시대의 중망을 한 몸에 지고서 言路를 통해 정국의 동
향에 커다란 영향을 끼쳤던 인물이었다. 그러므로 조선 후기 정치사
의 특징인 이른바 산림정치가 그로부터 비롯되었다는 것은 왕조 말

기의 황현이 처음으로 지적했던 바이며, 일제 시기 여순 감옥에서의 신채호는 가야국 역사의 정리와 더불어 정인홍에 대한 재평가를 의도하여, 당쟁으로 말미암아 왜곡된 그의 실상을 재현하기 위한 전기의 집필을 계획하고 있었으나 실현하지 못한 채 사망하였다.[1]

그에 대한 신원 운동은 사후 242년째에 해당하는 고종 원년(1864) 사색당파의 철폐를 표방한 대원군 집정 시기에 그의 묘소를 합천군 북부의 鐘麓으로부터 고향 마을인 角寺 塔洞으로 이장한 당시 종손 基德의 명의로 조정에 올린 청원서에서부터 시작되었다. 그 후 고종 32년(1895), 대한제국 시기의 광무 원년(1897), 광무 10년(1906), 융희 원년(1907)으로 이어져, 융희 2년(1908) 1월 2일에 비로소 죄명이 蕩滌되고, 같은 해 4월 30일에 復爵의 왕명이 있었으며, 7월에 후손이 교지를 받아 돌아옴으로써 완성되었다.[2] 그런데 후손의 노력에 의한 신원운동의 초점은 광해군 시기의 이른바 廢母殺弟 문제에 대한 책임으로부터 그가 무관함을 주장하는 데 두어져 있었다. 또한 인조반정 이후 조선왕조의 멸망에 이르기까지 정권을 장악하고 있었던 서인 세력을 배려하여, 정인홍과 서인 측의 정치적 대립 관계를 가능한 한 은폐 축소하기 위해 노력하였다. 그것은 오늘날까지 합천군 가야면 황산리의 후손 정상원 씨 댁에 보존되어 오고 있는 7책으로 된『내암집』의

---

1) 안재홍, 「오호 단재를 곡함」, 개정판『단재 신채호 전집』별집: 378~379쪽; 안재홍, 「조선 사학의 선구자-申丹齋 학설 私見」, 위의 책: 383쪽; 신영우, 「조선의 역사대가 단재 옥중회견기」, 위의 책: 443쪽; 서세충, 「단재의 천재와 蠅帶없는 성격」, 위의 책: 464쪽.

2) 「陝川幼學鄭基德原情」, 『來庵集』下: 393~396쪽; 같은 책 所收 鄭濟龍 撰 鄭仁弘家狀, 같은 책 소수 『史本通記』; 鄭相元 所藏「乙未正月泮會中通文」, 「慶尙道陝川郡幼學鄭佖鉉單子」, 追復勅令, 伸寃官報; 『고종실록』, 원년 8월 30일; 『순종실록』, 융희 원년 11월 18일, 융희 2년 1월 30일, 융희 2년 5월 30일 조 참조. 정인홍의 신원·복작은 융희 원년 11월 18일의 "其自開國以來로 諸凡名在罪籍者의 擧兵犯上흔 者와 及 强盜를 除흔 外에는 罪名을 一竝蕩滌"하라는 大赦 조칙에 근거하여, 조선왕조 당쟁사에 관련된 다른 인물들과 함께 일괄적으로 이루어졌다.

각종 필사본과 1911년에 출판된 刊本을 대조해 보면 확인할 수가 있다.

본고는 『내암집』 간행의 준비 단계에서 이루어진 이 여러 종류의 필사본과 기타 고문서들에 주목하여, 선조 시기 정인홍의 정치적 동향을 구명하는 것을 목적으로 한다.

2. 임란 이전

1) 조식의 수제자 설

『조선왕조실록』에는 정인홍이 조식 스스로가 택한 후계자임을 의미하는 기록들이 제법 있다. 예컨대 『선조실록』의 史臣 평에 "인홍은 좇아 노닌 지 가장 오래되고, 의발의 전함을 얻은 자".[3] "인홍은 효성이 하늘에서 타고났고, 행실이 굳고 발랐다. 어려서부터 남명 선생을 따라 스승으로 섬겼는데, 남명이 그를 그릇으로 여겨 '덕원이 있으면 나는 죽지 않는다'고 하였다"[4]라고 보이는 것이라든지, 『선조수정실록』에 "최영경은… 나중에 진주에 은거하여 조식을 따라 노닐었다. 기절을 숭상하고 옳고 그름 따지기를 좋아하니 조식이 그를 정인홍 다음으로 대우하였다",[5] "정인홍은 합천 사람이다. 소년 시절부터 조식을 좇아 배웠는데, 식이 그의 지조가 보통 아이와 다름을 기이하게 여겨 敬을 지니도록 가르치니, 이로부터 애써 노력하여 아침부터 밤

---

3) 『선조실록』, 38년 7월 병신. "仁弘從遊最久, 得衣鉢之傳者也"

4) 위의 책, 40년 5월 정축. "仁弘, 孝性出天, 操履剛方. 自少從師南溟先生, 南溟器之曰, 德遠在則吾爲不死矣"

5) 『선조수정실록』, 6년 5월 경진. "崔永慶…旣而遯居晉州, 從曺植遊, 尙氣節好議論, 植待之亞於仁弘"

까지 해이하지 않았다. 식이 늘 방울을 차고서 정신을 깨게 하고 검을 받치고서 혼미함을 경계하였는데, 말년에 방울을 김우옹에게 주고 검을 인홍에게 주면서 '이것으로 마음을 전한다'고 하였다. 인홍은 검을 턱 아래 받치고서 꿇어앉기를 종신토록 한결같이 하였다"6)고 한 것 등이 그러하다. 『광해군일기』에 실린 정인홍 문인 박여량의 啓辭에 "인홍은 어려서 조식의 문하에서 섬겨 도를 들은 것이 매우 빠르며, 그 스승이 크게 허여하여 명종께서 불러 면담하셨을 때 천거하기까지에 이르렀으니, 그 사제의 사이를 알 수 있습니다"7)고 보이는 것도 그 사실을 보완해 준다.

　그런데 이 기록들을 입증할 수 있는 구체적인 근거는 없다. 오히려 그것과 모순되는 사실들이 있으니, 이를테면 김우옹에게 방울을 전한 것은 외손서인 그가 명종 18년에 처음 입문했을 때이므로 전심의 표시가 될 수 없고, 정인홍에게는 전했다는 검은 해방 이후의 시기까지 조식 후손 가에 전해져 오고 있었던 점이 그러하며,8) 『명종실록』에는 국왕과 조식의 면담 내용이 꽤 상세히 기록되어져 있지만, 정인홍을 추천한 사실은 보이지 않는다. 이러한 기록들은 정인홍이 후일 조식의 여러 문인 가운데서 가장 두드러진 인물로 부각된 이후의 사실을 반영한 것으로 해석해야 할 것이며, 실록의 기록은 그것이 이루어진 시기 집권당의 견해를 반영하는 경우가 일반적이다. 『선조수정실록』

---

6) 위의 책, 6년 5월 경진. "鄭仁弘, 陜川人也. 童時從曺植學, 植奇其志操異凡兒, 誨以持敬, 自是堅苦用功, 晨夜不解, 植常佩鈴喚醒, 拄劍警昏, 末年以鈴與金宇顒, 以劍與仁弘, 曰, 以此傳心. 仁弘以劍拄頷下擎跪, 終身如一"

7) 『광해군일기』, 3년 4월 신사. "仁弘, 少事曺植之門, 聞道甚早, 大爲其所推許, 至薦於明廟引對之日, 則其師弟之間可知矣"

8) 오이환, 「南冥集板本考(1)-來庵刊本을 중심으로-」, 『한국사상사학』 제1집, 한국사상사학회, 1987; 오이환, 『남명학파연구』 상권, 남명학연구원출판부, 2000: 42~43쪽 참조.

의 편찬은 광해군 시기에 이루어진『선조실록』에 대해 반정 주도세력의 입장을 대변하기 위한 것으로서, 위의 기록들은 조식에서 정인홍으로 이어진 학맥이 유학의 정통을 벗어나 이단적 경향을 띤 것임을 강조하고 있는 것이다.

　조식이 김우옹과 정인홍에게 각각 자신의 방울과 검을 전했다는 기록은 아마도 조식 사후에 그 행장이 이 두 사람에 의해 따로 집필된 사실을 반영한 듯하며, 임진왜란 이후로부터 인조반정에 이르는 시기에 간행된『남명집』의 네 판본이 모두 정인홍의 주도에 의한 것이었을 뿐 아니라, 조식의 신도비문도 그에 의해 집필되었던 점은 그 시기에 이미 조식의 문인 중 그의 위상이 타의 추종을 불허할 정도였던 사실을 말해 주는 것이다. 사실『덕천서원원생록』중 광해군 원년에 기록된 부분에는 그 첫머리에 정인홍으로 보이는 한 사람이 위치해 있었는데, 이 부분은 후일 잘라내어졌다.

　정인홍이 조식의 생시에 이미 각별히 촉망받던 존재였음은 김우옹이 적은 조식의「행록」에 선조 5년 정월 조식의 병세가 위독해진 무렵 "인홍 및 옹·구에게 말씀하시기를, 너희는 출처에 있어서 대충 본 바가 있으므로, 내가 마음으로 허여한다. 선비의 큰 절조는 오직 출처 한 가지 일에 달려 있을 따름이다"고 한 것이라든지, 같은 달 "15일 아침에 인홍과 우옹을 불러 말씀하시기를, '벽에 적힌 敬·義 두 글자는 극히 요긴한 것이다' 운운한"[9] 것을 통해서도 알 수가 있다. 이는 조식이 한평생 지켜 온 신조였을 뿐 아니라, 정인홍에 이르러서는 그의 모든 정치적 행위를 규율한 원리로 되었던 것이다.

---

9)『남명집』임술본, 부록,「行錄」. "又語仁弘及瑀述曰, 汝等於出處, 粗有見處. 吾心許也. 士君子大節, 唯在出處一事而已"; 위의 책 "十五日朝, 呼仁弘宇瑀…又曰, 書壁敬義二字, 極切要云云"

2) 출사와 동서분당

정인홍은 명종 13년(1558) 23세의 젊은 나이로 생원시에 합격하였
지만, 문과에 응시하지는 않았다. 조식이 죽은 다음 해인 선조 6년
(1573) 38세 때 조목·이지함·최영경·김천일 등 후세에 이름을 남
긴 당대의 명유 네 명과 더불어 학문과 행실이 두드러지게 알려진 자
로서 삼공과 이조의 합의에 의해 파격적으로 종6품 參上의 직에, 그리
고 선조 9년과 13년에 두 차례 정5품인 사헌부 지평으로 임명되었다.
선조 6년 당시 이조의 평가(吏批)에 의하면, "성혼·정인홍은 산림에
자취를 감추고 학문에 잠심하며 온 집안이 효성을 도타이하여 이간
하는 말을 하는 사람이 없어 대간에 합당하다"[10]는 것이었다. 그러나
그는 황간 현감 등 외직에는 부임하였으나, 지평의 직은 사양하고 취
임하지 않았으며,[11] 11년에 종4품 영천군수로 승진되었지만 역시 과
분하다는 이유로 사직하였다.[12] 선조 8년 황간 현감 재임 시에는 이
조에 의해 전국에서 고을을 가장 잘 다스린 수령 네 명 중 한 사람으
로 임금에게 보고되었다.[13]

45세 때인 선조 13년(1580) 12월 5일에 정4품인 사헌부 장령으로
승진하였는데, "사람을 탄핵할 때 강한 세력을 피하지 않고 禁令을 매
우 엄하게 펴서 한 때 기강이 숙연함을 깨닫게 하였다"[14]고 한다. 이

---

10) 『선조실록』, 6년 12월 병자.

11) 『선조수정실록』, 9년 12월 기미; 같은 책, 13년 8월 무술.

12) 「戊寅年十一月十八日陞叙永川郡守辭職封事」(『來庵集』上: 35~40쪽). 이하 정인홍 疏箚의 인용은 원
　　형을 보다 잘 보존한 필사본에 의하며, 대조를 위해 괄호 안에 간본의 쪽수를 제시한다. 이후 간본의 서
　　명은 생략한다.

13) 『선조수정실록』, 8년 7월 정유.

14) 위의 책, 14년 1월 신묘.

이는 일기에서 이 무렵의 그에 대해 다음과 같이 언급하고 있다.

장령 정인홍이 부모를 뵙기 위해 귀향하였다. 인홍은 사헌부에서 위풍을 갖추어 일들을 정돈하니 모든 관료가 숙연해졌다. 시중의 장사치들까지도 모두 감히 금지된 물건을 밖에 내놓지 않았다. 한 무인이 지방에서 서울로 들어와 다른 사람에게 말하기를, "정인홍 장령은 그 모습이 어떻게 생겼는가? 그 위엄이 멀리 지방에까지 전파되어, 兵·水使나 수령들도 두려워하며 삼가지 않는 이가 없으니, 참으로 장부이다"라고 하였다. 내가 듣고서 웃으며, "덕원이 사헌부 관료가 되니 꺼리고 싫어하는 이가 많은데, 이 무인은 감히 칭찬하니 그가 장부이다"라고 말하였다. 이때에 이르러 부모를 뵙기 위해 고향으로 돌아가니, 성 안의 방종한 자들이 모두 기뻐하며 그제야 감히 어깨를 편다고 한다. 그러나 인홍은 기품이 가볍고 도량이 좁아 일을 처리하는 데 더러 소란을 일으킴을 면치 못하니, 내가 매번 편지를 보내어 경계하기를, "큰일은 마땅히 과감하게 처리해야 하겠지만, 작은 일은 눈감아 줄 수도 있는 법이네. 여러 사람이 노하고 그 붕당이 일어나면 시국이 더욱 어렵게 될 것이네"라고 하였다. 인홍은 내가 물러 빠졌다고 의심하여 안민학에게 말하기를, "숙헌은 처음부터 강직하게 일을 처리할 사람이 아니네"라고 하였다. 민학이 내게 이르므로 내가 웃으며 말하기를, "내가 덕원의 韋가 되고 덕원이 나의 弦이 되어 나와 덕원이 하나로 합쳐지면 어찌 일을 처리하지 못하겠는가?" 하였다. 이때 淸名의 선비 성혼·이이·유성룡·이발·김우옹·정인홍의 무리가 성 안에 모여 있었으나, 임금의 뜻이 사류를 믿고서 그들에게 향하지 않으므로 시국이 나아지는 기세가 없었다.[15]

정인홍이 장령직에 취임한 이후로 강직한 인물이라는 그의 명성이

---

15) 李珥, 『經筵日記』 권3, 선조 14년 4월. "掌令鄭仁弘以覲親歸鄕. 仁弘在憲府, 以風裁整物, 百僚振肅, 至於市中商賈, 皆不敢以禁物見于外. 有一武夫, 自鄕入京, 謂人曰, 鄭仁弘掌令, 其狀如何. 其威稜遠播外方, 如兵水使守令輩, 莫不恐懼戒愼, 眞丈夫也. 李珥聞之笑曰, 德遠作憲官, 人多忌嫉, 而此武夫, 乃敢稱譽, 渠是丈夫也. 至是以覲親歸鄕, 城中放縱者皆喜, 乃敢息肩云. 但仁弘氣輕而量狹, 處事或不免躁擾. 珥每以書勸戒曰, 大事當振奮, 小事或可略也. 衆怒朋興, 則時事尤不可爲矣. 仁弘疑珥過柔, 謂安民學曰, 叔獻非剛毅做事底人. 民學告珥, 珥笑曰, 我當爲德遠之韋, 德遠當爲我之弦, 我與德遠合一, 其不做事乎? 是時, 淸名之士成渾·李珥·柳成龍·李潑·金宇顒·鄭仁弘聚城中, 而上意不信向士類, 故時事無進步之勢"『韓非子』觀行篇. "西門豹之性急, 故佩韋以自緩, 董安于之心緩, 故佩弦以自急"

중앙은 물론 지방에까지 널리 전파되었지만, 동서 분당의 대립이 뚜렷해진 당시 절충파인 이이와는 정국에 관한 의견이 배치되며, 강경일변도인 그의 태도가 종종 정국에 소란을 야기하여 반대파의 미움과 배척의 대상이 되고 있다는 것이다. 그러나 이이는 정인홍을 당시 내직에 있던 관료 중 대표적인 淸流의 한 사람으로 간주하는 데 인색하지는 않았다.

그로부터 4개월 후인 선조 14년 8월에 정인홍은 장령의 직을 떠나 고향으로 돌아가게 되는데, 이에 대한 이이 및 그의 문인 안민학의 논평은 다음과 같다.

> 장령 정인홍이 휴가를 얻어 고향으로 돌아갔다. 인홍은 성품은 곧으나 포용력이 없으며 일을 처리하는 데 사려가 두루 미치지 못하여 더러 士論의 인정을 받지 못하니, 인홍은 편안치 못해 마침내 돌아가게 된 것이다. 안민학이 남에게 말하기를, "오늘날 동인이 국론을 주도하고 있는데, 인물의 옳고 그름과 현명하고 어리석음은 불문하고 다만 심의겸을 비난해 배척하는 자를 군자라 하고, 조금이라도 심의겸을 두둔하는 자는 소인이라고 하니, 그러므로 시세를 타고서 편드는 자가 고슴도치 바늘처럼 일어난다. 이러한 때를 당하여 정덕원은 산림의 선비로서 조정에 모습을 드러내어 한 때의 淸望을 짊어졌다. 그런데 국가를 경영하는 원대한 계획을 위해 노력하지 아니하고 힘을 내어 동인 세력 도우기에 급급하니, 동인에 대한 공이 크다. 명망은 필시 더욱 성대해질 것이나, 隱逸의 수치됨이 크다. 덕원은 참으로 애석하다" 하였다. 내가 말하기를, "덕원은 강직하나 생각이 두루 미치지 못하며 학식이 밝지 못하니, 用兵으로 비유하자면 돌격장으로 쓸 만하다"[16]

---

16) 위의 책, 선조 14년 8월. "掌令鄭仁弘受暇歸鄕. 仁弘有直氣而無容量, 處事失於不周詳, 士論或不推許, 仁弘不自安, 遂歸. 安民學語人曰, 當今東人主國論, 不問人物邪正賢愚, 而只以非斥沈義謙者爲君子, 而稍救沈義謙者爲小人, 故乘時附託者有如蝟起. 當此之時, 鄭德遠以山林之士, 儀于王庭, 負一時淸望, 而乃不務遠大經國之猷, 而汲汲出力以助東人之勢, 其有功於東人大矣. 名望必益盛矣, 其爲隱逸之羞則大矣, 德遠眞可惜哉. 李珥曰, 德遠剛直而計慮不周, 學識不明, 譬之用兵, 可用以爲突擊將矣"

이는 당시 서인 측의 견해로서, 산림 출신으로 중앙 정계에 등장한 정인홍은 강직한 반면 사태의 진상을 두루 잘 파악하지 못하고 국가의 장래를 멀리 내다보지도 못한 채 동인을 편들어 심의겸과 그를 옹호하는 서인 측을 공격하는 선봉장 노릇하기에 급급하다는 것이다.『경연일기』에 보이는 그들의 이와 같은 대화 내용은 후일『선조수정실록』에도 옮겨져 실렸는데, 거기서는 당시 여론이 모두 정인홍의 심의겸 비판을 훌륭하게 여겼으나, 유독 선비 신분인 안민학만이 박순 및 이이에게 정인홍을 극구 비판하여 말했다고 한다.

정인홍을 비롯한 양사가 심의겸을 탄핵하여 파직시켰던 선조 14년 7월 당시 박순은 영의정, 한 살 아래인 이이는 정인홍의 직속상관인 대사헌의 직위에 있었다. 정인홍이 심의겸을 논하고자 했을 때 이이도 본의는 아니나 동참했었는데, 후일 정인홍이 선조의 질문에 대답하는 과정에서 정철을 심의겸의 사당 중 한 사람으로서 거명하자 이의를 제기하였다. 정인홍의 이 발언은 당시 조정에서 찬반의 논란을 불러일으켰고, 이이 또한 이 일로 말미암아 물의의 대상이 되어 마침내 체차되었다.[17] 8월에 정철은 정인홍과 마찬가지로 벼슬에서 물러나 고향으로 돌아가면서 "정덕원 같은 이는 그 마음이 공정하다. 비록 나를 멀리 귀양 보내도록 논핵했지만, [돌아가는] 길에서 그를 만난다면 나는 술을 부어 함께 한 잔 마시겠다"고 말했다 한다.[18]

이로부터 2년 후 대사간 송응개 및 양사의 合啓에 의하면, 영의정 박순은 심의겸의 심복으로서 조정의 모든 일과 인물 진퇴에 있어서

---

17)『선조수정실록』, 14년 8월 임진.

18)『경연일기』, 선조 14년 8월. "僉知中樞府事鄭澈棄官歸鄕… 曰… 如鄭德遠, 則其心公矣. 雖論我遠竄, 若遇諸路, 則我當酌一杯同飮矣"

도 하나같이 그의 지시를 따르면서 국가권력을 제멋대로 휘둘러 온
지 오래이며, 이이와 성혼 역시 심의겸의 문객이자 친밀한 벗이므로,
박순은 그들과도 사생을 결탁하고 서로 표리가 되었다고 한다.[19] 정
인홍은 귀향한 지 5년 후인 선조 19년에 익산 군수의 발령을 받았는
데, 사직하는 상소에서 사헌부에 재직하던 당시의 일에 대해 언급하
여, 대사헌이었던 이이 및 함께 장령의 직에 있었던 성혼이 심의겸
및 정철과 같은 붕당이었음에도 불구하고 당시로서는 그런 줄을 알
지 못하고 그들의 의견에 따라 자신의 발언을 취소하고서 정철을 두
둔하기까지 했던 점을 자책하는 한편, 선조에게 당쟁의 시대에 있어
서 군자와 소인의 붕당을 잘 분별하여 취사선택할 것을 당부하고 있
다.[20] 군주가 마음을 바로잡는 수양을 쌓아서, 인물의 선악을 옳게 판
단하여 군자의 당을 자신의 측근으로 삼고 그들에게 핵심적인 권력
을 맡겨서 같은 부류의 인물들을 끌어들여 각 부서에 배치토록 한 다
음, 일부 부적합한 자를 도태시키는 외에는 그 붕당에 대해 지속적인
신뢰를 보냄으로써 소인의 당이 조정에 발붙일 수 없도록 해야 한다
는 것이 당쟁의 시대에 처한 정인홍에게 있어서 일관된 정치적 주장
이었다.[21] 또한 그것은 기본적으로 주자의 붕당론과 일치하는 것이

---

19) 『선조실록』, 16년 7월 을미; 같은 책, 16년 7월 무술; 『선조수정실록』, 16년 7월 경진; 같은 책, 18년
8월 기해.

20) 「丙戌年十月日益山郡守辭職封事」(40~48쪽). 여기서 언급한 "只以臣之所失而言, 臣居南徼, 距都城千
里, 猶聞士林間說成渾李珥與沈義謙相善, 意以爲, 數人者所生地近, 面皮相知, 人所不免, 而臣於珥渾,
亦僅有面目之知而已. 及臣擧論義謙, 珥爲憲長, 初不甚爲異, 而啓辭稍重, 辭氣輒念, 始疑其私, 而猶不
知其情. 渾亦於商論之際, 力爲義謙分疎, 或以爲非權奸, 或以爲非大故, 揚言抗論, 不有國是. 然後乃知
義謙之所依重者珥渾, 而珥渾實爲義謙聲援也. 臣只論義謙, 不及珥渾" 및 "臣嘗聞鄭澈當義謙失勢之時,
悲愁憤鬱, 爲失志怏怏之態, 認其與義謙同事而相厚. 故臣於下問之際, 擧澈以啓, 而珥渾至以去就爭之,
辭氣甚念, 無所顧忌. 臣實不知珥渾之於澈, 相厚之私, 無異於義謙, 已爲淸議所不容, 而只見其方有重名
於時, 欲相收拾, 遂爲回護, 而明識之人, 傍觀竊笑, 不敢發言者已多矣. 及其大段相悖, 以臣爲異己之人,
萬無相容之望, 然後臣始覺知人之不明, 尤信調停之失計, 而亦已晩矣. 猶欲上章自劾, 終坐反覆之罪而
甘心焉" 부분은 간본에서 탈락되었다.

기도 하다.

3) 기축옥사와 남명학파

선조 22년에 있었던 정여립의 역모사건을 다루는 과정에서 서인 정철이 그 수사 책임자인 委官이 되어 동인을 대대적으로 타도한 사실은 잘 알려져 있다. 당시 조식의 주요 문인 여러 명이 혐의를 받아 법망에 걸려들었는데, 최영경·유종지는 옥중에서 목숨을 잃었고, 김우옹·정인홍도 한동안 혐의에 올라 곤욕을 치렀다. 정인홍은 장령으로 재직하던 시기에 정여립을 배척해 청현직에 추천하지 않았던 당시의 이조좌랑 이경중을 탄핵했다 하여 이해에 삭탈관작을 당했다.[22] 또한 그해 12월 14일에 있었던 전라도 진사 정암수 등의 상소에 의해 정인홍은 정여립과 정의가 매우 도타우므로 그의 일당을 보호하고 지방의 이론을 수습해 후일의 시비를 혼동시킬 목적으로 이조의 낭관이 정인홍을 전주 제독 후보자 명단에 올렸으며, 진주의 유종지도 정여립과의 관계가 각별하여 산중에서 서로 회합해 편지를 전달받고서 읽고 난 다음에는 소각해 버렸고, 곧 망할 나라의 과거에 응시하지 말라고 군중을 선동하였다는 고발을 당했다.[23] 김우옹은 정여립과 교분이 있어 영남에 있으면서 서로 왕래한 편지가 수색되어 하옥당했다가 북변의 회령으로 귀양 갔다.[24] 정인홍은 자식이라고는 아

---

21) 「壬寅三月十五日大司憲辭職封事」(112~129쪽) 참조.

22) 『선조실록』, 14년 3월 기사; 같은 책, 14년 3월 정축; 『선조수정실록』, 14년 3월 갑자; 같은 책, 22년 12월 갑술. 정인홍이 삭탈관작을 당한 것은 이경중을 옹호한 유성룡의 상소가 계기였으므로, 이로 인해 두 사람의 관계가 벌어지기 시작했다고 『선조수정실록』은 설명하고 있다.

23) 『선조실록』, 22년 12월 정해; 『선조수정실록』, 22년 12월 갑술.

24) 『선조수정실록』, 22년 12월 갑술.

들 하나밖에 없었음에도 불구하고 딸을 정여립의 아들에게 출가시키기 위해 혼담이 오고가는 사이라는 무함까지 받았으므로, 그런 사실관계의 불일치가 오히려 그의 무죄를 입증해 주었다.[25] 기축옥사는 조선 역사상 당쟁이 처음으로 커다란 살육을 초래한 사태였으므로, 당파 간의 감정적 대립을 돌이킬 수 없을 정도로 증폭시키는 결과를 가져왔다.

정인홍은 다음 해 2월에 영남의 동지들과 더불어 두 차례에 걸쳐 소를 올려 아직 옥중에 있는 최영경의 무고함에 대해 해명하고 그 책임자의 처벌을 주장하였는데 疏文은 그 자신이 집필하였으며, 후일 최영경의 행장과 묘갈명도 직접 지었다.[26] 특히 행장에서는 성혼·정철·이이·안민학을 배척하는 반편 심의겸과 대립하여 동서 분당을 초래하게 된 직접적 원인을 제공한 조식 문인 김효원을 동지로서 간주한 견해가 두드러지게 드러나 있어 정인홍·최영경의 당론을 확인할 수 있다. 최영경은 선조 23년 6월 옥중에서 병사하였으나 다음 해 8월에 이미 무고함이 판명되어 직첩이 환급되었다. 반면, 그를 문초한 정철은 선조 26년에 죽었으나 이 일로 말미암아 다음 해 11월에 관작이 삭탈되었으며, 배후에서 정철을 사주한 인물로 지목된 성혼은 선조 31년에 죽었으나 선조 34년 12월에 정인홍의 문인 문경호 등이 올린 상소를 계기로 하여 그 다음 해 2월에 역시 관작을 삭탈 당하였다. 최영경의 신원운동은 동문 가운데서도 특히 그와 친밀한 사이였던 정인홍을 중심으로 하여 전개되었으므로, 이와 같은 사태의 진전

---

25) 「丁未二月初二日食物謝恩封事」(176~188쪽).

26) 「庚寅二月十一日崔守愚堂伸寃封事」(48~53쪽); 「又」(53~62쪽); 『來庵集』 권12, 「守愚堂崔公行狀」; 같은 책 권13, 「守愚堂崔公墓碣銘」.

은 서인 측의 정인홍에 대한 반감을 더욱 심화시키는 결과를 가져왔다.

3. 임란 이후

1) 왜란 중의 활동

선조 25년 4월 13일에 임진왜란이 발발하자 왜군의 첫 통로가 된 경상도에서는 4월 20일에 기병한 곽재우를 선두로 하여 조식의 문도를 중심으로 의병 활동이 크게 일어났다. 그중 최대 규모의 것은 거창군을 중심으로 5천 명에 달하는 조직을 이끈 고령 출신의 조식 문인 김면이었는데, 그는 다음 해 4월 진중에서 병사하였다. 두 번째 규모의 의병장이 합천군을 중심으로 3천 명의 조직을 이끈 정인홍이었다.[27] 임란이 발발한 당시 정인홍은 57세였다. 의병 활동의 공적을 표창하기 위해 조정은 임진년 6월 29일에 정인홍을 진주목사로 발령하였다가 무신이 아니라는 이유로 7월 2일에 곧 체차하였으며, 이어서 7월 4일에 정3품 당하관의 내직에 해당하는 濟用監 正으로 옮겼다. 명군의 개입과 협상의 진행에 따라 선조가 서울로 귀환하고 왜군이 남해안으로 철수하여 전선이 소강상태로 들어간 후인 선조 26년 9월에 그는 의병대장과 제용감 정의 두 직책을 사직하는 소를 올렸다.[28] 그가 장령의 직을 떠나 귀향한 이래 모친과 부친이 잇달아 타계했으며,[29] 임진년 11월 19일에 당시 그를 도와 의병활동에 종사하던 외아

---

27) 『선조실록』, 26년 1월 병인.
28) 「癸巳年九月二十日義兵大將時辭職封事」(62~85쪽).

들 또한 병으로 죽었다. 죽은 외아들도 그 전해에 아들 하나를 잃었기 때문에, 이 소를 올리던 당시 그의 직계 혈족이라고는 네 살 된 손자 한 명이 남아 있을 따름이었다.[30]

위의 사직 封事에서 정인홍 자신이 설명한 바에 의하면, 그는 전쟁이 시작된 지 열흘도 못되어 적의 주력부대가 소백산맥을 넘어 영남 땅을 지난 다음, 처음 합천 유생 5~6명 및 초계 사람으로서 별제 벼슬을 지낸 전치원 등 이웃 고을의 2~3명과 더불어 향병을 모아 수천 명의 병력을 얻었는데, 그 대부분은 육군과 수군에 속했던 관군이 통솔자를 잃고서 흩어져 달아났다가 다시 모여든 인원이며, 자신은 병법과 무술을 익힌 바 없었으나 기병한 이후 지형을 이용해 수비하여 적의 세력을 차단하고 무계·낙동강·안언·단계 등지에서 여러 차례 승리를 거둔 것은 모두 장수와 병졸들이 피 흘려 싸운 까닭이라고 말하고 있다. 임란 초기 경상우도초유사 김성일의 장계에 정인홍이 거느린 정예병이 거의 수백 명이며 槍軍은 수천 명이나 된다고 한 것도 대체로 그의 설명을 뒷받침해 준다.[31] 무인이 아닌 정인홍은 같은 고을 사람 손인갑을 장수로 삼아 용병의 실무를 맡겼지만, 그가 임진년 7월의 전투 중에 사고로 사망하자 김준민을 후임으로 삼았다.

家狀에서는 위의 사직소를 올린 계사년 9월을 의병대장에 임명된 시기로 보았으나, 疏文 중 지난해에 3품직과 의병대장의 교지를 두 차

---

29) 부모의 사망 연도에 대해 家狀에는 "壬午丁貞敬夫人憂, 甲午荐丁議政公憂"라 하여 각각 선조 15년(1582)과 선조 27년(1584)으로 되어 있지만, 선조 19년에 올린 「익산군수사직봉사」에서 "喪母僅踰二朞而父纖以亡"이라 하였으니, 부친이 죽은 해 甲午는 甲申(1584, 선조 17)의 誤記임이 분명하다.

30) 『내암집』 권12, 「祭子泳文」; 『瑞山鄭氏世譜』; 『瑞山鄭氏世史』. 정인홍 家狀에 인용된 장현광의 避亂錄에 의하면, 당시 조정은 왜군에 의해 도로가 차단되었기 때문에 州郡 수령의 임명을 각도 순찰사에게 위임하여 결원이 생기는 대로 보충토록 하였는데, 경상우도순찰사 겸 초유사였던 김성일이 정인홍을 성주의 임시 목사로 삼았고, 성주목사 재임 시기에 아들을 잃었다고 한다.

31) 『선조실록』, 25년 6월 병진.

례 받았다는 내용이 보일 뿐 아니라,[32] 당시의 정황으로 미루어보더라도 그것은 설득력을 갖기 어렵다. 이 글에서 그는 기병 당초에는 군량을 마련하기 위해 더러 고을에 곡식을 내도록 권유하고 더러는 부자 집을 뒤져 거두기도 하여 겨우겨우 이어나갔지만, 이미 1년이 지난 현재에는 비축된 물건이 바닥나고 병사들도 흩어져 수습할 길이 없는데다, 전세가 소강상태로 접어들었고 관군의 실태도 많이 정비되었으므로, 의병을 해체하여 각자에게 해당되는 관군으로 귀속시키고 자신에게 내린 직책 또한 거두어줄 것을 요청하고 있는 것이다. 2년에 걸친 전쟁으로 말미암아 백성들이 농사를 짓지 못하여 기근이 극심해졌고, 국고가 탕진되어 명군과 관군의 군량 보급조차 여의치 않은 상황에서 전투도 없으면서 대규모의 향병을 계속 유지한다는 것은 매우 어려운 실정이었다. 사실상 이 무렵이 되면 의병은 이미 거의 해체되어 가고 있었던 것이다. 김면의 사후에 정인홍이 영남의 병대장의 직책을 이어받았다는 설도 있지만, 필자는 아직 영남 전체의 의병을 총괄하는 직책이 있었다고 하는 문헌적 근거를 확인하지 못했다.

선조 26년 3월 29일에 조정은 정인홍을 정3품 당상관인 통정대부로 승진시켜 영남의 界首인 상주 목사로 발령하였고, 4월 29일에 도원수 권율이 부임을 재촉하였으나, 다음 해 2월 그는 소를 올려 사퇴하였다.[33] 이 글 속에 휘하의 군대를 공문에 의거하여 남김없이 관군에 분속시키고서 한가한 몸으로 신병을 치료하고 있다는 내용이 보이므로,[34] 당시 그는 이미 의병대장의 직에서 물러난 것을 확인할 수 있

---

32) "臣於上年, 謬蒙天恩, 拔之罪咎之中, 陞授三品之職, 仍加爲義將, 付之以討賊之任, 敎旨丁寧, 至於再下"
33) 「甲午年二月初九日授尙州牧使辭職封事」(85~102쪽).

다. 선조 29년 3월에 비변사는 정인홍을 종2품인 경상감사의 후보자 중 한 사람으로 추천한 바 있었으나, 선조는 그가 명성은 있지만 방면을 맡길 인재는 아닌 것 같다는 이유로 승낙하지 않았다.

이 무렵 정인홍의 명망에 관한 언급은 선조와 조정 중신들 사이의 대화에서 가끔 나타나고 있다.[35] 선조 30년에 정유재란이 일어나자, 도체찰사 이원익과 도원수 권율은 명성 높은 정인홍에게 영남에서 의병을 다시 일으킬 것을 촉구하였다. 임진년과는 달리 당시로서는 의병의 결성이 거의 없었던 터이지만, 그는 다시 원근의 병졸을 모집하여 의병장으로서 활동하였다. 이 시기 그는 조계명을 별장으로 삼아 모든 군사를 거기에 소속시키고 주로 명군의 嚮導 역할을 맡게 하였다. 조정 역시 급박한 군량 문제를 해결하기 위해 선비와 백성들 사이에서 명망이 있는 그를 31년 7월에 慶尙右道調度使로 임명하여 군량 모으는 책임을 맡기고 있다. 그가 정유재란 중 明軍의 군량을 공급하는 데 공이 컸던 점은 명나라 장수들을 통해 조선 조정에 몇 차례 전해져 表裡를 하사받았다.[36] 선조 31년 조선에 왔던 명나라 主事 丁應泰가 귀국하여 조선 조정이 일본과 연합해 중국을 침범코자 했다고 보고해 명으로부터 조사관이 파견되는 사건이 발생하자, 명나라 장수들 사이에서 신망을 얻고 있던 그는 조선 측의 전·현직 관리들과 연명하여 조사관에게 이 문제를 해명하는 글을 보내기도 했다.[37] 반면에 전시 정부의 수상이었던 유성룡은 이 문제에 대한 陳奏使를 자청

---

34) "手下之軍, 一依公移, 分屬於應領之將, 仍就閑地, 調養病身"

35) 『선조실록』, 27년 8월 을묘; 29년 3월 갑술; 30년 9월 경자; 31년 7월 무술.

36) 위의 책, 31년 5월 신축; 32년 1월 신축. 정인홍의 임진·정유 왜란 중 활동 개요에 관해서는 같은 책 35년 9월 갑신 조 참조.

37) 「戊戌年三月十三日贈天使徐給事前辨誣書」(497~504쪽). 간본에서는 이 글이 권11의 書에 실려 있고, 내용 중 일부가 변개되거나 삭제되었다.

하지 않았다는 이유로 탄핵을 받아 체직되며, 이어서 삭탈관작까지
당해 조정을 물러가게 되었다. 당시 이미 동인의 남·북 분당이 뚜렷
해져 있었는데,『조선왕조실록』에서는 분당이 심화된 원인을 조식 문
인 정인홍과 이황 문인 유성룡의 대립에서 구하기도 한다.[38]

2) 정인홍의 重用과 당론의 대립

선조 31년 말에 전쟁이 종료되자, 조정은 32년 12월에 정인홍을 형
조참의로 임명하였으나 병을 이유로 부임하지 않고 사직을 청하므로
다음 해 2월에 체차하였다. 35년 1월에 성혼 문인 김종유의 아들인
선산 유생 김휘가 영남 유생 문경호 등이 성혼을 비판한 상소의 내용
을 반박하는 소를 올려, 기축옥사 때 성혼이 정철을 사주하여 최영경
을 죽였다는 것은 정인홍의 모함이라고 주장하자, 선조는 비망기로써
이에 대답하여 "인홍의 사람됨은 새·짐승·풀·나무도 모두 그의
이름을 안다"고 그 주장을 일축하며, 정인홍에 대한 커다란 신뢰를
표시하였다.[39]

조정은 선조 33년 정인홍을 군직인 용양위 부호군으로 임명하였고,
35년 1월에 동부승지의 직책으로 불렀으나 병을 이유로 계속 올라오
지 않으므로, 잠시 사헌부 장령으로 발령하였다가, 2월 1일에 마침내
종2품의 요직인 대사헌으로 승진시켜 불렀다. 선조가 친히 간곡하게

---

38) 『선조실록』, 40년 5월 을해. "成龍…與鄭仁弘議不合, 仁弘每以公孫弘斥之, 成龍亦惡仁弘之陰僻, 士論
携二, 相攻擊如水火"; 같은 책, 40년 5월 정미. "仁弘… 與柳成龍大不合, 二家門人, 互相排軋, 南北之
黨, 至此愈甚. 加以仁弘尊南溟而夷退溪, 譏貶之辭, 形於文字也, 以此爲士類所詆";『광해군일기』, 2년
3월 정유. "左道與右道之半, 則其論主柳成龍而言論偷. 右道之高靈以下, 則主仁弘而言論暴"

39) 『선조실록』, 35년 1월 기유. "仁弘之爲人, 鳥獸草木皆知其名" 김휘 소장의 대략은『선조수정실록』35
년 1월 갑오 조에 보인다.

올라오기를 권유하는 내용의 글을 지어 사헌부의 書吏를 시켜 합천으로 보냈다. 정인홍은 다음 달인 윤2월 21일에 상경하여 사은한 뒤 노병을 이유로 임명을 거두어주기를 청하였으나, 선조는 그가 올라온 것이 창생의 복이라 하며 허락하지 않았다.[40] 이때 그는 이미 67세였다. 장령의 직을 끝으로 서울을 떠나 관료 생활을 청산한 지 21년의 세월이 지나 있었다. 고향에 머물러 강학 활동에 종사하는 동안 그는 많은 문인집단을 거느리게 되었다. 상경하던 날 전송을 위해 거처인 孚飮亭에 모여든 제자의 수가 수백 명에 이르렀다고 한다.[41]

정인홍이 상경한 직후인 윤2월 24일에 전임자 때 이미 거론되고 있었던 성혼의 관작이 마침내 삭탈되었다. 이 무렵 정인홍을 비롯한 사헌부의 관료는 우의정 윤승훈을 탄핵했으나 사간원 측이 이에 반대하였고, 결국 홍문관의 조정에 의해 대사간 이하 사간원의 관련된 사람들을 체차하는 것으로 일단락되었다. 그러나 그 과정에서 홍문관 내의 이 문제에 관한 의견이 대립되어 관리들이 자리를 비우고서 출근하지 않는 사태가 있었다. 또한 최영경을 재차 국문케 한 臺官들을 귀양 보내는 형벌의 명칭을 정하는 데 있어서는 사헌부 내에서도 약간의 의견 불일치가 있었다. 이러한 과정에서 정인홍은 세 차례에 걸쳐 병을 고하며 사직을 청했으나 휴가를 받는 것으로 그쳤다.

정인홍이 상경하기 전에 이이와 성혼의 문인인 부사과 이귀가 소를 올려 정인홍을 극렬하게 비판한 사태가 있었다. 그가 전해 겨울 체찰사 이덕형의 소모관으로서 호남과 영남 지방을 순회할 때 견문

---

40) 「壬寅二月十一日特徵大司憲御製敎書」(659~660쪽); 「壬寅閏二月二十一日大司憲肅拜後避嫌啓辭」
    (103~105쪽). "答曰, 卿今上來, 蒼生之福也. 勿辭, 更加盡心國事"
41) 鄭慶雲, 『孤臺日錄』, 임인 윤2월 9일. "遠近門生咸萃, 幾至數百"

한 바를 근거로 하여, 경상우도 내에서 정인홍과 그 문도들이 감사를 비롯한 지방관을 안중에 두지 않을 정도로 막강한 세력을 지니고서 횡포를 부린 바를 열거한 것이었다.[42] 개중에는 현직 영의정인 이덕형이 이귀의 보고에 대해 "정인홍은 선비로서 이름나 있으니 가볍게 처리할 수 없다"[43]고 답변한 것을 포함하여, 생존한 관리들의 실명을 거론하여 증거로 삼았다. 이귀는 생원의 신분으로 있을 때부터 이이와 성혼을 변호하기 위해 이미 여러 차례에 걸쳐 상소한 적이 있었던 인물이다.[44]

정인홍이 이 문제로 사직차를 올리니 선조는 이귀의 소에 배후가 있을 가능성을 시사하면서, 그 이유로서 정인홍이 영남에 있으면서 성혼이 최영경을 음모해 죽인 장본인임을 강력히 말했다는 소문을 지적하였다.[45] 정인홍은 3월 8일에 다시금 차자를 올려 자신이 이번에 상경한 것은 임금의 각별한 은총에 대한 신하로서의 도리 때문이지 본직에 임하기 위해서가 아님을 말하고, 이제는 물러갈 수밖에 없는 이유에 대해 다섯 가지로 상세히 설명하였다.[46] 그는 자신이 일찍이 성혼이 정철을 사주하여 최영경을 죽인 것을 小西幸長과 加藤清正

---

42) 구체적인 내용은 『선조수정실록』 35년 윤2월 갑오 조에 보이며, 이에 대한 의령의 진사 오여온의 반론은 『선조실록』 35년 9월 갑신 조에 보인다. 오여온은 조식·이황의 문인이자 『東史纂要』의 저자인 오운의 장남으로서, 후일 정인홍 손자 棱의 장인이 된 사람이다. 그에 대하여는 오이환, 앞의 책 : 538쪽 참조.

43) "鄭仁弘以士爲名, 不可輕易處之"

44) 『선조실록』, 17년 8월 신유; 20년 3월 병신; 『선조수정실록』, 18년 9월 무진; 20년 3월 경인 조 참조.

45) 『선조실록』, 35년 3월 무진. 이 차자는 필사본에 「壬寅三月二十四日大司憲時箚子」(129~133쪽)로서 수록되어 있다. 그러나 이 차자의 서두에 3월 5일에 있었던 세 번째 病告 사직이 윤허를 얻지 못한 점이 언급되어져 있고, 다음의 3월 8일자 차자에 이 차자에 대한 선조의 비답 내용이 언급되어져 있으므로, 그 날짜는 『선조실록』에 보이는 3월 무진(6일)이 정확하다.

46) 「壬寅三月初八日大司憲時五不仕辭職箚字」(105~112쪽). 이 차자의 내용 중 간본에 누락된 부분이 꽤 있으나, 그것들은 『선조실록』 35년 3월 기묘 조에도 보이므로 따로 적지 않는다.

을 시켜 조선을 침범케 한 豊臣秀吉에다 비유한 과격한 발언을 한 적이 있었음을 언급하면서, 이귀의 상소는 이러한 배경에서 나온 것으로서, 그 개인의 행위가 아니라는 소문이 항간에 자자함을 지적하였다.

정인홍은 이번뿐만 아니라 임란 중에도 선조에게 당쟁의 폐단을 누누이 설명하면서 왜란의 근본 원인도 당쟁에 있음을 지적해 왔었으나,[47] 선조가 붕당의 선악을 혼동하여 사안에 따라 지지 당파를 변경하는 식의 고식적인 태도로 임해 온 것은 당쟁의 폐해를 더욱 심화시킬 따름임을 강조하였다. 그리고 자신은 "일찍이 성혼·정철과 잘 지내지 못했고, 또 유성룡에 대해서도 불쾌했었는데,"[48] 근자에 三司의 관료들 간에 알력이 드러나 있는 것도 死後 삭탈관작을 당하거나 이미 실각한 그들의 배후 세력인 서·남인 측이 자신에 대한 분노를 풀지 못해 분위기가 좋지 못하므로 탄핵이 있을 때마다 그 저의를 의심하기 때문이라고 설명하였다.

정인홍의 이러한 설명에 대해 윤승훈 탄핵 건으로 전일 체차되었던 사간 정혹이 이의를 제기하고 정인홍의 문인 문려가 이 문제를 건드려 또 한 차례 물의가 일기도 했으나,[49] 그럼에도 불구하고 선조는 이귀와 정혹의 주장에 대응하는 정인홍의 전후 두 글을 등서하여 들이게 할 정도로 그에 대한 신임이 확고하였다. 조정의 논의 또한 모두 이귀의 주장을 무함으로 간주하여 동정적이지 않았고, 심지어 온 세상이 이귀를 疏魔로 지목하며 종들조차 그를 비웃지 않는 사람이 없다는 지적까지 있었다. 그러나 정경세를 탄핵하는 일의 절차 문제

---

47) 위의 「의병대장시사직봉사」, 「상주목사사직봉사」 참조.

48) "臣嘗與成渾鄭澈不相能, 又不快於柳成龍"

49) 注21 참조.

와 관련하여 사헌부 내의 동료들과 의견 대립을 빚게 되어, 규례를 어겼다는 이유로 정인홍은 마침내 이해 4월 16일자로 대사헌의 직에서 체차되었다.[50]

체직된 후 정인홍은 곧 서울을 떠나 고향으로 돌아가는 길에 올랐으나, 한강을 건너기 전에 다시금 이전에 받은 바 있는 종4품 행용양위부호군의 발령을 받았다. 세 번 병으로 사퇴하는 뜻을 전하고서 강을 건너 촌집에 머물며 면직의 명을 기다리고 있는 중에 또 휴가를 준다는 통지를 받았다. 그는 4월 23일에 사직소를 올린 후 돌아오라는 비답을 받고서는 강을 건너와 다른 촌집에 머물면서 4월 28일에 다시 한 차례 사직소를 올렸다.[51] 23일의 소에서 그는 자신의 병세에 대해 다소 구체적으로 설명하고 있다. 그것은 외아들이 죽고 난 이후 마음의 병이 깊어져 제 정신이 아닐 때가 많다는 것과 현기증이 심해서 앉거나 서 있다가 문득 넘어지기도 하고 말을 탔다가 길에 떨어져 의식을 잃을 경우도 있다는 것이었다. 사실 두 달이 채 못 되는 서울 체재 기간 중 그는 거의 출근하지 않고서 숙소에 머물러 있었고, 동료와의 마찰도 그런 상황으로 말미암은 업무상 의사소통의 불편에서 빚어진 면도 있다. 그럼에도 불구하고 선조는 매일 출근하지 않아도 무방하다면서, 그와 같은 강직한 선비 한 사람이 서울에 있는 것만으로도 남들이 두려워 그릇된 짓을 하지 못할 터이니 돌아가지 말 것을 강조하였다.[52] 4월 12일의 경연 때 선조는 정인홍에게 영남의 인재를

---

50) 『선조실록』, 35년 4월 정미.

51) 「壬寅四月二十三日護軍時辭職封事」(133~137쪽); 「壬寅四月二十八日護軍辭職封事」(137~141쪽). 『선조실록』에는 4월 23·28·29일 세 차례에 걸쳐 사직소를 올린 것으로 되어 있으나, 28일과 29일의 것은 그 내용이 같으며 29일 것에는 비답도 없으므로 문집의 기록 쪽이 정확하다.

52) 23일 封事 批答. "予聞, 猛虎高步山林, 狐狸爲之屛迹. 一直士之在朝, 其效豈淺淺哉! 何必卯進酉退, 區區於供職?"; 28일 봉사 비답. "假使不能供職, 臥於都中, 人必畏卿直節, 自不敢爲非, 君子有所恃, 國脈

적어 추천할 것을 명하므로 그는 구두로 곽재우를 통제사 감으로 천거한바 있었거니와, 28일의 비답에서도 다시금 정인홍에게 인재의 추천을 당부하였다.

정인홍이 왕명에 의해 서울로 돌아와 있던 5월 중에 조정은 그를 종2품 동지중추부사로 발령했다. 그는 5월 12일에 사직차를 올려 선조가 당부한 인재 추천의 문제에 대한 자신의 소견을 피력하며, 자신은 선조가 기대하는 바와 같은 위엄을 갖춘 인물이 못되며 오히려 자신을 공격하는 사람이 많음을 비쳤다. 이에 대해서도 선조는 크게 격려하며,[53] 승정원에다 다시금 그의 이 소를 등서해 들이도록 지시했다. 그는 이후 또 세 번 병을 고하여 그 직책을 면해 줄 것을 청했으나 이번에도 휴가를 받을 따름이었다. 5월 중에 발생해 있었던 역모 사건이 거의 평정 국면에 접어든 이후 6월 1일, 17일, 20일에 걸쳐 세 번 더 사직차를 올렸으나 그때마다 선조로부터 간곡한 만류의 비답을 받을 따름이었으므로, 6월 29일에는 마침내 다섯 번째 사직차를 친척을 통해 승정원에 전달한 후 당일로 출발하여 귀향길에 올랐다.[54]

선조가 정인홍의 마지막 차자를 접한 것은 7월 2일이었다. 그날 오전에 영의정 이덕형, 좌의정 김명원, 우의정 유영경 등 삼정승을 접견한 자리에서 정인홍이 떠난 이유에 대해 물었다. 선조의 생각은 조정

以之張, 其所補豈淺淺哉!"

53) 「壬寅五月十二日同知時辭職箚子」(141~148쪽). "答曰… 高風勁節, 爲世所仰. 因召上來, 入朝不越乎旬月之間, 封上疏箚, 纔數百言, 而讜論一發, 正氣凜然, 明國是於旣晦, 砭人心之時病, 斥去奸回, 百僚震肅, 使朝廷猶有生氣, 此豈可與區區供職者同日語哉! 惟其不能容人之過, 所以不愛卿者多矣. 不惟其不愛, 安知或不有反爲陰擠之者乎? 予願卿寧臥都下, 則人有所畏憚, 朝廷重於九鼎, 不忍棄予而歸也"

54) 「壬寅六月初一日同知時辭職箚字」(149~153쪽); 「壬寅六月十七日同知時辭職箚」(155~160쪽); 「壬寅六月二十日同知時辭職乞歸箚子」(160~164쪽); 「壬寅六月二十九日同知時辭職箚字」(164~168쪽).

에 그에 대한 반대 세력이 많기 때문이라는 것이었고, 정승들의 의견도 별로 다르지 않았다. 삼정승의 공통된 견해로는 문제의 원인은 정인홍이 과격하고 세련되지 못한데다 생각이 비현실적이어서 호오와 시비가 한쪽으로 치우쳐 있기 때문이라는 것이었다. 그러한 점에서 남인인 이덕형의 견해가 특히 비판적이며, 소북인 유영경도 정인홍이 남인을 물리치고서 모두 대북 사람을 등용하려는 데 근본적인 문제가 있다고 보았다.[55] 그러나 선조의 견해는 정인홍에게 성격적인 결함이 있다 할지라도 굳센 절조를 지닌 점에서는 당대에 그와 비견할 만한 인물이 없으므로 대신들이 너그러운 도량으로써 포용해야 한다는 것이었다.[56] 선조는 승정원에 일러 정인홍을 돌아오게 하여 자기를 만나보고서 떠나도록 전하게 했고, 다음 날 그는 공조참판으로 擬望되었다. 그러나 정인홍으로부터는 7월 17일 집에서 왕명을 받았으나 병이 심해 길을 떠날 수 없다는 회답이 돌아왔다.

　조정은 7월 23일 정인홍을 다시 대사헌으로 임명하였다. 그는 부득이 출발하여 상경 길에 올랐다가, 청산현에 도착하여 병으로 출사할 수 없다는 내용의 글을 승정원에 올렸으나, 선조는 조리하여 올라오기를 거듭 당부하였다. 10월 19일 다시 사직소를 올리니,[57] 선조는 11월 9일 사헌부의 장관직을 여러 달째 비워둘 수 없다 하여 마침내 그

---

55) 대북·소북의 분열은 『선조실록』 32년 11월 신미 조 영의정 이원익의 발언 중에 처음으로 보인다. 그러므로 이는 원래 광해군의 왕위 계승 문제와는 무관한 것이다. 이원익은 당초에 "동론·서론이 있었는데 이른바 서론은 이미 물러갔다"고 설명하였다.

56) 『선조실록』, 35년 7월 신유; 『선조수정실록』, 35년 7월 신유.

57) 「壬寅十月十九日大司憲時行到靑山縣呈辭封事」(168~173쪽). 이 글의 본문 중에 소명을 받고서 청산현에 도착했다가 병세가 심각하여 체직을 청했더니, 조리하여 올라오라는 소명을 10월 12일에 받았다는 내용이 보이며, 『선조실록』 35년 11월 병인 조에 이 소를 올릴 당시 그는 영남 본가에 있었다는 주석이 있으므로, 10월 19일 청산현에서 올렸다는 제목은 잘못된 것이다. 청산현에서 올린 서장은 8월 21일에 선조에게 전해졌다.

의 사의를 수리하도록 지시하였다.[58]

3) 산림의 위치와 세자 傳攝 문제

선조의 정인홍에 대한 특별한 배려는 그가 귀향한 이후에도 계속
이어졌다. 다음 해인 선조 36년 정월에 경상감사 이시발이 고령 현감
을 파견하여 임금의 유지를 읽고서 음식물을 전달토록 하였고, 39년
연말에도 선조는 경상감사 유영순에게 지시하여 도내의 유성룡과 정
인홍에게 세시의 음식물을 하사하게 했다.[59] 전 영의정으로서 이미
관작이 회복된 유성룡과 산림의 영수인 정인홍은 선조 말년 당시 조
정으로부터 거의 동등한 원로의 대우를 받고 있었던 것이다. 후자에
대한 사은 봉사에서 정인홍은 당시 진행 중이었던 일본과의 강화를
위한 답례사절 파견 문제에 대해 신중론을 피력하고, 또한 기축옥사
때 억울하게 희생된 많은 사대부 중 아직 신원되지 못한 사람들에 대
한 조정의 신속한 처리를 촉구하고 있다. 정인홍의 이 상소는 곧 의
금부에 啓下되어 기축옥사의 연루자들이 대거 신원되는 결과를 가져
왔다.[60] 또한 선조 37년 7월에는 2년 전에 결정된 바 있었던 공조참
판의 발령이 내려졌고, 38년에는 임진왜란 시기의 공적에 따른 공신

---

58) 家狀에서는 이에 잇달아 義興衛 上護軍에 임명하였다가, 얼마 후 龍驤衛 副護軍으로 옮겼다고 하였다.
   그러나 전자는 정3품 당하관이며 후자는 종4품에 해당하니 당시 그의 품계인 종2품에 맞지 않고, 그것
   을 확인할 만한 다른 문헌이 없으며, 3년 사이에 용양위 부호군의 직을 세 번이나 내린다는 것도 이치에
   맞지 않으므로, 기록의 착오인 듯하다.

59) 「癸卯正月十七日題賜食物謝恩疏」(173~176쪽); 「丁未二月初二日食物謝恩封事」(176~188쪽). 후자
   는 『선조실록』 40년 5월 정축(15일) 조와 『선조수정실록』 40년 5월 계해(1일) 조에 실려 있다. 그러
   나 본문 중에서 그가 선조 39년 12월 30일에 세시 음식물을 하사받고서도 병으로 말미암아 "종이와 붓
   을 잡지 못한 지 이미 旬月이 지났다"고 하였으니, 사은소를 올린 시기는 40년 2월 2일이 맞을 것이다.

60) 『선조실록』, 40년 5월 정축.

녹권이 내려졌는데, 정인홍의 훈호는 效忠杖義宣武一等功臣으로 정해졌다.

그러나 그 기간 중에도 정인홍은 임금의 두터운 신임을 받고 있는 정도만큼 여전히 격심한 당론의 대상이 되어 있었다. 귀향한 다음 해인 선조 36년 6월에는 정인홍의 큰처남으로서 정인홍과 더불어 젊은 시절 조식의 문하에 노니다가 만년에는 성혼의 문인이 된 전 의금부도사 양홍주(1550~1610)가 수만 언에 달하는 장문의 소를 올려 12개 조목에 걸쳐 격렬하게 정인홍을 고발하는 사태가 벌어졌다.[61] 양홍주의 주장에 관해서는 그 전해에 있었던 이귀의 소에 이미 언급되었고, 양홍주의 이 소에도 이귀의 소 내용이 여러 번 언급되고 있는데, 두 사람의 주장은 상세한 정도의 차이는 있으나 대체로 일치하는 것이었다.

양홍주가 이러한 소의 배경을 이룬 私憾에 대해 스스로 설명한 바에 의하면, 그는 30년 가까이 전에 이미 자형인 정인홍과 절교하였는데, 그 이후 정인홍이 파주 목사로 재임 중인 장인 양희에게 편지를 보내 홍주가 이복동생인 홍보를 미워하여 그가 생모와 간통했다고 무고해 홍보를 죽이려고 획책함을 알렸다는 것이다. 정인홍 자신은 그것을 선조 11년(1578) 9월 21일 동문인 정구와 더불어 가야산을 등반하여 지족암에서 함께 숙박할 때 정구로부터 직접 들었다고 하였는데, 후일 정구는 그것을 정구에게 알렸다는 양홍주의 제자 강위명 및 양홍주 자신에게 그런 일에 대해 아는 바가 없다고 부인하였으며,

---

61) 양홍주의 「癸卯封事」는 『선조수정실록』과 『龍城世稿』 권2에 각각 요약된 형태로 실려져 있으나, 양기덕이 편집 필사한 『西溪遺稿』에는 전문이 수록되어 있다. 양기덕이 편집한 「龍城世稿補遺」에 "上疏原文, 備存於十三世孫基德家"라고 보인다. 『선조수정실록』에는 이 소가 선조 36년 5월 병진(1일) 조에 실렸으나, 원문의 말미에 6월 3일 올린 것으로 명기되어 있다.

선조 16년 가을에 자신이 정인홍의 간악한 실상을 나열한 내용을 수십 장의 책자로 엮어서 寒岡으로 정구를 찾아가 보였더니 그것을 읽어본 정구가 자신에 대해 깊은 동정과 공감의 태도를 보였다면서 선조에게 정구를 불러 직접 증언을 구할 것을 요청하고 있다.[62] 만약 그의 주장대로라면, 정구와 정인홍의 대립 관계가 시작된 시기는『한강집』에 수록된 가야산유람기가 작성된 지 얼마 후로서, 이미 알려진 것보다도 훨씬 전으로 소급되는 셈이다.

이에 대해 6월 10일에 전 직장 김석광이 소를 올려 양홍주와 이귀가 정인홍을 모함한 실상을 말했는데, 선조는 비망기로써 답하여 그들이 도리가 아닌 것으로 속일 수 없으니 가릴 필요도 없으며, 양홍주의 소에는 그 배후 세력이 있을 것임을 지적하였다. 그러자 당시 안산 군수로 있던 이귀가 다시 소를 올려 자신을 변호하고 정인홍의 죄악을 극언하였다. 선조는 답하지 않고서 전교하여 "이귀가 어리석고 망령되며 음험하고 거짓된 것은 한 시대의 웃음거리다"[63]고 하며 마침내 파직을 명하였다. 이해 8월에는 정구의 맏사위 생원 강인을 필두로 한 양홍주의 고향 함양 유생 수십 명이 연명 상소하여 정인홍을 변호하고 양홍주의 소에 적힌 집안 문제의 실상에 대해 증언하였다.[64] 양홍주는 그해 가을 성혼의 아들 성문준에게 보낸 편지에서, 신응구·김장생 등 동문들을 만나 스승인 성혼의 신원소를 올릴 계획을 상의한 바 있었으나, 자기가 올린 「癸卯封事」의 여파로 말미암아

---

62) 그는 이 소의 제9·10조목에서 정구를 증인으로 내세운 후, 제11조목에서는 부친의 사당을 자기 처가로 옮긴 문제와 관련하여 정인홍이 자기 3형제 중 가운데 동생인 홍준에게 보낸 편지 내용을 들어, 그 편지를 읽어 본 바 있는 김우옹을 증인으로 내세우고 있다.

63) 『선조수정실록』, 36년 6월 1일 병술. "貴愚妄險誕, 爲一世笑"

64) 『선조실록』, 36년 8월 임진.

그들은 시기가 적절치 못하다고 판단하므로 아직 실현하지 못하고 있음을 말하고 있다.[65)

선조 38년 7월에는 당시 출간된 『남명집』의 두 번째 판본에 붙은 정인홍의 발문 내용을 문제 삼아 성균관 유생들이 전국의 향교와 서원에 통문을 보내어 정인홍을 비판하는 사태가 벌어졌다.[66) 『남명집』은 정인홍과 그의 문인들이 중심이 되어 선조 34년부터 정인홍의 향리에 있는 해인사에서 편집 및 판각 작업이 시작되어 그다음 해에 초간본이 간행되었다. 그러나 그로부터 얼마 지나지 않아 장판각이 화재로 소실되었기 때문에 초간본은 별로 배포되지 못하였고, 그로부터 수년 후에 다시 출판 작업을 시작하여 선조 37년(갑진) 8월에 쓴 정인홍의 서문과 말미에 조식과 이정의 절교 문제에 대한 이황의 언급을 논한 정인홍의 발문이 붙은 두 번째 판본이 이 무렵에 간행되어 비로소 세간에 널리 배포되고 있었던 것이다. 이 통문 사태에는 양홍주의 사위로서 당시 성균관 掌議였던 권집이 주도자의 한 사람으로서 깊이 개입해 있었으며, 임란 이후 북인 세력의 성장으로 말미암아 상대적으로 수세 국면에 처해 있던 서인과 남인 측이 이황 옹호의 명분으로 연합하여 당시 정국에서 크게 부각된 존재였던 정인홍에 대한 집중적인 공세에 나선 것이었다.[67)

선조의 재위 40년 동안에는 그 즉위 초에 이황의 문인들에 의해 조선조 4현의 문묘종사 문제가 처음으로 발의되었고, 이황이 죽고 난 이후에는 그를 포함하여 5현의 종사를 疏請하는 운동이 해마다 되풀

---

65) 梁弘澍, 『西溪遺稿』, 「與成洗馬仲深(文濬)書」.

66) 『선조실록』, 38년 7월 병신(24일). 정인홍 제자 정경운의 일기인 『고대일록』에는, 이 해 7월 4일 조에 처음으로 이 일로 말미암아 "서·남인이 일어났다고 한다"고 보인다.

67) 오이환, 앞의 논문 참조.

이되고 있었다. 정인홍의 스승인 조식은 생시에 이황과 더불어 영남의 좌·우도를 나눌 정도로 큰 문인 집단을 형성해 있었지만, 이 문묘종사의 소청에 한 번도 거론된 적이 없었던 것은 그 주된 원인이 이황에 의한 조식 비판에 있었다. 그러므로 당시 이미 조식의 문도를 대표하는 위치에 있었던 정인홍으로서는 스승의 명예회복을 위해 이황의 조식 비판에 대한 시비는 회피할 수 없었던 것이다. 그러나 그것은 이미 전국 사림의 공론으로서 대세를 장악하고 있었던 문묘종사 운동에 대한 정면 도전을 의미하는 것이었으므로, 정인홍의 행동이 불러온 파장은 컸다. 특히 이황과 조식의 양 문하에 출입했던 정구는 선조 36년 겨울에 제자 이육을 정인홍에게 보내어 이정과 관련된 조식의 편지 및 이황을 비판한 정인홍의 발문을 새로 간행될 『남명집』에서 빼 줄 것을 요청했으나 거절당하였고, 이로 인해 두 사람은 마침내 심각한 대립 관계에 이르렀다고 한다.[68] 정인홍이 선조 39년 가을에 「正脈高風辨」을 지어 정구를 가리켜 "스스로 스승의 문하에서 끊어진 사람"이라고 비판함에 이르러, 이 두 사람의 대립적 관계는 세간에 널리 알려지게 되었다.[69]

정인홍에 대한 선조의 신임은 선조 41년(1608) 정월에 병중의 선조를 대신하여 정무를 보도록 세자인 광해군에게 傳位 혹은 섭정의 책임을 맡기는 문제와 관련하여 당시의 영의정 유영경을 처형할 것을 주장한 정인홍의 상소가 도착함으로써 새로운 전기를 맞게 되었다.[70]

---

68) 李堉, 『心遠堂集』 권3, 「遺事」.

69) 필사본 『辨誣』 所收 「正脈高風辨」. "以高風稱先生, 非獨不知高尙之高和中庸之中也, 多見其不知而自絶於先生之門也" 선조 연간에 있어서 정인홍의 이황 비판 및 이로 말미암은 정구와의 대립적 관계에 대하여는 한국국학진흥원 편, 『한국유학사상대계Ⅱ : 철학사상편(상)』의 제7장으로 수록된 오이환, 「남명 조식의 사상과 남명학파의 좌절」, 466~474쪽 참조.

70) 「戊申正月初八日參判時請斬領議政柳永慶封事」(118~199쪽).

당시 정인홍은 이미 73세의 고령이었다.

이 상소에 의하면, 선조는 근자에 들어 건강 상태가 좋지 못하여 정무를 제 때 처리하지 못하는 상태가 이어졌다. 지난해 봄에는 회복의 기미가 보이는가 싶더니 시월에 접어들어 또 악화되었다가 잠시 회복되었다는 소문도 있었지만 다시 여전한 상태였다. 그래서 지난해 10월 13일[11일]에 비망기로써 전교하여 세자인 광해군에게 전위 또는 섭정토록 했다. 중요한 국사에는 현임 대신뿐만 아니라 전임 대신들도 함께 참여하여 논의하는 것이 관례인데, 수상인 유영경은 전임 대신들은 배제하고서 현임 대신과만 상의하여 그들과 함께 임금에게 명령을 거두도록 여러 차례 청했을 뿐 아니라, 선조의 계비인 인목왕후가 한글로 적은 편지를 보내 임금의 뜻을 따르도록 했으나, 이에 대해 "오늘의 전교는 실로 여러 사람의 정서에서 벗어난 것이라 감히 명을 받들 수 없다"[71]고 회계하고, 선조의 비망기에 대해 대간도 알지 못하게 하고, 승정원과 史館에도 보안을 유지하도록 요구했다. 그러나 임금이 유고 시에 세자에게 정무를 대행시키고서 한가한 상태에서 치료에 전념하는 것은 고금의 상례이며, 광해군 또한 세자로서 아무런 하자가 없음에도 불구하고, 당연히 논의에 참여해야 할 위치에 있는 공인들조차 배제하고서 임금의 명령을 비밀에 부친 것은 유영경이 왕위 계승 문제에 대해 별도의 의도를 가지고서 자신의 사당과 더불어 국가의 근본을 흔들 음모를 꾸미고 있는 것이므로, 그를 단호히 처치해야 한다는 것이다.

정인홍의 봉사는 1월 18일에 선조가 읽고서 啓 자를 찍지 않고서

---

71) "今日傳敎, 實出群情之外, 不敢承命"

승정원에 내렸는데, 그 이후 석고대죄 중이던 유영경이 1월 21일에 자신을 변호하는 소를 올렸다. 그의 설명은 다음과 같다. 비망기는 원래 삼정승에게 내린 것이었고, 삼정승이 승정원의 전언에 따라 빈청으로 갔을 때 전임 대신들은 이미 나가고 거기에 없었다. 왕후에게 그렇게 회계한 것은 임금의 감기 증세 정도는 곧 나을 수 있으리라 기대했기 때문이다. 비망기와 그것에 대한 회계의 초고는 즉시 전임 대신들이 모여 있는 곳으로 가져가서 보이게 하였고, 그 이후 그 문서들은 注書가 가져가는 것이 상례이니, 대간 등에게 보이는 것은 자신의 소관사항이 아니다. 광해군은 세자의 지위에 있은 지 이미 17년이 되었으니, 그에게 왕위 계승권이 있는 것은 물론이다.

선조는 유영경에게 전적으로 공감을 표시하면서, 정인홍의 상소에 대해서는 흉악·음흉하다는 표현을 썼고, 수상을 모함하려는 자가 유언비어를 조작하여 전파시킨 말을 주워 모았을 것이라고도 했다. 정인홍이 왕후에 대한 유영경의 회계를 문제 삼은 것은 正妃인 그녀가 선조 39년에 영창대군을 낳아 있는 상황을 염두에 둔 것이었다. 당시 유영경은 이미 7년간 정승의 지위에 있어 조정의 실권을 장악한 실정이었다.

선조는 유영경의 상소가 있은 다음 날인 22일 승정원에 비망기를 내려, 광해군은 임명권자인 중국의 천자로부터 아직 책봉을 받지 못했으므로 정식 세자라고 할 수 없으며, 따라서 왕위를 물려받을 자격이 없음을 언급했다.[72] 선조 스스로는 전섭을 지시한 바 있었으나, 대

---

72) 『선조실록』, 41년 1월 경술; 『선조수정실록』, 41년 1월 기축. "鄭仁弘慾令世子速受傳位, 自以爲於世子盡忠, 而其實則不忠甚矣. 諸侯之世子, 必受天子之命, 然後方可謂之世子. 今世子未受册命, 是天子不許也, 天下不知也. 一朝遽受傳位, 天朝詰之日, 汝國之所謂世子, 天朝未許封, 汝王私自傳位. 汝王之職, 亦天子之職, 非汝王所擅便者, 世子何敢自受之, 無乃中間有所以然之故耶? 橫加不測之名於世子, 而詰

신이 여러모로 깊이 생각하여 재고를 요청한 것은 당연하다고도 했다. 광해군에게 가장 아픈 부분을 지적한 셈이다. 恭嬪 김씨 소생 선조의 둘째아들인 광해군은 선조 25년 임진왜란이 일어나자 만일의 사태에 대비하기 위해 피란지 평양에서 서둘러 세자로 결정되었다. 그 이후 조선 조정은 모두 다섯 차례나 주청사를 보내 세자 책봉을 명나라에 요청했지만, 친형인 임해군이 있다는 이유로 번번이 거부되었다. 당시 명나라에서도 비슷한 정황이 있어, 神宗은 둘째 아들인 濮王 商洵을 후사로 삼고자 했기 때문에 후일 光宗이 된 장자를 위해 명의 예부에서 이를 견제한 것이라고 한다.[73]

1월 26일 정언 구혜의 요청에 의해 수상을 모함하고 임금의 마음을 동요시키며 至親을 이간시킨 상소를 한 정인홍과 그를 사주한 혐의를 받은 이경전 및 이이첨이 귀양을 가게 되었다. 이경전은 대북의 영수였던 전 영의정 이산해의 아들로서, 그들의 모의가 모두 이산해의 집에서 나왔다는 것이었다. 후일 정인홍이 임금이 된 광해군에게 말한 바에 의하면, 당시까지 정인홍은 이경전을 한 번 본 적은 있었으나 서로 전혀 교제가 없었고, 이이첨은 얼굴조차 모르는 사람이었다고 한다.[74]

그 자신은 당시 서울에서 벼슬하고 있던 함양 출신의 제자 박여량이 오고가는 편에 선조의 병세가 악화된 10월 9일부터 비망기를 내린 11일까지의 朝報 석 장과 편지를 동봉해 보내주어 조정의 상황과 유

問大臣, 則將何以結末耶?"

73) 『荷潭錄』(西宮日錄). 홍기원 역주, 『西宮日記』, 민속원, 1986, 132쪽 참조.

74) 「戊申三月十六日辭漢城判尹疏」(201~209쪽). "與臣同被竄命如李爾瞻李慶全等, 平生或僅有一見之知, 或全無面目之分"; 「癸丑二月二十三日箚字」(436~455쪽). "戊申之變, 平生不相聞問之李慶全, 不識面目之李爾瞻, 不知姓名之鄭造李挺元及許多疏儒, 俱將不免"

영경의 음모에 대해 이미 대충 알고 있었다. 그로부터 열흘 남짓 후에 이담이라고 하는 알지 못하는 선비가 서울로부터 방문해 와 자기 집에 머물면서 밤중에 자기에게 그의 종형인 이성 및 이이첨, 박건 등이 이산해와 상의하여 자기를 파견했다는 점을 설명하고 정인홍과 아는 사이인 박건의 편지를 전해 주었는데, 정인홍더러 임금의 병문안을 위한 명분으로 상경해 달라는 부탁이었다고 한다. 그래서 이담이 돌아갈 때 산림의 신하가 들어가 임금의 병문안을 하는 예법과 국조에 근거로 삼을 만한 사례가 없다는 이유를 들어 주저하는 뜻을 표한 바 있었으나, 그 후 이담이 다시 와 박건의 편지와 3품 이상의 관리들이 임금께 병문안한 소식을 담은 조보 약간의 장을 전하면서 국가가 위급한 시기 신하로서의 의리를 말하므로, 그와 작별할 때 "장차 한 마디 말씀을 드려 나라의 은혜에 보답하지 않을 수 없겠다"는 뜻을 전했던 것이었다.[75]

정인홍이 상소한 후 1월 21일에 충청도 진사 이정원 등이 이에 찬동하는 소를 올렸고, 귀양의 명이 내려진 후인 26일에는 경상도 생원 하성 등, 그리고 28일에는 경상도 진사 정온 등이 소를 올려 정인홍을 옹호하였다. 하성은 정인홍의 인척인 진주 사람이며, 정온은 안음 사람으로서 정인홍의 문인이었다. 2월 1일에는 소를 올린 이정원 및 이경전·이이첨과 결탁하여 이정원의 상소를 사주한 혐의를 받은 이성·정조에 대해서도 추가로 귀양을 청한 대간의 요청이 있었다. 그러나 그 직후인 오후 두 시쯤부터 선조는 혼수상태에 빠져들어 마침내 운명하였으므로 결제가 날 수 없었다. 당시 정인홍은 서북의 정주

75) 「壬子八月二十四日箚字」(360~363쪽). "未嘗見山野之臣入問君疾之禮, 又未聞國朝有故事可據而行", "臨別但曰, 將不免進一言以報國恩云"

로 귀양을 가는 도중[76] 경기도에 이르러 있었는데, 선조가 죽고 2월 2일 오후에 광해군이 즉위함으로서 상황은 급반전을 하게 되었다. 후에 문제가 된 바이지만, 국상 중인 2월 2일 아침에 빈청 혹은 승정원으로부터 신흠·박동량·서성·한준겸·유영경·한응인·허성 등 일곱 명의 신하에게 당시 세 살 된 영창대군을 당부하는 내용의 선조의 密旨라고 하는 것을 등서한 조그만 종이, 즉 遺敎가 전달된 바 있다.

4. 맺음말

오늘날 정인홍은 주로 광해군 시기의 權臣으로서 알려져 있다. 그러나 그 정치적 생애의 대부분은 선조의 재위 기간에 해당한다. 그가 전 생애를 통해 실제로 관직에 종사한 것은 선조 6년에서 14년까지, 그러니까 그의 나이 38세에서 46세까지 비교적 젊은 시기의 8년 정도뿐이며, 그것도 장령으로 재임한 약 8개월간을 제외하면, 중앙 정계에 영향을 미칠 수 없는 미미한 지위의 외직이었다. 그 사이에 보다 요직으로의 발령이 세 번 있었지만 스스로 사양했던 것이다. 그는 문과에 응시하지 않았으니, 당시의 여건을 고려하면 처음부터 벼슬길에 뜻을 두고 있지 않았다고 할 수 있다. 그 이후 선조 35년에 대사헌으로 부름을 받아 상경하여 두 달 정도 재직한 적이 있었으나, 그 기간 중에도 그는 계속 사직을 청하며 거의 출근하지 않았다. 이것이 그의 관료 생활의 전부이다.

---

76) 『孤臺日錄』戊申 二月 ○ "九日 丙寅… 先生謫定遠, 李慶銓配江界, 李爾瞻送甲山" 定遠은 定州의 별 칭이다.

그럼에도 불구하고 그는 遺逸로서 천거되어 선조시기에 종6품에서 종2품에 이르는 당시까지는 전례가 없었던 현달한 관직에 두루 임명되었으며, 광해군 시기에는 오랜 기간 수상의 지위에 있으면서도 계속 고향을 떠나지 않아 산림 정승의 기이한 사례를 남겼다. 그가 계속 사퇴하였음에도 불구하고 조정에서는 계속 벼슬을 높여 이러한 파행적인 정치 행태를 이루었던 것이다. 그러므로 오늘날까지 '멀리서 조정의 권력을 잡았다(遙執朝權)'고 하는 비난을 받아 왔다.

광해군 시기에는 조정에 그의 제자를 자부한 이이첨이 포진해 있었지만, 선조 시기에는 그를 뒷받침해 줄 뚜렷한 정치 세력도 존재하지 않았다. 워낙 實職에 종사한 기간이 짧은지라 당파적 배경이 없었던 것이다. 그러나 그는 젊은 시절부터 높은 명성을 지니고 있었으며, 임란 이후 선조로부터 '鳥獸草木도 모두 그의 이름을 안다'고 일컬어질 정도로 두터운 신임을 받았다. 그의 카리스마의 원천은 무엇보다도 국왕의 신임에 있었다. 그리고 그러한 신임의 배경은 강직하고 학식이 깊은 인물로서의 그의 명성이었으며, 임란 시기의 의병활동이 보여준 애국심이었다. 그는 유가의 경전과 여타 고전에 대해 매우 해박한 지식을 지니고 있어서, 정적들도 "그의 독서는 고사에 정밀하고 해박함이 조식보다 뛰어났다"[77]고 평가하고 있다.

선조는 정인홍에 대해 "그 사람은 다른 이와 같지 않아서 빌붙는 일은 결코 하지 않을 것이다. 그의 굳센 절조는 백 번 꺾으려 해도 꺾지 못할 것이다"[78]고 보았다. 그가 氣節의 선비라는 점을 가리킨 말이며, 그 점에 있어서는 대체로 모든 사람의 평가가 일치하고 있다. 그

---

77) 『선조수정실록』, 6년 5월 경진.
78) 『선조실록』, 35년 7월 신유.

래서 선조는 그에게 서울에 올라와 누워 있기만 해도 모든 관료가 두려워하는 호랑이가 되어 주기를 주문했다. 그가 두 차례 맡은 내직이 모두 관료의 탄핵을 담당하는 사헌부의 직책이었던 것도 그것을 의미한다.

그것은 달리 말하면 그가 비타협적이며, 독선적인 인물이라는 의미도 된다. 그 스스로도 "치우치고 막힌 성격에다 좋아하고 미워함이 중도를 잃어, 악을 싫어함이 너무 심하여 남과 화합하는 경우가 적으며, 옛것에 집착하여 걸핏하면 때의 적절함을 잃습니다. 이는 신의 평생 병통으로서 스스로도 분명히 알고 있습니다. 물러나 스스로를 지킴은 할 수 있을지 몰라도 나아가 세상에 행할 수는 없습니다"[79]고 자신을 설명하고 있다. 그리하여 그는 장령 시절 심의겸 탄핵의 선두에 서서 서인들의 미움을 받았으며, 기축옥사와 관련하여 성혼 비판을 주도하여 마침내 서인의 원수가 되었다. 남인의 영수 유성룡과 반목하여 남·북인 대립을 격화시켰고, 이황을 비판하여 성균관 유생들의 성토 대상이 되었으며, 그로 말미암아 동문인 정구와도 대립하게 되었다. 선조 말년에는 소북의 영수이자 수상인 유영경을 처단하라는 과격한 상소를 올려 마침내 임금의 뜻을 거슬렀으며, 대북 이외에는 당시의 모든 정치 세력을 적으로 만들었던 것이다. 그가 후일 대북의 영수로 간주된 것은 자신이 선택한 것이었다기보다는 불가피한 정치적 역학관계의 결과였다고 볼 수도 있다.

그가 한사코 관직을 사퇴하고서 '山野의 신하'로 남고자 했던 것은, 그 자신이 누누이 설명하고 있는 바와 같이 나이나 건강상의 이유도

---

79) 「己酉四月十五日辭二相封事」(294~303쪽). "第以偏滯之性, 好惡失中, 疾惡太過, 於人過合, 泥古不通, 動失時宜. 此臣平生病痛, 而自知亦明. 退而自守, 則或可, 進而行世, 則不可"

있었겠지만, 무엇보다도 스승 조식이 가르친 "나아가서는 이룸이 있고, 물러나서는 지킴이 있어야 한다(出則有爲, 處則有守)"는 원칙에 투철하고자 했기 때문일 것이다. 그 스스로는 당쟁 시대인 당시의 정치적 상황에서 나아가 포부를 실현할 수 없다고 판단했던 것이다. 그러나 그는 국왕의 신임에 의거하여 사직소나 사은소 등의 형태로 주어진 정치적 상황에 대한 발언은 계속하고 있었다. 말하자면 언로를 택했던 셈이다. 그리고 그의 발언은 조정에 대해 커다란 영향력을 지니고 있었던 것이니, 그것이 이른바 산림정치의 원형을 이루게 된 것이었다.

참고문헌

『朝鮮王朝實錄』.

『來庵疏箚』, 경남 합천군 가야면 황산리 정상원 家 소장 필사본 및 기타 고문서.

鄭仁弘, 『來庵集』 2책, 서울, 아세아문화사, 1983.

李珥, 『經筵日記』.

『辨誣』, 경남 진주시 수곡면 사곡리 하원준 家 소장 필사본.

鄭慶雲, 『孤臺日錄』.

『德川書院院生錄』.

『瑞山鄭氏世譜』, 己未(1749)·甲子(1864)·辛未(1931)譜.

『瑞山鄭氏世史』.

『史本通記』.

鄭逑, 『寒岡集』.

李堉, 『心遠堂集』.

『龍城世稿』.

梁弘澍, 『西溪遺稿』, 필사 영인본.

黃玹, 『梅泉野錄』, 국사편찬위원회, 1971.

洪起元 譯註, 『西宮日記』(서궁일긔), 民俗苑, 1986.

改訂版 『丹齋申采浩全集』 別集, 형설출판사, 1984.

吳二煥, 『南冥學派研究』 2冊, 南冥學研究院出版部, 2000.

오이환, 「南冥集板本考(1)—來庵刊本을 中心으로—」, 「韓國思想史學」 제1집, 韓國思想史學會, 1987.

오이환, 「남명 조식의 사상과 남명학파의 좌절」, 『韓國儒學思想大系Ⅱ: 哲學思想編(上)』 제7장, 한국국학진흥원, 2005.

(『남명학연구』 제21집, 경상대학교 남명학연구소, 2006년 6월 30일)

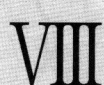

광해군 초기의 정인홍

Ⅷ. 광해군 초기의 정인홍

1. 머리말

본고는 조선 후기 정치사의 특징인 산림정치의 발단을 이룬 인물로서, 인조반정에 의해 처형된 대북 정권의 정신적 지주 鄭仁弘의 생애와 사상을 광해군 시기 15년간에 한정하여 조명해 보고자 하는 연구의 첫 단계이다. 여기서는 아직 대북정권이 성립하기 전인 광해군 즉위년의 임해군 역모 사건으로부터 그 3년의 晦退辨斥 시기까지를 다룬다. 간행된 『來庵集』의 저본을 비롯하여 근년에 발견된 고문서들을 주된 자료로 삼아 편년 형식으로 재구성해 보고자 하는 것이다.

광해군 정권에 대해서는 근자에 사학계를 중심으로 비교적 활발한 연구가 이루어지고 있다. 그러한 연구들에서는 이 시대의 주요 인물인 정인홍에 대해서도 부분적인 언급이 있어 왔다. 또한 1980년대 이후로 정인홍을 주제로 하는 연구도 산출되어져 왔다.[1] 그러나 이러한 연구들은 그가 지니는 사상사적 중요성에 비추어 볼 때 아직도 그의 실체를 충분히 구명했다고 할 만한 정도에 이르러 있지 못하다.

종래의 연구를 제약해 온 요인은 두 가지 측면으로 생각해 볼 수 있다. 그 첫째는 자료의 진실성 문제이다. 지금까지 정인홍 연구를 위한 1차 자료는 『조선왕조실록』과 『내암집』이 주를 이루어 왔다. 실록 중 정인홍에 관한 기사가 집중되어 있는 『선조수정실록』과 『광해군일기』는 인조반정 이후의 집권층에 의해 편찬된 것으로 반정의 합리화라는 시각으로 이루어진 것이다. 광해군 연간에 편찬된 『선조실록』이 있음에도 불구하고 그것을 부정한 새로운 실록이 필요했던 이유가 바로 그것이다. 『내암집』은 정인홍의 신원·復爵이 있은 지 3년 후인 1911년에 간행된 것으로 그동안 신원을 위해 노력했던 후손의 의도를 반영한 것이다. 그러므로 문집의 저본 가운데서 당시까지 민감한 내용을 담고 있던 부분은 대부분 삭제·변형되었다. 본고의 주요 내용을 이루는 晦退辨斥箚도 서두를 제외하고서 본문 부분은 송두리째 삭제되었다.

둘째는 선입견의 문제이다. 인조반정은 조선왕조를 전·후기로 구분하는 분기점으로 간주되고 있거니와,[2] 후기의 정권을 담당한 서·남인은 광해군의 시대를 昏朝라 하여 철저히 부정하였고, 대북정권의 중심인물인 정인홍·이이첨을 조선 왕조 최대의 간흉으로 지목하였

---

1) 그 중 주요한 것을 들어보면 다음과 같다.
　　李離和, 「정인홍은 역적인가, 지사인가?」, 『마당』, 1985. 5.
　　高錫珪, 「정인홍의 의병활동과 산림기반」, 『한국학보』 51, 일지사, 1988.
　　禹賢玖, 「내암 정인홍과 광해조 정국주도세력」, 영남대학교 국사학과 문학석사 학위논문, 1989.
　　權仁浩, 「조선중기 사림파의 사회정치사상연구─남명 조식과 내암 정인홍을 중심으로─」, 성균관대학교 동양철학과 철학박사 학위논문, 1990.
　　禹仁秀, 「내암 정인홍의 사회정치적 위상과 역할」, 『조선사연구』 5, 조선사연구회, 1996.
　　李相弼, 「내암 정인홍의 학문성향과 정치적 역할」, 『남명학연구』 6, 경상대학교 남명학연구소, 1996.
2) 鄭玉子, 『조선후기 조선중화사상 연구』, 일지사, 1998, 11~12쪽.

다. 광해조를 새로운 시각에서 바라보려는 시도는 근자에 대두한 것이다. 그러므로 기존의 연구들 가운데는 정인홍에 대한 부정적 시각과 긍정적 시각이 대치해 있어 우리의 이해를 혼란스럽게 하고 있다.

필자는 정인홍에 대한 인식을 정리할 수 있는 객관적인 연구를 시도하여, 근자에 선조 시기 부분에 대한 정리를 마쳤다.[3] 이번 것은 그 후속 작업에 속한다. 필자의 의도는 정인홍에 관한 새로운 문헌들을 중심으로 그의 생애와 사상을 실증적으로 재구성해 보려는 것이다. 정인홍의 언론과 행동은 당시의 시대적 상황 속에서 이루어진 것이기 때문에 그 배경에 대한 검토가 없이는 무의미한 것이다. 그러므로 필자는 현존하는 『내암집』 가운데서 대부분을 차지하는 疏箚를 그것들 하나하나가 이루어진 시기에 따라 순차적으로 검토해 나가면서 이를 그러한 발언의 정치적 배경과 관련시켜 고찰하려는 것이다. 그런 까닭에 우리의 검토는 정인홍 본인에 국한되지 않는다. 필자는 자신이 관계 자료를 해석한다기보다는 문헌으로 하여금 스스로 말하게 하는 방법을 채택하고자 한다. 물론 자료의 선택에는 필자의 시각이 반영되어져 있을 터이다.

철학은 해석과 비판이라는 주장이 있다. 물론 그러하다. 그러나 우리는 철학과 사상사를 구분해야 한다고 본다. 후자의 목적은 가능한 한 주관적 해석이나 비판을 섞지 않고, 대상의 실체를 있는 그대로 정립하는 데 있는 것이라고 생각한다. 하물며 본고의 대상인 정인홍처럼 후세의 평가가 극명하게 갈려져 있는 인물의 경우에 있어서는 더욱 그러하다.

---

3) 吳二煥, 「선조 시기의 정인홍」, 『남명학연구』 21, 2006. 6.

2. 임해군의 逆獄

광해군 즉위년(1608)에 있었던 임해군의 옥사는 그해 2월 1일에 선조가 죽고 다음 날 광해군이 즉위한 후 아직 국상 중이었던 2월 14일 삼사의 밀계에서 비롯되었다. 이에 의하면, 공빈 김씨 소생으로서 광해군의 친형이자 선조의 장남인 임해군 이진은 오래전부터 동생인 광해군이 세자로 된 데 대해 불복하는 마음을 품고서 사사로이 무기를 비축하고 자신을 위해 목숨을 바칠 무사들을 양성하였다. 지난해 10월 선조의 병세가 악화된 후부터는 반역할 무리를 많이 끌어 모았을 뿐 아니라 이름난 장수들과도 결탁하여 무사를 소집해 밤낮으로 불측한 일을 도모하고 있다는 소문이 이미 널리 퍼져 있었다. 선조가 승하하던 날 喪이 공포되기 전에 공공연히 자기 집에 나갔다가 한참 시간이 지난 후에 서둘러 들어왔으니 사병을 지휘한 혐의가 현저하였고, 지금은 임금의 여막에서 지척인 위치에 거상하고 있으면서 喪次를 짓는다고 핑계대면서 빈 가마니에다 철퇴와 칼을 싸서 대궐로 많이 들여왔으므로, 시해의 환란을 방지하기 위해 그를 먼 섬으로 유배시켜야 한다는 것이었다.[4]

광해군은 이에 대해 대신들이 상의하여 선처함으로써 임해군을 보전할 수 있는 방법을 강구하라는 비망기를 내렸는데, 그 결과 전·현직 정승인 이산해·이원익·이덕형·이항복·심희수·허욱·한응인은 합계하여 절도에 유배시키는 것이 보전하는 가장 합당한 방법이라고 건의하였다. 그리하여 2월 14일 임해군은 진도로 유배 조치되었

---

4) 『광해군일기』, 즉위년 2월 신미.

다가, 2월 20일에 충청도까지 가 있는 그를 다시 강화도 위쪽의 교동 도로 옮기게 했다.

　임해군의 역모에 관련된 혐의자들을 국문하는 과정에서 여러 사람이 희생되었다. 개중에 몇몇 사람이 혐의 사실을 시인하였는데, 특히 임해군의 처족인 무사 하대겸이 역모의 내용을 구체적으로 자백하고서 正刑을 받았다. 이들의 옥사가 성립되자, 대간은 이어서 임해군의 모반한 죄에 대해 형을 시행하기를 청하였다. 이때 영의정 이원익이 사직하는 차자를 올리면서, "신이 이미 은혜를 온전히 하시라는 설을 올렸으니, 다시 법대로 집행하시라는 말을 할 수 없습니다"고 하였는데, 全恩論은 그에게서 비롯되었다.[5] 3월 26일에는 대사헌 정구, 4월 1일에는 사간 조정립과 영중추부사 이덕형, 5월 7일에는 우의정 심희수, 그리고 좌의정 이항복 등이 각각 차자를 올려 또한 전은의 뜻을 피력하였다.[6] 대체로 이들의 전은론은 역모에 가담한 사실이 밝혀진 자에 대해서는 마땅히 법에 따라 처리해야 하겠지만 억울하게 형을 받는 사람이 없도록 해야 한다는 것이며, 또한 임해군은 여러 왕자들 중에서도 광해군과는 어머니를 같이 한 유일한 형제이므로 義와 恩을 아울러 극진히 적용하지 않을 수 없다는 것이었다.

　이 중 이덕형의 차자 속에는 임해군이 사납고 방탕하지만 역모를

---

5) 『연려실기술』 권19, 「臨海君之獄」, "李元翼上箚辭職曰, 臣旣獻全恩之說, 不可更爲執法之說" 『광해군일기』 즉위년 3월 무신(21일) 조에 보이는 추국에 관한 의견이 언급된 이원익의 일곱 번째 사직차에는 이러한 말이 없으며, 혐의자들에 대한 조사가 끝나고 역적의 우두머리인 임해군을 율에 따라 처단하라는 요청이 시작된 것은 5월 16일의 양사 합계에서부터였다. 이는 이원익의 6월 14일 사직차의 내용을 요약한 것으로, 그 차자의 요지는 전은론과 토역론이 모두 사리에 위배되는 것은 아니지만, 한 사람이 전후로 주장을 달리하면 안 된다는 것이었다. 어쨌든 이원익은 후일 "全恩之說, 臣實首發"이라 하여, 자기로부터 전은론이 시작되었음을 명백히 말하고 있다. 『광해군일기』, 5년 8월 을사.

6) 『광해군일기』, 즉위년 3월 무신; 3월 계축; 4월 정사; 5월 임진; 『연려실기술』 권19, 「臨海君之獄」; 『白沙集』 부록, 연보 53세(1608년) 조.

한 분명한 증거가 없으므로 순화군의 예에 따라 밖에 안치해야 한다는 내용과 "前朝의 失政을 대간이 대행대왕 당시에 말했다면 되겠지만 지금 와서 말하는 것은 충성스럽지 못하며, [유영경이 광해군의 지위를] 위태롭게 하는 일을 도모했고 [정인홍의] 공에 상응하는 벼슬을 주어야 한다는 설은 정인홍이 멀리 귀양 가던 날에 말했다면 되겠지만 지금 와서 말하는 것은 바라는 것이 있어서입니다"[7] 라는 구절이 있는데, 이에 대해 대간들이 잇달아 반박 피혐하고 있다. 그중 집의 최유원의 지적에 의하면, 이덕형은 그해 2월 중에 함흥판관 이귀를 두 차례 당시의 대간 윤효선의 집으로 보내어 임해군의 역모로 말미암은 위기상황에 대해 극언하면서 만나기를 간청하였으며, 이덕형의 이와 같은 거조로 말미암아 삼사의 밀계가 있게 되었는데, 밀계가 빈청으로 내려오자 그는 전혀 몰랐던 사람처럼 행동하였다고 한다.[8]

이 무렵 조선 사신 이호민 등이 명의 수도 연경에 도착하여 광해군의 왕위 계승에 대한 승인을 요청하였으나, 명나라에서는 과거 17년 동안 광해군이 장남이 아니라는 이유를 들어 세자 책봉을 거부해 온 것과 마찬가지로 왕위 계승의 순서가 맞지 않다 하여 국왕 책봉을 거절하였다. 이에 대해 이호민 등이 임해군은 중풍에 걸려 세자의 직임을 감당할 수 없으므로 사양하였다고 논변하자, 명의 예부에서는 그렇다면 병에 걸려 사양한다는 임해군 자신의 주본을 만들어 올 것이

---

7) 『광해군일기』, 즉위년 4월 정사.

8) 위의 책, 즉위년 4월 임신; 즉위년 7월 신묘. 이덕형·이항복의 인품에 대한 비판과 그것에 대한 반론은 『선조실록』 39년 1월 신묘 조와 『선조수정실록』 39년 1월 경오 조에 보인다. 「白沙年譜」 광해군 원년 조에 "公位兼將相, 開府置僚屬. 光海亦頗依, 任西北諸務, 守宰除拜, 一以屬公"이라고 보인다. 당시 그의 종사관이었던 김유를 비롯하여 후일 인조반정을 일으킨 문신과 무신 대부분이 서인 이항복의 휘하에서 나온 것은 이러한 까닭이었다.

며, 그렇지 못할 경우 명에서 직접 조사관을 파견해 임해군을 면담토록 하겠다고 회답하였다. 조선 조정에서는 결국 이필영을 추가로 명에 파견해 선조 시기 여러 차례에 걸친 광해군의 세자 책봉 요청 과정과 임해군이 세자 지위를 양보한 것이 아님을 설명하였다.[9] 임해군의 역모 사건은 장자 계승에 대한 명나라 측의 이토록 집요한 요구에 그 근본 원인이 있었던 것이다.

결국 명나라 측은 嚴一魁·萬愛民 등을 파견하여 임해군을 만나보도록 하였다. 조선 조정에서는 임해군을 교동도로부터 데려와 서강에서 명의 差官을 만나게 하면서 사전에 그가 답변할 말들을 일러주었고, 차관에게는 수만 냥의 은과 인삼 등을 뇌물로 주어 돌려보냄으로써 이 사태를 무마하였다. 임해군은 왕자로서의 공적 지위가 박탈되어 庶人으로 강등된 채 교동에 안치되어져 있다가 다음 해 4월에 죽었다.

정인홍이 유영경의 비판으로 말미암아 귀양의 명을 받은 이후 유배지에 도착하기도 전에 광해군이 즉위하자, 앞서 선조 36년 8월에 양홍주의 상소와 관련하여 정인홍을 변호하는 상소의 소두가 된 바 있었던 함양 생원 강인을 필두로 한 경상도 유생들이 2월 9일에 다시금 소를 올려 귀양의 해지를 요청하였다. 2월 12일에는 유영경의 죄를 논한 첫 상소와 더불어 탄핵이 시작되었고, 그 다음 날에는 이귀가 소를 올려 언로를 막아서는 안 된다는 이유로 정인홍 및 그와 함께 죄를 받은 사람들에 대한 귀양 해지를 요청하였다. 이귀는 이 소에서 자신이 정인홍과 서로 용납하지 못함은 정인홍이 자신의 스승

---

9) 위의 책, 즉위년 5월 을사; 즉위년 5월 정미.

인 성혼을 배척했기 때문임을 언급하면서, "인홍이 탄핵받던 처음에 신은 일찍이 대행대왕께 진달하고자 소를 이미 갖추었으나 바치기에 이르지 못했습니다. 그러므로 감히 대행대왕께 아뢰려고 했던 것을 전하께 아울러 언급합니다"[10]고 설명하고 있다. 이러한 상황은 정국의 급속한 변화를 뚜렷이 반영한 것이었다.

그리하여 선조 말년에 오랫동안 권력의 중심에 있었던 유영경에 대한 탄핵이 점차 가중되었다. 삼사의 거듭된 요청에 따라 유영경은 2월 14일에 체직되고 20일에 관작이 삭탈된 다음 21일 문외출송되었으며, 다시 3월 10일에 중도부처되었다가 13일에는 안치, 15일에 멀리 귀양 보내게 하였고 17일에 위리안치, 18일에는 경흥으로 정배한 다음, 9월 1일 마침내 유배지에서 자결토록 처분되었다. 8월 25일에는 이원익・이항복・심희수 등 전은론자로서 알려진 삼정승을 포함한 고관들과 여러 부원군 및 종실 인사들이, 26일 이후에도 2품 이상의 고위관료 등이 임금의 결단을 촉구하며 유영경을 조속히 처단할 것을 거듭 계청했으며, 29일부터 9월 1일 당일까지는 이원익・이항복 등이 연일 백관을 거느리고서 庭請했다. 광해군이 답한 말처럼 "조정에 이론이 없고 국론이 귀일"되었던 것이다.[11]

반면에 정인홍・이경전・이이첨은 2월 19일 중도부처로 감형되었다가, 정인홍은 2월 23일, 이이첨・이경전은 24일에 각각 석방되었다. 3월 1일에는 이들의 관작을 회복시키고 서용하라는 명이 있었고, 귀양 가던 도중 당시 畿內에 도달해 있었던 정인홍은 그날 바로 정2품 한성판윤에 제수되었다.[12] 이 무렵 그해 초에 유영경을 편들어 정인

10) 위의 책, 즉위년 2월 경오.
11) 위의 책, 즉위년 8월 임오.

홍을 비판했었던 관리들도 연일 대간의 탄핵을 받아 차례로 실각했는데, 개중에는 좌의정 허욱과 병조판서 박승종 같은 고관도 포함되어 있었다. 정인홍은 궁궐에 나아가 선조의 빈소를 찾아보고서 당일로 한강을 건너 내려갔고,[13] 양주의 양재에 머물면서 또 한 차례 사직소를 올린 다음, 선조의 因山 날에 다시 올 것을 기약하고서 귀향하였다.[14]

4월에 정인홍·정구를 세자보양관으로 임명하고, 승정원의 書吏를 합천으로 파견하여 정인홍을 다시 불렀다.[15] 그리고 5월에는 다시 정인홍을 대사헌에 임명하고 사헌부의 서리를 보내어 불렀다. 당시 정인홍은 이미 선조의 인산 날에 맞추어 상경하던 도중이었는데, 충주에 도착해 새 諭旨를 받았다.[16] 그로서는 선조시기에 이어 세 번째로 받은 대사헌의 직임이었다.

정인홍은 사직차를 올린 후 그대로 상경하여 한강 가의 여관에 머물고 있었는데, 임금이 醫官과 약물을 보내어 그의 종기 증세를 치료하게 하고, 아울러 담당 부서로 하여금 필요한 생활용품을 공급하게 하였다. 이때 그는 차자를 올려 명의 차관이 임해군을 면질토록 허용하여 국왕이 수모를 입게 해서는 안 된다는 것과 명에 파견된 본국 사신이 상대방이 묻는 말에 사실대로 대답하지 않고서 임해군이 중

---

12) 필사본 『來庵疏箚』 所收 「戊申三月十六日辭漢城府判尹疏」(『來庵集』, 201~209쪽). 이하 간본의 명칭은 생략한다. 徐廷文은 당시 정인홍의 귀양지를 寧邊이라 하고 그 근거로서 『선조실록』 41년 1월 1일 조를 들었다. 그러나 『조선왕조실록』에는 그런 기록이 보이지 않는다. 서정문, 「조선중기의 문집편간과 문파형성」, 국민대학교 국사학과 문학박사 학위논문, 2006, 122쪽 참조.

13) "戊申三月十八日禮官俞學曾賷來有旨"

14) "三月二十九日漢城判尹時請退箚字"(209~215쪽).

15) "承政院書吏賷來諭旨"(665~666쪽).

16) "行到忠州司憲府書吏賷來諭旨"(666~667쪽); "戊申六月初三日到忠州辭都憲封事"(215~224쪽).

풍에 걸렸다느니 지금 빈소 곁에 있다느니 하는 식으로 호도하는 대답을 하여 이처럼 심각한 사태를 초래한 데 대해 그들이 귀환하는 즉시 국경에서 나포해 와 국문해야 한다는 견해를 피력하였다.[17]

그는 여관에 머문 지 한 달쯤 된 6월에 다시금 사직차를 올려 명의 차관이 돌아간 직후의 시사에 대해 언급하였다. 이에서 다시 한 번 사신이 거짓된 대답을 하여 명나라를 속이고 본국의 수모를 초래한 점을 지적하면서, 이필영이 명에 가져간 奏本에서도 임해군이 세자의 지위를 양보한 것이 아니라는 점만 해명했을 뿐 본국 사신이 대답을 잘못한 문제에 대해서는 언급이 없었던 점에 대해, 이는 그 일을 결정한 대신들이 자기 당을 비호하기 위한 것이었다고 비판했다.[18] 임금은 이 차자에 대한 비답을 내리던 날 승정원에 따로 비망기를 내려, 정인홍으로 하여금 한강 가를 떠나 성 안으로 들어오게 하며, 거처를 마련하고 양식과 의약을 대주게 함으로써 임금이 현인을 우대하는 예에 차질이 없도록 할 것을 지시했다.[19]

정인홍은 왕명을 받아 성 안으로 들어간 후 올린 사직차에서 임해군에 대해 전은론을 주장한 대신들을 통렬히 비판하였다. 그에 의하면, "전은의 설이 만약 역모의 진상이 아직 밝혀지지 않고 옥사의 형세가 이루어지기 전에 제기되었다면, 실로 임금의 미덕을 가로채어 자기가 은혜를 베푸는 꼴이 됨을 면치 못하며, 역모의 형적이 이미 갖추어져 그 실정이 남김없이 파악된 후에 나왔다면, 이 <전은> 두

---

17) "戊申六月十八日唐差官請勿令逆律面質事箚字"(224~226쪽). 정인홍이 유영경을 성토한 소를 올렸을 무렵 및 이 당시 상경했던 그에 대한 허균의 견해에 대해서는 『惺所覆瓿稿』권10에 실린 「與任子正[袞]書」「答任子正書」 참조.

18) 「六月二十四日大司憲時辭職箚字」(226~232쪽).

19) 「備忘記」(667~668쪽);「注書費來諭旨」(668쪽).

글자는 신하의 입에서 나와서는 안 되는 것"[20]이었다. 옥사가 성립된 후에 전은을 입에 담는 자는 역적을 비호하는 사심이 있는 것이 아니면 임금을 안중에 두지 않는 것이다. 왜냐하면, "역적을 토벌하는 것은 신하의 公義요, 은혜를 펴는 것은 임금의 私情이니, 정을 중시하는 경우에는 의가 더러 가려질 수 있고, 의가 있는 곳에는 정이 실로 행해지지 못하는 법이다. 그러므로 역적을 토벌하는 것은 천하 고금에 바뀔 수 없는 떳떳한 의이며, 은혜를 펴는 것은 임금이 한때 애처롭게 여기는 아름다운 뜻"이기 때문이다.[21]

그는 이 이치를 舜 임금이 이복형제인 象에 대처한 경우, 周公이 형제인 管叔을 토벌한 경우, 石碏이 아들인 石厚를 죽인 경우 등 『尙書』나 『春秋』의 사례를 들어 설명하였다. 전은론자들은 순이 자신을 해치려 한 상을 용서한 것을 유력한 전거로 삼아 왔지만, 정인홍은 그것이 군신의 관계가 아니기 때문에 현재의 상황과 같지 않다고 본다. 그 대신 주공의 경우를 합당한 전거로 삼았다. 섭정인 주공이 반란을 일으킨 관숙을 토벌한 것은 자신 위에 천자인 成王이 있고 주공은 그 신하의 신분이었기 때문에 선택의 여지가 없었다는 것이다. 주공이 성왕의 의심을 받아 東都인 낙양으로 피해 위기에 처했을 때 주공과 친밀한 사이였던 召公이나 太公이 그를 위해 은혜를 베풀 것을 건의하지 않았던 것 역시 군신의 의리 때문이었다. 석작이 동생 桓公을 시해하고서 그 지위를 빼앗은 공자 州吁 및 그와 공모한 자신의 아들 석후를 陳나라로 유인하여 죽인 것도, 신하로서 대의를 위해 혈육의

---

20) 「七月初四日被召入城中辭職箚字」(232~242쪽).

21) "討逆者, 臣子之公義也. 伸恩者, 人主之私情. 情之所重, 義或相掩, 義之所在, 情固不行. 故討逆者, 天下古今不可易之經義也. 伸恩者, 一時君父念鞠哀之美意也"

정을 끊은 것이었다고 한다.

임금은 7월 정인홍을 종1품인 의정부 우찬성 겸 세자보양관으로 제수하였다. 그는 다음 날 차자를 올려 한성판윤이었던 4월 이후부터 현재까지 자신이 실제로 봉직하지 않았음에도 불구하고 가을 녹봉에 이어 고향에 내려가 있었던 기간의 여름 녹봉까지 추가로 지급된 것을 환수해 주도록 요청하고서,[22] 우찬성 사직차를 올렸다. 사직차에서 그는 자신이 대신들을 비판한 차자를 올린 데 대해 임금이 견해의 차이라 하여 양쪽 입장을 모두 인정하는 비답을 내렸던 점을 언급하며, 불편한 관계인 그들과 의정부 내에서 함께 일하기 어렵다는 점을 사퇴의 이유 중 하나로 삼았다. 그리고 그 끄트머리에서 "심복으로 대신을 삼고, 이목으로 대간을 맡겨, 공손히 협력하여 치세를 도모할 것"[23]을 당부하고 있다.

그는 두 차례 더 사직하는 차자를 올리고, 이미 주어진 여름 및 가을 녹봉은 반납하고서 귀향길에 올랐다.[24] 두 번째 차자에서 그는 영의정 이원익과 좌의정 이항복이 자신의 지난번 논핵을 이유로 하여 각각 사직차를 올린 점을 언급하고 있다. 그는 자신이 간관으로서 소명을 받아 상경하여, 조정의 논의가 토역과 전은으로 대립되어 있고 陳奏文의 내용이 모호하여 나라의 수치를 제대로 해명하지 못했음을 보고서 직책상 그러한 지적을 하지 않을 수 없었다고 한다. 그러나 이들 삼정승은 先朝 때부터 섬겨온 신하로서 국가의 柱石이며, 자신은 산림에 은거해 있다가 새로 의정부에 발령된 사람이니, 이른바 "새것

---

22) 「七月初八日辭祿箚字」(243~244쪽).

23) 「七月十五日辭二相箚字」(244~249쪽).

24) 「七月二十四日辭二相下直箚字」(249~263쪽); 「戊申七月二十四日三度呈辭」(缺).

은 옛것에 끼일 수 없고, 작은 것은 큰 것에 붙일 수 없다"는 격이어서 서로 함께 일할 수 없다는 것이다. 이 시기 그는 이미 삼사를 중심으로 하는 조정의 토역론을 배경으로 하고, 임금의 막중한 기대와 신뢰를 바탕으로 하여, 선조 이래의 유영경 소북정권을 철저히 몰락하게 만들었을 뿐 하니라, 남·서인 원로대신들과도 맞설 수 있는 새로운 정치 세력의 구심점으로 부각되어져 있었다.

임금은 이날 內醫를 보내어 정인홍의 병을 살피도록 하였는데, 그가 이미 영남으로 떠났다는 승정원의 보고를 듣고서, 간곡히 만류하는 취지의 비망기를 내려 예관으로 하여금 쫓아가 전달하게 하고, 또한 내의 한 사람을 파견하여 그의 병세에 알맞은 약을 지어 가서 문병토록 하였다.

그는 답하는 차자에서 이미 늙은 자신이 아니라 신하 가운데서 젊고 기력 있는 사람을 골라 사직을 안정시키는 책임을 맡길 것을 재차 건의하고 있다. 그리하여 朱熹가 자기 임금에게 고한 말을 빌려, "군자를 등용하는 데는 그들이 많지 않음을 걱정할 따름이지 그들이 당을 이룰까 의심하지 말며, 반드시 임금이 군자의 당이 된 연후에야 有爲할 수 있습니다"고 하여, 그러한 새로운 인물을 신중히 선택하고 깊이 신임하여 임금의 심복으로 삼을 것을 강조하고 있다. 그리고 그런 인물은 유영경이 전제하던 시기에 그와 타협하지 않아 미움을 받았던 사람 가운데서 나와야 하며, 그들 가운데서 "다시금 의에 밝고 순수한 마음으로 나라를 위해 도모하는 자를 가려 뽑아 그 지위를 높이고 그 책임을 무겁게 하되", 숫자는 한둘로서 족하다고 한다.[25] 그

---

25) 「戊申七月二十四日禮官追到龍仁有旨」; 「戊申七月二十五日有旨追到龍仁辭歸箚字」(265~268쪽).

가 뜻이 맞는 사람들을 끌어들여 임금을 옹호하는 군자의 당을 결성하면 된다는 것이다.

임금은 홍문관의 권유에 따라 다시금 녹사를 파견하여 정인홍을 쫓아가서 되돌아올 것을 분부토록 하였다. 그는 다시금 회답하는 차자를 올렸다. 이 차자에서 그는 "도가 행해지거나 그렇지 않은 것은 몸이 가깝고 멀리 있거나 나아가고 물러나는 데 있는 것이 아니라 다만 그 말이 행해지는지 않는지에 달려 있을 따름"[26]이라고 하면서, 자신이 전후하여 사직소를 통해 피력한 건의 내용을 받아들여 정책에 반영해 준다면, 몸은 영남에 물러가 있을지라도 매일 임금 곁에서 조언을 드리는 것과 다름이 없다고 설명하였다.

임금은 정인홍이 자신이 즉위한 이후 두 차례 상경했음에도 불구하고 상중 혹은 병중이었던 까닭에 한번 만나보지도 못하고 떠나보낸 책임을 전적으로 자신에게 돌리면서, 다시금 8월에 정인홍의 제자인 예조좌랑 윤선을 파견하여 돌아올 것을 당부하였고, 또한 경상감사에게 따로 지시하여 정인홍에게 의약과 음식물을 보내고, 상경할 때 후한 예우로써 호송토록 하였다. 정인홍은 집에 도착한 후 회답하는 차자를 올렸다. 이 차자에서 그는 임금의 성의를 계속 거부하는 것은 신하의 도리가 아니므로 얼마동안 더 치료하여 차도가 있으면 다시 상경하겠다는 의사를 비치고 있다. 이에 대해 임금은 경상감사에게 지시하여 거기에 맞는 약제를 보내고 상경할 때 각별히 호송할 것을 명했으며, 의정부의 書吏를 보내 추워지기 전에 속히 올라올 것을 유시하였다.[27]

---

26) 「戊申七月二十九日南還到淸州綠事費來有旨」(668~669쪽); 「戊申七月三十日到淸州辭職箚字」(268~273쪽).

정인홍은 다시금 소를 올려 우찬성 및 그 겸직을 거두어줄 것을 청하였다. 온갖 처방을 써 보았으나 차도가 없을 뿐 아니라 선조 37년 (1614) 이래의 숙병까지 재발된 상황을 설명하고, 그가 근자에 상경하여 건의한 다섯 가지 사항[28] 중 하나도 시행되지 못한 점을 들어, 자신을 구태여 부르고자 하는 이유를 알지 못하겠다고 말하고 있다. 임금은 정인홍의 소에 답하여, "경의 올바른 의론은 이글거리는 해와 같고 서릿발처럼 준엄하여, 허물어진 기강을 진작시키고 사람의 지극한 도리를 세우기에 충분하다. 듣는 자는 존경하는 마음이 일고 보는 자는 탄복하니, 한 시대를 크게 감동시킨다고 할 수도 있겠다"[29]고 칭찬하면서, 조섭을 잘하여 상경하기를 다시금 당부하고, 내의를 보내어 증세에 맞는 약을 가져가서 간병토록 하였다.

10월에 다시 사직차를 올렸는데, 이 차자에서 그는 앞서 언급한 다섯 가지 건의 사항이 전혀 받아들여지지 않은 상황에서는 설사 자신의 몸에 질병이 없다 할지라도 부름에 응할 수 없다는 것과 조정의 관료들이 당파를 달리하여 서로 시기하고 배척하는 현재의 시국에서 자신이 건의한 바는 그들의 주장과 크게 다르므로 그들이 실권을 장악하고 있는 상황에서 나아가 봤자 소용이 없다는 뜻을 피력하고 있다.

그의 차자가 도착한 날, 임금은 세시와 명절에 정인홍에게 수령을 보내 안부를 묻고 음식물을 넉넉히 보내주도록 지시하였다. 경상감사 최관이 유지를 받들어 합천 군수인 정인홍의 문인 박명부[30]를 시켜

---

27) 「戊申八月十三日禮曹佐郎尹銑賷来諭旨」(661~663쪽); 「戊申八月二十四日辭二相箚字」(273~279쪽).

28) 「戊申九月十六日辭二相封事」(279~285쪽), "請毋以逆肆見唐官, 而使之請罪陪臣, 一也. 請拿致使臣, 以明本國事情, 二也. 論奏本中不請使臣之罪, 知護黨而不知有國, 三也. 論大臣遽請全恩, 眩亂國論, 遠近傳說, 若以肆逆爲宽者然, 四也. 竊意殿下仁明則至矣, 而或不足於武, 故請存威如之義, 五也"

29) 『광해군일기』, 즉위년 9월 임자.

30) 朴明榑의 문집인 『知足堂集』에는 그가 정구 문인임이 강조되어져 있다. 그러나 근자에 발견된 河受一의

세시 음식물을 보냈다. 정인홍은 직책에 전혀 종사하지 않은 자기가 여러 차례의 特賜에 의해 "한 해 중에 받은 바가 정상적인 녹봉보다도 도리어 후하다"고 하면서, "사직해도 직이 풀리지 않고, 일하지 않아도 녹봉은 오히려 있으며, 들에 있어도 정승 버금가는 벼슬을 명하고, 수행하지 않아도 직위를 맡은 것과 다름없는 총애를 받으니, 고금 천하에 신하의 체모가 저 같은 사람이 있습니까!"라고 탄식하고 있다.[31] 그러나 그의 사의는 이번에도 수락되지 않았을 뿐 아니라, 새해 들어 오히려 좌찬성 겸 세자보양관으로 승진 발령되기까지 했다.

이에 앞서 11월 15일에는 영산 지방의 산골짜기에서 벽곡을 하며 仙術을 닦고 있던 곽재우가 서북 변경을 위협하는 후금에 대한 대비책으로서 부호군의 벼슬을 받은 후 재차 사직하는 상소를 올렸다. 두 번째 소에서 그는 임해군의 역옥 문제를 거론하여, 전은론은 의와 법을 어지럽혀 나라를 망하게 하는 것이라고 통렬히 비판하면서, 정인홍과 마찬가지로 주공이 관숙과 채숙을 죽인 고사를 들어 임해군을 처형하지 않는 이상 자신은 그러한 조정에서 내린 직책에 나갈 수 없다는 뜻을 피력하였다.

또한 사헌부 집의 이이첨이 광해군 즉위 후에 책봉을 청하기 위해 명나라로 파견되었던 본국 사신 이호민 등에 대한 처벌을 주장하다가 임금의 동의를 얻지 못하자 사직을 청하였다. 이이첨은 광해조에 들어와 대체로 삼사의 직에 있으면서 토역론에 깊이 관여해 왔다. 그

일기『西行錄』광해군 즉위년 3월 7일 조에 그가 한성판윤으로 입성하여 李大期의 서울 집에 머물고 있는 정인홍을 뵙기 위해 찾아와 여러 동문들과 합류한 기록이 있어 정인홍의 문인임을 확인할 수 있다.『感樹齋集』권6에 수록된「頭流山日錄」에서도 박명부가 광해군 2년 9월 2일부터 8일까지 정인홍의 주요 문인 박여량·정경운과 더불어 지리산을 유람하고 있음은 그것을 방증해 준다. 정인홍과 정구의 문인은 서로 중복되는 경우가 많았다.

31)「戊申十二月二十九日辭食物疏」(289~294쪽).

는 '直道'를 표방하는 강경한 인물이었다. 선조 조에도 서인 정철을 논박하고 남인 유성룡의 주화론을 탄핵했다가 정적의 배척을 받았으며, 북인 홍여순을 비판했다가 8년 동안 금고처분을 받았고, 정인홍을 끌어들여 유영경에 대한 탄핵을 시도하다가 함께 유배 처분을 받은 인물로서, 결과적으로 정인홍과는 거의 정치적 노선을 같이 한 사람이었다. 정인홍의 다섯 가지 건의 사항 중 앞의 세 조목은 이호민과 관련된 것이었으므로, 그는 이 사직차에서도 정인홍을 옹호하는 논지를 펴고 있다. 그러나 임금은 이이첨에 대한 비답에서, 전후한 사신들의 장계를 두루 살펴보았더니 이호민 등에게 그리 대단한 죄가 없고 도리어 기념할 만한 공로가 있었다면서, 이를 과격한 논의라 하여 물리치고서 끝내 따르지 않았다. 이처럼 정인홍의 거듭된 주장에 대해서도 임금은 여러모로 상황을 고려한 현실적인 판단을 내려, 말로는 칭찬하면서도 결코 수용하지 않았던 것이다.

3. 이언적 · 이황 비판

다음 해인 광해군 원년 3월에 임금은 정인홍의 문인 예조정랑 유중룡을 보내어 그를 다시 불렀다. 정인홍은 4월에 사직소를 올렸다.[32] 여기서 그는 자신이 늙고 병들어 부름에 응하여 나아갈 수 없는 점을 상세히 설명한 후, 그 외에도 시국과 관련한 이유를 세 가지로 들었다. 그 첫째는 자신의 학식이 世務에 적합하지 못한 데다 사류

---

32) 「己酉三月二十三日禮書正郎柳仲龍齎來諭旨」(663~664쪽); 「己酉四月十五日辭二相封事」(294~303쪽).

가 분열하여 당쟁을 일삼고 있는 점이요, 둘째는 지난 번 상경하여 疏
箚로써 대신들을 비판한 결과 삼정승이 한꺼번에 피혐하여 사직했다
가 자신이 귀향한 지 며칠 후에 다시 출사하였으며, 근자에 영남 선
비들이 소를 올려 삼정승을 비판한 것도 자기 때문이라는 소문이 있
는 점이며, 셋째로 선비는 벼슬길에 나아가서는 伊尹처럼 세상을 위
해 큰일을 해야 하며 그럴 상황이 못 되면 물러나 顔淵처럼 자기 소신
을 지킴이 있어야 하는데, 자신의 자질로서는 물러나 지킴은 가할지
몰라도 나아가 유위함은 불가하다는 것이다.

임금은 다시 예조좌랑 배대유를 보내어 정인홍을 불렀다.[33] 8월에
다시 의정부의 서리를 파견하여 유지를 보내니, 그는 부득이 9월 7일
상경길에 나섰다. 그러나 金山(김천)에 이르렀을 때부터 묵은 병세가
다시 도지더니 충청도 靑山縣(충북 옥천군 청산면)에 도착했을 때는
몹시 악화되어 더 이상 나아갈 수가 없다는 장계를 올렸다.[34] 임금은
즉시 승정원의 서리와 내의를 파견하여 결코 중도에 돌아가지 말고
서 치료하여 상경하라는 유지를 보냈으나, 그는 절에 머물면서 또 한
차례 차자를 올려 간곡하게 사직을 청했다.[35]

10월에 또다시 장문의 사직차를 올렸다. 그는 자신에게 임금의 기
대에 부응할 만한 능력은 도무지 없으며, 오히려 그러한 인물은 조정
의 신하들 가운데 있을 가능성도 있으므로 가까운 데서 인재를 구할
것을 당부하였다. 正義를 지향하는 사람으로서, "어지러운 시기에 임
하여 깊이 근심하고 정성을 다해 울부짖은 점에서 실로 같은 유의 사

---

33) 「己酉七月初六日禮曹佐郎裵大維賚來論旨」(664쪽); 「己酉七月十五日辭二相箚字」(305~308쪽).
34) 「九月十二日狀啓」(308~310쪽).
35) 「己酉九月十七日辭職箚字」(310~313쪽).

람들 가운데서 앞섰으나, 뒤에 웃는 점에서는 아직 두드러지게 드러
나지 않은 이를 제가 몇 사람 알고 있으니, 만약 발탁하여 신임을 두
신다면 사람들의 바람을 거두어 맡길 수 있으시니, 늙고 쇠약하며 쓸
모없는 저 따위의 신하를 기다리실 필요가 없습니다"36)라고 하여, 현
재 내직에 있으나 중용되지 않았으면서도 유영경 체제에 저항하는
데 현저한 업적이 있었던 사람 가운데서 임금이 바라는 인재를 스스
로 추천할 의사를 비치었다.

또한 그는 군자와 소인의 당에 관한 종래의 자기 소견을 다시금 상
세히 개진하였다. "반드시 [군자와 소인의 당을] 분명히 알고 신중히
선택하여 호오와 취사를 매우 엄정하게 하시어, 의심하지 말고 이랬
다저랬다 하지 마시기를 십 년 정도 오랜 기간 동안 지속하신 다음에
야 잘못된 습관을 고칠 수 있고 선비의 풍습을 변화시킬 수 있어, 여
러 당이 저절로 사라질 것"이라고 한다. 그렇게 하지 않을 경우, 옳고
그른 무리를 분별할 수 없고 사악한 세력이 정의의 세력과 서로 싸워,
장차 邪를 正으로 소인을 군자로 인식함을 면할 수 없어 마침내는 도
적을 아들로 오인하는 데까지 이를 경우가 많기 때문이다. 종래와 같
이 여러 당파의 병존을 인정하는 절충적 조화적 방법으로써는 뿌리
깊은 당쟁의 폐습을 결코 근절할 수 없으므로, 임금 자신이 군자의
당에 가담하여 상당히 오랜 기간에 걸쳐 소인의 당을 철저히 배제시
킴으로써 마침내 당쟁의 뿌리를 뽑을 수가 있다는 것이다. "그러므로
송나라 신하인 주희가 스스로 말하기를 자기가 당이 되지 않을 수 없
다 하였고, 또한 그의 임금도 군자의 당이 되게 하려 한 것은 바로 이

---

36) 「己酉十月十四日辭職箚字」(313~325쪽).

때문"이라 하여, 그러한 주장의 근거를 주자에서 구했다.

임금은 11월에 판중추부사 기자헌과 좌찬성 정인홍의 집에 해당 고을의 지방관을 보내 세시 문안을 하고 음식물을 넉넉히 보내도록 감사에게 지시했다. 광해군 2년 1월에 정인홍은 사은 차자를 올려 체직과 내의의 소환을 요청했다.[37] 지난해 9월 청산에서 병세가 도졌을 때 임금이 보낸 내의가 병세에 차도가 있거든 함께 올라오라는 왕명에 따라 정인홍이 들것에 실려 귀환할 때 따라와서 해가 바뀐 당시까지 계속 그의 곁에 머물고 있었던 것이다. 이 차자에 의해 그 의관은 새로 파견된 사람으로 교체되었으나, 사직은 여전히 허락되지 않았다.

그는 다시 사직차를 올려 교체되어 온 내의를 소환하고 자신의 직책을 거두어 줄 것을 요청했지만, 임금은 비답에서 의관은 그의 병세에 차도가 있기를 기다려 돌아오게 할 것이라면서 조섭한 후 상경하기를 촉구할 따름이었다.[38] 정인홍이 다시 같은 취지의 사직차를 올렸더니 역시 상경을 촉구하는 유지를 보내왔으므로, 그는 열흘쯤 조리하여 조금 회복이 되거든 길을 나서겠다는 의사를 전했다.[39] 그러나 그는 이후에도 계속하여 같은 취지의 차자를 올렸다.[40]

이해 여름에 경상도 성주의 박이립이라는 노령의 선비가 자신이 한동안 종유했던 정구 및 정구의 문인 이육을 비판하며, 讖記를 근거로 하여 이들을 대역의 혐의로 지목하는 사태가 있었다. 정구 자신이 성주부의 官門에 나아가 석고대죄하면서 이 문제를 해명하는 소를 올

37) 「庚戌正月初十日謝恩食物箚字」(325~329쪽).
38) 「庚戌二月初十日辭職箚字」(329~335쪽).
39) 「庚戌三月十日辭職箚字」(335~338쪽).
40) 「庚戌四月十五日箚字」(338~342쪽);「庚戌六月十五日辭職箚字」(342~347쪽).

렸을 뿐 아니라, 그의 문인들도 관청으로 가서 쟁송하고 여러 차례에 걸쳐 박이립을 성토하는 소를 올린 결과, 박이립을 비롯한 양측의 관계자들을 체포하여 투옥하고 이 사건은 마침내 감사를 통해 조정에까지 보고되었다. 임금의 지시에 따라 감사가 용궁으로 가서 양측의 주장 내용을 신문하여 다시금 보고서를 올렸으나, 결국 양측 모두 이렇다 할 처벌을 받지 않는 선에서 종결지어졌다. 정인홍의 사촌 인함의 아들인 옹이 박이립의 외조카에 해당하므로, 『한강연보』 등에서는 이 일이 당시 정구와 대립 관계에 있었던 정인홍 측의 사주를 받아 일어난 것이라고 설명하고 있다. 박이립이 정구를 비판한 주요 항목 중에는 그의 전은론이 포함되어 있었다.[41]

이해에도 임금의 지시에 의해 경상감사 이정신이 합천군수 김창일을 정인홍의 집으로 보내 문안함과 아울러 세시의 음식물을 전했으므로, 광해군 3년 정월에 그는 사은 차자를 올렸다.[42] 이에서 그는 지난해 9월 초의 落傷으로 말미암아 왼쪽 어깨뼈의 관절을 다쳐 앞으로 수년 내에 상경할 가망이 없음과 전후 수십 차에 걸친 사직차를 통해 시국과 관련된 자신의 의견을 남김없이 개진했었지만, 말이 시의에 맞지 않아 시행되지 못하고 있는 점을 들어 사직을 청하였다. 그러나 2월에 임금은 먼저 '나라의 大老'인 정인홍에게 다시금 내의를 파견하여 그의 새 병을 치료토록 지시하였고, 이어서 예조좌랑 최연을 파견하여 "경이 대로로서 선뜻 한번 일어나 나로 하여금 大人을 보아 이롭게 하지 않는다면, 나라는 반드시 형편없게 되고 말 것이오. 경은

---

41) 『寒岡年譜』 권2, 張顯光 찬 「행장」; 같은 책 권4, 「연보」; 李塏, 『心遠堂集』 권3, 「遺事」; 『광해군일기』, 2년 7월 신미; 같은 책, 2년 9월 경신.
42) 「辛亥正月初八日食物謝恩箚子」(347~352쪽).

마땅히 병을 무릅쓰고 길에 나서 메는 수레를 타고라도 올라와서 옆 자리에 앉아주기를 바라는 나의 기대에 부응해야 할 것이오"[43] 라고 유시하여 상경을 강력히 촉구하였다.

광해군 2년 7월에 선조 원년 4월 성균관 유생들의 김굉필·정여창· 조광조·이언적 4현 종사 소청에서 발단된 이래 거의 해마다 반복되 어 왔었던 조선조 5현의 문묘종사 요청이 마침내 임금의 재가를 얻어 실현되었다. 광해군 3년 3월에 우찬성 정인홍은 사직차를 올려, 자신 의 스승인 조식·성운의 학문과 인격이 이황에 의해 부당하게 왜곡 폄하된 점을 해명하면서, 지난해 문묘에 종사된 이언적과 이황, 그중 에서도 주로 이황을 신랄하게 비판하였다.[44] 이 차자가 승정원에 도 착하니, 임금은 이를 궐내에 두고서 내리지 않았다. 그러나 4월에 좌 부승지 오윤겸과 동부승지 김상헌이 함께 계사를 올려 이에 대한 왕 의 조속한 처리를 촉구하며 정인홍의 주장을 강하게 반박하였다. 승 정원에서는 봉하여 올려진 차자를 임금에게 바치기 전에 미리 그 등 본을 만들어 이를 밖으로 유출시켰다. 이리하여 4월 10일 성균관 유 생들이 첫 상소를 하고, 뒤이어 조정의 전·현직 관료와 종실, 그리고 지방 유생들이 계속 의견을 개진하며 정인홍을 성토하였다. 첫 상소 를 한 관학 유생 이목 등은 같은 날 정인홍이 선현을 헐뜯어 사림에 죄를 얻었다는 이유로 방을 내걸고서 청금록으로부터 그 이름을 삭 제하였다. 정인홍은 명종 13년(1558) 생원시에 합격했으므로 성균관 의 儒籍에 이름이 올라 있었던 것이다. 관학 유생들은 선조 38년(1605) 에 있었던 『남명집』 발문 사태 때와 마찬가지로 팔도에다 통문을 돌

43) 『광해군일기』, 3년 2월 임신.
44) 「辛亥三月十五日辭職箚字」(352~353쪽).

려 정인홍을 성토하는 상소 운동을 촉구했던 것이며, 조정의 대소 관료들도 이에 호응하여 일제히 일어나 협공하였다.

조선조 5현의 문묘종사는 사림의 숙원사업이었다. 그 논의가 일어난 초기에 이미 이이가 『경연일기』에서 5현 중 조광조와 이황을 제외한 나머지 세 명은 종사될 자격이 없다고 언급한 바 있었기는 하지만,[45] 이제는 드디어 종사가 실현된 후였기 때문에 이를 정면으로 비판한 정인홍의 발언은 조야에 큰 충격을 주었다. 정인홍의 논변이 있기 이전까지는 내직에 나와 있던 그의 문인들조차 문묘종사를 위한 운동에 동참하고 있었을 정도로 이는 당시 거스를 수 없는 시대의 대세였던 것이다. 그러므로 광해군의 즉위 이후 정인홍을 지지해 온 주된 정치 세력이었던 삼사도 이 일을 계기로 하여 일제히 비판으로 돌아섰고, 그에 대한 성토의 움직임은 거의 거국적인 것이었기 때문에 아무도 이에 대해 이의를 제기하기 어려웠다.

이 사태의 와중에 정인홍은 서울에서 관직에 종사하고 있는 지인에게 보낸 편지에서, "군자의 견해는 뭇사람과 같지 않으므로, 수가 많고 적다하여 따르거나 어길 수 없으며, 강하고 약함을 가지고서 향배를 결정할 수 없다"고 말하고 있다.[46] 또한 정철의 문인 권필은 이 무렵 정인홍에 대해, "확연히 스스로를 지켜 義에 따르는 운명을 편안히 여겨 늙어 죽기에 이르도록 후회하지 않으니", 벼슬길에 나와

---

45) 『經筵日記』, 선조 6년 8월, "第以諸生汎請五賢, 則其閒豈無優劣乎? 金文敬鄭文獻, 則言論風旨, 微而不顯. 李文元, 則出處頗有可疑者. 惟趙文正, 唱明道學, 啓牖後人, 李文純, 沈潛義理, 模範一時, 斯二人者, 表出從祀, 則夫誰曰不可哉!"

46) 『辨誣』「答權叔正書」, "无狀殊失黙容之道, 惹致脣舌之積, 不啻爲車. 雖平生所相識, 多見背馳, 始終不欲相棄, 獨吾老兄一人耳. 古人不云乎? 不可奪者, 匹夫之志也, 不可苟同者, 君子之見也. 君子見自與衆人不同, 不容以衆寡爲從違, 不可以强弱爲向輩. 今之主張時論者, 欲恃衆而脅寡, 依强而侵弱" 근자에 발견된 필사본 『辨誣』에 관하여는 한국국학진흥원 편 『한국유학사상대계Ⅱ』의 제7장으로서 실린 拙稿 제3절 2항 '『변무』의 출현' 참조.

있는 다른 명유들과는 하늘과 땅의 차이가 있다고 평하였다.[47]

정인홍 성토에 대해 완곡하게 반론을 제시한 첫 번째 사례는 4월 12일 그의 문인인 지평 朴汝樑이 사헌부 동료들의 정인홍 비판에 자신이 동참하지 못하는 입장을 개진한 피혐 계사였다. 여기서 그는 정인홍의 진의가 조식이 노장학의 영향을 받았다는 이황의 비판에 대해 스승을 변명하는 데 있었을 따름이며, 차자가 임금에게 바쳐지기도 전에 등본이 밖으로 유출되고, 그 결과 성균관의 청금록에서 정인홍의 이름이 삭제된 사건이 발생한 것의 부당함을 지적하였다. 그러자 임금은 즉시 청금록 삭제를 주창한 자를 조사 색출하라는 명을 내렸고, 다음날에는 그들을 유적에서 삭제하고 종신토록 과거 응시 자격을 박탈케 하였다. 이 같은 사태의 전개에 대해 조정 관료들의 박여량 비판이 계속되었으나, 임금은 정인홍과 박여량을 비호하는 입장을 견지하였다.

13일에 좌의정 이항복이 차자를 올려 유생들을 적극 변호하자, 다음 날 승정원이 뒤를 이었다. 이날 성균관 유생 50여 명은 동맹휴교를 하여 떠나버렸는데, 성균관의 최고 책임자인 지사 이정귀 및 동지사 정창연·신흠이 유생들을 옹호하며 처벌을 적극 만류하니, 마침내 유생에 대한 처벌은 그 교육을 담당한 관원인 성균관 장무관의 파직과 대사성의 체차로써 대체되었다. 14일에 홍문관이 차자를 올려 정인홍의 논지를 비판하고 이황을 옹호하였는데,[48] 당시 홍문관 부제학이었던 이이첨은 정인홍이 자신의 스승이기 때문에 동료들의 논의

---

47) 『변무』 「權石洲軨所記」, "一論晦齋補遺之誤, 二論退溪學問義理上不甚分曉之非, 三言南冥之學所造淺深未可容易言之. 大抵確然自守, 安於義命, 以至老死不悔. 其視以儒名世, 而誤蹈名途, 徘徊隱忍, 不能決去, 與世同波, 而卒亦未免於不義者, 奚啻霄壤?"

48) 朴汝樑, 『感樹齋集』 권6, 「從仕日記」, 41a~45a, 「玉堂初箚」.

에 동참할 수 없다는 이유로 피혐하였다. 광해군의 즉위 이전까지 정인홍과 이이첨은 서로 한 번도 만나본 적이 없는 사이였으나,[49] 임란 이후 진주·김해·삼가 지역에 중건된 조식 서원들이 원년에 모두 사액된 것은 그가 이해 3월 15일 왕과의 접견 자리에서 건의한 결과였고,[50] 그로부터 2년 후인 이 시기에 이르러 이이첨은 이미 정인홍을 자신의 스승으로 일컫고 있는 것이다. 성균관 유생의 空館 사태는 4월 14일부터 20일까지, 그리고 5월 3일부터 8일까지 두 차례 있었으며, 유생 및 성균관 관료에 대한 처벌 철회로써 마침내 수습되었다. 성균관으로 가서 유생들을 설득하여 사태를 최종적으로 수습하는 일은 이이첨에 의해 이루어졌다.[51]

4월 16일 전임 대신들이 이항복에 동조하는 차자를 올린 데 이어, 18일에는 영의정 이덕형이 홍문관의 논조를 이어 정인홍뿐만 아니라 그가 변호하려는 스승 조식까지도 아울러 비판하였다. 그의 차자 중에 "인홍이 두 선정을 배격한 지는 꽤 오래되었습니다. 영남에서 교유하던 김우옹·박성 같은 이들도 모두 논변이 같지 않은 까닭으로 서로 절교하였습니다"라는 구절이 있고, 또한 자신은 이번 차자에 관한 소문을 듣고서 다른 사람에게 "인홍으로 논하자면 [두 선정에 비해] 계급이 훨씬 떨어지니, 어찌 식자의 비웃음을 받지 않겠는가?"라

---

49) 「癸丑二月二十三日箚字」(436~455쪽) 참조.

50) 朴汝樑, 『感齋日記』, 기유 3월 18일, "同副承旨李爾瞻引對啓曰, 李滉曹植俱是儒宗, 但所在之地, 相距隔遠, 一時士子, 各自宗師, 左道儒生, 不知有曹植, 右道亦不知有李滉, 其勢然也. 右道自經己丑之變, 士氣摧折, 及遭亂離, 人皆廢學. 今聞晋州金海三嘉等處, 爲曺植皆已重修書院云, 若賜額以示褒崇聳動之意, 則其於吾道後學, 豈不幸甚? 上命令該司回啓, 十五日引對時也"「남명연보」에도 이 계사의 일부와 예조의 회계 내용이 수록되어져 있다. 함양읍의 박호정 씨가 소장하고 있는 이 필사본 친필 일기의 존재는 2006년 9월 8일 경상대학교 경남문화연구원 정기학술대회에서 배포된 『경남서부지역 고문헌의 소장 현황』 제4쪽에서 확인되었다. 이 일기는 『感樹齋集』 권6에 「從仕日記」라는 제목으로 발췌 수록되어 있는데, 거기에서는 총 82판 중 약 3/4인 21판 이하를 신해년 일기가 차지하고 있다.

51) 「종사일기」, 신해 5월 8일 조.

고 말한 바 있었다고 한다.[52] 임금은 20일에 올린 이덕형의 두 번째 차자에 대한 비답에서, "정 찬성이 논한 바가 비록 과격하다고는 하나, 역시 그 스승을 위해 변명하는 뜻에 지나지 않소. 그럼에도 아래로는 선비들로부터 위로는 대간과 의정부에 이르기까지 때를 틈타 손뼉 치며 피 흘려 싸우기를 마지않으니, 나는 은근히 비웃는 바이오"라고 하여,[53] 계속적인 성토의 움직임을 이 같은 기회를 틈타 정인홍을 숙청하기 위한 정쟁의 차원으로 간주하는 뜻을 비치었다.

6월 이후에 들어서는 정인홍의 문인들도 반격을 시작하였다. 6월 3일과 18일에 조식의 출생지인 삼가 토동의 유생 박건갑 등이 상소하여 이덕형의 주장을 조목별로 논박한 것을 필두로 하여, 19일에는 의령 유생 이종욱, 7월 3일에는 함양 유생 정경운 등이 잇달아 소를 올렸고, 7월 6일에 지평 강익문이 정인홍에 대한 비판을 이유로 사직하는 계사를 올린 데 이어, 7일에는 함안에 거주하는 전 창원부사 이정 또한 상소하였으며, 8월 4일과 12일에는 진주의 진사 성박 등이 경상우도소를 올려 각각 정인홍을 지지하였다.[54] 임금은 성박의 소를 보고서 전교하여, "정 찬성이 비록 文元·文純과 같은 연배는 아니나 또한 보아서 아는 바가 있으며, 현인으로서 현인을 논함이 안 될 것도 없다"[55] 하여 정인홍을 이언적·이황과 같은 레벨에 속하는 현자로

---

52)『광해군일기』, 3년 4월 정해.

53)『광해군일기』 3년 4월 기축.

54)『감재일기』;『광해군일기』;『변무』.『변무』에는 당시 정인홍을 변호했던 상소문들의 全文뿐 아니라 幼學 鄭暄이 경상우도 유생의 상소에 동참하여 상경했다가 올린 獨疏 등 다른 문헌에 보이지 않는 자료들도 열거되어 있다. 정구는 자신이 성주 유림의 안동 소회 참여를 부추겼다는 소문을 부인하면서, 이황이 조식을 이단시한 데서 발단한 이번 사태에 대해 왜 한 마디의 발언도 없느냐는 덕천서원장 李瀞의 질문에 대해서는 "盖今日彼此論辨, 得失是非之所在, 則固不足道, 而令契以爲干我曺先生一毫事乎? 以爲此時一言之及與不及, 而有所損益於先生盛德千萬之一分乎?"라고 하여, 조식에게 이단적 요소가 없음은 말할 필요도 없으나 피차의 논란이 조식의 학덕에 대해 아무런 영향을 미칠 수 없다는 종래의 입장을 반복하고 있다.

서 인정하고 있으며, 상호 간의 공방을 진정시키기 위해 이러한 상소에 대해 더 이상 비답을 내리지 않겠다는 뜻을 피력하고 있다. 성박의 두 번째 상소 결과, 8월 12일 당일로 성균관에 당시까지도 걸려 있었던 정인홍의 유적 삭제에 대한 방이 왕명에 의해 철거되었고, 이를 계기로 하여 마침내 晦·退 비판으로 말미암은 소란은 수습되었다.

4. 맺음말

이상에서 우리는 15년에 걸친 광해군의 재위 기간 중 초기에 해당하는 즉위년에서 3년까지 4년간에 걸친 정인홍의 동향과 그 정치적 배경에 대해 살펴보았다. 본고에서 집중적으로 검토한 유영경 숙청과 임해군의 역옥, 그리고 회퇴변척 등은 이 시기를 대표하는 정치적 사건으로서 광해군 시기와 정인홍을 다룬 기왕의 연구에서 이미 언급되어 온 것이다. 그러나 본고에서 밝히고자 한 사실들은 필자의 지식이 미치는 한 대체로 그것들과 중복되지 않았다고 본다.

본고의 1차적 검토 대상은 정인홍의 소차이다. 정인홍이 지니는 사상사적 의의는 무엇보다도 광해조 대북정권의 이념적 지표로서, 그리고 조식의 수제자이자 조선왕조 최초의 산림으로서 그가 지녔던 위상에 기인한다. 대북정권 성립의 직접적 계기가 되었던 광해군 5년의 계축옥사에 이르는 시기까지 그의 소차는 거의 완전한 형태로 보존되어져 있다. 이를 통해 우리는 당시의 정국에 관한 그의 소견을 육

---

55) 『광해군일기』 3년 8월 신해.

성처럼 생생하게 들을 수 있다. 종래의 연구가 지녔던 문제점은 사학계의 경우 거의『조선왕조실록』을 비롯한 연대기적 사료에만 의존한 데 있으며, 철학계의 경우는『내암집』의 思想 내용 분석에 치우쳐 그 글들이 지니는 시대적 맥락을 주목하지 않았던 데 있다. 본고는 가능한 한 후세에 의해 왜곡되지 않은 문헌들을 찾아 문집과 사료를 서로 연결시킴으로써 정인홍의 실상에 접근하고자 한 것이다.

본고를 통해 우리가 새롭게 알게 된 바는 다음과 같이 정리될 수 있다.

임해군의 역모는 선조의 국상 중 삼사의 밀계에 의해 제기되었는데, 그 직접적 계기는 당시의 대신 이덕형이 심복인 이귀를 대간에게 파견하여 이에 대한 대책을 촉구한 데 있었다. 그러나 밀계가 빈청으로 내려와 대신들이 이에 대해 토의하게 되자, 이덕형은 오히려 역모의 증거가 불충분하다는 이유로 서·남인의 당론이 된 전은론으로 기울었다. 임해군의 역모에 대해서는 당시 하대겸 등 공모혐의자들의 자백이 있었으며, 전은론자인 대신들 가운데서도 이덕형을 제외하고서는 증거불충분을 거론한 사람이 없었다. 전은론자들의 주장은 가능한 한 억울하게 연루되는 사람이 없게 하며, 주범인 임해군은 광해군의 친형이므로 처벌과 은혜를 아울러 적용하여 극형을 면하게 해야 한다는 것이었다. 임해군의 역모는 조선 왕실에 대한 책봉권을 가졌던 명나라 조정의 장자 계승에 대한 집요한 요구에 그 근본 원인이 있었다.

선조 말년 소북의 영수로서 정국을 주도했던 유영경은 광해군이 즉위한 직후부터 삼사의 탄핵을 받아 점차 형이 가중되어 마침내 유배지에서 자결토록 처분되었는데, 그 과정에는 임해군 사건에서 전은론을 주장한 서·남인 대신들이 연일 백관을 이끌고 庭請하여 임금의 결단을 촉구하였다. 유영경 및 임해군 사건은 모두 당시의 정국에서 아직 주도적 세력으로 성장해 있지 않았던 대북과는 무관한 것이었다. 정인홍이 임해군의 역옥에 대해 처음 언급했던 시기는 광해군 원년 6월 명나라에서 파견한 관리가 서울에 도착하여 임해군의 왕위 계승권 포기 문제를 직접 조사하려던 무렵이었다. 이후 그는 여러 차례에 걸쳐 임해군 문제의 처리를 둘러싼 조정 대신들의 대책을 비판하였다. 정인홍의 논리에 의하면, 옥사가 성립된 이상 신하된 사람의 의리로서 역적에게 은혜를 베풀 것을 요청할 수 없으며, 전은론은 임금이 죄인 된 同氣를 가련하게 여겨 은혜를 베풀고자 하는 미덕을 가로채려는 처사라는 것이었다.

그는 임금의 거듭된 출사 요청에 대해 당시의 조정은 당쟁으로 말미암아 국론이 분열되어 자신의 포부를 실현할 수 없다는 것을 사퇴하는 주요한 이유 중 하나로 삼았다. 이러한 당쟁의 시기에 있어서 임금은 당파 간의 대립을 조정하여 화합을 도모하는 고식적 방법으로서는 문제를 해결할 수 없으며, 임금 스스로가 자기를 옹위하는 군자의 당에 가담하여 그 반대파들을 철저하게 도태시킴으로써만 정국의 안정을 가져올 수 있다는 것이었다. 정인홍은 그것을 위하여 이미 늙은 자기 대신 조정에 나와 있는 신하 가운데서 한두 명을 발탁하여 그에게 핵심적 인사권을 맡김으로써 정국을 전면적으로 재편할 것을 강조하였다. 또한 그는 군자당을 주도할 인물은 유영경의 집권기에 그 세력과 타협하지 않았던 사람 가운데서 나와야 하며, 이후의 개혁을 주도할 그러한 인물을 스스로 추천할 의사를 밝히기도 하였다.

광해군 3년 3월에 있었던 이언적·이황 비판으로 말미암아 정인홍은 광해군의 즉위 이래 자신의 정치적 동조 세력이었던 삼사의 지지를 잃게 되었다. 정인홍의 이 차자는 승정원의 관료에 의해 고의적으로 외부에 유출되어 성균관 유생들의 정인홍 성토를 촉발하였고, 성균관 통문에 의해 전국적인 반발이 초래되었으며, 대소 관료들은 조정 내에서 유생들의 운동을 옹호하였다. 광해군은 이러한 내외의 동향이 정인홍 숙청을 목표로 한 것으로 파악하여 조정 관료들의 주장에 동의하지 않았지만, 결국 성균관의 유생 및 담당관에 대한 처벌을 철회함과 아울러 성균관에 내걸린 정인홍의 유적 삭제에 대한 방을 철거토록 지시함으로써 분쟁을 수습하였다.

이이첨은 선조 시기 대북의 영수였던 이산해의 의도에 따라 정인홍의 유영경 탄핵 상소를 유도한 중심인물 중 하나이지만, 광해군이 즉위할 때까지 두 사람은 서로 전혀 면식이 없었던 관계였다. 그러나 그는 광해군 원년에 조식을 향사하는 德川·新山·龍巖書院의 사액을 건의하여 이를 실현시킨 인물이며, 회퇴변척 당시에는 이미 정인홍의 제자라는 이유로 홍문관 동료들의 정인홍 성토에 참여하지 않았다. 또한 성균관 유생들의 空館 사태도 그에 의해 최종적으로 타결되었다.

(『퇴계학과 한국문화』 제41호, 경북대학교 퇴계연구소, 2007년 8월 31일)

대북정권 시기의 정인홍

IX. 대북정권 시기의 정인홍

1. 머리말

　본고는 來庵 정인홍에 관한 두 편의 졸고[1]에 이어 광해군 시기 대북정권의 성립 및 집권 기간에 있어서 정인홍의 정치적 동향을 고찰하고자 하는 마지막 연구이다. 구체적으로는 광해군 4년(1612)부터 15년(1623) 3월에 있었던 인조반정까지를 다룬다. 연구사에 대한 검토는 선행 논문에 이미 언급되었으므로 거듭하지 않는다.

　대북정권을 전복시킨 인조반정의 명분은 광해군을 폐위시키고 인조가 즉위한 3월 14일에 왕실의 최고 어른 자격으로 그 명을 내린 인목대비와 그녀의 명을 받는 형식으로 임금이 된 인조가 각각 반포한 교서에 잘 나타나 있다.[2] 그 핵심은 광해군이 어머니에 해당하는 인

---

1) 오이환, 2006, 「선조 시기의 정인홍」『남명학연구』 21, 경상대학교 남명학연구소; 2007, 「광해군 초기의 정인홍」『퇴계학과 한국문화』 41, 경북대학교 퇴계연구소.

2) 그날 인목대비는 광해군의 죄악 36조목을 손수 적은 교서를 따로 내렸다. 이미 발표한 교서의 내용과 대략 같으나, 병중의 선조를 위협하여 빨리 죽게 하고, 부왕의 계집을 간음했다는 말 등이 들어 있었다. 반정

목대비와 그녀의 일족에게 행한 패륜적 행위 및 명나라 황제에 대한 신하로서의 도리를 어기고서 후금과 화친을 시도한 점이다. 즉, 유교의 핵심 덕목인 충·효의 규범을 어겼으므로, 그런 자는 임금의 자리에서 내모는 것이 당연하다는 것이었다. 정인홍의 죄목에서는 사대의 예와 관련된 것을 발견할 수 없다. 따라서 후세의 그에 대한 평가에 핵심을 이루는 것은 廢母殺弟 문제이다.

인조반정이 일어난 그해 인목대비(1584~1632)는 40세였고, 광해군(1575~1641)은 49세였다. 즉, 그녀는 광해군보다 9세 연하였던 것이다. 그녀는 선조 35년(1602)에 19세의 나이로 선조의 계비에 책봉되었는데, 당시 광해군은 이미 10년 동안 세자의 지위에 있었다. 그러므로 그녀와 광해군 사이의 모자 관계 또한 지극히 명분론적인 것이었다. 그러나 이 명분 문제에 관해서는 광해군 5년에 있었던 대비의 친정아버지 김계남의 역모와 이후 그녀 자신의 저주 행위가 드러남에 따라 당파 간에 논의가 크게 엇갈렸다. 남인과 서인은 광해군 즉위년의 임해군 역옥 때와 마찬가지로 全恩論을 주장한 반면, 북인은 討逆論으로 기울었다. 그러므로 이는 예학논쟁의 성격을 지닌 당쟁이었다. 조선 후기의 예송이 정권의 향배를 가름한 것은 유교국가인 조선왕조의 이데올로기 때문이었다. 禮의 문제가 정권 타도의 대의명분이 되었다는 의미에서 이 전은전은과 토역의 당론은 같은 세기에 전개된 예송의 前 단계 역할을 했다고도 볼 수 있다. 무엇보다도 인조반정이 예송

한 첫날 새벽 인조에게 御寶를 전한 다음, 인목대비는 광해군 부자를 죽여 자신의 원수를 갚을 것을 거듭 명하면서 광해군이 부왕을 시해하고 그 첩과 간통한 죄 등을 들었다. 동부승지 민성징이 그런 말은 듣지 못했고 '弒'字는 더욱 그렇다고 하자, 대비는 선왕의 병세가 위독해졌을 무렵 일부러 놀라게 하여 사망에 이르도록 하였으니 이는 시해한 것과 다름없다고 하였다. 정인홍이 세자를 바꾸려는 음모를 지닌 영의정 유영경을 처단할 것을 상소하여 정국을 동요시킨 사태를 가리킨 것이다. 『광해군일기』, 15년 3월 갑진; 『인조실록』, 원년 3월 계묘; 원년 3월 갑진; 『연려실기술』 권23, 「癸亥靖社」.

에서 보는 바와 같은 조선 후기 명분론의 硬化를 가져오게 되는 직접적인 계기를 제공했다는 점에서 그러하다.[3]

당시로서는 드러난 사실 관계에 대한 이론은 없었고 오로지 명분의 해석에 치중했던 것이지만, 인조반정 이후로는 광해군 시기에 있었던 여러 역모 사건은 성공한 마지막 경우를 제외하고서는 모두 대북의 이이첨 일파가 조작한 것으로 주장되었다. 이 문제에 대해서는 당시의 사건 용의자들에 대한 취조 기록이 가장 신빙성 높은 문헌이 되겠지만, 오늘날까지 전해 오는 임란 이후의 『推案及鞫案』 중 제3책에서 6책까지에 걸친 임해군 역옥 부분을 제외하고서 계축옥사 등의 부분은 모두 말살되고 하나도 남아 있지 않으며, 인목대비 주변 인물들에 관한 취조 기록이 위치해야 할 제7책부터 11책까지의 부분도 '凶疏' 등의 제목으로 된 광해군 9년 이후의 상소문들과 백관의 收議로써 대체되어 있다. 그러므로 오늘날 당시의 사실 관계를 어느 정도나마 파악할 수 있는 자료로는 『조선왕조실록』 등의 연대기와 야사류, 그리고 약간의 문집류 같은 것이 남아 있을 따름이다. 그러나 그것들 대부분도 인조반정 이후의 정치적 상황에 따라 왜곡된 자료임에는 다름이 없다.

오늘날에 이르기까지 정인홍은 이이첨과 더불어 광해군이 행한 패륜 문제에 대한 궁극적 책임자로 간주되어 왔다. 그러나 신원을 전후하여 정인홍을 변호하는 측에서는 그 책임을 전적으로 이이첨에게로 돌리고, 당시 이미 고령이었던 정인홍은 이이첨에게 속아 정치적으로

---

3) 실제로 쿠데타에 의해 종통을 이은 인조의 생부 定遠君을 元宗으로 추숭하는 문제를 둘러싸고 인조반정 직후부터 추숭이 확정되기까지 13년간 논쟁이 전개되었는데, 이 역시 광해군 생모의 추숭 문제와 같은 성격의 것으로 예송의 중간단계에 해당하는 것이다. 이영춘, 1998, 「인조의 종통과 원종추숭」, 『조선후기 왕위계승 연구』, 집문당, 145~175쪽 참조.

이용되었을 뿐 그 일과 무관할 뿐 아니라, 계축옥사 당시 그는 적극적으로 전은론의 입장에 있었다고 주장하고 있다. 본고는 이러한 윤리적 명분 문제에 대한 당시의 실상을 해명하는 데 주안점을 둔다.

2. 대북정권의 대두

광해군 4년(1612) 2월에 황해도로부터 金直哉의 역모에 대한 密啓가 있었다. 취조 과정에서 우찬성 정인홍의 이름이 柳彭石의 공초에서 나왔으나, 정인홍을 끌어댔다는 金濟世가 그 사실을 부인하였고, 당시의 여론 역시 그럴 리 없다 하여 이 건은 불문에 부쳐졌다. 정인홍으로서는 선조 시기의 기축옥사에 이어 또 한 차례 역모 사건에 연루된 것이다. 임금은 晦退辨斥으로 말미암은 소란이 있었던 지난해 연말에도 경상감사에게 지시하여 정인홍에게 예년처럼 세시의 음식물을 보내도록 지시하였듯이, 이번 역모 사건의 와중에도 고향에 있는 그에게 다시금 음식물을 하사함으로써 변함없는 신임을 표시하였다.

정인홍이 사양하는 차자를 올리니 임금은 그 비답에서 부덕한 자신이 왕위에 있어 "國是가 정해지지 못해 역적의 변이 있게 되었다"고 언급하며,[4] 그에게 출사하여 국가의 위급한 일에 부응할 것을 다시금 촉구하였다. 정인홍은 이에 응답하는 사직소에서 자신의 이름이 역적에 의해 언급된 사실을 해명하고, 광해군의 즉위에는 전혀 하자가 없었음을 강조하면서, 왕위 계승의 정당성에 대해 도전하는 불온

---

4)『광해군일기』, 4년 5월 경자, "不德忝位, 國是未定, 至今又有逆賊之變"

한 세력에 대해서는 단호하게 대처할 것을 촉구하였다.[5]

6월에 유영경과 그 일당에 대한 추형이 실시되고, 이어서 선조 40년 겨울 유영경을 탄핵하는 데 관여했던 사람들에 대한 공신 녹훈이 행해졌다. 정인홍은 광해군 즉위년에 임해군의 역모를 토벌하는 데 참여한 공로로 翼社공신 1등에 녹훈된 데 이어, 이때 다시금 유영경을 탄핵한 명목으로 이산해와 더불어 定運공신 1등에 녹훈되었다. 8월에 임금은 정인홍에게 비밀 교지를 내려 그가 유영경 탄핵 상소를 올리던 무렵의 동지들에 대해 서면으로 보고하게 했다. 정인홍은 이때 마침 상경길에 나서 있었는데, 도중에 명을 받아 김천에 도착하여 그것에 관한 차자를 올렸고, 청주에 도착하여서는 공신 녹훈의 소식을 듣고서 이를 사양하는 차자를 올렸다.[6]

임금은 정인홍의 사양을 받아들이지 않았을 뿐 아니라, 상경 중인 그를 정1품 우의정으로 승진 발령하였다. 그 전해 8월에 이원익이 영의정, 이덕형이 좌의정, 이항복이 우의정으로 임명되어 전은론자들이 여전히 정국을 장악하고 있었는데, 이때 이원익이 병으로 체직되자 나머지 두 사람이 차례로 승진되면서 정인홍이 처음으로 정승의 반열에 오르게 되었던 것이다. 문과가 아닌 생원 출신으로서 정승의 지위에 오른 그는 당시 이미 77세의 고령이었다. 이 무렵 정인홍의 유영경 탄핵 상소를 유도했었던 李爾瞻과 朴楗이 각각 대사헌과 대사간의 직책에 있고, 삼사의 논조는 다시금 정인홍을 지지하는 방향으로 전환되어 있었으며, 당시 그의 명성은 조정의 臣僚 중 아무도 비견할

---

5) 필사본 『來庵疏箚』「壬子五月十八日辭職封事」(『來庵集』, 355~360쪽). 이후 간본의 명칭은 생략한다.
6) 앞 책, 「秘密有旨」(간본에는 결락);「壬子八月二十四日箚字 在金泉」(360~363쪽);「壬子八月三十日箚字 在西原」(364~371쪽). 그는 이미 선조 38년에 임란 시의 의병활동으로 宣武일등공신의 녹권을 받은 바 있었으므로, 이는 세 번째 녹훈에 해당한다.

수 없을 정도였다. 이는 대북 세력이 중앙 정계에서 비로소 주도권을 장악해 가기 시작한 것을 의미한다.

정인홍은 상경 도중 우의정 사직차를 올리고,[7] 서울에 도착한 후에는 다시금 녹훈 문제에 대한 자신의 입장을 개진하여 유영경 탄핵의 공로를 당시 서울에서 그 일을 도모했던 사람들에게 전적으로 돌리는 차자를 올렸다.[8] 그는 도로 돌아가기로 마음먹고 차자를 작성하였으나, 출발하려던 당일 임금이 그를 인견하게 되었으므로 결국 제출하지 못하였다.[9]

광해군 4년 9월 29일 임금은 정무를 보는 視事廳에서 세자를 대동하여 즉위한 후 처음으로 정인홍을 면담하였다. 정인홍은 대화의 서두에서 자신이 이번에 상경한 목적은 김직재의 역모 사건에 연루되었음에도 불구하고 무사한 데 대한 사은에 있다고 하였다. 이 자리에서 그는 임금이 심복으로 삼을 만한 親臣을 택해 그를 믿고 의지하여국사를 맡겨야 한다는 종래의 주장을 되풀이하였고, 광해군의 즉위이래 전은론자와 토역론자의 대립이 정국을 분열시키고 있는 주된요인이며, 그것은 앞으로 더욱 큰 파란을 초래할 가능성을 내포하고있음을 강조하였다. 그리고 자신이 유영경 탄핵 상소를 올릴 당시 서울에서 그 일을 도모했던 7, 8인의 이름은 이이첨의 차자 속에 모두들어 있다고 하여, 사실상 이이첨을 그 핵심인물로 지목했다.[10] 이이첨은 이러한 정인홍의 후원에 힘입어 곧 세 가지 공신에 녹훈되고 파

---

7) 「壬子九月十二日箚字 在東湖」(371~378쪽).

8) 「壬子九月二十二日箚字 在南小門洞」(378~385쪽).

9) 「未達」(385~388쪽).

10) 『광해군일기』, 4년 9월 경신; 『登對草』, 22a~27a.

격적인 승진을 거듭하여 1품직에 올랐을 뿐 아니라 廣昌府院君으로 봉해져서, 이 무렵 주요한 정치세력으로 부상한 대북의 실질적 중심축으로서 성장하였다.[11]

정인홍은 임금을 면담한 후에도 사직소를 올렸고,[12] 또한 대궐에 나아가 침 치료를 받고 있는 임금을 문안하기도 하였다.[13] 그렇게 한 다음 고향으로 돌아갈 뜻을 굳히고서 密符(병란이 일어났을 때 신속히 군사를 동원할 수 있는 兵符)를 반환함과 아울러 차자를 바쳐 시무에 대한 여섯 가지 의견을 제시했다.[14] 그중 다섯 번째에서 광해군 즉위년에 광해군을 옹호하고 역적을 토벌하는 데 진력한 사람 가운데서 親臣을 고를 것을 강조하고, 여섯 번째로는 근자에 임금 앞에서 당파를 심는다고 우려한 사람이 있지만 그것 자체가 당파적 입장에서 나온 발언임을 지적하였다. 당쟁이 발생한 이후로 북·남·서인 세 당파 가운데 어느 한쪽에 속해 있지 않은 사람은 없다고 주장하면서, 임금 스스로가 군자와 소인을 잘 분별하여 군자의 당에 가담하는 것이 불가피함을 역설하고 있다. 이는 그가 선조 시기 이래 여러 차례 되풀이해 온 주장인데, 결국 임금에게 토역론자를 중심으로 친위세력을 구성하여 왕권을 안정시키고 그들로 하여금 정국을 주도케 함으로써, 전은론자가 주도권을 쥔 당시의 정국을 근본적으로 변혁할 것을 건의한 것이라고 할 수 있다.

임금은 史官을 시켜 남대문 밖으로 나가 명을 기다리고 있는 그에

---

11) 그에 앞서 임금은 우승지였던 이이첨을 대 중국 외교의 거점인 의주 부윤으로 비변사에다 특별히 추천하면서, 그에 대해 "강직하고 재능 있는(剛方有才)" 인물이라는 평을 내리고 있다. 朴汝樑, 『感齋日記』, 기유 8월 12일.

12) 『내암소차』, 「壬子十月初五日箚字 在南小門洞」(388~392쪽).

13) 「壬子十月十日詣闕啓」.

14) 「壬子十月十一日箚字」(392~402쪽).

게 밀부를 돌려주고서 돌아올 것을 유시하였다. 그러나 그는 성 밖에 머물러 계속 사직차를 올리고, 또 한 차례 승정원에 나아가 밀부와 차자를 바쳤으나, 임금은 다시금 사관을 보내어 밀부를 돌려주게 하고서 이틀 후 인견할 뜻을 유시했다.[15]

11월 1일 임금은 西廳에서 두 번째로 정인홍을 인견하였다.[16] 이 자리에서 그는 선조의 후궁이었으나 대신들의 반대에도 불구하고 당시 이미 왕비로 추숭된 광해군의 생모 문제에 대해 명나라에 奏聞하여 정식으로 誥命을 받고자 하는 임금의 뜻에 동의하였다. 곽재우를 삼도수군통제사로 추천하였고,[17] 또한 召募陣, 體察府의 혁파 및 束伍軍의 개혁과 같은 군사문제에 대해서도 언급하였다. 정인홍의 이러한 건의가 있자 좌의정 이항복은 도체찰사 및 훈련도감 도제조의 직에 대한 사의를 표명하였고,[18] 이어서 비변사 도제조인 영의정 이덕형이 소모진 혁파를 반대하고 속오군 개혁에 대한 자신의 의견을 피력하여 임금의 동의를 얻었다. 인대 후 정인홍은 곧 한강을 건너 귀로에 올랐다. 다시금 밀부를 반납코자 하였으나 수리하지 않으므로, 도성으로부터 멀어져 가면서 몇 차례 더 차자를 올린 끝에, 마침내 밀부의 반납은 수리되고 직함은 그대로 지닌 채 합천으로 돌아가게 되었다.[19]

---

15) 「壬子十月十二日箚字 在南大門外」(402~405쪽);「十月十四日 在崇禮門外」(405~408쪽);「十月十八日箚字 在南大門外」(409~412쪽);「壬子十月二十日箚字 在南大門外」(412~415쪽);「壬子十月二十四日 在崇禮門外」(415~418쪽);「壬子十月二十五日」(418~419쪽);「壬子十月三十日箚字 在新門外」(419~421쪽).

16) 『광해군일기』, 4년 11월 신묘.

17) 박여량의 필사본 『感齋日記』에는 그가 광해군 2년 9월 22일에 실족으로 말미암은 어깨뼈의 부상을 치료하고 있는 정인홍을 방문한 후, 23일과 24일에 해인사로 올라가 곽재우를 면담한 내용이 보인다. 곽재우는 당시 부름을 받아 상경했다가 전은론자들이 장악하고 있던 정국에 실망하여 함경감사를 사직하고 곧바로 내려와 가야산에서 벽곡하고 있었다.

18) 이항복은 임란 후인 선조 33년에 도원수 겸 도체찰사에다 영의정, 선조 37년에 이덕형의 뒤를 이어 다시 영의정, 광해군 즉위년 4월에 좌의정 겸 도체찰사 되어 오랫동안 정권과 병권을 아울러 장악하였다.

3. 癸丑獄事

다음 해(1613 계축) 정월, 정인홍은 賜給食物에 대한 사은 차자에서 임금이 자신의 진언을 정책에 반영하지 않으면서 계속 부르는 이유를 알지 못하겠다고 하면서, 자신의 직책을 거두고 內醫를 소환해 줄 것을 요청했다.[20] 임금은 이에 대해 功臣會盟의 제사가 멀지 않았으니 元勳으로서 상경할 것을 권유했다.[21] 2월에 올린 차자에서는 기왕에 개진한 것 외에 소명에 응하지 못하는 또 다른 이유로서, (1) 자신의 소모진·체찰부 혁파 건의로 말미암아 커다란 화란이 발생할 것이라는 소문이 당시 서울에 자자했던 점, (2) 공신 녹훈의 주된 취지는 광해군 즉위년의 토역에 기여한 이를 표창하기 위한 것이었는데, 오히려 역적의 잔당이 조정의 실권을 장악하고서 공신 명부에 대거 수록된 점, (3) 유영경에 대한 처벌을 내심 달가워하지 않는 대신들이 이번 녹훈에 대해 面從腹背 하면서 사태의 추이를 지켜보고 있는 점을 들었다. 이 셋은 주로 전은론자인 대신들을 암시한 것으로서, 정적 관계에 있는 그들과는 서로 같은 조정에 설 수 없음을 분명히 한 것이다. 이에 임금은 비로소 그의 뜻을 받아들여 일단 우의정의 체직을 허락하였다.[22]

---

19) 『내암소차』, 「壬子十一月初二日箚字 在良才」(421~423쪽); 「壬子十一月初四日 在振威」(423~427쪽); 「壬子十一月十一日 在全州」(427~430쪽).

20) 앞 책, 「癸丑正月初十日謝恩箚字」(430~436쪽).

21) 회맹은 3월 12일 밤중에 白岳, 즉 지금의 北岳山 아래에서 행해졌다. 현존하는 『十九功臣會盟錄』 참조.

22) 『내암소차』, 「癸丑二月二十三日箚字」(436~445쪽); 「癸丑四月初十日箚字」(445~449쪽) 참조. 이 책에는 「癸丑五月初二日箚字」(449~455쪽)의 앞에 이해 4월 25일에 정인홍에게 諭示된 「左議政兼領經筵事監春秋館事瑞寧府院君鄭書」라는 敎書가 첨부되어 있다. 이는 定運一等功臣 책훈과 더불어 3階 爵의 특진을 통보한 것이다. 『來庵家狀』에는 광해군 4년 11월에 좌의정으로 전임되었다고 하였지만, 실록의 기록과 어긋나므로 신빙하기 어렵다.

이해 3월에 이른바 七庶의 獄이라고 하는 명문가 서자들에 의한 살인강도 사건이 발생해 포도청에서 조사 중이었는데, 그중 맨 먼저 체포된 朴淳의 서자 朴應犀가 4월 중 옥중에서 상소해 자기네의 행위가 역모와 관련되어 있음을 고변하는 사태로 진전되었다. 박응서는 국문과정에서 다만 永昌大君 李㼁(의)를 추대하려 했음을 발언한 데서 그쳤으나, 그 주모자라고 하는 徐羊甲과 박응서의 대질심문을 통해 마침내 역모의 내용이 구체적으로 드러났다. 그것은 선조의 계비인 인목대비의 친정아버지 金悌男의 지시에 의해 영창대군을 옹립코자 했다는 것이었다.[23] 박응서·서양갑의 집안 및 머지않아 賜死된 김제남을 비롯하여 계축옥사에 연루된 인물들은 대부분 서인이었다.

또한 서양갑의 공초를 통해 선조가 타계할 무렵 일곱 명의 신하에게 密旨를 내려 영창대군의 보호를 당부했다는 遺敎七臣의 존재가 드러났고, 그 당사자들을 통해서도 선조의 사망 직후 유교라고 하는 문서가 각자에게 전달되었음이 확인되었다. 그리고 七臣 중 한 사람으로서 선조의 元妃인 懿仁왕후의 일족 朴東亮의 공초에 의해, 선조의 병세가 위독해졌을 당시 인목대비의 사주로 궁녀들이 무당과 함께 의인왕후의 무덤인 裕陵으로 가서 저주를 행한 사실이 드러났으며, 관련자들을 문초하는 과정에서 인목대비의 주변 인물들이 궁중에서도 임금과 관련된 여러 가지 저주 행위를 한 사실이 밝혀졌다.[24]

이리하여 5월 이후 삼사가 중심이 되어 김제남의 국문과 영창대군의 처벌을 요청하기 시작했다. 얼마 후 성균관 유생 李偉卿 등이 상소하여 인목대비가 궁중에서 巫蠱를 행하고 밖으로 역모에 내응한 사실

---

23) 『광해군일기』, 5년 4월 계축; 5월 계해.
24) 앞 책, 5년 5월 계유; 7월 신미; 7년 2월 을미.

을 처음으로 거론하였고, 장령인 鄭造·尹訒 또한 그 뒤를 이어 인목대비와 임금이 각각 다른 궁에 거처할 것을 건의하였다. 이들에 의해 인목대비를 탄핵하는 이른바 大論이 일어나게 되었던 것이다. 그러나 이러한 주장은 당시 이미 綱常을 범한 것이라 하여 강한 반발을 초래하였다.[25]

정인홍은 6월 중에 차자를 올려 신분의 고하를 막론한 엄중한 토역을 주장하고, 만약 그렇게 하지 않는다면 역적의 무리가 "마침내 대비를 끼고서 왕자 의를 구실로 삼아 장차 전하를 魯 隱公으로 만들 것"이라면서, 영창대군의 처리 문제에 대해 다음과 같이 건의하였다.

> 하늘의 주벌을 봉행해 『춘추』의 '먼저 그 黨與를 다스리는' 법을 적용하시어, 주모자와 여기저기 배치해 놓은 자들을 토벌하여 대략 다 제거하소서. 날개 깃털이 떨어지고 나면 어리고 약한 㼁는 다만 우리 속의 한 마리 거세된 돼지이며 苗·劉가 처형된 후의 皇子 粤(부)입니다. 이는 서서히 처리하실 수 있을 터이니, 전하께서 公義를 참작하시고 私恩을 생각하시어 타당함을 구해 신중히 처리하시더라도 늦지 않습니다.[26]

즉, 주모자 및 역모에 관련된 자들에 대한 색출과 처벌이 마무리될 때까지, 영창대군에 대한 처리는 일단 보류하라는 것이다. 이는 선조 말년 이래로 嫡長子가 아닌 광해군의 왕위 계승에 있어 가장 큰 장애 요인으로 되어 왔었고, 이번 역모 사건에 있어서도 문제의 핵심에 해

---

25) 앞 책, 5년 5월 기묘; 5월 임오; 6월 기유. 이위경은 曺植의 생질 李俊民의 손자로서 정인홍의 문인이며, 정조는 정인홍의 유영경 탄핵 당시 그를 지지하는 소를 올렸던 인물이다.

26) 『내암소차』, 「癸丑六月十一日」(455~460쪽), "去草而根未去, 禽賊而王未禽, 則狼心狗行之徒, 曾不惜服, 而忿怨徒深, 畢竟挾大妃之勢, 執子㼁爲辭, 將以殿下爲魯隱公 … 奉行天誅, 擧春秋先治黨與之法, 首謀布置者, 勦滅略盡。羽毛彫落, 則穉弱之㼁, 特圈中之一豶豕, 苗劉旣誅之皇子粤也。此可徐爲之地, 殿下酌公義, 念私恩, 求是當而審處之, 亦非晩也" 『내암집』에는 이를 포함한 핵심 부분이 모두 빠져 있고, 『광해군일기』에는 문자상 약간의 차이가 있다.

당하는 영창대군에 대한 조속한 처리를 요청해 온 삼사 등의 논의와
는 어느 정도 차별성을 지닌 것이었다. 그러나 정인홍은 계축옥사에
대한 처리에 있어서도 과거 토역을 담당한 바 있었던 親臣에게 전적
으로 위임할 것을 다시 한 번 강조하였다.

정인홍의 차자가 도착한 지 며칠 후에 4월 중 전라병사로 발령되
었던 곽재우가 사직을 청하면서 영창대군의 처벌을 반대한 소가 도
착하였다. 그의 주장은 이러하다.

> 오늘날 대군에게 법을 적용할 수 없음은 지난날 역적 珒(진)에게
> 은혜를 온전히 할 수 없었던 것과 비슷합니다. 저 역적 진은 평소
> 죄악이 가득했고 역모가 분명히 드러나 왕실에 죄를 지었으므로
> 주벌하지 않을 수 없었는데, 그럼에도 조정의 신하들은 감히 전은
> 의 설을 꺼냈습니다. 지금 대군은 나이 겨우 여덟 살이라고 합니다.
> 여덟 살의 어린이가 역모가 무엇인지 알 리 없으니, 어찌 관여했을
> 리가 있겠습니까?[27]

과거 임해군의 경우에는 역모의 증거가 뚜렷했었으나, 현재 여덟
살의 어린이에 불과한 영창대군 자신이 역모에 관여했을 리는 없다
는 것이다. 곽재우는 당시까지 정인홍과 정치적 노선을 같이 했던 인
물이었기 때문에, 그의 이처럼 뚜렷한 견해는 정인홍의 영창대군 처
리 문제를 둘러싼 의견에 대해서도 다양한 해석의 여지를 남겨 두게
되었다. 『광해군일기』 중 곽재우의 이 소에 관한 기사 말미에는 "정
인홍 또한 이론을 제기코자 하여 여러 차례 그 설을 바꾸었으니, 鄭蘊
의 논의는 실로 이에서 비롯되었다. 오직 이이첨 등만이 이를 갈며

---

27) 『忘憂集』 권2, 「救永昌大君疏」, "今日之不可用法於大君, 猶前日之不可全恩於逆珒也. 彼逆珒者, 罪惡
貫盈於平日, 逆謀昭著而難掩, 罪在王室, 不可不誅, 而朝臣敢發全恩之說. 今大君, 則年纔八歲云. 八歲
之兒, 必不知逆謀之爲何事, 豈有與知之理乎?".

죽이고자 하였다"[28]라고 보인다. 즉, 정인홍은 당시 조정에서 토역을 주도했던 이이첨 등과는 달리 영창대군을 살려두고자 하였으며, 후일 대군이 유배 중 죽고 난 이후 정온이 올린 비판 상소는 그의 스승 정 인홍의 의사를 반영한 것이라는 해석이다.

정인홍 자신은 7월 중에 다시 차자를 올려 이 문제에 대해 다음과 같이 해명하였다.

> 신이 앞서 올린 차자 중의 '거세된 돼지'라는 설은, 신의 뜻은 다만 신하로서는 마땅히 서둘러 黨與를 먼저 토벌해, 잡초를 제거하듯 베어 버리고 불타는 것을 구제하다가 머리카락 태우듯이 해야 한 다는 것이었습니다. 그 머리를 꺾고 그 왕을 사로잡은 후에 마친다 면, 의와 같은 어린이는 천천히 도모할 수 있는 바이니, 위대한 舜 이 象에 대처하듯이 하거나, 周公이 세 숙부를 죄 주듯이 하거나, 漢의 惠帝가 如意를 어루만지듯이 하거나, 文昭가 卞長을 견책하듯 이 하거나, 전하께서 어떻게 처리하시더라도 안 될 것이 없다는 말 이었을 따름입니다. 그 글 뜻이 명백하여 저절로 귀착되는 바가 있 는데도, 듣건대 한쪽 사람이 그것을 聲援 삼아 토적하는 사람을 비 방하는 데 여력이 없다 하니, 신은 실로 그들의 마음이 장차 무엇 을 하려는지 모르겠습니다. 자기네 사심을 이루려는 데 지나지 않 는 것입니다.[29]

그의 뜻은 영창대군을 구실로 내세워 역모를 꾀한 핵심 세력을 제 거하고 나면, 어린 대군은 이미 배후를 잃어 정치적으로 완전히 무력 해진 상태에 처하게 되는 것이니, 장차 임금이 그에 대한 정상을 참

---

28) 『광해군일기』, 5년 6월 무신, "鄭仁弘亦欲持異, 累變其說, 鄭蘊之論, 實始於此. 惟李爾瞻等, 切齒欲殺之"

29) 『내암소차』, 「癸丑七月初九日」(416쪽), "臣前進箚字中豶豕之說, 臣之意, 特以爲臣子當汲汲先討黨與, 芟夷之如去草, 焦頭髮如救焚, 折其首禽其王而後已, 則如瑛一孺子, 自可徐爲之所. 或如大舜之處象, 或 如周公之罪三叔, 或如漢惠之撫如意, 文昭之譴卞長, 惟殿下之所爲, 無不可者云耳. 其文意明白, 自有所 歸, 而竊聞一邊人執之爲聲援, 非毀討賊之人, 不有餘力. 臣實不知其心將欲何爲, 不過欲成就其私矣" 『來 庵集』에는 이 글의 제목이 「伸永昌疏」로 되어 있고, 이 부분을 포함한 주요 내용은 대부분 '缺'로 처리 되어 있다.

작하여 어떻게 처리하더라도 무방하다는 것이다. 또한 자신의 입장은 왕권에 실제로 위협을 주는 세력을 먼저 제거하라는 뜻이므로, 어디까지나 토역이지 전은은 아니라는 것이다.

동시에 그는 인목대비 문제에 대해서는 다음과 같이 언급하였다.

> 신이 또 듣건대, 저주의 변이 궁중 담 안에 낭자하고 죄인들이 잇달아 실토를 하였는데, 차마 말할 수도 들을 수도 없는 것이 있었다고 합니다. 아! 우물을 덮고 창고에 불을 질렀는데도 평상에 앉아 거문고를 뜯었다 하여 군자는 舜이 우물이나 불 속에서 죽지 않은 것을 불효로 여기지 않으며, 몽둥이로 때리면 달아났던 것도 부모의 마음을 자기 마음으로 삼지 못했던 것이 아닙니다. 각각 다른 궁에 거처하시라는 청을 신은 변란에 대처하는 도리로서 매우 합당하다고 보며, 근거로 삼을 만한 故事도 있습니다. 그런데도 또다시 그 문제에 대해 반대하는 주장이 무지개처럼 현란하다고 하니, 이 어찌 전하께 충성을 바치는 말이겠습니까? 반드시 舜으로 하여금 우물과 불 속에서 죽도록 만든 다음에야 도리어 효라고 하며 마음에 유쾌하게 여기는 짓입니다. 전하께서 새 궁으로 옮겨 거처하시면 두 궁이 저절로 구별되는 것이니, 이에 대해 출입을 엄중히 단속케 하고 그리하여 바깥과 교섭할 길을 끊게 하시면, 이것이 곧 그가 무사하도록 행하시는 것입니다. 전하께서 대비를 대우하시는 도리가 어찌 이보다 더할 수 있겠습니까?[30]

당시는 임란 초에 폐허로 변해 버린 경복궁을 대신하여 서울 수복 후부터 임시 왕궁으로 사용해 온 慶運宮, 즉 지금의 덕수궁을 대체할 새 正宮인 창덕궁이 완성되어 왕실이 그리로 이사해야 할 즈음이었다. 정인홍은 토역론자 측의 주장에 동조하여, 유릉에 대해서뿐만 아

---

30) 앞 글, "臣又聞, 詛祝之變, 狼藉宮掖, 罪人相繼輸情, 有不可言不可聞者. 噫, 掩井焚廩, 而在牀琴, 君子不以不死井火中爲不孝, 大杖則走, 亦不失以父母之心爲心. 各處別宮之請, 臣以爲甚得處變之道, 而有故事可据. 又復有異同之說蜿蜒於其間云, 此豈忠於殿下之言也? 必欲使舜死於井火之中然後, 反以爲孝而快於心也. 殿下移御新宮, 則兩宮自別, 就嚴出入之防, 仍絶外交之路, 此乃行其所無事也. 殿下所以待大妃, 何以如此也?"

니라 궁중 안에서도 임금과 관련된 갖가지 저주 행위를 해 온 증거가 드러난 인목대비와는 서로 다른 궁을 사용할 것을 권하고 있다. 임금만 창덕궁으로 이주하고 대비는 경운궁에 남겨두되 경운궁, 즉 西宮에 대해서는 출입을 엄중히 단속하여 외부 불순세력과의 교류를 차단시키는 것이 미래의 불측한 사태에 대비하는 가장 합당한 도리일 뿐 아니라 인목대비 본인을 보호하는 방법이기도 하다는 것이다. 이른바 인목대비의 서궁 유폐를 강하게 지지한 셈이다.

필자가 20년쯤 전에 정인홍 가문의 종손인 慶南 陜川郡 伽倻面 黃山里 鄭相元 씨 댁에서 빌려와 복사 제본해 둔 필사본 내암소차는 모두 8책으로서, 3책은 선조 조, 4책은 광해 조의 것이며, 나머지 1책은 양조에 걸치고 있는데, 개중에 서로 중복되는 부분이 있다. 그것들에 수록된 내용은 이상에서 그치고 있다. 그러나 이후에도 정인홍의 소차는 계속되고 있었음을 『광해군일기』와 『史本通記』 그리고 간행된 『내암집』을 통해 확인할 수 있으므로, 이하에서는 이러한 문헌들에 의거할 수밖에 없다. 필사본에 보이는 소차가 간본 문집과 실록에서도 대부분 확인됨에 비해, 이후의 시기에는 실록에 보이는 소차가 문집에 누락된 것이 많은가 하면 반대로 문집에 수록된 것이 실록에 보이지 않는 사례도 있다. 게다가 간본의 이후 부분 소차는 집필 시기가 맞지 않고 그 순서도 착종된 것이 대부분이므로, 1911년에 『내암집』이 간행될 무렵 이미 이후 부분의 필사본은 온전한 책자의 형태로 존재하지 않았음을 알 수 있다.

간본 『내암집』에는 계축년 7월 9일에 올린 위의 「伸永昌疏」에 잇달아 계축년 11월의 「再箚」가 수록되어져 있다. 이 글은 『史本通記』에 '右議政鄭仁弘在家上疏'라고 보이며 그 내용이 보다 상세한데, 바야흐로 朝臣들이 伏閤하여 영창대군에 대한 逆律의 적용을 요청함에 즈음하여, 철모르는 어린이가 역모에 참여했을 리 없다 하여 적극적으로 감형을 요청한 것이다.[31] 그의 주장은 이번 역모 사건이 근본적으로 다스려진 이후 임금은 영창대군을 살려두되 그 거처를 제한하고 출입을 감독하여 외교의 길을 끊는 것이 마땅하며, 그럼에도 불구하고 이후 다시금 불온한 동향이 있다면 주살도 불가피하다는 것이었다. 그러나 『광해군일기』에 의하면, 정인홍은 상경을 촉구하는 임금의 諭旨에 대해 10월 말에 차자를 올려 자신의 의견이 채택되지 않는다는 이유로 사직을 청하였고, 11월 26일에 다시금 소명을 사양하는 차자를 올렸으나 그 내용에 대해서는 전혀 언급되어 있지 않다.

『來庵集』 권11에 보이는 「答李爾瞻」은 『史本通記』에 「答都堂書」로 되어 있다. 즉, 영창대군의 처리 문제에 관해 의정부가 收議해 온 바에 대한 대답으로서, 위의 상소에 잇달아 수록되어져 있을 뿐 아니라 그 문구와 논리도 유사한 것으로 미루어 같은 시기의 것으로 보인다. 이 편지에서 정인홍은 왕권의 안정을 위해서는 화근이 되어 온 영창대군을 제거해야 한다는 의견이 '나라의 장래를 걱정하는 원대한 계책(宗社大計)'이라고 말하면서도, 그것에 반대하는 자신의 의견을 이렇게 피력하였다.

> 지금 의는 나이도 어리고 관여하지 않았으니, 만약 周公이 이 의를 처리한다면 무겁게 하겠습니까, 가볍게 하겠습니까? 한때의 權宜에 몰려 만세의 떳떳한 도리에 어긋난다면 사람을 덕으로써 사랑하는

---

31) 林紐의 『无悶堂集』 권2에 실린 「與鄭仁弘 쫏丑」은 좌의정이 된 스승 정인홍에게 '積豕'의 정도를 넘어 보다 적극적으로 영창대군을 구원하는 사직소를 올리도록 요청한 내용이다. 그러나 이 편지는 정인홍이 좌의정이 된 시기와 어긋난다. 『광해군일기』에 의하면, 정인홍은 계축년 9월 25일에 다시 우의정이 되었다.

도리에 꺼림칙한 점이 없지 않을 터인데, 하물며 君父이겠습니까!
아직 닥치지 않은 후일의 환난을 염려하여 죄 없는 同氣를 죽인다
면, 의리에 매우 어긋나 聖德에 누가 되지 않을 수 없습니다. 그러
므로 제가 전후하여 의견을 진달하였으되 의를 죄주자는 말을 한
적이 없는 것은 이 때문입니다. 百官이 법을 적용하기를 청하지만,
저는 감히 은혜를 베풀도록 청하는 것은 임금의 몸에 미덕이 돌아
가도록 하기 위해서입니다.[32]

어린 영창대군은 역모에 직접 가담한 바 없으니, 주공이 반란에 관
여한 자기 형제인 三叔에 대해 죄상에 따라 그 처벌의 정도를 달리 했
듯이 임금은 대군에게 은혜를 베풀어 이미 그에게 가한 '廢削出宮'의
조치 정도에서 그치고 죽음에 이르게까지 해서는 안 된다는 것이다.
이것이 영창대군 처리 문제에 대한 정인홍의 최종적 입장이라면, 이
듬해 2월 귀양지에서 대군이 죽은 데 대해 그 책임자인 강화부사의
처벌을 요청한 정온의 상소와 정온에 대해 동정적인 정인홍 문인들
에 의해 토역을 주도한 대북파와는 입장을 달리하는 이른바 中北이
대두하게 된 정황을 이해하기 어렵지 않다.

4. 廢母論의 추이

광해군 6년 정월에 정인홍은 좌의정에 임명되었다.[33] 당시 그의 정
적이었던 前 영의정 이덕형은 영창대군에 대한 逆律의 적용을 반대하

---

32) 『史本通記』, 30b, "今瑩年且少弱而不與知, 使周公處此瑩, 在所重乎, 在所輕乎? 迫於一時之權宜, 有乖
萬歲之常經, 恐於愛人以德之道, 不能無不愜, 況君父乎! 慮佗日未然之患, 誅不辜之同氣, 殊害於義理, 不
免累於聖德. 故無狀前後陳達, 不及於罪瑩者此也. 百官請按律, 而無狀敢請伸恩者, 欲使歸美於聖躬也"

33) 『來庵集』 권10, 「辭職疏 甲寅二月十日」.

다가 탄핵을 받아 삭탈관작 문외출송되어 전년 10월에 이미 사망하였고, 奇自獻이 영의정, 鄭昌衍이 우의정으로 되었으며, 정인홍의 문인들이 삼사를 비롯한 중앙의 요직에 포진해 있어 이미 대북정권이 성립되었다. 『광해군일기』에 의하면, 정인홍은 이해 중 네 차례 사직차를 올렸지만,[34] 오늘날 그중 두 통의 본문이 어느 정도 남아 있을 따름이다. 그 마지막 차자에서는 조정에서 토역을 주도하는 대북파와 대립하는 왕실의 외척 세력, 즉 소북을 신랄히 비판하고 있다.

이해 7월에 호남 유생 宋興周 등이 대궐에 나아가 정온을 변호하는 상소를 하였는데, 8월에 관학 유생들이 송흥주가 역적을 비호한 죄를 다스릴 것을 청하는 소를 올렸고, 鄭潔・韓會가 각각 그 疏頭・色掌이 되었다. 정결・한회는 바로 정인홍의 從姪이자 門徒였으므로,[35] 정인홍의 주요 문인 문경호문경호가 동지들과 더불어 이웃 고을에 통문을 내어 이들을 削籍・停擧코자 하였다. 그러나 정인홍은 이러한 행위를 납득하지 않았을 뿐 아니라 오히려 종질들의 토역론을 비호하였고, 이리하여 정온에 대해 동정적인 일부 문인들과의 사이에 미묘한 입장 차이를 드러내게 되었다.[36] 이해 12월에 정인홍의 스승 조식에 대해 영의정의 추증과 더불어 文貞이라는 시호가 내려지고 관원을 보내 致祭하였다.

---

34) 『광해군일기』, 6년 2월 계묘; 3월 임신; 5월 기미; 9월 임술.

35) 오이환, 2000, 『남명학파연구 上』, 남명학연구원출판부, 183~187쪽 참조.

36) 『광해군일기』, 7년 1월 갑자; 2월 병신; 12년 정월 을사; 文景虎, 『嶧陽集』 권5 부록; 『三梧實紀合編』, 『梧齋遺稿』 所收 「西行日記」 참조. 幼學 趙德謙의 討逆疏에서는 정온 측에 동조한 정인홍 문인으로서 姜大進(大逵)・李大期・文景虎 등을 들었고, 특히 강우지역에 이러한 여론을 조성한 장본인으로서 姜翼文의 아들 大進을 지목하였다. 당시 내직에 있던 吳長・강대진은 이 일로 말미암아 탄핵을 받아 귀양 갔고, 문경호・朴明榑는 廢錮되었다. 이해 가을 의령에서 정온을 伸救하기 위한 소회가 있어 조식 문인 李晁의 아들 惟說이 소두가 되어 상경하였으나 사태를 더 악화시킬 것을 우려한 정온 子弟의 만류로 말미암아 제출하지 않고서 돌아왔다. 그 疏文은 오장이 짓고 이대기가 윤색한 것이었다.

광해군 7년 2월에 다년간 병으로 은퇴해 있던 前 영의정 李元翼이 차자를 올려 인목대비의 지위 동요에 관한 항간의 소문을 들어 "어머니가 자애롭지 않더라도 자식이 불효할 수는 없으며, 母子 사이는 그 명분이 지극히 크고 그 倫氣가 지극히 중합니다" 하여 큰 우려를 표명하였다. 이는 계축옥사와 관련된 저주·흉서 문제에 대한 공초 결과를 담은 교서 반포에 조금 앞서, 이러한 일이 그 동안 터부시되어 왔던 인목대비에 대한 비판으로 이어질 가능성을 내포하고 있음을 예견한 것이었다. 당시까지 인목대비에 대해서는 임금과 궁을 따로 사용하는 것 외에 그 지위나 처우가 이전과 다름없었기 때문에, 이원익은 이 일로 말미암아 삭탈관작되어 홍천으로 부처되었다. 일찍이 계축옥사 당시 이위경의 소에 "어미의 도리가 스스로 끊어졌다"는 말이 있었고, 이를 이은 정조·윤인의 계사에는 "장차 국모로 대접해야 하겠습니까?"라는 말이 있었다. 이것들이 모두 역모에 관여하고 巫蠱를 행한 인목대비를 더 이상 국모로 대우할 수 없다는 의미를 내포한 것이었으나, 대신의 신분으로 모후의 지위 변동 가능성을 언급하여 파문을 일으킨 것은 이원익의 이 차자가 처음이었던 것이다.

9월에 정인홍은 광해군의 생모에 대한 왕후 추숭이 明의 誥命을 받아 종묘에다 부묘하는 의례에 참여하기 위해 상경하다가 옥천에 이르러 차자를 올려 가뭄으로 인한 백성 구휼과 새로 발생한 역옥의 처리에 대한 의견을 개진하였다.[37] 10월 1일에 왕은 세자를 대동하여 상경한 그를 인견하였다. 이 자리에서 정인홍은 그해 8월 성주에서

---

37) 『광해군일기』, 7년 9월 갑신. 『광해군일기』에 의하면, 정인홍은 이해 2월 갑신, 9월 갑신, 10월 갑진, 10월임신, 11월 임오, 11월 기묘, 11월 을유, 12월 계묘에 차자를 올렸는데, 그중 9월·12월의 것은 본문이 수록되어져 있다.

발생한 李昌祿의 疏草 사건 및 연이어 발생하고 있는 역옥 문제에 대한 대책으로서 엄중한 토역과 아울러 誣告者에 대한 反坐의 律 적용을 건의하였으며, 이원익의 발언 또한 비판하였다. 10월 15일에 두 번째로 인대하였는데, 광해군 즉위년의 임해군 역옥 때 명에 파견된 사절이 대답을 잘못한 죄와 이른바 遺敎七臣에 대한 처벌을 다시금 거론하였다.38)

11월 13일에도 임금은 세자를 대동하여 宣政殿에서 정인홍을 인견하였다.39) 13일의 대화에서 정인홍은 이원익의 폐모 우려 발언을 다시금 통렬히 비판하였다. 이와 같은 자들은 진정으로 대비를 忠愛하거나 영창대군을 가엽게 여겨서가 아니라 이를 奇貨로 삼아 자기네의 당파적 속셈을 달성하고 토역을 주도하는 정의로운 사람을 공격하여 자기네의 불만에 대한 분풀이를 하고자 하는 것이므로, 반드시 이원익과 같은 거물을 먼저 제거하여 뿌리를 다스려야 한다고 건의하였다.

또한 이 자리에서 정인홍은 銓長에 합당한 인재로서 이이첨을 추천하였다.40) 앞서 10월 15일의 召對에서 그는 당쟁으로 四分五裂된 정국을 수습하는 방법으로서, 임금이 取捨를 분명히 하여 인재를 임용하되 현명한 재상 한 명을 택하여 정부에 두고, 또한 전장으로 적합한 公明正直한 인물을 택하여 三司의 관원 배치를 장악케 할 것을 권유했었다. 이때에 이르러 그는 비로소 새로운 정국을 이끌 군자당의 영수로서 이이첨을 지목하는 입장을 분명히 했던 것이다.

---

38) 『奏對草』.

39) 앞 책. 실록에는 13일의 인견 내용이 12일 조에 수록되어져 있다. 11월 12일에는 이항복이 체찰사로 있을 당시 역적 鄭浹을 휘하에서 발탁하여 국경 방어의 요소에 배치했다 하여 양사의 탄핵을 받았다.

40) 『광해군일기』, 7년 11월 갑신, "如詮長可合人, 以臣見之, 則赤心循國, 無如李爾瞻也. 其他, 臣亦不知也"

그는 또한 광해군 4년의 인견 때와 마찬가지로 이날 다시금 곽재우를 삼도수군통제사로 추천하였으며, 이창록 사건으로 말미암아 성주부가 폐지되어 이웃한 고령현에 합쳐진 사태에 대해서는 행정상의 편의를 고려하여 고을 이름을 바꾸어 독립된 현으로 존속시킬 것을 건의하고 있다. 이에 조금 앞서, 그해 8월에 있었던 申景禧의 옥사에 연루된 仁祖의 친동생 綾昌君 李佺(전)의 역모 혐의에 대해 정인홍은 다른 대신들과 마찬가지로 무죄라는 의견을 표명하였다.[41]

정인홍이 서울에 도착했을 무렵 지성균관사 이이첨이 楊州 西面에다 조식을 기념하는 서원의 터를 정해 그 주변 형세를 그림으로 그려 임금에게 바쳤고, 완공된 후의 서원 모습 또한 帖子로 만들었는데, 정인홍은 이 그림에 대한 題詞를 써 조식 학문의 계승자로서 이이첨을 칭찬하고 있다.[42] 영남의 조식 연고지에 있는 세 서원이 모두 사액되고 또한 서울 인근에 새 서원을 건립하여 조식을 기념한 것은 모두 정인홍을 스승으로 받든 이이첨의 노력에 의한 것이었다.

11월 16일에는 왕세자 會講禮를 베풀어 師傅인 정인홍 등이 참여하였다.[43] 정인홍은 임금과 세자의 간곡한 만류에도 불구하고 겨울 녹봉도 사양한 채 끝내 귀향길에 올랐다. 그리하여 서울을 영원히 떠난 것인데, 출발에 앞서 마지막으로 올린 12월 1일의 차자에서 역모 사건이 거듭되고 있는 당시의 정국에 대해 이렇게 언급하였다.

---

41) 앞 책, 7년 11월 임오.

42) 『내암집』, 권12 雜著, 「白雲書院圖帖」. 서울 거주 시절의 조식을 기념하는 이 서원의 처음 이름은 武溪書院으로서 北城 밖 승가사 부근으로 예정되어 있었다가, 도성 근처에 서원을 건립한 전례가 없다는 임금의 지적에 따라 장소를 옮겨 삼각산 백운봉 아래에다 건설한 후 山名을 취해 白雲書院이라 사액되었다. 이이첨 등은 서울 북쪽의 曹溪洞에도 조식을 기념하는 曹溪書院을 건립한 바 있으나, 인조반정 직후 훼철되었다.

43) 『등대초』.

흉역은 점차 자라나는 것이지 일시적인 까닭으로 생기는 것이 아닙니다. 뿌리가 뽑히지 않았으니 본받는 자들이 마구 생겨나는 것은 자연스런 이치인 것입니다. 전하께서 무신년 이래로 역적을 다스려 오셨다고 하나, 그 가지와 잎을 제거하셨을 뿐 뿌리는 아직도 있습니다. 昌祿의 흉악한 글과 顯門의 흉악한 말은 실로 귀에 젖고 입에 익어진 나머지 나온 것이어서 스스로도 알지 못한 것입니다. 대개 흉역의 무리가 남몰래 다른 뜻을 품었으나 마침내 탄로나 실패하여 그 음모가 이루어지지 않자, 분하고 미운 마음을 품고서 당대의 임금과 신하들을 반드시 罪過 속에 빠트리고자 이런 흉악하기 그지없는 말을 지어내는 것입니다.

신은 실로 '廢'라는 한 글자가 누구를 폐해야 한다는 것인지 모르겠습니다. 전하께서는 母子의 恩을 온전히 하고 계시고, 조정의 신하는 君臣의 義를 다하고 있습니다. 바로 皐陶는 체포하고 舜은 남몰래 업고 달아나는 것과 같이 각각 그 도리가 있을 따름인 것입니다. 나무로 만든 인형이나 거북·학 같은 요사한 물건들은 옛날에도 그런 사례가 있었습니다. 그리고 궁중 안의 일은 금제되므로 바깥사람이 상세히 알 수가 없습니다. 두 차례 교서를 내려 포고하는 절차를 밟았는데도 저들의 무리는 끝내 믿지 않고서, 도리어 허다한 요악한 물건들을 모두 거짓으로 꾸며낸 것이라고 합니다. 이러하다면 요악한 물건들은 도리어 모후를 무함하는 죄가 되니, 장차 그 죄를 누구에게 씌우려는 것입니까? 그 역적 짓이 창록보다도 오히려 심하지 않습니까!

元翼이 先唱하고 茂績·顯門의 무리가 뒤이어 화답하여, 반드시 사사로운 분함을 만족시키고 사악한 음모를 실현하고자 밤낮으로 두루 틈을 엿보아 못하는 짓이 없으면서도 스스로 大逆에 빠짐을 염두에 두지 않습니다. 貴戚의 사람들 또한 자못 면치 못하니, 어찌 人情이라 하겠습니까!

만약 전하께서 한 번 그 계책에 빠져드시게 되면, 전하의 忠臣義士들이 장차 모두 한 그물 속에 걸려들 터이니, 이루 말할 수 없는 사태가 벌어질 것입니다. 전하께서 빨리 王法을 적용하시어 떳떳한 형벌을 바루신다면, 아마도 위엄을 떨침으로써 오는 길함이 있을 것입니다.[44]

---

44) 『광해군일기』, 7년 12월 계묘, "夫兇逆之漸, 非朝夕之故. 根柢未拔, 衆孼橫生, 理所自然. 殿下自戊申以來, 雖曰治逆, 只去枝葉而根柢猶在, 昌祿之兇書, 顯門之兇言, 實出於耳濡口習之餘, 而不自覺也. 盖兇逆之徒, 陰蓄異志, 畢竟敗露, 而其謀不成, 心懷忿疾, 必欲陷一時君臣於罪過之中, 做出兇言, 至於此極. 臣實不知廢之一字, 以爲誰當廢之. 殿下全母子之恩, 廷臣盡君臣之義, 正與皐陶之執, 舜之竊負, 各

그의 견해에 의하면, 빈발하는 역모의 근본 원인은 광해군 즉위 초에 逆徒의 뿌리인 전은론의 重鎭들을 다스리지 못한 데 있는 것이다. 그들은 이후 여러 차례 역모를 통해 정국에 대한 자기네의 불만을 해결하려다가 번번이 실패로 돌아가고 말자, 마침내 근거 없는 廢母 설을 지어내어 임금과 그 친위 세력을 윤리적 명분론의 함정 속에 빠트려 일망타진하려 시도하고 있다는 것이다.

인목대비가 궁중에서 갖가지 詛呪을 행한 것은 증거에 의해 분명히 드러난 사실이며, 임금이 교서를 통해 그 수사 결과를 이미 두 차례나 발표했음에도 불구하고, 저들은 오히려 그 구체적 사실을 부정하고서 모두 모후를 무함하기 위해 꾸며낸 것이라고 주장하고 있다. 만약 그 말대로라면 폐해야 할 대상은 오히려 죄를 지은 대비가 아니라 모후를 무함하는 임금이 되는 터이므로 그들은 이미 임금을 가리켜 '좋지 못한 사람'이라고 비방한 이창록 등과는 비교될 수 없을 정도의 대역죄를 범하고 있는 셈이니, 국법으로써 이들을 엄중히 다스려야 한다는 것이다.

천자인 舜의 생부 瞽瞍가 만약 살인의 죄를 범했다면 그를 체포하는 것이 순의 신하인 皐陶에게는 천리요 죄를 지은 부친을 업고서 달아나는 것이 순에게는 인륜이듯이,[45] 인목대비의 죄를 고발하는 신하들은 군신의 의리에 입각한 것이요 그 죄를 묻지 않는 임금은 모자간의 恩誼를 온전히 하려는 것이므로, 양자가 각각 마땅한 도리를 행

有其道而已. 若木人龜鶴之妖, 則古亦有之. 而宮省事禁, 非外人所得詳知. 再下敎書, 播告之脩, 而彼輩終不之信, 反謂許多妖惡之物, 皆虛僞之作. 若是則妖惡之物, 反爲誣陷母后之罪, 將以其罪, 欲加於誰耶? 其爲逆, 不亦甚於昌祿乎! 元翼唱於先, 而茂績顯門之徒和於後, 必欲快其私忿逞邪謀, 日夜旁伺, 無所不至, 莫念其自陷於大逆. 貴威之人, 亦頗不免, 豈人情乎! 若殿下一入其計中, 則殿下之忠臣義士, 皆將打盡於一網中, 而事有不可言者矣. 殿下亟擧王法, 而正常刑, 則庶幾有威如之吉也"

45)『孟子』「盡心 上」35章 참조.

하고 있는 셈이어서 비난 받을 이유가 없다는 것이다.

정인홍이 서울을 떠난 지 얼마 후 진사 尹善道가 상소를 하여 정인홍이 지원하는 이이첨을 통렬히 비판하였다. 그런데 그 疏文 가운데도 "김제남이 반역을 한 정상은 뚜렷하여 감출 수 없으며, 하늘과 땅과 귀신과 사람이 함께 죽인 바입니다"라는 구절이 있다.[46]

다음 해인 광해군 8년(1616)의 실록실록에 의하면, 정인홍은 이해 중에 네 차례 사직차를 올렸으나 모두 그 批答만 수록되어져 있고 본문은 보이지 않는다.[47] 『내암집』에 실린 것들도 모두 네 통이지만 날짜가 실록과 일치하지 않으며, 개중에 再箚와 三箚는 모두 광해군 13년 7월의 것으로서 그 내용이 서로 같고, 四箚는 광해군 7년 11월 23일의 諭旨에 대한 응답이다.

광해군 9년 1월 19일에 경운궁 檄書 사건이 발생하였다. 긴 화살에 매여 인목대비가 거처하는 경운궁의 동쪽 뜰에 떨어진 격서 내용은 "자격 없는 서자가 함부로 왕위에 올랐으며, 아버지를 시해하고 형을 죽였다"[48]는 등으로 임금의 죄를 열거하고서, 이 달 28일에 擧兵하고자 하니 대비에게 密符를 발급하여 호응해 주기를 청하는 것이었다. 이 사건은 후일 이이첨의 지시에 의해 허균이 꾸며낸 것으로 주장되고 있지만, 당시에는 三淸洞結義의 소산이라는 설이 파다하였다. 삼청동은 金瑬가 거주하던 곳으로서 이곳에다 逆徒들이 군사를 숨겨두었다 하여 사건 직후 이 지역에 대해 특별경계령이 내려진 바 있었고, 김류를 위시하여 洪瑞鳳・金尙憲・張維・趙希逸 등 후일 인조반정을

---

46) 『광해군일기』, 8년 12월 정사, "夫金悌男爲逆之狀, 昭不可掩, 天地神人之所共誅"

47) 앞 책, 8년 2월 정미; 4월 경술; 6월 임신; 12월 무신.

48) 앞 책, 9년 정월 병술, "僞孼冒位, 弑父殺兄"

주도한 인물들은 체포를 대기하고 있던 상황이었으나, 권신인 박승종이 극력 구제하고 다음 해에 허균이 그 범인으로 지목되어 처형됨으로써 마침내 무마되었다.[49]

이원익의 경우에서 보는 바와 같이, 이전까지는 발설조차 금기시되어 왔던 폐모론이 격서 사건 이후 이해 11월 초부터 지속적인 유생 상소의 형태로 공론화되었다. 유생들의 상소 가운데는 대비를 폐출하여 서인으로 삼으라는 극단적인 주장도 없지 않았으나, 그 대부분은 죄인인 인목대비의 지위를 貶削하여 分朝의 예우를 폐지하라는 것이었다. 임금은 이 상소들을 의정부로 내려 보내라고 啓下하였는데, 영의정 기자헌의 건의에 의해 당시 서울을 떠나 있는 대신들로부터도 의견을 수렴하게 되었다. 이에 대해 11월 24일 영중추부사 이항복은 순임금의 사례를 들어 『춘추』의 의리에는 설사 혈육으로 맺어진 관계가 아니라 할지라도 자식이 어머니를 원수로 대하는 도리가 없다는 의견을 개진하였다.

같은 날 좌의정 정인홍이 의정부에 보낸 의견에서는, "신하들에게는 한 하늘 아래에서 살아갈 수 없는 의리가 있고, 모자간에는 바꿀 수 없는 명분이 있으니, 두 가지가 각각 그 도리를 다한 다음에야 후회가 없게 될 것이라"[50] 하여, 전년 12월 1일의 차자에서 피력한 바와 마찬가지로 신하는 토역, 임금은 전은이라는 양자의 도리를 아울러 만족시킬 수 있는 방법을 모색하도록 권고하였다.

그리고 이이첨에게 따로 편지를 보내어, 『춘추』에 나타난 노나라

---

49) 『燃藜室記述』 권20, 「廢母妃處西宮」; 『광해군일기』, 9년 1월 계사; 『인조실록』, 원년 3월 갑진; 3월 을사; 『北渚集』 부록, 송시열 찬 신도비명.

50) 『광해군일기』, 9년 11월 을유, "臣工有不共之義, 母子有不易之名, 二者各盡其道然後, 可無後悔"

桓公의 시해에 관여한 哀姜・文姜에 대한 폄하의 기록, 후한 광무제가 前漢 高祖의 妃인 呂后를 宗廟에서 園廟로 삭출한 사례, 후한의 신하들이 竇后를 章帝의 陵에 부장하지 말자고 주장하고 그 養子인 和帝는 이를 받아들이지 않은 경우 등 중국 역사상 王侯의 배우자이면서도 악녀였던 여인들에 대한 처우의 사례를 들어 그 대체적인 방안을 제시하였다. 즉, 지금까지처럼 인목대비를 경운궁에 계속 거처케 하되, 正宮의 경우에 준하는 分朝・分府・分院의 관리 및 백관의 朝拜와 제반 의례를 일체 폐지하여 예우의 격식을 현저히 낮춤으로서 마치 나라 안에 두 조정 두 임금이 있는 것 같은 인상을 주지 못하게 하고, 한두 명의 신하로 하여금 군사를 거느리고서 경운궁의 호위 및 출입 통제를 담당토록 하라는 것이었다. 이러한 史實에 대한 논의는 전라도 강진의 조식 서원 건설을 주창했던 유학 尹惟謙의 11월 7일자 및 정인홍의 조카 鄭溉의 11월 17일자 토역 소[51]에서 이미 보이며 그 논지도 대체로 일치하는 것이다.

이항복・정인홍이 전날 서면으로 개진한 의견에 이어서 11월 25일 百官이 의정부에 모여 인목대비의 공적 지위 문제에 대한 收議를 행하였다. 이 무렵 鄭逑 또한 상소문을 작성하였으나, 임금이 즉위년에 있었던 정구의 전은론을 가리켜 그것이 국시를 혼란케 한 것이라고 비판했다는 소식을 듣고서 올리지 못했다. 그러나 그 상소문 속에 "안으로 저주를 주도하고 밖으로 역모에 응하였으니, 母子의 恩은 이미 끊어졌습니다. 宗社의 분함이 어찌 더 심할 수 있겠습니까!"라고 하여 인목대비의 죄상을 분명히 인정하고 있다. 비록 그렇기는 하지

---

51) 앞 책, 9년 11월 무진; 11월 무인; 오이환, 2000, 위 책, 같은 곳 참조.

만 폐모는 綱常에 크게 어긋나는 것이므로, 임금은 舜의 효를 본받아 오로지 더욱더 아들 된 도리를 다해야 한다는 논리인 것이다.[52]

그런데 간본『내암집』에 실린 정인홍의 의견은 실록과는 꽤 다른 것이다. 실록에 이이첨에게 따로 보냈다고 보이는 편지가 문집에는 의정부에 대한 답서로 되어 있고, 그 내용도 다만 인목대비를 다른 궁에 거처토록 하되 처우는 임금의 궁전과 다름없도록 하라는 것이다. 또한 李宗勛[郁?]·金仲時에게도 답서를 보내 廢黜에 강하게 반대하는 입장을 개진하였으며, 인조반정 이후의 供辭에서도 자신의 입장을 그렇게 변호한 것으로 되어 있다.[53] 그러나 그가 인목대비를 경운궁에 따로 거처케 하도록 건의한 것은 계축옥사 당시의 일로서 이 시기가 아니며, 모자의 명분을 군신의 명분에 우선시키는 이러한 견해는 그의 전후한 토역론의 입장과 현저히 모순되는 것이다. 하물며 문집에 실린 정인홍의 논지는 기본적으로 정구의 전은론과 같은 것이되, "지금 대비에게 과연 哀·文·呂后의 과실이 있어 조정이 廢黜의 典禮를 논의코자 하는 것입니까?"[54]라고 반문하는 점에서는 오히려 정구보다도 한층 더 적극적으로 인목대비를 변호한 셈이 된다.

정인홍은 광해군 10년 1월 18일에 영의정으로 승진 발령되었다. 전년 11월에 인목대비에 대한 廢削 논의가 대두한 이후, 이에 대해 반대의견을 개진했던 기자헌과 이항복은 유생들의 거듭된 탄핵 상소로 말미암아 12월 중에 마침내 귀양을 가게 되었다. 그러므로 정인홍이

---

52)『寒岡集』권2,「丁巳擬上疏」, "內主咀呪, 外應逆謀, 母子之恩, 盖已絕矣, 其爲宗社之慎, 孰有甚焉"『한강연보』권2, 申欽 찬 신도비명;『광해군일기』9년 12월 계묘; 李宜顯,『陶谷集』권28,「陶峽叢說」;『송자대전』권19,「記述雜錄」, 2a 참조.

53)『來庵集』권11,「答都堂」「答李宗勛」「答金仲時」; 권10,「供辭」.

54) 앞 책,「答都堂」, "今大妃果有哀文呂后之失, 而朝廷擬議於廢黜之典乎?"

공석이 된 수상의 직에 임명됨은 당시의 사세로 보아 필연적인 것이었고, 이는 전년의 都目政事에서 이미 결정되어져 있었던 바였다.

전년 12월에 있었던 유학 李偉의 상소에 의하면, 이항복은 당시의 당파들 중에서 인목대비를 가장 적극적으로 옹호하는 서인 세력의 수령으로서, 그가 역적 정협을 천거한 이유로 軍權을 상실하고 수도를 떠난 이후에도 실직한 무신들 대다수가 그를 위해 목숨을 바칠 각오를 지니고서 역모를 통해 정국을 전환할 조짐을 보이고 있다는 소문이 서울에 파다하였다. 심지어 이항복이 서울에 있을 때 자신의 종사관이었던 金鎏에게 암시적으로 쿠데타를 지시했다는 기록도 존재하고 있다.55) 김류와 더불어 인조반정을 주도한 이귀에게 이항복은 일찍이 농담조로 "공자와 나와 자네는 도가 제각기 다르네. 공자는 써 주면 행하고 버리면 감추고, 그대는 써 줘도 행하고 버려도 행하며, 나는 써 줘도 감추고 버려도 감추네"56)라고 했다 한다.

정인홍이 영의정으로 임명되기 전인 1월 4일에 우의정 韓孝純이 백관을 인솔하고서 庭請하여 인목대비의 폐출을 주장하였다. 폐출과 관련된 정청을 포함한 절차들은 대부분 광해군 초년의 유영경 숙청 당시에 진행되었던 것의 再版이었다. 그리하여 마침내 대비전에 대한 백관의 조알을 정지시키고 대비의 칭호 대신 서궁이라고만 부르게 하며, 供奉을 減損하는 등의 절목을 제정하여 시행하는 데 대한 임금의 허락이 내려져, 1월 30일의 의정부 회의에서 그 절목이 정해졌다. 대체로 인목대비를 선왕의 正妃가 아닌 후궁에 대한 예로써 대우한다

55) 『광해군일기』, 9년 12월 임진; 『大東野乘』 所收 『續雜錄』 권2.
56) 『광해군일기』, 원년 12월 정축. "嘗戲謂李貴曰, 孔子及吾與汝, 道各異焉. 孔子用則行舍則藏, 君用亦行舍亦行, 吾用亦藏舍亦藏云"

는 내용이었다.

대비는 명나라의 誥命을 받은 신분이므로, 선왕의 계비를 후궁의 신분으로 낮춘다면 그 절차 역시 중국에 奏聞하여 승인을 받아야 하는 것이 당시의 외교 관례였다. 조정에서는 이에 대해 수상인 정인홍에게 의견을 묻기로 하고 먼저 예조당상 한유상을 합천으로 파견하였으나, 정인홍은 여전히 사직의 뜻을 피력할 따름이었다. 두 번째로 동부승지 이위경을 파견하자 비로소 중국 조정에 주문하여 고명과 冠服을 환수토록 요청하는 절차를 밟는 것이 타당하다는 의견을 제시하였고, 이조판서를 추천하라는 왕명에 대해서는 다시금 이이첨을 거명하였다.[57] 그러나 주문이나 폐출의 요구는 물론이요, 이미 마련된 貶損節目조차도 임금이 끝내 재가하지 않았으므로, 광해군 말년에 이르기까지 인목대비의 지위 문제는 결국 정식 결정을 보지 못하고 말았으며, 임금은 分朝와 대비전의 공봉을 이전대로 시행케 하는가 하면 내시를 보내어 대비전에 문안을 드리는 등 종전의 의례가 그대로 적용되었다.[58] 다만 13년(1621) 7월에 分承旨 曺友仁이 지어 물의를 일으킨 풍자시[59]에 나타나 있는 바와 같이, 당시 서궁은 외부와의 연락이 통제되어 있었기 때문에 궁궐답지 않게 황량한 상태였던 것이다.

---

57) 앞 책, 10년 2월 정미; 10년 3월 을해.

58) 『史本通記』에서는 광해군 10년 1월 19일에, 그리고 『燃藜室記述』 권20, 「廢削節目」에서는 『明倫錄』에 의거하여 광해군 10년 2월 4일에 서궁을 폐출한 일로 종묘에 고하고 榜文을 頒敎하였다고 하였으나, 실록에는 그러한 기록이 없다. 이기남, 1990, 「광해조 정치세력의 구조와 변동」, 『북악사론』 2, 국민대학교, 202쪽; 설석규, 1997, 「17세기 퇴계학파 이기심성론의 정치적 變用」, 『인문과학』 14, 경북대학교 인문과학연구소, 62쪽; 우인수, 1999, 『조선후기 산림세력연구』, 일조각, 69~70쪽에서도 폐모의 사실을 부정하였다.

59) 『사본통기』, 95a.

5. 明의 出兵 요청

정인홍은 광해군 9년 정월에 謝恩食物箚를 올려 좌의정 사직의 뜻을 강하게 피력한 데 이어, 10년 3월과 6월, 11년 연초에도 거듭 차자를 올려 영의정 사직의 뜻을 피력하였다.[60] 10년 6월 이후의 차자에서는 후금의 대두에 따른 명의 출병 요청에 대한 언급이 잇달아 나타나고 있다. 이는 명나라 軍門과 撫院에서 10년 4월에 조선 조정으로 咨文을 보내어 6월 중 후금을 토벌하는 작전을 개시할 것이라면서 조선 측에 출병을 요구해 온 데서 말미암은 것이었다. 조정에서는 검열 李蒇(점)을 파견하여 수상의 의견을 구하였는데, 5월 3일에 정인홍은 자신이 사직 중이라 국정에 대한 의견을 개진할 수 없다고 하면서도, 개인적으로는 징병 요구에 응하는 것은 피할 수 없겠지만 먼저 체찰사를 국경으로 파견해 현지의 실정을 파악한 후에 중국 장수와 협의하여 구체적인 파병의 숫자를 정하는 것이 좋겠다는 소견을 피력하였다.[61] 정인홍이 수상으로 된 지 1년 남짓 후인 11년 3월 13일에 마침내 영의정의 직은 朴承宗으로 대체되었다.[62]

---

60) 『광해군일기』, 9년 정월 계사; 10년 3월 을유; 10년 6월 신미; 11년 3월 병신. 10년 6월 신미의 차자는 『내암집』에 이해 2월 27일의 것으로, 그리고 11년 3월 병신의 것은 10년 정월 29일의 것으로 각각 잘못 기재되어져 있다. 후자의 본문 중에 "前月中, 本道巡察使朴慶新, 致賜給食物若干數目, 令府使臣曺應仁有問"이라 하였는데, 『道先生案』에 의하면 朴慶新의 경상감사 재임 기간은 광해군 10년 7월부터 11년 11월까지이므로, 10년 정월이라는 기록은 오류임이 분명하다. 문집에 「謝恩食物疏」라 보이는 바와 같이 이는 연례적인 세사 음식에 대한 사은 차자이므로, 『史本通記』에 "己未正月二日, 領議政鄭仁弘 在陜川辭職, 賚還密符"라 보이는 바와 같이 11년 정월에 올려진 것으로 봄이 타당하다. 실록에 보이는 3월 병신(13일)의 비답에서는 여전히 그의 상경을 촉구하고 있지만, 이는 박승종이 그의 후임으로 결정된 것과 같은 날짜이므로 실록의 기록에도 착오가 있다.

61) 『광해군일기』, 10년 5월 계묘; 『비변사등록』, 광해군 10년 5월 18일 조 참조.

62) 『사본통기』에는 정인홍이 광해군 10년 1월 17일에 영의정으로 임명되어 11년 1월 2일에 사직한 후 13년에 박승종이 후임으로 임명되었다고 하였고, 家狀에서는 9년에 영의정으로 승진했으나 사직하였다가 다음 해 봄에 재차 임명된 후 체차에 대해서는 언급하지 않았다. 그러나 이러한 기록들은 모두 실록과 어긋난다.

조선 측은 강홍립에게 1만여 명의 군사를 주어 출병케 했지만, 11년 3월 深河의 전투에서 패배하여 후금에 투항하였다.[63] 이해 8월에 명나라 神宗은 差官 袁見龍 등을 파견하여 조선 측의 성의를 치하하는 칙서와 함께 사상자들을 위로하기 위해 상으로 내리는 은 1만 냥을 보내왔다. 袁 차관은 이번 기회에 신임 遼東經略의 의사를 전달하는 형식으로 다시금 조선 측에 대해 銃手 수천 명의 파병을 요청해 왔지만, 임금은 이에 대해 가능한 한 회피하고자 하는 입장이었다.

袁 차관이 8월 12일 임금에게 揭帖을 보내 출병의 불가피성에 대해 여러 가지 이유를 들어 설명한 직후, 정인홍은 다시 한 번 차자를 올려 사대와 복수의 의리 그리고 나라 안의 여론을 들어 출병의 요청을 마냥 거절하는 것이 득책이 아님을 주장하였다. 아울러 賊書를 공개하고 후금의 사절을 목 베어 전쟁 준비를 강화할 것을 요청하였고, 적의 포로가 되어 있다가 돌아온 이응복이 제공한 적의 동향을 근거로 삼아, 후금에 투합하여 본국에 대해 해만 끼쳐 오다가 이번에 적의 사절로서 파견되어 온 김언춘을 조선 조정이 도리어 정중히 대우할 뿐 아니라 정충신 등 몇 사람을 돌아가는 그를 따라 함께 보내어 적정을 정탐케 하고, 적의 편지에 대해 답서를 보내어 화의를 도모케 한 것 등을 개탄하였다.

정인홍의 이러한 의견은 성리학적 명분론에 입각했을 뿐만 아니라, 후금과 명의 국력에는 서로 비교할 수 없을 정도로 현격한 차이가 있으므로 명이 마침내 후금을 제압할 것이라는 판단에 근거한 것이었

---

63) 당시 심하 전투의 상황은 광해군 13년에 영의정 박승종이 전사한 左營將 金應河를 위해 편집 간행케 한 『忠烈錄』에 자세히 보이는데, 이 책 속에는 序文 · 祭文 · 哀歌 · 挽詩 등 오늘날 달리 찾아보기 어려운 이이첨의 글들이 여러 편 수록되어 있다.

다. 그러나 이에 대한 임금의 비답은 정인홍의 의견과는 다른 것이었다. 임금은 자신이 명에 대한 대의를 모르는 것이 아니며, 명을 침략하기 위해 전쟁을 일으켰을 뿐만 아니라 조선의 왕릉까지 파혜친 왜적과도 전후에 강화하여 통신사를 파견하고 또한 현재도 천 명 이상의 왜인이 변경의 왜관에 상주함을 허용하고 있는 것은 그렇게 하고 싶어서가 아니라 국력을 감안하여 사세가 부득이하기 때문이라고 하면서, 오랑캐에게 답서를 보내고 그 전후 사정을 명에 자세히 보고한다면 적과 화친을 도모하는 것이 아닐 뿐더러 사대의 정성에도 위배될 것이 없다고 설명하고 있다. 또한 임금은 이응복이 취조에 응하여 제공한 정보를 거짓된 것이라 하여 전혀 신용하지 않았다. 명분보다는 냉엄한 현실에 입각한 국제정치 감각의 중요성을 강조한 것이다.

임금은 조선 측의 출병 이후 상대방이 아직 아무런 군사적 대응을 해 오지 않는 것이 "과연 우리 군사의 위력을 두려워하여 이처럼 잠자코 있는 것이겠는가?"고 하면서, "나는 근자에 더욱 병세가 극심하고 마음이 혼미하다. 그러나 여러 증세 가운데서도 마음 근심이 갈수록 심하여, 낮에는 외롭고 밤에는 불안하여 침식을 전폐하고서 죽음과 이웃해 있다"[64]고 하여, 병중에 있으면서도 후금의 위협 앞에서 국가의 장래를 생각하며 노심초사하는 심경을 토로하고 있다.

『내암집』 권10에 수록된 병진년(1616)의 「再箚」와 「三箚」는 실제로

---

64) 『내암집』 권10, 「箚子 丁巳」, "頃日我兵入討之後, 尙且斂鋒, 不爲長驅者, 是果畏我兵威而如是退縮乎? … 予近尤病劇心昏, 而諸症之中, 心惹轉甚, 晝則踽踽, 夜則耿耿, 寢食專廢, 與死爲隣, 顧予不暇, 在世幾何?" 같은 내용의 글 일부분이 권7, 「辭職箚 庚戌二月初十日」에도 수록되어 있다. 필사본의 「庚戌二月初十日辭職箚字」 말미에 일부 없어진 부분이 있는데, 간본에서는 그 부분을 '缺'로 처리하고서 그 후에다 광해군 11년(1619) 8월경의 차자 일부와 임금의 비답을 잘못 첨부시켜 둔 것이다. 『광해군일기』 11년 8월 갑자 조를 보면, 임금은 조선이 반드시 후금에 의해 멸망할 것이라고 하면서, 비변사의 모든 신하들도 후금 측의 편지에 회답하지 않을 수 없다는 사실을 잘 알고 있으면서도 남의 말에 오르내리지 않으려고 겉으로는 명에 대한 대의를 내걸고 큰소리치면서 회답해야 한다는 말이 임금이나 다른 사람의 입에서 나오기만 기다리고 있다고 지적하고 있다.

는 광해군 13년(1621)에 있었던 許暎의 두 차례에 걸친 상소에서 세자를 역모 혐의와 연관시킨 점[65]을 지적하여 그를 처형할 것을 주장한 것인데, 두 글의 내용이 서로 같으므로 앞선 11년 8월의 차자와 마찬가지로 같은 글이 착오로 중복 수록된 것이다.

이것이 오늘날 우리가 확인할 수 있는 정인홍의 마지막 차자이다. 『사본통기』에서는 영의정을 사직한 이후 다시는 소차를 올리지 않았다고 하였고, 『來庵家狀』에는 "무오년[1618]으로부터 계해[1623, 인조반정]에 이르기까지 무릇 6년 동안 선생은 문자로서 의견을 개진하지 않았다(自戊午至癸亥凡六年, 先生不以文字陳情)"고 보인다. 그러나 이 역시 사실과 어긋나며, 정인홍은 수상의 직에서 물러난 이후로도 광해군 말년에 이르기까지 국사에 대한 자신의 의견을 소차를 통해 이따금씩 피력하고 있었던 것이다.

6. 맺음말

광해군 15년 3월 12일부터 13일 사이의 한밤중에 인조반정이 일어났다. 쿠데타 직후, 정인홍은 88세의 고령으로 합천에서부터 서울로 압송되어 온 지 나흘째 되던 날인 4월 3일에 백관이 서열에 따라 늘어선 가운데 정창연·윤방·김류·이귀가 문초 담당관이 되어 궁정에서 국문을 받은 다음, 그날 중 저자에서 참수되었다. 처형 당시 정인홍의 죄목은 선현을 모욕하고 사림을 해쳤으며, 이이첨 등의 謀主가 되어 조정 안팎으로 서로 호응하면서, 광해군의 생모인 공빈 김씨

---

65) 『광해군일기』, 13년 7월 임자 조 참조.

를 추숭하여 그 위패를 종묘에 안치시키는 데 협력했고, 계축옥사 때 영창대군을 '우리 속의 거세된 돼지'에다 비유한 차자를 올린데다, 인목대비의 처리에 대해서는 임금과 별도의 궁전을 쓰도록 하라는 의견을 내어 서궁 유폐가 그의 말에 따라 결정되었으며, 광해군 10년 인목대비의 지위 貶削에 관한 의견 수렴 때는 먼저 대비의 지위를 폐한 다음 중국에다 주청하라는 의견을 처음으로 제시하면서 그녀를 『春秋』에 나오는 악녀인 哀姜·文姜에다 비유한데다, 그녀와는 더불어 한 하늘 밑에서 살지 않겠다는 서약을 하라고까지 말했다는 것이었다. 요컨대 '廢母殺弟'의 문제가 중심이고, 거기에다가 선현을 모욕하고 무고한 사람을 해친 죄악 등이 추가되었다.[66]

이러한 죄목은 과장 왜곡된 면이 없지 않으나 전혀 없는 사실을 날조한 것은 아니었다. 정인홍은 광해군 시기 전체에 걸쳐 빈발했던 역모 사건들에 대해 기본적으로 토역론의 입장을 유지하고 있었다. 또한 그의 이러한 입장은 대북의 당론을 결정하는 데 중대한 영향을 미쳤던 것이다. 토역론은 서·남인의 전은론과 대립된 것이기는 하였으나 성리학적 명분론에 입각한 것이라는 점에서는 서로 공통점을 지니고 있었다. 그리고 그의 위와 같은 발언들은 그가 처음 제창했던 것이라기보다는 당시 이미 대세를 이루고 있었던 사론을 조정의 자문에 응해 추인한 면이 강하다.

정인홍이 조정의 실권을 장악한 권신 이이첨 등에 의해 정치적으로 이용되었다고 하는 설은 인조반정 후 鄭蘊의 伸救疏에 처음 보인 이래로 오늘날 종종 눈에 띄는 터이지만, 오히려 이이첨은 정인홍이 자신의 정치적 이념 실현을 위해 선택한 인물이었다고 보는 편이 타

---

66) 『推案及鞫案』 제12책, 「癸亥三月以後獄事上 第八」 4월 2일 조; 『史本通記』, 99ab.

당할 것이다. 정인홍은 衰病을 주된 이유로 하여 계속 영남에 은거해 있었지만, 출사하는 대신 소차를 통해 충분히 자신의 정치적 견해를 피력할 수 있었던 것이며, 중앙 조정에서는 그의 문인이자 대리인인 이이첨이 정인홍의 이념을 받들어 현실정치에 구현하고 있었다. 정인홍은 시종일관 이이첨에 대한 후견인의 역할을 아끼지 않았다. 정인홍은 선조 시기 이래로 계속되어 온 당쟁의 정국 속에서 다른 당파와의 융화란 불가능함을 자신의 체험을 통해 파악하여 국왕의 친위세력에 해당하는 군자당에 의한 일당전제를 주장했던 것이므로, 이것이 결국 점차 정국에서 배제되어 나간 대북의 정적들로 하여금 쿠데타라는 극단적인 수단을 선택하게 만든 주요한 원인을 제공하였다. 그러나 정인홍의 이러한 견해는 흔히 지적되는 그의 편협한 성격 탓이라기보다는 오히려 歐陽修와 朱熹의 붕당론을 계승한 것으로서, 후일 송시열 등에 의해서도 그대로 계승되었기 때문에, 명분을 중시하는 사림정치에 있어서는 調劑論보다도 오히려 주류에 해당하는 것이라고 할 수 있다.

이이첨은 형을 받을 무렵, "하느님이 무죄함을 내려다보고 계신다. 살아서는 효자요, 죽어서는 충신이다!"라고 크게 외쳤다고 한다.[67] 필자는 그의 이 마지막 발언이 거짓이 아니었을 것이라고 보며, 이는 정인홍에 대해서도 마찬가지로 진실일 것이다.

병자호란 때 삼전도에 나아가 항복하기 한 주 전에 인조가 청 태종에게 신하를 칭한 국서를 보내던 날, 시강원 설서인 兪棨(계)가 끝까지 싸울 것을 청한 상소문 중에 "반정하던 처음 광해의 죄를 낱낱이 헤아렸을 때 오랑캐와 서로 통하였다는 것이 실로 그중 하나였으니,

---

67) 『광해군일기』, 15년 3월 갑진, "及臨刑, 又大呼曰, 皇天降監無罪, 生爲孝子, 死爲忠臣"

이는 곧 오늘날 나라를 세운 근본입니다"[68]라고 한 구절이 있다. 인조반정의 명분을 지적한 말이다. 사실상 후금 군이 요동에 진출한 광해군 13년의 시점에서 조선 조정의 후금에 대한 위기의식은 이미 심각한 단계에 이르러 있었다. 이 적으로 하여금 한강에서 말에 물을 먹이지 못하게 하라는 임금의 전교에 대하여, 비변사에서는 조선과 후금은 영토가 서로 잇닿아 있어 적의 기마병이 며칠 내에 서울까지 다다를 수 있는 거리이며, 명이 요동과 심양 사이에 28만의 대군을 배치하고서도 적을 막아 내지 못할까 근심해 마지않는 터이니, 조선의 병력으로써는 도무지 감당하기 어려운 실정임을 누구라도 알 수 있다고 회계하면서, 다음과 같이 설명하였다.

> 그러나 천하의 일이란 大義가 있고 大勢가 있는 것입니다. 이른바 대의란 綱常이 걸린 바요, 이른바 대세란 강약의 형편입니다. 우리나라에 있어서 이 도적은 의리로는 부모의 원수요, 세력으로는 호랑이·표범처럼 사나운 것입니다. 호랑이·표범이 사납다 할지라도 자식이 어찌 차마 부모를 버릴 수 있겠습니까? 이는 온 조정의 논의가 모두 차라리 나라가 무너질지라도 차마 대의를 저버릴 수 없다는 까닭이니, 그러므로 지난번 의견을 올렸을 때 도모하지 않고서도 말이 같았던 것입니다.[69]

나라가 망할지라도 명과 조선 간의 대의는 저버릴 수 없다는 것이다. 이는 윤리학에서 말하는 동기론의 극치이다. 그 점에 있어서는 큰 소리만 칠 것이 아니라 고려가 그러했던 것처럼 국제관계의 현실을 정확히 파악하여 시의 적절하게 대처해야 한다는 광해군 한 사람[70]

---

68) 『인조실록』, 15년 1월 계해, "反正之初, 歷數光海之罪, 與虜相通, 實居其一, 此乃今日立國之本也"

69) 『광해군일기』, 13년 2월 계축, "然而天下事, 有大義焉, 有大勢焉. 所謂大義, 綱常所係, 所謂大勢, 强弱之形. 我國之於此賊, 以義則父母之讐也, 以勢則虎豹之暴也, 虎豹雖暴, 人子豈忍棄父母乎? 此所以滿庭羣議, 寧以國斃不忍負大義, 故頃日獻議, 不謀而同辭者也"

을 제외하고는 당파를 초월하여 조선 조정의 의견이 같았고, 정인홍 또한 그런 명분론자의 범주를 벗어나지 않았다. 조선이 삼전도의 굴욕을 겪은 이후로 갑오경장에 이르기까지 외교상에는 물론 공식적으로도 청의 연호를 사용하고 있으면서, 사대부들이 멸망한 지 이미 수백 년이 지난 명의 마지막 연호를 고집했던 것 역시 인조반정의 명분 문제와 직결되어 있었다.

인조반정의 양대 명분 중 사대의 예보다도 더욱 직접적이었던 것은 전은과 토역의 문제였다. 그러나 광해군이 그 형제인 임해군과 영창대군의 죽음에 직접적으로 관여한 흔적은 없으며, 모후에 해당하는 인목대비의 廢削에 대해서는 사림과 朝臣의 집요한 요구에도 불구하고 끝내 그 시행을 허락지 않고 있었다. 이에 비해 반정 이후의 인조는 청에 볼모로 갔다가 돌아온 지 얼마 되지 않은 소현세자의 독살을 지시했을 뿐 아니라 세자빈 姜氏를 賜死하고, 세손을 비롯한 두 손자도 제주도로 귀양 보내 풍토병이 들어 죽게 했으며, 강빈의 일족을 숙청했다.[71] 또한 그 자신은 선조의 제5자로서 왕자 중에서도 난포하기로 소문났던 생부 定遠君 琈(부)를 많은 논란 끝에 마침내 元宗으로 추숭한 반면, 숙부인 선조의 제9자 興安君 瑅(제)와 제6자 仁成君 珙(공)을 차례로 처형하고 말았으니, 결과적으로 본다면 왕실 윤리의 면에서도 광해군보다 낫다고 할 수가 없었다. 반정 이후에도 크고 작은 반역과 역모 사건은 계속 이어지고 있었다.[72]

---

70) 앞 책, 13년 6월 병자.

71) 김용덕, 1977, 「소현세자연구」『조선후기사상사연구』, 을유문화사, 한국문화총서 제21집.

72) 박병련, 2002, 「광해군 復立謀議' 사건으로 본 江中地域 남명학파」『남명학연구논총』11, 남명학연구원출판부.

참고문헌

『春秋』.

『孟子』.

『光海君日記』.

『仁祖實錄』.

『燃藜室記述』.

『大東野乘』.

『推案及鞫案』.

『道先生案』.

『十九功臣會盟錄』.

鄭仁弘, 『來庵疏箚』, 필사본.

鄭仁弘, 『來庵集』.

鄭仁弘, 『登對草』.

『史本通記』.

鄭濟龍, 『來庵鄭先生家狀』.

郭再祐, 『忘憂集』.

金坽, 『北渚集』.

金應河, 『忠烈錄』.

文景虎, 『嶧陽集』.

朴汝樑, 『感齋日記』, 필사본.

朴絪, 『无悶堂集』.

宋時烈, 『宋子大全』.

李惟諴·惟訥·惟說, 『三梧實紀合編』.

李宜顯, 『陶谷集』.

鄭逑, 『寒岡集』.

『寒岡年譜』.

김용덕, 1977, 「소현세자연구」, 『조선후기사상사연구』, 을유문화사.

박병련, 2002, 「'광해군 復立謀議' 사건으로 본 江中地域 남명학파」, 『남명학연구논총』 11, 남명학연구원출판부.

설석규, 1997, 「17세기 퇴계학파 이기심성론의 정치적 變用」, 『인문과학』 14, 경북대학교 인문과학연구소.

오이환, 2000, 『남명학파연구 上』, 남명학연구원출판부.

오이환, 2006, 「선조 시기의 정인홍」, 『남명학연구』 21, 경상대학교 남명학연구소.

오이환, 2007, 「광해군 초기의 정인홍」, 『퇴계학과 한국문화』 41, 경북대학교 퇴계연구소.

우인수, 1999, 『조선후기 산림세력연구』, 일조각.

이영춘, 1998, 「인조의 종통과 원종추숭」, 『조선후기 왕위계승 연구』, 집문당.

이기남, 1990, 「광해조 정치세력의 구조와 변동」, 『북악사론』 2, 국민대학교.

(『한국사상사학』 제30집, 한국사상사학회, 2008년 6월)

색인

오이환

1949년 부산에서 출생하여, 서울대학교 철학과를 졸업하였다. 동 대학원 및 타이완대학 대학원 철학과에서 수학한 후, 교토대학에서 문학석사 및 문학박사 학위를 수여받았다. 1997년에 사단법인 남명학연구원의 제1회 학술대상을 수상하였고, 2012년 현재 한국동양철학회장으로 있다. 주요 저서로는 『남명학파연구』 2책, 『동아시아의 사상』, 편저로 『남명집 4종』 및 『한국의 사상가 10인-남명 조식-』, 교감으로 『역주 고대일록』, 역서로는 『중국철학사(가노 나오키 저)』 및 『남명집』 등이 있다.

남명학의 새 연구 상

초 판 인 쇄 | 2012년 2월 1일
초 판 발 행 | 2012년 2월 1일

지 은 이 | 오이환
펴 낸 이 | 채종준
펴 낸 곳 | 한국학술정보㈜
주   소 | 경기도 파주시 문발동 파주출판문화정보산업단지 513-5
전   화 | 031) 908-3181(대표)
팩   스 | 031) 908-3189
홈 페 이 지 | http://ebook.kstudy.com
E-mail | 출판사업부 publish@kstudy.com
등   록 | 제일산-115호(2000. 6. 19)

ISBN   978-89-268-3076-5 94150 (Paper Book)
          978-89-268-3077-2 98150 (e-Book)
          978-89-268-3074-1 94150 (Paper Book set)
          978-89-268-3075-8 98150 (e-Book set)

내일을여는지식 ■은 시대와 시대의 지식을 이어 갑니다.